ナチス・ドイツと資本主義

日本のモデルへ

柳澤 治

日本経済評論社

序　論

本書は二つの課題をもっている。一つは、ドイツの全体主義的なヒトラー・ナチス体制（いわゆる第三帝国）と資本主義との関係を検討することである。そのために、一九三三年から一九四五年にいたる第三帝国を支えた経済機構に注目し、この機構と資本主義のナチス的な組織化過程との関連、またそのシステムを通じて具体化された、総力戦的経済体制にいたる一連の経済政策と資本主義的企業との関係について考察することである。二つ目は、ナチス・ドイツと併行しながら、独自な形で全体主義的な傾向を強めつつあった日本において、資本主義の組織化によるこのナチス的な経済システムがいかに受け止められ、日中戦争・太平洋戦争の戦時経済機構の中に吸収されていったかを考察し、ナチス・ドイツと天皇制的な日本の全体主義体制における資本主義企業の国家的包摂、国家と資本との協働体制の構築における世界史的な連関を明らかにすることである。二つの課題は、本書においてそれぞれ第一部と第二部の内容に対応している。

ヒトラー・ナチス党によるドイツの全体主義体制は、自由放任主義的な資本主義は排除したが、資本主義経済そのものは否定せず、ナチス体制の経済は、資本主義を土台にして構築された。ナチス・ドイツにおける全体主義的政治体制と資本主義との関連を問うことは、ナチス研究の最大の課題であり、これまでたくさんの研究が積み重ねられ、また激しい論争が繰り返されてきた。ディミトロフ・テーゼにもとづくマルクス主義の分析、それに対立する見解、そしてその後の関連する動向に関しては、山口定氏の著書『現代ファシズム論の諸潮流』（一九七六年）[1]が詳細に検討を行った。この問題は、続いて第三帝国における全体主義的政治体制と資本主義的企業との関連をめぐって、「政治の優位」(Primat der Politik) か、「経済の優位」(Primat der Wirtschaft) かの論争として展開した。[2] さらに一九八〇年代末からは、両者の関係をより具体的に明らかにするため、個々の資本主義企業に関する研究が開始され、ナチス体制下における企業の営利活動の実態と国家権力との関係について研究成果が次々に発表された。このような企業史的な研究を通じて、個々の企業の資本主義的な活動とその制約、企業活動とナチス権力、戦時経済、強制労働、さらにユダヤ人抑圧問題との関係が明らかになったことは大きな成果であった。[3]

これらの企業史的ないし経済史的な研究は、工業・銀行・保険など各分野で深められたが、その中心は重化学工業の大企業にあった。自動車工業では、ダイムラー・ベンツ社[4]、BMW社[5]、フォルクスヴァーゲン社[6]、オペル社[7]などの研究、化学工業については、イー・ゲー・ファルベン社[8]、同コンツェルンのBASF社[9]とヘキスト社[10]、またデグッサ社[11]など、鉄鋼・鉱山業の分野では、フリック・コンツェルン[12]、合同製鋼社傘下のテュッセン社とボッフム連合社[13]、また電機工業におけるジーメンス社[14]や精密光学のツァイス社[15]、その他の研究がそれである。

巨大企業に関するこれらの企業史的分析は、ナチス体制と資本主義との関連に関する研究を大きく前進させた。コンツェルン的大企業は、資本主義を特徴づける資本の蓄積過程の所産であり、資本主義の最新段階を現しているからである。こうして第三帝国における大企業の企業活動の具体的状況、企業とナチス体制との間の対立と協働の複雑な関係が次々に解明されるにいたったのであるが、これらの研究は分析対象をもっぱらコンツェルン的企業に向けていた点において、これまでナチス権力と独占資本との融合関係の分析に力を注いできた旧東ドイツの歴史家、たとえばD・アイヒホルツやL・ツンペら[16]の研究と視点を共有した。それらの研究は、このようなマルクス主義的な研究を、個別資本の観点から修正ないし部分的に批判する試みとして位置づけることが可能であった。

このように第一次大戦後のドイツ資本主義におけるコンツェルン的企業ないし独占資本の規定性は重要であり、上記の諸研究がもつ意義は著しく大きかった。しかしドイツ経済は、それらのひとにぎりの巨大企業と並んで、圧倒的な数の中小規模の資本と小経営によって支えられており、ナチス体制の経済機構は、同時にそれらを本質的な構成要素として成り立っていた[17]。したがって中小の資本主義的企業とナチス・レジームとの関係を問うことは、ドイツ資本主義とナチズムとの関連をめぐる論議の中心課題をなしており、それはまた手工業的小経営と体制との関連を分析した、A・シュワイツァー、H・A・ヴィンクラーやA・v・ザルダーンらの研究[18]にも接続する重要な視点であった。それゆえ最新の企業史的研究が、巨大企業のみでなく、そのような中小規模の企業にも関心を向けるにいたったことは大きな前進であった。その成果は決して多くはないが、しかしヴュルッテンベルクの機械組立業の三つの中堅企業に関するA・ゲーリッヒの研究や、ザクセンの機械組立業の非独占企業についてのM・C・シュナイダーの詳細な分析は特筆に値する取り組みということができた[19]。

しかしナチズムと企業との関連を考察するこれらの企業史的研究には、重大な限界が存在した。それは個別企業の分析という企業史的研究の方法そのものがもつ問題点であった。その一つは、個々の企業とナチ・レジームとの関係は明らかになっても、他の企業を含めた諸資本の動向、あるいは諸部門の資本の運動のからみ合いとして展開する、資本主義の全体的な機構とナチス体制との関連は把えることができなかったことである。ナチス体制とその下に包摂された資本主義経済との関係は、ただ個別的ないし部分的にしか認識されなかったのである。

もう一つの問題点は、ナチス国家が全体主義的体制の下で展開した各種の経済政策、とくに自由放任主義的な市場競争原理の修正、企業の組織化と集団化、また四カ年計画や、戦争準備・総力戦経済などの国家的政策が、いわば与件として前提されるに止まり、それ自体への取り組みがなされなかったという点である。経済過程に直接関連するこれらの諸政策は、ナチス国家の政治過程と密接に結びついており、「政治」と「経済」のいわば接点を構成した。「政治の優位」か「経済の優位」かの論争は、両者の結節点としてのこの国家的な経済政策にまで立ち入ることができなかったが、しかし政策に関する分析は、F・ノイマンら同時代人[20]、シュワイツァー、旧東独の歴史家たち、そしてD・

ペッチナー[21]や戦時経済に関するミルウォード[22]らの諸研究が重視するナチス研究の基本的な視点であった。

本書は、この観点を継承し、全体主義的な権力を背景にナチス国家が工業企業に対して展開する政策過程、とりわけ市場経済の競争原理の調整、企業の国家的な組織化、カルテル政策・価格政策、また四カ年計画と生産力拡大政策、戦争準備および総力戦体制に関わる軍需工業・関連工業の合理化・集中化に注目し、その特質を考察しようと思う。

これらの一連の国家的政策は、ヒトラー・ナチス党の独裁的な権力体制の下で、ライヒ経済省、四カ年計画庁、価格当局、ライヒ軍需省などさまざまな国家的機関で計画され、実施された。しかしそれらは多くの場合、ナチス政権によってつくり出された企業の組織体としての企業集団の独自な機構によって支えられ、具体化された。すなわち部門別・専門別に全企業を包括した経済集団・専門集団と、工業の場合、その中心にあるライヒ工業集団であり、また、後にそれらを土台にして編成された軍需工業企業の委員会・リング機構である。資本主義的企業は、これらの組織に編成され、それを構成するとともに、その運営の担い手となった。集団組織は、それぞれの部門や業種とそれを構成する諸企業の立場を代表し、諸利害を調整しつつその実現をはかるとともに、同時に国家的政策の立案と具体化に協力し、個々の企業への指令を担当する国家的な機関であった。資本主義的企業を包括する企業家集団であると同時にナチス経済の国家的機関でもあるこの機構は、まさにナチス体制の「政治」と「経済」とを接合させる決定的に重要な媒介環であった。国家はそれを通じて企業活動を規制しつつ、包摂することが可能となり、企業はそのような国家的統制の中で、この機構を足場にして自らの利害を確保しつつ、それと協働した。ナチス体制と資本主義との関連は、この機構に集約されているといってもよいのである。

その前提はナチス体制成立以前につくり出されていた。すなわちワイマール期に各分野で結成された企業の利害団体がそれであった。資本主義的企業は、単なる個別的企業としてばかりでなく、「連合」や「連盟」（Verbände, Vereinigung）の名前をもった企業結合体を構成し、それを通じて市場経済や国家的政策に影響を与えていた。市場の競争関係を規制するカルテル的結合はその一つの形態であった。ナチスの企業集団体制はそれらを土台にし、カルテルを除くすべての利害団体を再編成する形でつくりだされた。ナチスによるこの企業組織化は、F・ノイマンら同時代人によって、またシュワイツァーやアイヒホルツら旧東独の歴史学者によって注目され、とくにH・E・フォルクマン[23]は、委員会・リング組織をナチス体制と大企業とを結合させる機構としてその意義を強調した。ライヒ工業集団に関するD・カーン[24]の詳細な分析はこのような研究動向を継承するものであった。

本書は、それらの研究を受け止めつつ、しかしそれらが十分に検討できなかった国家的な政策過程との関連を重視するとともに、企業史的研究が明らかにした特定個別企業の経済活動との関係をも考慮し[25]、ナチス・レジーム—経済機構—企業の内的連関とその特質を考察しようとする試みである[26]。その際本書は、このような連関を媒介し、現実化する経済機構の担い手である企業家とナチス党との関係に注目した。民族社会主義の「世界観」を基本とするナチス体制にとって、この「世界観」と結びついた国家的政策が実現されるためには、それに協働する経済人のナチス的「世界観」への同意が必要であり、それは何よりもナチス党への彼らの加入、「世界観」と不可分の関係にある党の綱領への賛同によって確実となるからである。彼らとナチズムとの関連、彼らが党に所属しているか否かが重大な問題となるのである。そのような中で進む企業家のナチス化、ナチス思想受容の過程は、本書がとくに重視する観点である。ナチス思想と経済人との関連は、「政治」と「経済」の接点を形づくり、利害関係とあいまって、両者を結びつける決定的ともいうべき要素であったからである[27]。

資本主義経済を国家的に組織化したナチスの経済機構は、日本の同時代人の関心をひきつけた。本書の第二の課題は、ナチスの経済組織化に対する同時代の日本での関心と受容を明らかにすることである。日本経済史の研究が示すようにアジアへの軍事的侵略、とくに日中戦争とともに、日本は戦時経済体制に移行し、経済体制の転換が不可避となった[28]。それは資本主義を土台にし、それを再編成することを必要とし、そのモデルとして全体主義的なナチス・ドイツの事例が注目された。資本主義的企業のナチス的組織化の方式は、戦争準備体制としてのいわゆる国防経済の計画と、近衛文麿内閣（第二次）の下での経済新体制の形成過程において積極的に評価され、修正されつつ導入され、統制会システムとして実現した。太平洋戦争勃発後は、軍需工業・関連工業の組織化としてのナチス・ドイツ軍需省による委員会・リング制と企業集団による「自己責任」体制も日本で注目され、あたかもそれに対応するかのように軍需会社法と軍需関連企業の「生産責任」体制がつくり出された。

ナチス的な経済システムや経済思想は、独自な全体主義体制を生み出しつつある同時代の日本に大きな影響を与えたのであるが、その具体的な分析はほとんどなされないままできた。日本の天皇制的全体主義[29]と、ヒトラー・ナチスのドイツ・ファシズムとを全く異質のものとする歴史観がそれを強めてきたように思われる。しかし、その中で古川隆久や欧米の歴史学者、たとえばW・M・フレッチャー、A・ゴードン、B・ガオ、O・ケルデなどが[30]、ナチス経済思想の日本への導入について検討を重ねてきたことは重要な成果であった。拙著『戦前・戦時日本の経済思想とナチズム』（二〇〇八年[31]）も、そのような研究状況の空白を埋めようとする試みであった。資本主義のナチス的機構編成の日本への影響についてはその中で論じたが、本書はこの問題により立ち入って検討を加えるもので、第一部におけるナチス・ドイツの歴史事実の分析を通じて、第二部で叙述される日本における展開過程がより鮮明になり、両者の世界史的な関連が明らかになれば幸いと考える。

注

（1）山口定著『現代ファシズム論の諸潮流』有斐閣、一九七六年、また、同著『ファシズム――その比較研究のために――』同、一九七九年、V。

（2）この論争については、とくに Ian Kershaw, Der NS-Staat. Geschichtsinterpretationen und Kontroversen im Überblick, Reinbek bei Hamburg 1994, とくに3。また井上茂子・木畑和子・芝健介・永岑三千輝・矢野久著『1939・ドイツ第三

帝国と第二次大戦』同文舘、一九八九年、序章二（永岑三千輝）、望田幸男・野村達朗・藤本和貴夫・川北稔・若尾祐司・阿河雄二郎編『西洋近現代史研究入門』名古屋大学出版会、一九九九年（増補改訂版）、第3章4（原田一美）。

（3）企業史的研究の動向については、Werner Plumpe, Unternehmen im Nationalsozialismus. Eine Zwischenbilanz, in: Werner Abelshauser/Jan-Otmar Hesse/Werner Plumpe (Hg.), *Wirtschaftsordnung, Staat und Unternehmen. Neue Forschungen zur Wirtschaftsgeschichte des Nationalsozialismus*, Essen 2003; Norbert Frei/Tim Schanetzky (Hg.), *Unternehmen im Nationalsozialismus. Zur Historisierung einer Forschungskonjunktur*, Göttingen 2010. 企業史研究の動向は、ナチス期強制労働者に対する企業の補償問題とも関連していた。このような戦後補償や「過去との取り組み」についてドイツと日本の状況を分析した最近の書物、佐藤健生・ノルベルト・フライ編『過ぎ去らぬ過去との取り組み――日本とドイツ――』岩波書店、二〇一一年、参照。

（4）Hans Pohl/Stephanie Habeth/Beate Brüninghaus (Hg.), *Die Daimler-Benz AG in den Jahren 1933 bis 1945. Eine Dokumentation*, Stuttgart 1986; Hamburger Stiftung für Sozialgeschichte des 20. Jahrhunderts (Hg.), *Das Daimler-Benz-Buch. Ein Rüstungskonzern im ›Tausendjährigen Reich‹*, Nördlingen 1987; Barbara Hopmann/Mark Spoerer/Brigit Weitz/Beate Brüninghaus (Hg.), *Zwangsarbeit bei Daimler-Benz*, Stuttgart 1994; Neil Gregor, *Stern und Hakenkreuz. Daimler-Benz im Dritten Reich*, Berlin 1997; ders., *Daimler-Benz in the Third Reich*, New Haven/London, 1998. 自動車工業とナチズムに関する日本での研究として、西牟田祐二著『ナチズムとドイツ自動車工業』有斐閣、一九九九年。

（5）Constanze Werner, *Kriegswirtschaft und Zwangsarbeit bei BMW*, München 2006.

（6）Hans Mommsen/Manfred Grieger, *Das Volkswagenwerk und seine Arbeiter im Dritten Reich*, Düsseldorf 1996.

（7）Bernd Heyl/Andrea Neugebauer (Hg.), *»..... ohne Rücksicht auf die Verhältnisse«: Opel zwischen Weltwirtschaftskrise und Wiederaufbau*, Frankfurt a. M. 1997.

（8）Peter Hayes, *Industry and Ideology. IG Farben in the Nazi era*, New York, 1987; Gottfried Plumpe, *Die I. G. Farbenindustrie AG. Wirtschaft, Technik und Politik 1904-1945*, Berlin 1990. 工藤章「IGファルベンの成立と展開（1）（2）」『社会科学研究』第29巻5・6号、一九七八年、同著『イー・ゲー・ファルベン社の対日戦略――戦間期日独企業関係史――』東京大学出版会、一九九二年、また永岑三千輝「イー・ゲー・ファルベン社とナチ体制――私的独占体と国家との関係――」

『経済学季報』第34巻3・4号、一九八五年、ほか、永岑氏の一連の論文。

（9） Werner Abelshauser（Hg.）, *Die BASF. Eine Unternehmensgeschichte*, München 2002, Dritter Teil.

（10） Stephan H. Lindner, *Hoechst, ein I. G. Farben-Werk im Dritten Reich*, München 2005; ders., *Inside IG Farben. Hoechst during the Third Reich*, Cambridge et al., 2008.

（11） Peter Hayes, *Die Degussa im Dritten Reich. Von der Zusammenarbeit zu Mittäterschaft*, München 2004.

（12） Johannes Bähr/Axel Drecoll/Berhard Gotto/Kim C. Priemel/Harald Wixforth, *Der Flick-Konzern im Dritten Reich*, München 2008; Norbert Frei/Ralf Ahrens/Jörg Osterloh/Tim Schanetzky, *Flick. Der Konzern, die Familie, die Macht*, München 2009.

（13） Jeffrey R. Fear, *Organizing Control. August Thyssen and the construction of German corporate management*, Cambridge/Massachusetts/London, 2005; Gustav-Hermann Seebold, *Ein Stahlkonzern im Dritten Reich. Der Bochumer Verein 1927–1945*, Wuppertal 1981. また、Gerhard Mollin, *Montankonzerne und „Drittes Reich". Der Gegensatz zwischen Monopolindustrie und Befehlswirtschaft in der deutschen Rüstung und Expansion 1936–1944*, Göttingen 1988.

（14） Wilfried Feldenkirchen, *Siemens, 1918–1945*, München 1995.

（15） Wolfgang Mühlfriedel/Rolf Walter（Hg.）, *Carl Zeiss. Die Geschichte eines Unternehmens*, Bd. 2（R. Walter）: *Zeiss 1905–1945*, Köln 2000.

（16） Dietrich Eichholtz, *Geschichte der deutschen Kriegswirtschaft 1939–1945*, Bd. I–III, Berlin 1969–1996, München 1999（Nachdruck）; Lotte Zumpe, *Wirtschaft und Staat in Deutschland 1933 bis 1945*, Vaduz/Liechtenstein 1980.

（17） 拙著『ドイツ中小ブルジョアジーの史的分析』岩波書店、一九八九年。

（18） Arthur Schweitzer, *Big Business in the Third Reich*, Bloomington, 1964; Heinrich August Winkler, *Mittelstand, Demokratie und Nationalsozialismus. Die politische Entwicklung von Handwerk und Kleinhandel in der Weimarer Republik*, Köln 1972; Adelheid von Saldern, *Mittelstand im „Dritten Reich". Handwerker, Einzelhändler, Bauern*, Frankfurt a. M., u. a. 1979. 日本では、鎗田英三著『ドイツ手工業とナチズム』九州大学出版会、一九九〇年、同『製パンマイスターとナチス・ドイツ』五絃舎、二〇一一年。

(19) Astrid Gehrig, *Nationalsozialistische Rüstungspolitik und unternehmerischer Entscheidungsspielraum. Vergleichende Fallstudien zur württembergischen Maschinenbauindustrie*, München 1996; dies., Zwischen Betriebsinteresse und Lenkungswirtschaft: Drei mittelständische Unternehmer im „Dritten Reich“, in: Thomas Großbölting/Rüdiger Schmidt (Hg.), *Unternehmerwirtschaft zwischen Markt und Lenkung. Organisationsformen, politischer Einfluß und ökonomisches Verhalten 1930–1960*, München 2002; Michael C. Schnneider, *Unternehmensstrategien zwischen Weltwirtschaftskrise und Kriegswirtschaft. Chemnitzer Maschinenbauindustrie in der NS-Zeit 1933–1945*, Essen 2005. また、Petra Bräutigam, *Mittelständische Unternehmer im Nationalsozialismus. Wirtschaftliche Entwicklungen und soziale Verhaltensweisen in der Schuh-und Lederindustrie Badens und Württembergs*, München 1997.

(20) Franz Neumann, *Behemoth. The structure and practice of National Socialism*, London, 1942, New York, 1967 (Reprint). 岡本友孝・小野英祐・加藤栄一訳『ビヒモス――ナチズムの構造と実際――』みすず書房、一九六三年；Otto Nathan, *The Nazi Economic System. Germany's mobilization for war*, 1944, New York, 1971 (Reprint).

(21) Dieter Petzina, *Autarkiepolitik im Dritten Reich. Der nationalsozialistische Vierjahresplan*, Stuttgart 1968.

(22) Burton H. Klein, *Germany's Economic Preparation for War*, Cambridge, Mass., 1959; Alan S. Milward, *The German Economy at War*, London, 1965; Berenice A. Carroll, *Design for Total War. Arms and economics in the Third Reich*, The Hague/Paris, 1968; Ludolf Herbst, *Der totale Krieg und die Ordnung der Wirtschaft. Die Kriegswirtschaft im Spannungsfeld von Politik, Ideologie und Propaganda 1939–1945*, Stuttgart 1982; Richard Overy, *War and Economy in the Third Reich*, Oxford, 1994. 国家的経済統制を重視するJ・シュナイダーやディールの研究も広い意味でこの視点に立っているといってよいだろう。Jürgen Schneider/Wolfgang Harbrecht (Hg.), *Wirtschaftsordnung und Wirtschaftspolitik in Deutschland (1933–1993)*, Stuttgart 1996.; Markus Albert Diehl, *Von der Marktwirtschaft zur nationalsozialistischen Kriegswirtschaft. Die Transformation der deutschen Wirtschaftsordnung 1933–1945*, Stuttgart 2005. 邦語文献としては、大野英二「4カ年計画と経済政策の転換」大野英二・住谷一彦・諸田実編『ドイツ資本主義の史的構造』有斐閣、一九七二年、同著『現代ドイツ社会史研究序説』岩波書店、一九八二年、第4章、戸原四郎「ナチス経済」東京大学社会科学研究所編『ナチス経済とニューディール』(『ファシズム期の国家と社会3』) 東京大学出版会、一九七九年、二八頁以下 (戸原四郎著『ドイツ資本主義』

桜井書店、二〇〇六年、第4章として所収）、栗原優著『第二次世界大戦の勃発』名古屋大学出版会、一九九四年、とくに第三部3章、工藤章著『20世紀ドイツ資本主義』東京大学出版会、一九九九年、第Ⅱ部第三章、また大島通義著『総力戦時代のドイツ再軍備・軍事財政の制度論的考察』同文舘出版、一九九六年。

（23） Hans-Erich Volkmann, Zum Verhältnis von Großwirtschaft und NS-Regime im Zweiten Weltkrieg, in: ders., *Ökonomie und Expansion. Grundzüge der NS-Wirtschaftspolitik*, hg. von Bernhard Chiari, München 2003.

（24） Daniel Kahn, *Die Steuerung der Wirtschaftspolitik durch Recht im nationalsozialistischen Deutschland. Das Beispiel der Reichsgruppe Industrie*, Frankfurt a. M. 2006.

（25） 企業史研究の多くが、当該企業と経済集団／委員会・リングとの関連に注目している。

（26） その中で、M・プリンツやR・ツィテルマンが提起したナチス体制の下での「合理化」・「現代化」の現象や、T・ジーゲルら、また企業史研究が分析した企業の「合理化」の特質も検討されることになるだろう。Michael Prinz/Rainer Zitelmann (Hg.), *Nationalsozialismus und Modernisierung*, Darmstadt 1991; Tilla Siegel/Thomas von Freyberg, *Industrielle Rationalisierung unter dem Nationalsozialismus*, Frankfurt a. M. 1991. 山之内靖・ヴィクター・コシュマン・成田龍一編『総力戦と現代化』柏書房、一九九一年。また山崎敏夫著『ナチス期ドイツ合理化運動の展開』森山書店、二〇〇一年。

（27） この観点は、Avraham Barkai, *Das Wirtschaftssystem des Nationalsozialismus. Der historische und ideologische Hintergrund 1933-1936*, Köln 1977. や Herbst, *a. a. O.* とも重なる。

（28） これまでたくさんのすぐれた研究が蓄積されてきた。ここでは最近刊行された二つの大著だけをあげておく。山崎志郎著『戦時経済総動員体制の研究』日本経済評論社、二〇一一年、原朗著『日本戦時経済研究』東京大学出版会、二〇一三年。

（29） 当時の有力な政治学者矢部貞治の指摘は、戦時日本の全体主義に関する同時代の支配的な認識とイデオロギーを特徴的に示している。すなわち日本の政治原理は、「萬世一系の天皇統治、祭政一致の国体」を基本とし「国民全生活の絶対帰一点」をなしている。その中心にある「天皇」と「全臣民」との間には「本源的・生命的な魂の結合関係」が存在し、日本国家は「家族的共同体国家」そのものである。全体主義を「共同体」の再建の原理とするならば「日本こそは全体主義の最も純粋な模範である」と。矢部貞治「全体主義政治学」『日本国家科学大系』第4巻（国家学及政治学2）実業之日本社、一九四三年。このようなイデオロギー（「世界観」）に支えられた日本の全体主義（「純粋な模範」）と、ナチズムの「世界観」を柱とするドイツの全体主義（ナチス型）との間の相違性と共通性はこれまで活発に議論されてきたが、研究テーマの細分化とともにそのような関心が後退しているのは残念なことである。

(30) 古川隆久著『昭和戦中期の総合国策機関』吉川弘文館、一九九二年。また William Miles Fletcher Ⅲ, *The Search for a New Order. Intellectuals and fascism in prewar Japan*, North Carolina, 1982; Andrew Gordon, *Labor and Imperial Democracy in Prewar Japan*, Berkeley et al., 1991; Bai Gao, *Economic Ideology and Japanese Industrial Policy. Developmentalism from 1931 to 1965*, Cambridge, 1977; Ortrud Kerde, The ideological background of the Japanese war economy: visions of the „reformist bureaucrats", in: Erich Pauer (ed.), *Japan's War Economy*, London/New York, 1999; Gerhard Lehmbruch, The institutional embedding of market economies: the German „model" and its impact on Japan, in: Wolfgang Streeck/Kozo Yamamura (ed.), *The Origins of Nonliberal Capitalism. Germany and Japan in comparison*, Ithaca/London, 2001. 最近の成果として、Janis Mimura, *Planning for Empire. Reform bureaucrats and the Japanese wartime state*, Ithaca/London, 2011.

(31) 拙著『戦前・戦時日本の経済思想とナチズム』岩波書店、二〇〇八年。

目次

序論　1

第一部　ナチス体制と資本主義

第1章　資本主義のナチス的組織化……3

はじめに——先行研究と論点——　3

1　企業団体の部門別編成と指導者原理——ワイマール期との連続と断絶——　9

（1）ワイマール期の企業団体の改組・再編　9

（2）企業組織化のナチス的原則　12

（3）工業部門総資本の組織化——ナチス経済機構の確立——　13

2　経済集団の指導者とナチズム　17

（1）経済集団・機械製造業のナチス化　18

（2）ナチス的企業家　22

（3）各種経済集団の指導者とナチス党　26
3　ナチス的経済組織化と中小資本主義的企業　30
（1）ライヒ工業集団と独占資本・非独占的企業　30
（2）ナチスの「市場経済秩序」と非独占的資本　31
おわりに　34

第2章　ナチス経済体制とカルテル……………………………………43
はじめに　43
I　ナチス体制とカルテル――第二次大戦前――　45
1　カルテル立法　45
2　ライヒ工業集団・経済集団とカルテル改革　48
3　カルテル協定価格とナチス価格政策　51
4　工業分野のカルテルの展開状況　53
（1）カルテルの展開　53
（2）鉄鋼業のカルテル　54
II　戦時経済体制とカルテルの機能転化　58

1　戦時経済とカルテル規制の強化――ライヒ価格形成監理官による―― 58
2　ライヒ連合（Reichsvereinigung）の結成――国家的超カルテル―― 61
3　カルテルの整理・統合 67
（1）カルテルの「合理化」・「整理」 67
（2）経済集団・専門集団とカルテル 69
（3）カルテル的組織の転化形態 72
おわりに――カルテル機能転化の本質―― 74

第3章　地域経済機構のナチス的改造

第3章　地域経済機構のナチス的改造……87
はじめに 87
1　全体主義的組織原理の導入 90
2　商工会議所のナチス化 93
（1）ライン・ヴェストファーレン地方 94
（2）西南ドイツ・南ドイツ 98
（3）中・東部ドイツ 105
（4）北部ドイツ・北海・バルト海沿岸地方 109

3 商工会議所と国家的業務 113
4 商工会議所の広域的編成とガウ経済会議所への移行 116

第4章 戦争準備・戦時体制と資本主義——四カ年計画から第二次大戦へ——……123

はじめに 123
1 四カ年計画に関する先行研究の視点——その問題点—— 124
2 四カ年計画の新局面 128
(1) 合理化(経済効率向上)政策 128
(2) 国家的統制と個人のイニシャチヴ——ライヒ経済省と経済集団の役割—— 130
3 ライヒ経済省の合理化計画 132
(1) 生産の合理化 132
(2) 経営合理化政策——原価計算基準—— 133
4 経済集団の対応と企業の合理化 136
(1) 生産の合理化への協働 137
(2) 経営の合理化への協力 142
5 ナチス的イデオロギー 146

6　価格メカニズム・流通過程の統制と経済集団　148
（1）ライヒ価格形成監理官と価格統制　149
（2）原料統制　151
おわりに　152

第5章　総力戦体制と企業――トット－シュペア体制――……165

はじめに　165
1　F・トットと総力戦経済体制　167
（1）ヒトラーの軍需生産力強化命令（一九四一年一二月三日）　167
（2）軍需部門の合理化と企業発注の重点化、民需部門に対する圧迫　170
（3）軍需生産拡大と労働力動員　172
（4）軍需品納入価格の均一・グループ化　175
2　軍需部門の組織化――「自己責任」・「自治」――　177
（1）委員会・リング体制　177
（2）コンツェルン的企業の優位　180
（3）専門的経営者としての企業家　184

3 シュペア体制と「経営指導者」 186
（1）経営指導者 186
（2）株式会社の経営者・取締役の地位 187
（3）経営者のナチス化 188
4 委員会体制と武器製造企業――戦車製造―― 193
（1）中央委員会「戦車製造・牽引機械」と企業 193
（2）主要な企業 194
（3）製造台数の増加 196
5 軍需生産の基盤としての機械組立業 197
（1）工作機械の重要性 197
（2）機械の製造会社 198
（3）軍需関連生産への転換 201
6 軍需工業の合理化と労働力・原料の「節約」 204
7 総力戦経済の隘路 206
（1）戦争経済と原料不足・労働力不足 206
（2）労働力の問題 207

8　戦争経済の基礎＝消費財生産の解体――おわりに代えて――　210

第6章　ナチス・ドイツの価格・利潤原則……223

はじめに　223
1　論点の整理　224
2　競争規制政策と企業の協力体制の整備――ナチス体制成立期――　229
3　四カ年計画（一九三六年）と価格統制機関の発足――価格形成監理官組織――　232
4　価格引き上げ禁止令と原価計算原則　235
（1）価格引き上げ禁止令（一九三六年一一月）　235
（2）経済効率性の向上と原価計算制度の統一　237
（3）原価計算と利潤原理――基準としての官公庁発注――　240
5　戦時経済体制と価格政策――原価計算・価格引き下げ・経済効率向上――　244
（1）戦時経済令（一九三九年九月）　244
（2）価格引き下げ令と適正利潤、戦時超過利潤の国庫納入　246
6　軍需生産・関連部門生産の拡大と画一価格・グループ価格――トット－シュペア体制――　251
おわりに　256

第二部　日本の経済新体制とナチズム

第1章　日本における経済組織化の構想とナチズム……273
はじめに　273
1　電力国家管理におけるイギリス型とナチス型　276
（1）電力国家管理を「全体主義的」とする見方　276
（2）電力国家管理のイギリス型とナチス・ドイツ型　277
（3）革新官僚の電力国家管理論における世界認識　279
（4）国営方式とナチス・ドイツ方式　280
2　ナチス・ドイツの民間経済再編成への注目――日満財政経済研究会と昭和研究会――　282
（1）日満財政経済研究会とナチス的機構再編方式　282
（2）昭和研究会の民間経済機構改革案――ナチス的方式の批判的検討――　284
3　企画院における経済機構再編成の構想とナチズム　291
（1）経済機構再編成としての経済新体制構想　292
（2）経済新体制確立要綱（一九四〇年一二月）へ　294
おわりに　300

第2章 経済界のナチス政策思想の受容とドイツ使節団……311
はじめに 311
1 財界の経済新体制構想 314
（1）重要産業統制団体懇談会の発足と経済新体制 314
（2）帆足計とナチス的「経済指導」方式 317
2 財界のナチス認識の転換とナチス・ドイツ経済使節団 318
（1）ナチス認識の転換 318
（2）ドイツ経済使節団・ヘルフェリヒの講演 321
（3）ドイツ経済使節団とナチス・ドイツ 324
3 日独伊同盟直後のドイツ労働戦線使節団と日本の厚生運動 331
（1）ナチス党・ドイツ労働戦線使節団の日本訪問 331
（2）ゼルツナーとゴーデスの略歴 332
（3）興亜厚生大会とドイツ使節団 333
（4）日本の厚生運動と経済界 336
（5）日本厚生運動とナチス歓喜力行団モデル――伍堂卓雄を中心に―― 339

4　ナチス使節団と経済新体制問題　342
（1）ナチス使節団と政財界要人との関係——ゼルツナー・ゴーデスの「報告書」による——　342
（2）ナチス使節団と財界——日本経済連盟会の記録に即して——　345
おわりに——ナチズムの受容と日本的伝統主義との結合——　348
第3章　経済人の機構改革構想とナチズム……359
はじめに　359
1　東洋経済新報社・三浦鉄太郎の機構改革論　360
2　商工会議所を中心とする機構改革案　364
（1）商工会議所を軸とする経済中枢機関の構想　364
（2）ナチス・ドイツ方式の受容　365
（3）商工省「経済会議所法案（未完稿）」と日本商工会議所の対応　367
3　財界主流のナチス観——日本工業倶楽部の場合——　368
（1）ナチス体制に関する経済界の分析　368
（2）ナチス認識の転換　373
4　日本経済連盟会・重要産業統制団体懇談会の機構改革案　376

（1）民間経済新体制要綱（参考案）の機構改革構想 376
（2）日本経済連盟会の革新派と主流派 378
おわりに 382
第4章 戦争経済の「隘路」——戦前・戦時日本の社会科学的認識——……389
はじめに 389
1 再生産論的な戦争経済論 391
2 軍需生産と再生産論 393
（1）笠信太郎の「軍需生産と再生産過程」 393
（2）野口八郎（守屋典郎）の第三部門論批判 400
（3）有沢広巳の「戦争と経済」・第三部門論 403
3 縮小再生産論争——一九四〇年—— 408
おわりに 421
あとがき 427
人名索引 440

第一部　ナチス体制と資本主義

第1章　資本主義のナチス的組織化

はじめに——先行研究と論点——

ヒトラー・ナチス党は、一九三三年の政権掌握とほとんど軌を一にして、ワイマール共和制時代の経済機構の解体と新たな形での編成・組織化に着手した。経済団体・企業者団体の改組と再編、全国的な機構化は、労働組合の解体とドイツ労働戦線の結成と並んで、ドイツ経済のナチス的編成替の根幹を形づくるものであった。ドイツ経済を構成する資本主義的企業の全体的な組織化と産業部門別の編成は、ナチス・ドイツの経済機構の骨格をつくり出すことになるのであるが、本章は全体主義的なナチス・レジームと資本主義との関連を明らかにするために、資本主義的企業の中心的な分野である工業部門におけるその具体的な状況とナチス的な特質について考察することを課題にしている。

ナチス政権は、まず一九三三年にドイツの諸工業を「ドイツ工業全国身分」(Reichsstand der deutschen Industrie) に編成した後、一九三四年二月にドイツ経済有機的構成準備法 (Gesetz zur Vorbereitung des organischen Aufbaues der deutschen Wirtschaft：以下、「準備法」と略す」)、同年一一月に上記法律の施行令 (Durchführungsverordnung：以下、「施行令」と略す) を公布して経済諸部門・業種の強制的な組織化を遂行した。

この二つの法令により、ドイツ経済を構成するすべての企業経営（農業を除く）は、工業、商業、手工業、動力業、銀行、保険業の六部門と交通業に分けられ、それぞれが「ライヒ（全国）集団」（Reichsgruppe：「全国団体」とも邦訳される）の下に統括された。最大の集団は、工業部門の組織であった。ドイツの工業分野の資本主義的企業は、すべて産業別・業種別に集団化され、「経済集団」（Wirtschaftsgruppe）―専門集団（Fachgruppe）―専門下部集団（Fachuntergruppe）に編成された。これらは同時に地域的にも組織化され、地域――ライヒ（全国）の連携がつくり出され、ベルリンのライヒ（全国）工業集団（Reichsgruppe Industrie）がそれら経済集団を全体として統括した。

このナチス的組織は、資本主義的な形態をとるドイツ工業の産業部門・業種を網羅し、企業はこの集団（グルッペ）への加入が強制された。つまり、ライヒ工業集団・経済集団体制は、ドイツ経済の工業部門における再生産過程を担うすべての資本主義的企業（すなわち工業的総資本）の国家的な組織化にほかならず、この組織は、一九四五年にいたるまで、ナチス経済の全体的な機構を支える基軸となった。

ナチス権力による企業の組織化は、早くから注目され、その状況は同時代人によっていち早く紹介されていた。(1) 戦後のナチス研究においてこの問題を最も早く分析した一人がA・シュワイツァーである。(2) シュワイツァーは『第三帝国における大企業』（一九六四年）において、企業、とくに大企業とナチズム・ナチス体制との関係の分析という視点から、このナチス的な経済組織化を重視し、そこにおける中間層と結びついた身分階層制的なイデオロギーと大企業的な利害との対立と、後者の優越にいたる歴史過程を明らかにした。他方L・ツンペやD・アイヒホルツら旧東ドイツの歴史家は、ライヒ工業集団の役割に注目し、これを独占資本の利害に結びつけて、ナチス体制を国家独占資本の体制として規定した。(3)

西ドイツにおいては、一九六〇年代にI・エーゼンヴァイン・ローテは経済団体史の視点からナチス期の組織化の過程を跡づけた。(4) 同じ時期に、この企業団体の問題をナチス体制と資本主義との関係という観点から解明しようとしたのはW・ゼルゲルである。ゼルゲルは、ドイツ工業全国身分から上記の法律による経済集団の全国編成への展開を分析し、鉄鋼業・金属工業について、一方では重工業の独占資本の利害、他方での中小資本の優勢な完成品工業の立場とを区分するとともに、両者の対立に注目し、前者優位の下で全国的な企業集団化が展開する経緯を明らかにし、それがワイマール期の企業団体と連続する面を指摘した(5)。

西ドイツではその後ナチス期の企業集中過程に関するD・スヴァテックの研究の中で企業集団の組織化が考察されたが(6)、ナチス・レジームと経済（＝資本）との関係という基本的な問題に結びつけて、重要な観点を提起したのはH・-E・フォルクマンであった(7)。彼は戦時期における経済と政治の関係の問題を、個々の大企業とナチス権力との関係としてではなく、大資本の結合体としての企業集団（軍需工業・関連工業の委員会・リング機構）およびその「経済的自治」と、ナチス戦時体制とその統制的政策との関係として捉え、両者の協力的関係に注目した。アイヒホルツら旧東ドイツの歴史家の認識と重なるフォルクマンの指摘は、その後の研究に大きな影響を及ぼすことになった(8)。

同じようにナチス期における国家と経済との関連という観点から、ライヒ工業集団・経済集団の役割を重視して、その具体的な活動を詳細に分析した最新の研究は、D・カーンの大著である(9)。カーンは、一方ではアイヒホルツら旧東独の歴史家たちの実証研究の成果を吸収しつつ、他方では国家独占資本主義論とは異なり、国家的イデオロギーの要素が有する独自な役割をも考慮しながら、両者の対立と結合の状況を詳しく検討して、その上でこの機構における独占資本の力の優位を確認した。

以上のような研究の積み重ねの中で多くの事実が明らかにされた。ナチス体制と資本主義との関係という本書の課題との関連で整理すると、とりわけ次の三点が重要な論点となる。

（a）　先行研究が指摘するように、ナチス期の企業集団とその活動は、ナチス・レジームと資本主義との関係を集約的に、かつ機構的に示している。すなわち企業集団（経済集団／ライヒ工業集団また委員会・リング）は、一方では企業側の諸利害を代表しつつ、独自な立場（「経済的自治」）に立って、ナチス権力に対応するとともに、他方ではナチ・レジームの権力機構の担い手として、国家的な諸政策の実現のために協力した。ナチス・レジームの方向性と、資本主義的企業の利害とは、対立を含みつつ、しかし全体として重なり合い、企業集団は両者を媒介する重要な機能を示した。この認識はナチス体制と資本主義との関係に関する歴史家の一般的な議論と密接に関連する。[10]

（b）ナチス体制の下で企業集団の組織化は、ワイマール期の諸企業団体の解体、任意的加入制に代わる全企業の強制加入、ユダヤ人の排除、指導者原理の導入などの特質を伴っていたが、全体としては、組織面において、ワイマール期のそれを継承し、また経済団体の指導層の面で人的にも連続する。つまり企業団体のあり方を見た場合、ワイマール期とナチス期との間には強い連続性が存在する。この認識は、F・ノイマン、ゼルゲル、T・ジーゲル／T・v・フライベルク[11]、M・シュナイダーらの研究において広く採用された、いわば通説的な見方といってよいだろう。

（c）ゼルゲルらが重視したように経済団体の組織化においては、産業部門・業種別の不均等性が問題となり、独占資本と中小の資本主義的企業との間で利害が対立するが、経済集団（およびシュペア体制下の委員会・リング）の活動において優位を貫いたのは、重化学工業の大企業ないし独占資本であった。この点においてゼルゲル、フォルクマン、カーンらの見解と旧東独の歴史家たちのそれとは大きく重なっており、この理解も一般的に受容されているといってよいだろう。

本章は、以上の三点の指摘を受け止めながら、まず（b）と（c）の認識に関してより立ち入った検討を加え、一定の修正を試みた上で、（a）の内容に新たな意味を追加しようとするものである。その理由を簡単に説明するとこうである。

①まず（b）のワイマール期との組織上の連続性について。ワイマール期の企業団体との連続性を重視する立場は、ナチスによる企業団体の改組を形式的なものとみなし、加入強制や指導者原理などのナチス的原則の意義とそれを伴ったナチス的組織化の独自性を適切に認識できていないように思われる。ゼルゲルやシュナイダーの研究においては、ナチス的集団化がすべての経済分野、すべての企業経営を網羅したこと、あらゆる産業部門を地域的かつ全国的に組織したその事実が十分に理解されていない。本章は、これに対して、ナチスによる企業団体再編が資本主義的な企業をすべて包括する、いわば社会的総資本の強制的な組織化として、歴史上かつてない独自性を有したこと、しかもその組織原理として、民主主義的な運営方式を排除して、ナチス的独裁を特徴づけるいわゆる指導者原理が採用された事実を重視するものである。つまり連続性と同時に、むしろそれ以上に断絶面を評価しようとする。

②ワイマール期の組織との人的連続性について。（b）の支配的な見解は、ワイマール期の企業利害団体との間の連続面を、団体指導部の人的な側面についても主張する。ナチス世界観と結びついた人的刷新、つまりグライヒシャルトゥングは留意されているが、それはユダヤ人の排斥とナチス党員によるその代替としてのみ捉えられ、民主主義・社会民主主義の立場を含めた、反ナチ的ないし非ナチ的な旧執行部メンバーの排除、ナチス党員ないしその同調者の指導部掌握、つまり経済人の「ナチス化」の事実はほとんど全く問題とされない。経済集団の指導者とナチス党・ナチス世界観との関係は直接的ではなく、概して利害関係の重なりを媒介とする間接的な協力関係として位置づけられるに止まっている。「政治」に対して「経済」は、もっぱら利害関係の論理だけで動く自立的なファクターとして位置づけられ、「経済」自体がナチズムと結合し、その内部から「ナチス化」するという観点が除外されているのである。ナチス体制は、周知のように民族主義、人種主義、反ユダヤ主義、反マルクス主義、反民主主義等の世界観を重視し、そのような世界観と何らかの形で結びついた国家的政策に関与する経済人がナチ的イデオロギーに賛同することが求められた。ナチス権力は経済人の世界観を問題にし、彼らがナチス党員であるか否か、ナチス支持者である

かどうか、を確定しようとした。ナチス・レジームにとって経済人の「ナチス化」は必須の要件であった。経済人の「ナチス化」の問題は、企業者史の中でも注目されており、それに関係する新しい研究成果が次々に公にされつつある。[12]本章は、この観点を重視し、経済集団のリーダーの人選にあたってナチス党員資格あるいはナチス党承認がいかに重要であったかを示し、経済集団とナチズムとの強い関連を明らかにしようと思う。

③（c）で述べたように、ナチス期の経済集団機構における巨大企業・独占資本の優位性の認識は重要であり、これを否定することはできない。しかし先のゼルゲルの研究は、鉄鋼業（原料・半製品部門）と金属加工業（製品加工・組立）との間の部門間の不均等的発展と、金属加工業部門での中小規模企業と鉄鋼業の独占的企業との対立関係という興味深い事実を指摘しながら、後者の中小の資本主義的企業とその組織化については立ち入った分析を行わなかった。独占資本・巨大企業と併存する中小の資本主義的企業、[13]いわゆる「中間層的企業」（mittelständische Unternehmen）とナチス経済との関係に関しては、近年ドイツの歴史家の関心が高まっており、すぐれた実証研究が公にされているが、[14]地域史レベルに止まり、ナチス体制の全体像との関連はほとんど問題とされることがなかった。しかしナチス的な経済集団体制は、資本主義的な経営の圧倒的部分を構成する中小規模の企業を網羅し、独占資本とともにそれらを包摂した。ドイツ資本主義の全体的構成において、独占資本の支配的な原料・半製品部門とともに、中小資本が優勢な加工業・組立て業を中心とする非独占的な産業部門は著しく重要であり、ナチス・レジームはそれらを組織化することにより、これらの非独占的な資本主義的企業に対して、彼ら自身の組織的拠点を提供した。中小の資本主義的企業が直面する過剰な市場競争を規制し、市場関係を適正化すること、同時にカルテル政策によりカルテルの市場支配を抑制しようとするナチスの政策は、これらの中小諸資本の利害に合致していた。企業集団の編成は、それらと密接な関係を有していた。このことは（a）で示したナチス・レジームと経済（＝資本主義）のあり方にも深く関わってくることになる。ナチス権力―企業集団―独占資本の関係とともに、ナチス・レジーム―企業集団―中小規模

資本の関連が独自な意味をもってくるのである。

本章ではまず、この組織のナチス的な特質をライヒ工業集団事務局の公式文書である『経済構成便覧』（Hermann Teschemacher (Hg.), *Handbuch des Aufbaus der gewerblichen Wirtschaft*, Bd. I–III, Leipzig 1936–1937）などによりながら検討し、次いで経済集団の指導者とナチス党との関係をライヒ経済省関係文書館史料にもとづき考察することにしよう。最後に工業集団の「活動報告」や同時代刊行物を中心に経済集団と資本主義的企業との関係を見ることにする。

1　企業団体の部門別編成と指導者原理――ワイマール期との連続と断絶――

(1)　ワイマール期の企業団体の改組・再編

一九三四年二月のドイツ経済有機的構成準備法と同年一一月の施行令にもとづき、ドイツ工業は、部門・業種別に編成され、すべての企業は、経済集団・専門集団に組織された。ナチス・ドイツのこの企業組織に関して、名著『ビヒモス』の中で著者ノイマンは、「民族社会主義はこれまですでに存在した組織化の型に対して新しいものをほとんどつけ加えていない」と指摘し、「ドイツの企業組織化の民族社会主義的構造は、ワイマール共和国のそれと大幅に異ならない」と述べている。[15] 鉄鋼業の経済集団についてゼルゲルも主張する。「『新しい』経済集団における旧経済団体の連続面は制度面のみでなかった。旧来の私経済的利害の代表という課題も引き続き集団によって果たされた」。そして同様の連続性は機械組立業についても存在する、と。[16]
ドイツの資本主義的企業は、他の資本主義国の場合と同様、第一次大戦前から専門分野を土台にして、共通の利害を背景とする企業団体（Verband, Vereinigung）を結成していた。商品の市場価格や取引条件を協定するカルテル的組織は、その一つの形態であった。ナチス政権は上の法律を通じて、これらの企業団体のうち、市場規制団体としてのカルテルを除く、すべての組織を解体し、経済集団機構に編成し直した。ナチス体制によるこの企業組織化は、その意味で、ワイマール期の経済的利害団体を土台とする、その整理ないし編成替えの形をとっており、ノイマンらの指摘のとおり、両者の連続性は否定することはできない。それは企業団体の再編成に関与した当事者自身が認めることがらでもあった。ライヒ工業集団事務局作成の『経済構成便覧』によってその経緯を見よう。

まずライヒ工業集団はどのような組織からつくり出されたか。工業部門の企業家の全国的な団体は、一八七六年のドイツ工業家中央連盟の結成から始まり、一八九五年には工業家連盟が加工業を中心に組織された。第一次大戦の勃発直後の一九一四年八月に両団体が結合、一九一九年二月に両者は合併して、ドイツ工業全国連盟（Reichsverband der Deutschen Industrie：以下、ＲＤＩと略す）が設立された。それによって、一方ではそれまで存在した多数の業種別結合体（業種別連合）が、他方ではバイエルンやザクセンの工業家連盟、ライン・ヴェストファーレンの企業家団体「長名連合」など、地域的な団体が組織化されることになった。(17)

ナチスによる政権掌握後、ドイツ工業全国連盟は改組され、ドイツ使用者団体連合（Vereinigung der Deutschen Arbeitgeber-Verbände）と一体化され、ドイツ工業全国身分（Reichsstand der Deutschen Industrie）に、次いで一九三四年の立法によってライヒ工業集団が編成された。(18)

次に経済集団の形成について、主だったものだけを取り上げて見ることにしよう。

鉱山業集団の前身は、ドイツ工業全国連盟（ＲＤＩ）の専門団体・鉱山業で、経済集団・鉄鋼業は、上のＲＤＩの当該業種団体とドイツ鉄鋼業者協会（Verein Deutscher Eisen-und Stahlindustrieller：一八七〇年代結成）の二組織を統合、内部団体を整理して結成された。非鉄金属の経済集団は旧金属連盟とドイツ金属圧延・熔解中央連盟から組織された。

経済集団・機械製造業の前身は、一八九二年設立のドイツ機械工業協会である。上部組織としてのこの協会の下に約七〇の業種別団体が存在したが、これを統合し、一九の専門集団に編成した。運輸手段加工業では自動車工業全国連盟はじめ九団体が統合され、五つの専門集団をもつ経済集団となった。経済集団・電機工業は、一九一七年結成のドイツ電機工業中央連盟とドイツ電機工業全国連盟から結成された。

経済集団の鉄・ブリキ・金属製品加工業は、ヴッパタール・エルバーフェルト鉄・鋼製品工業連盟、ドイツ金属工業全国連盟（ベルリン）、ブリキ加工業全体組合（レムシャイト）の三組織から形成された。かつては一四〇の団体があったが、四専門集団・八下部専門集団に整理・統合された。

経済集団・石材・土は、RDIの石材・土分野の業種団体からつくられた。一〇〇近い団体が統合され、二六の専門集団に整理された。経済集団・建築業も既存の工業用建築企業全国連盟など四組織から結成された。この分野でも多数の業種団体や地方団体が改組された。木材加工経済集団の前身は、ドイツ木材工業経済連盟である。

経済集団・化学工業は、化学工業協会を改組してつくられ、経済集団・皮革工業は、六四の業界協会・団体が整理・統合されて結成された。繊維工業経済集団は、RDIの業種団体・繊維工業が前身の組織である。約二〇〇あった各種団体の重複は除かれ、下部組織の数は大幅に減少し、一五専門集団、七四専門下部集団に編成された。経済集団・被服業もRDI下の同業種団体から成立した。地方の特別団体や約四〇あった併立的な組織は整理され、統合された。経済集団・食品加工業の前身組織はRDIの団体・食料・嗜好品部門である。経済集団・ビール醸造業の前身は一八七一年設立のドイツビール連盟で、既存の一二〇の関係団体は一六の地区集団に再編された。

以上のようにナチスによる経済団体の組織化は、ワイマール期における企業者団体の展開を前提にし、その成果を引き継ぎながら、その再編成ないし編成替えの形を取って実施された。それらには第一次大戦後に結成されたドイツ工業全国連盟とその部門別ないし業種別団体だけでなく、一九世紀以来各地で生まれた地方的な業種別の諸組織や、さらに長名連合などのラント的な企業者団体などが含まれていた。ノイマンの強調したように、ワイマール期とナチス期との間にはこの点において重要な連続面が存在したことは事実である。(19)

(2) 企業組織化のナチス的原則

労働者の利害を代表する労働組合を否定したナチス政権は、企業家に対しては彼らの「経済的要求の保護」を目的とする団体を公認し、経済集団を各経済部門の「唯一の代表」として位置づけた（「準備法」第一条）。しかしそのあり方はワイマール期とは大きく異なっていた。

(a) 共和制下の企業団体の場合には、団体への加入は任意であり、民間の自発的な企業結合体として組織されたが、ナチス下の経済団体は、当該部門の企業のすべてが加入義務を負う国家的な組織となり、カルテル以外の民間団体は例外を除いて解体された。経済団体の設立・解散・統合、団体定款等の変更、団体指導者の任免はライヒ経済大臣の権限となった。

(b) 経済団体の運営は、従来のような民主的な多数決議の方法が排除され、団体指導者の責任による決定方式、いわゆる指導者原理（Führerprinzip）が導入された。経済集団の指導者は、ライヒ団体（ライヒ工業集団）の提案にもとづきライヒ経済大臣によって任命され、所属の専門集団、専門下部集団の指導者は、この経済集団の指導者の案にもとづいてライヒ工業集団の指導者によって任命された。

(c) 経済人の私的なイニシャチヴと経済界の「自治」は承認され、推奨されたが、同時に「民族社会主義国家」の原理が尊重され、経済の全体的利益とともに国家的な利益の促進が要請された。「施行令」第一六条は「指導者は民族社会主義国家の理念に立って指導すべき」であると規定し、ナチスの至上命令とされる「公益は私益に優先する」(Gemeinnutz geht vor Eigennutz)をはじめ、ナチス的な民族共同体的な原則に従うことが強制された[20]。

ナチス権力によってつくり出されたこの団体的組織は、このように一方では当該部門の諸企業の利害を代表するとともに、他方で国家的な統制や指令を受け止め、それを経済界に伝え現実化する役割を担うことになるのであって、それはワイマール期の経済団体と基本的に異なる原則に立っていたのである。

(3) 工業部門総資本の組織化――ナチス経済機構の確立――

ドイツ経済を構成する各種の工業部門・業種は、最上位組織のライヒ工業集団の下で、はじめ二七の経済集団、二二九の専門集団に分類され、それらは全体として七つの「主要集団」に組み込まれた。各企業はそれらのいずれかに所属し、いくつもの部門にまたがるコンツェルン的企業は複数の集団に登録された[21]。

第一主要集団：鉱山業・鉄鋼業・非鉄金属工業・鋳造業の各経済集団を包摂し、鉱山業は、石炭業等八つの専門集団、鉄鋼業は、製鉄・鉄鋼生産等の三専門集団〔鉄鋼業集団成員は約二五〇経営〕、非鉄金属〔構成員は三一四企業〕と鋳造〔同、約一七〇〇経営〕各経済集団は、それぞれ二ないし四専門集団から構成されていた。

第二主要集団：経済集団〔以下同じ〕鉄鋼・鉄組立加工〔鉄管・鉄道車輌、造船等を含め六専門集団〔以下同じ〕、同経済集団成員数約三〇〇〇経営〔以下同じ〕〕：機械組立〔工作機械等一九専門集団、約四〇〇〇会社〕：輸送手段製造〔自動車等五専門集団、約五五〇経営〕：航空機工業〔飛行機製造等三専門集団、六六企業〕：電機工業〔電気機械、変圧機、ラジオ等二四専門集団、一三九〇企業〕：精密機械・光学〔四専門集団、約一一〇〇企業〕。

第三主要集団：鉄・金属製品加工業〔鉄製品、ブリキ製品等四専門集団、一万四〇〇〇〜一万五〇〇〇経営〕。

第四主要集団：石材・土〔セメント工業等二五専門集団、約一万経営〕：建築業〔一一専門集団、約三二〇〇企業〕：

木材加工（家具工業等一一専門集団、約五〇〇〇企業）：ガラス工業（三専門集団、一一〇〇経営）：窯業（八専門集団、約七五〇企業）：製材（四専門集団、約一万経営）。

第五主要集団：化学工業（硫酸・ソーダ等一九専門集団、約五〇〇〇企業）：製紙・厚紙・パルプ（四専門集団、約八〇〇企業）：印刷・紙加工（八専門集団、約六〇〇〇企業）。

第六主要集団：皮革工業（六専門集団、約三三〇〇会社）：繊維工業（一五専門集団、約一万一〇〇〇経営）：被服工業（七専門集団、約六〇〇〇企業）。

第七主要集団：食品加工業（一七専門集団、約二万五〇〇〇経営）：ビール醸造業（約一一〇〇醸造企業）：麦芽業（約三〇〇企業）：製糖業（二四七経営）：アルコール飲料（八専門集団、約六万経営）。

以上の七つの主要集団のうち、第一集団は、鉱山・鉄鋼など独占資本の支配的な重工業部門、金属等原料・半製品生産に対応し、第二・第三集団がその加工・組立部門の広範な諸部門を組織した。電機工業は、第二主要集団に属し、化学工業は第五主要集団を構成した。繊維工業や食品加工業など生活資料に直接関連する工業部門は第六・第七主要集団に編成された。

このような機構において基軸的な役割を担ったのが単位集団としての経済集団であり、それに所属する業種ごとの専門集団、さらにその下にある専門下部集団である。経済集団は、指導者（Leiter）・副指導者、顧問団（当該部門の構成企業の社長・重役や専門家からなる数名～四〇人前後の組織。特別顧問会が設けられることがある）、事務局指導者が統括する事務局から構成された。またいくつかの委員会も組織された。たとえば、展示・見本市、法律関係、市場秩序・経営関係、規格化問題、原料・原料価格問題、学校・教育制度、等々の各委員会がそれである。(22)

経済集団は、前述したように下部組織として、業種別の専門集団を、時にはさらにその下に下部専門集団を有した。専門集団の指導者は、経済集団の指導者の指名により、ライヒ工業集団ないし主要集団の指導者によって任命された。

さらに経済集団は、各地域に地域集団（Bezirksgruppe）を設け、各地域の企業と緊密な関係をつくり出した。地域の集団は、商工会議所とともに、地域の経済会議所を構成し、この経済会議所の工業部がライヒ工業集団や経済集団（本部）と連繋した。

ライヒ工業集団の本部は、ベルリンにあり、上記の部門別の集団と、一四の地域的な集団とを統括し、政府関係当局と直接的な関係を有した。指導者の下に主要集団指導者七人を含む一八人の顧問（Beirat）がおり、整備された事務局を有していた。事務局は、組織・法律関係、人事・財務、外国貿易、財政・金融政策、特許・情報・教育、社会政策関係、国防、市場秩序・経営など、八の部局から構成され、また重要項目に関して別途委員会（一九三五／三六年では一三）が結成された[23]。

一九三九年には、鉄鋼業・金属工業・鋳造業・鉄鋼加工・組立業・機械組立業・輸送機械製造・航空機工業・電機工業・精密機械・光学工業・工業原料加工業・鉄鋼・ブリキ加工業・金属製品加工業が「鉄・金属工業専門共同体」を構成することになった。

経済集団の編成は一九四一年には別表のような状態を示した。ドイツ工業は三一部門の経済集団に編成され、その下に業種ごとの専門集団が一六一、さらに専門下部集団が一四二を数えた。原料・燃料・半製品部門、自動車など運輸手段や航空機製造、精密機械・光学など大企業の支配的な部門とともに、中小規模の資本主義企業が優勢な各種の加工・組立業がそれぞれ部門ごとに全体として組織された状況がわかるだろう。

ドイツの工業は、資本主義的企業が支配的なこれらの基軸的な諸部門と並んで、手工業技術が重要な位置を占める一連の業種を基礎にして成り立っていた。製パン工、錠前工、大工はじめ親方資格をもった営業主によって担われたいわゆる手工業（Handwerk）分野がそれである。ドイツ経済有機的構成法により小経営が優勢なこの手工業的経営も、業種ごとに編成され、ライヒ集団「手工業」に組織されていた。

別表　経済集団の編成（1941年）

経済集団	成員企業・経営数1）	地域集団・同下部集団・支部集団	専門集団	専門下部集団
1．鉱山業	1,1002）	16	5	—
2．燃料工業	650	—	1	—
3．鉄鋼業	200	8	2	—
4．金属工業	400	1	2	—
5．鋳造業	2,300	1	4	—
6．鉄鋼加工業	1,600	1	6	—
7．機械組立工業	5,900	1	17	17
8．運輸手段工業	950	—	5	—
9．航空機工業	150	—	—	—
10．電機工業	2,750	1	—	—
11．精密機械・光学工業	1,100	1	—	—
12．工業原料加工業	3,500	1	—	—
13．鉄鋼・ブリキ製品加工業	5,800	2	8	—
14．金属製品関連工業	7,200	1	7	4
15．石材・土材業	15,500	17	18	—
16．建築業	4,100	27	1	—
17．木材加工業	7,100	19	7	22
18．ガラス工業	3,000	—	3	3
19．窯業	900	3	—	—
20．製材業	11,300	24	3	—
21．化学工業	8,900	2	9	4
22．紙・厚紙・セルロース業	900	14	4	—
23．印刷業	15,400	21	3	—
24．紙加工業	3,200	23	4	9
25．皮革工業	4,550	3	6	1
26．繊維工業	11,900	24	13	49
27．被服業	7,500	10	5	22
28．食品加工業	24,450	2	18	11
29．ビール醸造業	1,700	23	2	—
30．精糖業	300	10	—	—
31．アルコール飲料工業	15,9003）	1	8	—
合計	170,200	257	161	142

出典：*Gliederung der Reichsgruppe Industrie.* Hg. von der Geschäftsführung der Reichsgruppe Industrie, 3. Ausgabe April 1941, Leipzig/Berlin, S. 15.

注：1）50単位の概数。重複加入を含む。
　　2）経営単位（鉱山）。
　　3）これ以外に約４万の小醸造所・果酒醸造所あり。

ライヒ工業集団・経済集団は，ライヒ集団「手工業」に対して，機械制にもとづくすべての工業部門とそれを構成するあらゆる資本主義的経営を機構化したものであり，文字どおり工業部門の総資本の国家的組織化にほかならなかった。それはドイツ資本主義史上かつてない事態であり，全体主義的なナチス体制の下ではじめて可能になる出来事であった。この企業組織は，自主的な企業結合として展開したワイマール期の企業利害団体のあり方とは根本的に異なった特質を有していたのである。

2　経済集団の指導者とナチズム

このようなナチス的な経済機構の中で経済集団や専門集団の指導者は，全体主義的な原理である指導者原則を通じて，これまでにない大きな権限を与えられた。彼らは当該分野の経済的利害を代表しつつ，しかもナチス・レジームの国家的要請に協力するという重大な任務を負うことになった。

そのためには専門的知識と経験が不可欠であった。そのような理由から経済集団の指導者や事務長の中には，共和制下の企業団体の執行部や有力企業家から任命される例が少なくなかった(24)。たとえば，経済集団・鉄鋼業の指導者ペンスゲン（Ernst Poensgen：フェニックス副会長を経て合同製鋼社社長）は，ドイツ工業全国連盟の鉄鋼専門部の部長を経験していた。彼はナチス党員ではないがこの重要なポストに指名された。エスリンゲン機械会社重役ケスラー（Ludwig Kessler）も，党所属でないにもかかわらず，経済集団・鉄鋼組立業の指導者に任命された。同・電機工業の指導者になったブラウン（Waldemar Braun：フランクフルト／M・のハルトマン・ブラウン社重役）も中部ドイツ工業連盟の理事長の地位にあった人物で，党籍をもたなかった。同様のケースは，精密機械・光学工業，皮革工業などの経済集団にも見られる。

ナチス期の電機工業における国家的統制について分析したG・ブレーマーが、経済集団は、本質的に旧来の経済組織の協力者に依存していると述べ[25]、またゼルゲルやシュナイダー、またカーンが、経済集団の指導者とナチス党との関係について立ち入って叙述することがなかったのもそれなりの理由があったのである。

しかしナチスは民族共同体の世界観を国民に強要し、前述のように、「施行令」は指導者に対してナチス国家の観念の遵守を求めていた。ライヒ工業集団の事務局長として最後まで重要な役割を演じることになるグート（Karl Guth）は次のように述べている[26]。「すべての集団の指導者や事務長、ライヒ集団の顧問団の成員は、総統代理の了解をえて任命され、経済集団・専門集団・専門下部集団の顧問は、当該管区・大管区指導者の了承にもとづいて命ぜられる。それによって間違いなくナチス的世界観にふさわしい性格・行動を備えた人物のみが役に就くことが保証される」と。

また『経済構成便覧』の編者であるテッシェマッハーも指摘する。「ライヒ工業集団の構成部局の指導者は、ナチス党（ＮＳＤＡＰ）の担当大管区指導者の諒解をえて指名された。それによって経済における党と国家との内的統一を人的な面でも拡大するためである[27]」。

（1）経済集団・機械製造業のナチス化

経済集団の指導者の人選はこのようにナチス党の諒解を必要とした。「ナチス的世界観にふさわしい性格・行動」を示す人材が選ばれたのである。その状況を経済集団・機械製造業の事例について見ることにしよう。

機械製造業は、生産額で繊維工業、鉄鋼業に次ぐ第三位に位置し、輸出部門としても最重要分野の一つであった。機械をつくる機械、すなわち工作機械を含め、ありとあらゆる機械・器具および装置を加工する産業部門・機械製造業は、生産手段生産部門の中心に位置し、ドイツ経済の根底を支える基軸部門であり、また軍需関連諸工業の基礎部

門として、再軍備を計画するヒトラー・ナチス党にとって、この部門の組織化は枢要な課題であった。(28)

一九三五、六年時には、この経済集団は、構成企業約四〇〇〇社で、その専門集団は二〇を数えた。第一専門集団は「工作機械」で、以下のような「専門部」を有した。「木材加工用機械」、「精密機械」、「繊維機械」、「衣料加工用機械」、「農業用機械」、「動力機」、「精錬・圧延・鋳造機械」、「浄水・建築用機械」、「巻き上げ・コンベア・クレーン機」、「製紙・印刷機械」、「食品加工用機械」、「各種器具製造」、「事務用機械」、「各種営業関係装置」、「各種付属品製造」、「駆動装置・伝動装置」、「その他」。専門集団はこのように専門機械・装置ごとの専門部を備え、その数は一一〇を越えた。経済集団の成員企業は、一九四一年時には五九〇〇社、専門集団は一七、専門下部集団は一七であった。

この大組織を運営する責任者が経済集団の指導者であった。しかしその経済集団指導者については先のシュナイダーは次のように説明するに止まった。(29)「機械製造業の経済集団はドイツ機械工業協会（ＶＤＭＡ）と連続している。たしかにその指導は、一九三四年にＷ・ロイター（Wolfgang Reuter）から同協会の前副協会長、ライプッチヒの企業家Ｏ・ザック（Otto Sack）に交替したが、しかし運営は協会のベテラン事務局長Ｋ・ランゲ（Karl Lange）が握っていた」と。

たしかに経済集団・機械製造業の事務指導者に就任したランゲは、ブリキ加工業の企業家団体やドイツ機械工業協会の事務長を歴任した経験者であった。だがシュナイダーは述べていないが、彼は、ナチス党の党員であり、党の生産性委員会に属し、さらに四カ年計画庁機械生産全権委員、軍需相トットとシュペアの総力戦体制下の「中央委員会・機械」の指導者としても活動する有力なナチス関係者であった。そして経済集団の指導者に任命され、ランゲが補佐したＯ・ザックも、ナチス党に所属し、ライヒ工業集団ザクセン地区の指導者を兼ねるとともに、一九四二年には軍需・戦争省のシュペア体制を支える委員会の「機械」部門に属し、その特別委員会「食品関係機械」の指導者としても活躍する。(30)ナチス・ドイツの経済体制の生産力的支柱を担う機械製造部門の経済集団組織化の主導権は、ザックーランゲのナチス人脈によって掌握されたのである。

ザックは、農業機械メーカー、合名会社R・ザック社を経営する企業家でもあった。この企業は農民出身の父親(Rudolf Sack)が一九世紀中頃に犂を製作する農村工業として始めたもので、創業時の労働者は五人ほどの小経営であった。その後経営は急速に拡大し、一九世紀末には雇用労働力七七〇人、第一次大戦前には労働者一七六〇人・職長四九人・職員二九人を雇う有力企業に成長した。しかし同族企業的な性格は引き続き維持されており、株式会社形態の巨大企業と対比すれば、中堅的な資本主義的企業に属した。O・ザックはその息子で、ライプチッヒ商業学校を終えた後、父親を助け経営に加わり、同社の責任者として活動する人物であった(31)。

経済集団・機械製造業の指導者に任ぜられたザックは、この部門に設置される専門集団の指導者の人選に着手する。それにもとづきライヒ工業集団指導者(「経済指導者」。フォン・デァ・ゴルツ伯[Grafen von der Goltz])は、ライヒ経済大臣に対して、この部門の集団(史料ではこの時点の名称Fachgruppe)の専門集団指導者(同じくUntergruppenführer)の候補として、「政治的」および「専門的」な「適性」に関する簡単な説明を付して次のように提案した(一九三四年六月二〇日付け(32))。

(1) 専門集団(史料では専門下部集団[Fachuntergruppe]、以下同じ)・工作機械:H・シェニング(Schoening)。NSDAP(ナチス)党員で、自営企業家(ベルリンの第一級工作機械工場の所有者)。

(2) 同・繊維機械:J・モンフォルツ(Monforts)。NSDAP党員で、自営企業家(M・グラートバッハの第一級繊維機械工場の所有者)。

(3) 同・蒸気機関:O・R・ヘンシェル(Henschel)。NSDAP党員で、カッセルの蒸気機関車製造工場全株式の所有者。

(4) 同・紙加工機械:H・マンスフェルト(Mansfeld)。SA(突撃隊)部隊指導者、自営企業家(ライプチッヒの第一級紙加工機械工場主）。

（5）同・醸造等機械：J・ホルシュタイン（Holstein）。NSDFB（NSドイツ戦闘団〔鉄兜団の後身〕）の一員で自営企業家。主要経済集団Ⅶの指導者シュラー（ナチス党員）は同人が政治的に好ましい人物と証言している。

ライヒ経済省は上記五人を認可した（七月一四日）。ザックは同年八月に、経済指導者（ゴルツ伯）に対して、専門集団・食料品等加工機械の指導者として、ファール（Otto Fahr：シュトゥットガルト・カンシュタットのヴェルナー・プフライデラー社）を推薦した。彼はその際、同人が「若手企業家」で、党員ではないが、SA（突撃隊）に属し、「党と永い間良好な関係を有してきた」ことを強調した。この文書はライヒ経済省に送付された。

一九三六／三七年版の『経済構成便覧』を見ると、専門集団の指導者として推薦された上記の六人の人物のうち、ホルシュタインを除く五人すべての名前が記されており、それぞれの地位に就任したことがわかる（ただしヘンシェルは専門下部集団指導者。ホルシュタインについての事情は不明）。この五人のうちヘンシェル以外の四人は一九四一年版の名簿[33]にも留まっている。

また一九三四年七月には主要集団Ⅱの指導者ブローム（Rudolf Blohm）の退任に際して、その後任としてホーフヴェーバー（Eduard Max Hofweber, 1891：マンハイムのハインリヒ・ランツ［Heinrich Lanz］社重役）が推薦されるが、その文書にも同人がナチス党員であることが明示されている（ライヒ経済省は八月一八日付で同人の任命を了承している）[34]。

以上からわかるように、経済集団や専門集団の指導者の決定において最も重要な条件となったのは「政治的」な適性、すなわちナチス的世界観への同調とナチス党との親和的関係であった。候補者はナチス党員であるか否かが問われ、そうでない場合はナチス党との親近性が条件となった。そのためにナチス党の認定が必要とされた。たとえば経済集団・鉱山業の二人の専門集団（カリ／金属鉱石）指導者の候補に関して、ライヒ工業集団はライヒ経済大臣に対して、危険人物でないことを証明する「所轄の党事務局の認可証」（Unbedenklichkeitsbescheinigung）を送る旨連絡しているが（一九三四年一一月二二日付）、まさにナチス党の認可は指導者の選定の不可欠の要件であったのである。

さて、経済集団の指導者の下には幹部会が設置されていた。経済集団・機械製造業におけるその構成メンバーは、ザックとランゲ、それにザックが人選したモンフォルツおよびホーフヴェーバーであった。こうして集団執行部はすべてナチス党員によって占められることになった。

専門集団の下部団体として組織されたのが専門下部集団であり、その指導者は、経済集団指導者の提案によりライヒ工業集団の指導者によって任命された。経済集団・機械製造業の場合、専門集団は当初二〇存在した。その第一専門集団・工作機械は、「旋盤」や「フライス盤・鋸機」はじめ一三の専門部を有したが、それらの指導者の人選に関しても、専門集団の場合と同じように「適性」が条件になったものと推定される。

たとえば「フライス盤・鋸機」部の指導者の地位に就いたケムニッツのヴァンデラー社（Wanderer-Werke AG）の重役・シュトゥールマヒャー（Stuhlmacher）は、ナチス党籍を有しており[35]、また「平削り機・シェーピング機・立削り盤・整備機」の指導者、ゲッピンゲンの有限会社ベーリンガー社（Gebr. Boehringer G.m.b.H.）の経営者・R・ベーリンガー（Boehringer, 一九〇一年生まれ）も、ナチス党に加わっていた[36]。指導者の「政治的」な立場、すなわちナチス党との親近性は下部専門集団の場合も同じように必要な条件であったといってよいだろう。

（2）ナチス的企業家

指導者の選任にあたって重視されたもう一つの条件は、「専門的」な適性であった。指導者は有力な企業で経営活動に自ら関与し、専門的な知識や経験を備えた企業家でなければならなかった。それは当人が属する企業のあり方と深く関連する。それでは指導者に任命された上記の人物が所属する企業はどのような状況にあったか。経済集団指導者ザックについては先に述べたので、他の指導者の企業について簡単に見ておこう。

まず主要集団IIの指導者になったホーフヴェーバー。彼が重役として活動するハインリヒ・ランツ社は農業機械のメーカーで、一八七二年には労働者二九〇人余だったのが、一九〇九年には三六五〇人を雇う有力企業に成長した(37)。経済集団指導者ザックの企業と同じ分野に属し、やや規模は大きいが経営的発展の状況、巨大企業ではないことなど、ザックの企業と似ている。

専門集団・工作機械の指導者・シェニングは、ベルリンのロボマ機械会社ヘルマン・シェニング（Roboma Maschinenfabrik Hermann Schoening）の社長で、同社は、同人が一九〇〇年にベルリンの賃貸工場を使って労働者八人で発足した工作機械メーカーである。その後アメリカ式のラジアールボール盤の世界的な企業となり、第一次大戦期の労働者は三五〇人を数えた(38)。零細経営から成長した、最新技術に関心をもつ専門的企業という点でザック社と共通する。

工作機械・専門集団の指導者は、一九三七年にシェニングから大兵器製造会社・ルードヴィッヒ・レーヴェ社（Ludw. Loewe & Co. AG）のメリング（Heinrich Moering）に交替するが(39)、メリングの代理を担当したクノール（Max Knorr）が属するフォルトゥナ社（Fortuna-Werke AG.）も新進の中堅的な企業であった。二〇世紀初めに設立されたシュトゥットガルトのこの経営は、ビン詰め機やラベル貼り機・皮革加工用機械を製造する企業であったが、やがてボールベアリング研削機の生産にも進出し、大きな業績を上げた。企業形態は株式会社の形を取っていた。雇用労働力が五〇〇人近くに増加した時期もあったが、その他は四〇〇人以下の中規模の資本主義的企業であった。クノールは、戦後ナチス党との関係による責任を問われ、同社の地位を失うことになる(40)。

繊維機械専門集団の指導者に選ばれたナチス党員・モンフォルツ（1883–1954）は、農村出身の父親が設立したM・グラートバッハの繊維機械工場の経営に第一次大戦前から関与して来た企業家である。彼は、工作機械部門への進出も実現させ、一九二五年には社長となり、セルロース乾燥用の最新技術を開発したりした。この経営も小規模企業から成長した中堅的な企業で、モンフォルツは技術革新に積極的な経営者であった。[41]

紙加工機械業の専門集団指導者に任ぜられたマンスフェルトの経営も同様であった。創業者Ch・マンスフェルトは手工業者的な経験を土台にして、一八五三年にドイツ初のミシン製造で成功を収め、その後、皮革加工業用の専門機械、さらに紙加工機械の組み立てに重点を移していった企業家で、小規模な経営からの発展、技術志向的な活動という点で他と共通した。[42]

専門集団・食品加工用機械の指導者ファール（1892-1969）が取締役をする企業、ヴェルナー・プフライデラー社（シュトゥットガルト）は、化学機械・食品加工用機械の製造で有数のメーカーであるが、その始まりは一八七〇年代、パン粉こね機を製作する手工業的経営で、当初の従業員はわずかに四人であった。一九世紀末から二〇世紀初めにイギリスの企業を合併し、イギリスでも販売を行って経営を拡大した。こね機は製パンやケーキ生産だけでなく、化学工業でも用いられ、さらに製粉生地プレス機や乾燥窯、ラッカー吹きつけ機等々各種の関連機械を製造して成長を加速した。ファールはシュトゥットガルト工科大学卒業後、一九二一年に同社に入社、一九二八年に取締役に昇進した。労働力は一八九〇年に約五〇人、一九〇〇年には二〇〇人、一九〇五年には三三四人と増え、第一次大戦で打撃を受けたが、その後回復し一九二九年には一五〇〇人となったが、世界恐慌によって一九三三年には六一五人に落ち込んだ。[43]この企業も小経営から成長し、新分野を開拓しつつ積極的な技術革新を推進した点で上記の事例と同じ特徴を有した。

専門集団・工作機械の平削り機等専門部の指導者べーリンガーは、ハノーファー高等技術学校を卒業し、一九三八年には博士号を取得する企業家であるが、ゲッピンゲンの彼の企業は、一八四四年設立の同族的な企業で、繊維機械の修理業から始まり、鋳鉄工場を設置して、繊維機械の製造、さらに工作機械の分野に進出し、世紀交替期には旋盤・

平削り盤の専門メーカーとしてヨーロッパ各地に市場を広げた。従業員の数は世紀末には約三〇〇人、第一次大戦期には八〇〇人、一九二六年には一四〇〇人に達したが、同族的な経営様式は維持された。ベーリンガーは経営活動に積極的な新進の経営者として他の企業家と同じように適当な専門企業家とみなされたのである。(44)

フライス盤・鋸機の専門下部集団のシュトゥールマッヒャーが重役として活動したケムニッツのヴァンデラー社（ただし、彼は一九三五年に同社を離れる）は、一八八五年の発足時には合名会社で、当初は自転車を製造していたが、事務機（タイプライター）と工作機械に転換し、さらに自動車製造にも進出し、第一次大戦期以後は計算機など事務機の生産で急速に成長した。同社の従業員は、第一次大戦期にすでに三〇〇〇人近く（労働者二七〇〇人、職員一三〇人、技術八五人）となり、一九二九／三〇年に四九〇〇人に拡大したが、恐慌期には、二三〇〇〜三〇〇〇人程度に縮小した。同社はナチス体制の下で急速に成長し、第二次大戦勃発時には八〇〇〇人を超える大企業となるが、経済集団形成期には、前述したザック社やハインリヒ・ランツ社と同じ規模の企業に属した。(45)

以上の諸企業は、全体としては、小経営から拡大・成長した中規模の資本主義的企業という特徴を有していた。これに対して専門下部集団・蒸気機関の指導者ヘンシェルの企業はやや異なった。ヘンシェル（1899-1982）は、ミュンヘン大学等三つの大学で学んだ後、一九二四年に父親の企業「ヘンシェル兄弟社」（Henschel & Sohn Cassel）を継ぐが、同社は土地の名門ヘンシェル家が代々営む伝統的な企業で、彼はその六代目社主となった。同家は早くから経済活動に関わってきたが、近代的な機械組立業のはじまりは一九世紀前半で、当時すでに二〇〇人の労働者を雇用した。蒸気機関・機関車を専門とした同社は、世紀換期以降、ブリキ管・鋳鉄製部品の製造、さらに製鉄業・炭鉱業にも進出し、原料から完成品にいたる一貫的な生産を行う大手メーカーに成長した。従業員は一八八〇年七一八人、一九世紀末に一三〇〇人、一九一〇年には三五〇〇人となり、合名会社から有限会社となった一九二一年の次の年には、労働者九二六六人、職員一一四七人の大規模企業となった。(46)

以上経済集団・機械製造業における各種部門の集団指導者の企業状況を見てきたが、その大半に共通する特徴を示すと次のようになるだろう。

1．彼らは例外なく機械・装置の製造を専門とする企業活動に直接的に関与する企業所有者ないし経営者であり、その分野の知識と経験を身につけた専門的な企業人であった。

2．その企業のほとんどは創業時には零細ないし小規模な経営で、そこから出発して世紀転換期から第一次大戦期にかけて、関連分野をも取り込みつつ急速に成長して、当該部門の専門的企業としてその地位を確保する。しかし企業規模は巨大化せず、同族経営的な要素を多分に維持する中規模な資本主義的企業に止まった。(47)

3．各分野の指導者に選ばれたのは、概してそれら企業の創業者や当初の企業家ではなく、その子息の世代、とくに創業者の二代目が多い。農民・手工業者など中小経営者の系譜と意識を残す一代目と異なり、専門学校などで新しい技術・経営様式を学ぶ機会を与えられたこの世代は、創業者的・伝統的な経営活動を継承しつつ、最新の企業方式や合理的な生産技術に関心を示す新しいタイプの企業家であった。(48) ナチスはそのような新進の専門的経済人が備える力量と、「経済的自治」にもとづく経済集団・専門集団による彼らの国家的な協力に期待をかけたのである。

（3）各種経済集団の指導者とナチス党

経済集団・指導者たちとナチス党との結びつきは機械製造業以外の諸部門でも見られた。「ナチス的世界観にふさわしい」人材の選定はすべての経済集団・専門集団の指導者について実施されたのである。その状況を概観しておこう。(49) まずライヒ工業集団について見ると、トレンデレンブルク（Ernst Trendelenburg：ライヒ内務省・経済省等歴任）、ディィリヒ（Gottfried Dierig：Christian Dierig 社社長）を継いで指導者に就任した鉄鋼コンツェルン・マンネスマン社長のツァンゲン（Wilhelm Zangen, 1891-1971）は、一九二七年入党のナチス党員で、親衛隊（ＳＳ）のメンバーでもあった。

次に主要集団Ⅰ～Ⅷの指導者のうち、鉄・ブリキ・金属製品の加工業をカバーする主要集団Ⅲの指導者ティール（Reinhold Thiel）は、テューリンゲンのルーラ所在のティール兄弟有限会社の社長で、中部テューリンゲン商工会議所会頭等地域の要職を兼ねるナチス党員であった。また化学工業部門の主要集団の指導者に選ばれたプフォテンハウア（B. Pfotenhauer）もナチス党に属していた。彼はダルムシュタット銀行支配人で一九二四年以降化学会社のメルク社やダンロップゴム会社などの役員を兼ね、ヘッセン経済会議所、経済集団・化学工業、専門集団・薬品工業の各顧問をも兼任した。主要集団Ⅶ・指導者のシュラー（Bruno Schüler：醸造業支配人、ドルトムント・ユニオン醸造会社重役）はドルトムント商工会議所事務局長などを兼ねるが、彼は一九二三年入党の古参ナチス党員で、同党金勲章を受けていた。

ライヒ工業集団は一四の地域集団を有し、それぞれに指導者を配置した。主要集団や経済集団の指導者を兼任するものが五人で、他の九人のうちブランデンブルクのプファール（H. Pfahl：エーリッヒ・グレーツ社重役）、ニーダーザクセンのヘッカー（E. Hecker：イルゼダー・ヒュッテ監査役会長、ハノーファー商工会議所会頭等歴任）、ザールラント・プファルツのレヒリング（H. Röchling. Röchling-Konzern）の三指導者が明らかにナチス党員であった。

さらに経済集団の指導者について見ることにしよう。経済集団・鉱山業の指導者・クネッパー（Gustav Knepper, 一八七〇生まれ：ロートリンゲン鉱業会社重役、合同製鋼社鉱業部門技術責任者等歴任）はナチス党員で、専門集団・石炭業、同各種鉱山業の指導者を兼任した。非鉄金属部門の指導者フィッツナー（O. Fitzner：ブレスラウの鉱業会社支配人）は、一九三一年にナチス党入党、ＳＡ（突撃隊）にも所属している。また事務長もナチス党員である。経済集団・鋳造業の指導者ランゲノール（M. Langenohl：ドイツ・アイゼンヴェルク社支配人）と事務長はともにナチス党籍を有していた。

鉄・ブリキ・金属製品加工業の経済集団・指導者には党員関係の記載はないが、事務長のビュヒナー（T. Büchner）はナチス党員であった。石材・土部門の指導者（一九三六〜四三年）となるミュラー（A. Müller）とその事務長、建築部門の経済集団・指導者（一九三六〜三九年）に就くオプヴルツァー（H. Obwurzer）とその事務長、木材加工業部門の指導者ノヌ（H. Nonu：会社重役）と事務長もナチス党員である。

また経済集団・化学工業の指導者クレム（C. A. Clemm：カリ化学株式会社ほか重役）は、ナチス党員でSAに所属し、また事務長E・ウンゲヴィターも、ナチス党員で、同時にナチス自動車隊員、ドイツ労働戦線に所属した。印刷・紙加工経済集団の指導者ゼーリガー（K. Seeliger：ライプチッヒの製本業者・出版業者、ライプチッヒ商工会議所会頭）は、ナチス党に属し、SAの一員でもあった。食品加工業部門の指導者トイネルト（H. Theunert）、醸造業の経済集団・指導者レーム（Roehm）らもナチス党に加入していた。

もちろん、主要集団・経済集団等の指導者のすべてがナチス党関係者であるとは限らなかった。前述したように主要集団Iの指導者となった鉄鋼コンツェルン・合同製鋼社副社長（一九三五年社長）のペンスゲンをはじめ、指導者の多くがナチス党に所属していなかった。(50)

しかし「施行令」により指導者は民族社会主義国家の観念に従って行動することが条件となっており、その人選にはナチス党の了承が不可欠の要件となっていた。それは一九三四年の経済集団発足時においてばかりでなく、その後の指導者の交替や新任に際しても実施された。たとえば一九四二年、経済集団・機械製造業の専門集団・圧搾機・ポンプ工業の指導者の指名に際し、ライヒ工業集団はライヒ経済省に対して「党はそれに反対していない」と明記し、また一九四三年における同経済集団・指導者の候補に関連して、ライヒ工業集団のグートは「党からの了承はまだ届いていない」と連絡していることからもわかる。(51) 党の「認可証」は依然として必要であったのである。

ナチス党に属さない候補者の場合には、党との友好的な関係が条件となったことは「醸造機械」や「食品加工用機械」の専門集団の指導者に関して前述したとおりである。党員であっても同様であった。経済集団・運輸機械の専門集団・自動車工業の指導者の候補者としてJ・ヴェルリン（ダイムラー・ベンツ社重役）が推薦された際に「総統の旧き友人」であることが理由とされたこともそのような事例である(52)。

以上からナチス経済を機構的に支える経済集団・専門集団とナチス党とは、それぞれ別個の併存的な組織でありながら、党による指導者選定への関与、ナチス党員経済人の指導者就任などを通じて、両者の結びつきは当初から密接であったことがわかる。ドイツ資本主義を構成する社会的総資本は、ライヒ工業集団―経済集団―専門集団として組織化された。それらは一方では「経済的自治」による部門別・業種別集団として、しかし他方で指導者原理にもとづいて運営される国家への協力的な機構として編成された。経済（資本）とナチス体制とはこの組織によって結びつけられ、ナチス的世界観の担い手ないし同調者としての指導者とその執行部によって運営されることになるのである(53)。

経済機構のナチス的な転換は、地域経済に関しても強行された。地域の広汎な中小資本主義的経営を包摂する商工会議所の再編、全国的な組織化、全体主義的指導者原理の導入がそれである。一九三四年八月二〇日の商工会議所令によるこの改造は、商工会議所における旧執行部の交替、ナチス的指導部の成立に帰結した。九〇の商工会議所のうち八〇近い会頭がナチス的な経済人によって取って代えられた(54)。経済界指導部のナチス化は全国レベル・地域レベルで実行されたのである。

3　ナチス的経済組織化と中小資本主義的企業

（1）ライヒ工業集団と独占資本・非独占的企業

ナチス体制の一般的な経済問題と各部門・業種に関連する具体的な問題の多くは――シュペア体制（一九四二年）にいたるまでは――このライヒ工業集団・経済集団が何らかの形で関与する仕方で処理された[55]。ライヒ工業集団の「活動報告[56]」は、この組織が外国貿易・交通・税制・原料・カルテル・市場秩序・経営問題・社会政策・特許・商標・宣伝・メッセ・防空、等々実に広い範囲の問題に関与したことを示している。本書の以下の諸章では、この機構が戦時経済の重要な国家的政策に対していかに関わったかが明らかにされるであろう。

ナチス経済機構の基軸としてのこの組織が、重化学工業を中心とする独占資本の影響下にあったことは事実である。一九三八年以降ライヒ工業集団の指導者の地位を占めたのは、鉄鋼コンツェルン・マンネスマンの総支配人・ツァンゲンであったし、主要集団Iの指導者となった合同製鋼コンツェルンの総支配人・ペンスゲンは、経済集団・鉄鋼業の指導者を兼ね、またライヒ工業集団の顧問団のメンバーでもあった。ツンペはこの機構を「独占資本の規制と国家的統制とが結合する国家独占的機関」と規定する[57]。

エッケルトが指摘するように「大コンツェルンはいくつもの集団に代表を送り、さまざまな形でその利害を守ることができたが、小企業はその集団に限定された[58]」。旧ドイツ民主共和国の歴史家だけでなく、西ドイツのゼルゲルも「国家と工業とを結びつける環節は組織であり、そこでは大工業がいつも決定的な影響力を有していた」と述べ、またライヒ工業集団に関するカーンの最新の大著も同じようにこの機構における独占資本の影響力の強さを認めている[59]。

ライヒ工業集団の顧問団や委員会は、各分野の指導者の決定に一定の影響を与えることができた。たとえば一八人からなる顧問団において、合同製鋼のペンスゲンやダルムシュタット銀行のプフォテンハウアなどコンツェルンや大銀行のメンバーが、より大きな発言力を行使したであろうことは想像に難くない。しかしわれわれは同時にこの顧問団の中に、機械製造業の中堅的な企業家ザックやエスリンゲンの機械工業経営者ケスラーはじめ、非独占的な諸部門の代表が加わっており、それぞれの分野の利害を表明しえたことにも留意しなければならない。

しかしより一層重要なことは、このライヒ工業集団の下に編成された各経済集団や専門集団・専門下部集団が、それぞれの産業部門や業種の企業の全体的立場を公式に代表し、ライヒ工業集団を通じてその独自な利害をライヒ経済省や価格監理官に対して提示することができたことである。ライヒ経済省には経済集団や専門集団の名前で実にさまざまな要望や苦情が送られた。コンツェルン的な大資本と区別される中小規模資本が優勢な機械製造業をはじめ、いわゆる中産的ないし中堅的な資本主義企業を軸とする各部門・業種は、ナチス的な機構の下で、その利害を公式に表明することができた。ナチス下の企業組織化は、コンツェルン的巨大企業の利害ばかりでなく、非独占的な諸部門とそこで優勢な中小規模の資本主義的企業とも深い関係を有していたのである。

(2) ナチスの「市場経済秩序」と非独占的資本

先に述べたように鉄鋼・金属工業の企業組織化を分析したゼルゲルは、産業部門間の発展の不均等性と、そこから生じる部門間の対立に注目していた。製鉄・鉄鋼業等の半製品生産とその加工部門との利害対立、加工・組立業内部における自動車・造船・鉄骨・機械製造・電機の諸部門と小型鉄製品加工・ブリキ加工・自転車製造の利害状況の違いがそれである。それはとくにコンツェルンの支配的な製鉄・鉄鋼部門と中小規模の資本主義的企業の優勢な加工業との利害対抗として表面化しており、両者の対立は世界恐慌の影響の下、ワイマール末期に著しく深まった。対抗関係を集約する焦点の問題がカルテルと独占であった[60]。製鉄・鉄鋼部門のコンツェルン的企業はカルテル的結合を通じてその生産物の価格や取引条件を協定することができた。金属工業の加工諸部門の中小規模資本は、原料となる半製品をカルテル価格で購入しなければならなかった。しかもこれら中小資本は数が多く分散的で、自らはカルテルを組織できず、相互の激しい競争関係の中で厳しい経営状況に直面していた。中小企業の過剰な競争関係の問題とカルテル・独占問題とは表裏一体の関係にあったのである[61]。

ナチスによる企業政策はこのような状況への対応という面を備えていた。一つはカルテル的企業結合に対する規制であり、もう一つは過剰な競争関係、とくに価格引き下げ競争の抑制であって、それらを通じて「適正な」市場関係をつくり出すことが課題となっていた。カルテル法改正令や強制カルテル法などは、そのような目的と密接に関係していた。カルテル（「市場規制的団体」）は存続が認められたが、それに対する国家的な監視が強化され、他方、カルテルを結成できなかった中小企業は、強制カルテル法によってカルテルを組織することができるようになった[62]。

全国工業集団・経済集団の組織化も上の課題と強く結びついていた。強制加入制による企業の集団化は、過当競争に直面する中小規模企業にとって、経営状況の改善を可能にする、競争調整的な企業団体の組織化を意味した。ライヒ工業集団はその任務として、一方ではカルテルの活動を監視しつつ、他方では中小規模企業の競争状況の深刻化を抑制し、より「適正な」市場関係（「市場秩序」）をつくり出すことを課題としていた。それは同時に経営の合理化、経営活動の改善を目的とする企業への統一的な簿記・会計様式の導入や経営間のコスト比較と結びつけられるのであるが、その前提として「経営的にも国民経済的にも有害な価格切下げ競争の抑制」という課題が果たされる必要があった[63]。このようにナチスによる経済組織化は、非独占部門の中小の資本主義的企業の過剰な競争を抑制し、適正な経営活動を確保することを重要な目標の一つとしていたのである[64]。

企業間の競争関係は市場での商品価格をめぐって展開する。ナチス政府は、商品の市場価格の安定を目的として、カルテル価格の監視・規制を含めた独自な価格政策を実施した。それを担当したのが価格監視監理官（ゲルデラー：Carl Goerdeler）であり、一九三六年以降は価格形成監理官（ヴァグナー：Josef Wagner）であった[65]。価格政策の基準となったのは「国民経済的」観点であり、そこには独占資本の支配的な重化学工業部門の立場だけでなく、それ以外の広汎な諸部門とそれを構成する中小規模の資本主義的企業の利害も包摂されていた。上に見たライヒ工業集団・経済集団と価格当局とはこの点で一致しており、価格引き上げ禁止令（一九三六年）から原価計算制度にもとづく適正価格制度への価格政策の展開は、両者の協働の下ではじめて可能になった。各部門・業種の商品価格を、コスト＋適正利潤（率）＝適正価格を基準にして算定するこのナチス的価格方式は、経済集団・専門集団による部門ごとの原価計算方式の作成と各企業への要請、基準的なコスト・利潤の策定などの活動によって支えられたのであるが、それは同時にそれぞれの部門・業種企業に対して、経営条件に相応した「適正な」利潤の確保を可能にした。その結果中小資本にも利潤が確保されたばかりでなく、急速な経営拡大さえも見られたことは、たとえば機械製造業の事例が示すところである[66]。

適正価格の原則は、カルテルを含めた独占資本の商品にも適用された。戦時経済への移行とともに価格当局は、カルテルに対してこれまでの価格の引き下げを命じ、また、軍需相Ｆ・トット、次いでＡ・シュペアは、軍需品や関連原料の国への納入価格について、均一・グループ価格制を採用し、その一率引き下げの措置をも実施した。ライヒ工業集団・経済集団は、これらの国家的政策を側面から支え、その実現に協力した。こうした国家的措置は、いずれもコンツェルンなど独占資本の利潤追求に対して、歯止めとなるものであり、ナチス体制の経済機構としてのライヒ工業集団・経済集団と独占資本との間には一定の緊張関係が包蔵されていたのである。

以上の事実はナチス体制と資本主義との関連の問題を、もっぱらレジームと独占資本との結合的な関係として捉えてきた従来の学説に修正を迫ることになる。ナチス体制は巨大企業ではない、中小規模の資本主義的企業をも包摂し、その立場を擁護しつつ、他方で独占資本との間に独自な緊張関係を内包していたのである。

おわりに

ライヒ工業集団・経済集団は、国家と企業の経済活動とを媒介する公的な機関として、一方では企業の利害を代表して政府に働きかけるとともに、他方では国家的政策の実現のために政府と提携して、企業に指示を与えた。それは、カルテル問題、価格政策、貿易、社会政策、労働条件、交通問題、税制、特許、宣伝、工場防空、原料配給、統計作成などさまざまな分野に及んだ。

一九三六年にはじまる四カ年計画と戦争準備体制の構築においては、経済諸力の向上、企業経営の効率改善が国家的政策の目標となり、一九三九年、第二次大戦突入によって、それは一層切実な課題となるのであるが、その具体化をバックアップしたのはまさにこの経済集団であった。一九四一年の独ソ戦開始とともに軍需相トット、次いでシュペアの下で、軍需工業・関連工業の重点的な生産力拡大・増産政策が展開されるが、それを支え推進したのが軍需工業・関連工業の企業組織である委員会（Ausschüße）とリング（Ringen）の機構であったが、その組織化の土台となったのもライヒ工業集団・経済集団であった(67)。

このナチス的機構のさまざまな活動を出発点において支えた原理が、市場経済における企業の競争関係の調整であった。カルテルなどによる巨大企業の市場支配に対してそれを抑制し、中小規模の企業の過剰な競争関係を調整し、適正な市場関係を創出するという観点である。それはカルテル対策やカルテル合理化（本書第一部第2章、参照）、価格政策や原価計算・会計制度の合理化（本書第一部第6章、参照）などの諸政策への対応と密接に関連した。この観点は一九四五年にいたるライヒ工業集団・経済集団の活動の原理であったということもできる。

資本主義的企業の部門・業種別組織化による競争関係の調整は、しかし、ドイツに限られず、資本主義諸国に多かれ少なかれ共通して問題となることがらであった。アメリカ合衆国におけるニューディール政策の出発点となった全国産業復興法（National Industrial Recovery Act：ＮＩＲＡ）は、まさにそのような法律であった。ドイツにおいてヒトラーが政権を掌握した同じ一九三三年にローズベルト大統領によって公布されたこの法律は、全国的に組織された各分野の企業団体（trade association）が作成した、過当競争を防止し適正な競争を実現するための規約（code）を、一定の条件の下で大統領が公認し、公的な強制力を与えることを可能にした。同業組合が原価以下の販売を禁じたり適正な市場価格を設定し、それを公式なコードとすることを認めたこの法律は、一九三五年五月に違憲判決を受けるが、この間に認可されたコードの数は五〇〇を超えた[68]。自由放任主義的な市場原理を抑制し、競争関係を国家的に調整するという動きは、以上のように、ローズベルトのアメリカでも顕著であった[69]。しかしアメリカの企業組織化は、民主制の枠を維持し、企業家の主体的な団体結合を前提としていた。全体主義体制の下での強制加入制と指導者原理にもとづくドイツの国家的・全機構的な企業集団化は、アメリカの全国産業復興法の企業組織化とは、大きく異なっていたのである[70]。

注

（1）Robert A. Brady, *The Spirit and Structure of German Fascism*, New York, 1937, Reprint, New York, 1969, Ⅳ. 日本青年外交協会研究部訳、同協会出版部、一九三九年：Franz Neumann, *Behemoth*, New York, 1942, Part Two. 岡本友孝ほか訳、みすず書房、一九六三年：Otto Nathan, *The Nazi Economic System. Germanys mobilization for war*, New York, 1944, Reprint, 1971. 日本では経済新体制との関連で注目され、部分的に修正された上で受容され、統制会として具体化した。拙著『戦前・戦時日本の経済思想とナチズム』岩波書店、二〇〇八年、Ⅲ～Ⅴ、参照。同時代のドイツで刊行された経済組織化関係の文献は多い。たとえば A. B. Krause, *Organisation von Arbeit und Wirtschaft*, Berlin 1935; Eberhard Barth, *Wesen und*

Aufgaben der Organisation der gewerblichen Wirtschaft, Hamburg 1939 :「準備法」と「施行令」の原文は Friedrich Homann, *Die deutsche Wirtschaftsorganisation*, Berlin 1943 によった。同法の邦訳としては、日満財政経済研究会編『ナチス経済法』日本評論社、一九三七年。

（2） Arthur Schweitzer, *Big Business in the Third Reich*, Bloomington, 1964.

（3） Wolfgang Bleyer, Die Reichsgruppe Industrie — eine wirtschaftliche Kommandstelle des "totalen Krieges", in: *Monopole und Staat in Deutschland 1917–1945*, Berlin 1966; Lotte Zumpe, *Wirtschaft und Staat in Deutschland 1933 bis 1945*, Berlin 1979, Vaduz/Liechtenstein 1980; Dietrich Eichholtz, *Geschichte der deutschen Kriegswirtschaft 1939–1945*, Bd. II, Teil 1, Nachdruck, München 2003. また Rainer Eckert, Die Leiter und Geschäftsführer der Reichsgruppe Industrie, ihrer Haupt- und Wirtschaftsgruppen, in: *Jahrbuch für Wirtschaftsgeschichte*, 1979, Teil IV u. 1980, Teil I.

（4） Ingeborg Esenwein-Rothe, *Die Wirtschaftsverbände von 1933 bis 1945* (*Schriften des Vereins für Socialpolitik*, Neue Folge Bd. 37), Berlin 1965.

（5） Werner Sörgel, *Metallindustrie und Nationalsozialismus. Eine Untersuchung über Struktur und Funktion industrieller Organisationen in Deutschland 1929 bis 1939*, Frankfurt a. M. 1965. 戸原四郎著『ドイツ資本主義』桜井書店、二〇〇六年、も同じ立場を取っている（一七九頁以下）。これに対して栗原優氏は、そのような対立過程に注目しつつ、重工業主導の下で完成品産業との妥協的体制が成立したと述べ、ゼルゲルや戸原氏とは異なった理解を示している。同「ナチス経済社会体制の成立」神戸大学文学部『紀要』5、一九七五年、とくに第二章第三節以下。また同著『第二次世界大戦の勃発』名古屋大学出版会、一九九四年、第二部第三章。なお、ナチス期ドイツ経済に関する邦語文献、塚本健著『ナチス経済』東京大学出版会、一九六四年、工藤章著『20世紀ドイツ資本主義』同、一九九九年、ほかも参照。

（6） Dieter Swatek, *Unternehmenskonzentration als Ergebnis und Mittel nationalsozialistischer Wirtschaftspolitik*, Berlin 1972.

（7） Hans-Erich Volkmann, Zum Verhältnis von Großwirtschaft und NS-Regime im Zweiten Weltkrieg, in: ders., *Ökonomie und Expansion*, München 2003.

（8） たとえば Michael C. Schneider, *Unternehmensstrategie zwischen Weltwirtschaftskrise und Kriegswirtschaft*, Essen 2005. 経済の「自治」を重視する見解に対して、アーベルスハウザーは、シュペア期における「レジーム寄り」の有力経営者・技

術者による「上から」の指導の側面を強調する。Werner Abelshauser, Modernisierung oder institutionelle Revolution? Koordination einer Dienstbestimmung des „Dritten Reichs“ in der deutschen Wirtschaftsgeschichte des 20. Jahrhundert, in: W. Abelshauser/J. -O. Hesse/W. Plumpe（Hg.）, *Wirtschaftsordnung, Staat und Unternehmen*, Essen 2003, S. 26ff.

（9）Daniel Kahn, *Die Steuerung der Wirtschaft durch Recht im nationalsozialistischen Deutschland*, Frankfurt a. M. 2006.

（10）この問題に関する論点整理として、Ian Kershaw, *Der NS-Staat*, Reinbek bei Hamburg 1994. とくに3を参照。

（11）Tilla Siegel/Thomas von Freyberg, *Industrielle Rationalisierung unter dem Nationalsozialismus*, Frankfurt a. M./New York 1991, 3. 3. Zumpe, *a. a. O.*, S. 132f. も参照。

（12）先行研究としては、たとえば Lutz Niethammer, *Entnazifizierung in Bayern: Säuberung und Rehabilitierung unter amerikanischer Besatzung*, Frankfurt a. M. 1972. 最近の研究としては、Astrid Gehrig, *Nationalsozialistische Rüstungspolitik und unternehmerischer Entscheidungsspielraum*, München 1996. その他、Petra Bräutigam/Andrea Schuster/Astrid Welck, Drei württembergische Unternehmer während des Nationalsozialismus, in: Cornelia Rauh-Kühne/Michael Ruck（Hg.）, *Regionale Eliten zwischen Diktatur und Demokratie: Baden und Württemberg 1930–1952*, München 1993. ほか。

（13）中小規模の資本主義的企業の重要性に関しては、拙著『ドイツ中小ブルジョアジーの史的分析』岩波書店、一九八九年、機械製造業のそのような特質については、幸田亮一著『ドイツ工作機械工業の20世紀』多賀出版、二〇一一年、参照。

（14）本書、序論、注（19）参照。

（15）Neumann, *op. cit.*, p. 235, 240. 邦訳二一一、二一五各頁。

（16）Sörgel, *a. a. O.*, S. 58, S. 62.

（17）Hermann Teschemacher（Hg.）, *Handbuch des Aufbaus der gewerblichen Wirtschaft*, Bd. I, Leipzig 1936, S. 23f.; Neumann, *op. cit.*, pp. 238, 訳二一二頁以下。

（18）この間の詳細な経緯については、Sörgel, *a. a. O.*; Eckert, a. a. O.; Kahn, *a. a. O.* 栗原、前掲論文、ほか参照。

（19）このことは同時代人の認識でもあった。たとえばライヒ経済省参事官 E. Barth の著作 *a. a. O.*, S. 25ff. もとより組織の改造は決して容易ではなく、ライヒ経済省には企業から多くの疑問や苦情が寄せられた。Bundesarchiv Berlin, R3101/9001.

（20）「準備法」と「施行令」のほか、Teschemacher（Hg.）, *a. a. O.*, S. 7f.; Eb. Barth, *a. a. O.*, 1. など。また、拙稿「ナチス期ド

イツにおける社会的総資本の組織化」『政経論叢』第77巻1・2号（二〇〇八年一一月）。

(21) Teschemacher (Hg.), *a. a. O.* 会員は会費を納入する義務を負った。

(22) たとえば *Die Wirtschaftsgruppe Papierverarbeitung*, August 1939, Leipzig 1939.

(23) Teschemacher (Hg.), *a. a. O.*, S. 13-31. Reichsgruppe Industrie については Zumpe, *a. a. O.*, Anhang, Kahn, *a. a. O.*, S. 218ff. をも参照。

(24) Teschemacher (Hg.), *a. a. O.* および Eckert, a. a. O.

(25) Günter Brehmer, *Grundzüge der staatlichen Lenkung der Industrieproduktion in der deutschen Kriegswirtschaft von 1939 bis 1945* (unter besonderer Berücksichtigung der Verhältnisse in der elektrotechnischen Industrie), München 1968, S. 25.

(26) Karl Guth, *Die Reichsgruppe Industrie. Standort und Aufgabe der industriellen Organisation*, Berlin 1941, S. 34. グート（一八八九年ネッカースウルム生まれ）は、エアランゲン大学で学び、博士学位取得後、バイエルン玩具・金属品製造業者協会、ブリキ加工業全国協会（ベルリン）の事務長を経て、ライヒ工業集団の事務局長となった。Teschemacher, *a. a. O.*, S. 22. の同人の経歴を参照。党所属の記述はないが、写真の身につけたナチス党記章から、党員と推測される。なお、Eberhard Barth, Der fachliche und regionale Aufbau der gewerblichen Wirtschaft, in: Otto Mönckmeier (Hg.), *Jahrbuch der nationalsozialistischen Wirtschaft*, München 1937, S. 274. をも参照。

(27) Teschemacher (Hg.), *a. a. O.*, S. 24.

(28) *Die deutsche Industrie. Gesamtergebnisse der amtlichen Produktionsstatistik*, Berlin 1939 (*Schriftenreihe des Reichsamts für wehrwirtschaftliche Planung*). 幸田、前掲書、第1章および第4章。

(29) Schneider, *a. a. O.*, S. 199f. 同様に、Sörgel, *a. a. O.*, S. 62f. 幸田、前掲書、第4章。ランゲがナチス党員であったことについては、Hans Pohl/Johannes Markner, *Verbandsgeschichte und Zeitgeschichte. VDMA-100 Jahre im Dienste des Maschinenbaus*, Bd. I, 1992, S. 82ff.

(30) Teschemacher (Hg.), *a. a. O.*, S. 65; Eckert, a. a. O., 1979, Teil IV, S. 185f. cf. Pohl/Markner, *a. a. O.*, S. 85f. 同書ではこの事実が考慮されていない。

（31）　*Die Chronik des Hauses Rud. Sack 1836–1938*, 1938; Michael Schäfer, Herren im eigenen Haus. Leipziger Unternehmerfamilien und Familienunternehmen zwischen Jahrhundertwende und 1920er Jahren, in: Dieter Ziegler（Hg.）, *Grossbürger und Unternehmer. Die deutsche Wirtschaftselite im 20. Jahrhundert*, Göttingen 2000, S. 148f.; Franz Schulz, Elitenwechsel in Industrieunternehmen im Wirtschaftsraum Leipzig von 1945 bis Anfang der fünfziger Jahre, in: Werner Bramke/Ulrich Heß（Hg.）, *Wirtschaft und Gesellschaft in Sachsen im 20. Jahrhundert*, Leipzig 1988, S. 191；幸田亮一著『ドイツ工作機械工業成立史』多賀出版、一九九四年、六〇、一〇六頁。

（32）　以下は、Bundesarchiv Berlin（BArch Berlin と略す）、R. 3101, Nr. 9082, Organisation der Wirtschaft-Hauptgruppe Ⅱ による。

（33）　*Der Aufbau der gewerblichen Wirtschaft in Einzeldarstellungen. Gliederung der Reichsgruppe Industrie*, 3. Ausgabe April 1941, Leipzig/Berlin.

（34）　BArch Berlin, R. 3101, 9082. ホーフヴェーバーは、一九三〇年ナチス党入党、ヒトラー代理R・ヘスと個人的に近かった。彼は、専門集団・農業機械の指導者、バーデン経済会議所工業部責任者、シュペア体制の下ではバーデンの軍需長（Rüstungobmann）になる。同人とランツ社については、Roland Peter, *Rüstungspolitik in Baden. Kriegswirtschaft und Arbeitseinsatz in einer Grenzregion im Zweiten Weltkrieg*, München 1995, S. 65f.

（35）　Schneider, *a. a. O.*, S. 50, S. 62. ヴァンデラー社については、ほかに幸田、前掲書、一〇五、一一九、一九八、二二六各頁、参照。

（36）　cf. Gehrig, *a. a. O.*, S. 147f. ベーリンガー社に関しては、ほかに幸田、前掲書、七〇、二二一各頁。

（37）　Ernst Barth, *Entwicklungslinien der deutschen Maschinenbauindustrie von 1870 bis 1914*, Berlin 1973, S. 191. 幸田、前掲書、六〇頁、一〇六頁。

（38）　*Industrielle Vertreter Deutscher Arbeit in Wort und Bild*, o. J. Berlin. 幸田、前掲書、二〇五、二三五頁。

（39）　Schneider, *a. a. O.*, S. 225.

（40）　Gehrig, *a. a. O.*, S. 33ff., S. 41ff.

（41）　Wolfram Fischer（Hg.）, *Biographische Enzyklopädie deutschsprachiger Unternehmer*（Fischer（Hg.）, *Biographische En-*

zyklopädie と略す), Bd. 2, München 2004, S. 827.

(42) *Deutsche Biographische Enzyklopädie*, Bd. 6, München 1999, S. 598.

(43) Gehrig, *a. a. O.*, S. 33ff. 戦時期における軍需生産の地域的組織化とファールとの関係、戦後におけるファールのナチス期政治責任問題、同社からの解雇の経緯については、*A. a. O.*, S. 287ff., S. 304ff. また Michael Fichter, Aufbau und Neuordnung: Betriebsräte zwischen Klassensolidarität und Betriebsloyalität, in: Martin Broszat/Klaus-Dietmar Henke/Hans Woller (Hg.), *Von Stalingrad zur Währungsreform. Zur Sozialgeschichte des Umbruchs in Deutschland*, München 1988, S. 495ff.

(44) ベーリンガーについては Gehrig, *a. a. O.*, S. 23ff. 幸田、前掲書、七〇、二二一頁。なお、ベーリンガーはナチス党に属していたが、戦後、追放の対象とはされず、経営に復帰した。

(45) Er. Barth, *a. a. O.*, S. 195; Schneider, *a. a. O.*, S. 40ff., S. 83.

(46) *Henschel & Sohn Cassel. Denkschrift aus Anlass des hundertjährigen Bestehens der Maschinen-und Lokomotivfabrik*, Cassel 1910; Werner v. Kieckebusch, *Geschichte des kurhessischen Geschlechtes Henschel*, Kassel 1931; Fischer (Hg), *Biographische Enzyklopädie*, Bd. 1, S. 450f. 幸田、前掲書、二八、三三、二三五頁。ナチス期に同社は軍需生産に関係し、蒸気機関車だけでなく、戦車・トラック・航空機・同モーターの製造に携わった。

(47) 幸田『ドイツ工作機械工業の20世紀』をも参照。

(48) Schäfer, a. a. O., S. 148f.; Gehrig, *a. a. O.*, S. 23ff. 幸田『ドイツ工作機械工業成立史』。背景にあるドイツの青年教養層の動向については、田村栄子著『若き教養市民層とナチズム』名古屋大学出版会、一九九六年。

(49) Teschemacher (Hg.), *a. a. O.*, および Eckert, a. a. O. による。

(50) 『経済構成便覧』に党員関係の記載がないからといって党員でなかったと断定することはできない。経済集団・機械製造業の事務局長ランゲには党籍の記述はないが、エッケルトの調査でナチス党員であったことが判明している。

(51) BArch Berlin, R3101/9083.

(52) BArch Berlin, R3101/9082.

(53) 「はじめに」で述べたようにゼルゲル・シュナイダー・カーンなどの研究においてはこの事実がほとんど全く問題とされていない。Paul Erker, *Industrieeliten in der NS-Zeit. Anpassungsbereitschaft und Eigeninteresse von Unternehmern in der*

Rüstungs-und Kriegswirtschaft 1936–1945, Passau 1994. も同様である。

(54) 本書、第１部第3章。なお、Abelshauser, a. a. O. も参照。

(55) とくに Eichholtz, *a. a. O.* 参照。

(56) Reichsgruppe Industrie, Tätigkeitsbericht 1939–1945.

(57) Zumpe, *a. a. O.*, S. 134.

(58) Eckert, a. a. O., 1979, Ⅳ, S. 248.

(59) Sörgel, *a. a. O.*, S. 95; Kahn, *a. a. O.*, S. 475ff.

(60) Sörgel, *a. a. O.*, S. 9ff.

(61) 前掲拙著参照。

(62) Heinz Müllensiefen, *Von der Kartellpolitik zur Marktordnung und Preisüberwachung*, Berlin 1935, S. 20f. ミュレンジーフェンは、ライヒ工業集団のカルテル部の責任者であった。

(63) *A. a. O.*, S. 12ff.; Reichsgruppe Industrie, *Marktordnungsgrundsätze der Reichsgruppe Industrie*, Berlin (O. J.). cf. Eb. Barth, *a. a. O.*, S. 77ff.

(64) ゼルゲルはじめ従来の研究は、中小の資本主義的企業の動向をもっぱら「身分階層制的」な方向で把え、本章のような観点をほとんど全く欠いてきた。

(65) ナチスの価格政策の特質に関しては、本書、第一部第6章。

(66) Schneider, *a. a. O.*

(67) 本書、第一部第4章および第5章、参照。総力戦体制の下で委員会・リングが軍需工業関連の諸企業を機構化したのに対して、経済集団の組織は、民需部門を中心に消費財部門に関わる戦時経済政策に関与した。戦争末期にはライヒ工業集団の中で戦後計画案が作成されるが、計画策定の中心にあった人物は、戦後西ドイツの経済相としてドイツ経済の復興に重要な役割を果たすことになる、L・エアハルト（Ludwig Erhard, 1897–1977）であった。そのメモの中で民需（zivile Bedarfe）が重要視されていることが注目される。Wolfgang Schumann, Nachkriegsplanungen der Reichsgruppe Industrie im Herbst 1944. Eine Dokumentation, in: *Jahrbuch für Wirtschaftsgeschichte*, 1972–Ⅲ, Dokument 5; Ludolf Herbst, *Der totale Krieg und*

die Ordnung der Wirtschaft, Stuttgart 1982, S. 382ff.

(68) Leverett Samuel Lyon/Paul T. Homan/Lewis L. Lorwin/George Terborgh/Charles L. Dearing/Leon C. Marshall, *The National Recovery Administration. An analysis and appraisal*, Washington, 1935, New York, 1972, Vol. I, chapter VII; Arthur Robert Burns, *The Decline of Competition. A study of the evolution of American industry*, New York, 1936, Chapter X.

(69) 米独間のこのような類似性を強調し、ニューディールをファシズムとして批判する見方も登場する。そのような論潮に関する同時代的紹介としてBrady, *op. cit.* 参照。現代のドイツ史研究者の多くは、ドイツの企業組織化をもっぱらナチズム特有の身分階層制的なイデオロギーに結びつけて理解しようとした。そのためかアメリカでの類似の動向に対する関心が希薄となって、両者の比較が行われないままで今日にいたっている。著者は、身分階層制のイデオロギーの意義を決して否定するものではないが、それとともにこの時代の資本主義に共通する側面を重視する必要があると考えている。なお、国家と企業・労働との間の協働関係に注目する政治学の分野での国際比較、Wyn Grant/Jan Nekkers/Frans van Waarden (ed.), *Organising Business for War. Corporatist economic organisation during the Second World War*, New York/Oxford, 1991. をも参照。

(70) ローズベルトのアメリカとムッソリーニのイタリアやヒトラーのドイツとの共通性と相違点をめぐる同時代ドイツでの論議については、Harald Frisch, *Das deutsche Rooseveltbild (1933-1941)*, Diss. Freie Universität Berlin 1967; Philipp Gassert, *Amerka im Dritten Reich. Ideologie, Propaganda und Volksmeinung 1933-1945*, Stuttgart 1997; Kiran Patel, Amerika als Argument. Die Wahrnehmung des New Deal am Anfang des "Dritten Reichs", in: *Amerikastudien*, 45, Nr. 3, 2000: Wolfgang Schivelbusch, *Entfernte Verwandtschaft. Faschismus, Nationalsozialismus, New Deal 1933-1939*, München/Wien 2005. なお、同時代人の日本人が、アメリカとドイツとの相違を重視し、全体主義的なナチス・ドイツの方法を選択し、受容したことについては、前出注（1）拙著、参照。

第2章　ナチス経済体制とカルテル

はじめに

資本の集中過程は資本主義経済の基本的な特質をなしている。なかでも色々な経済分野での関連企業のカルテル的な結合は、コンツェルンなど巨大企業の成長とともに、一九世紀末から第二次大戦にいたる独占資本形成史を特徴づける最も重要な現象である。商品（サービスを含む）の価格をはじめ市場での取引条件を協定し、相互の競争関係を制限するこの独占的企業結合は、ヨーロッパ、とりわけドイツにおいて最も典型的な形で展開した。そのドイツのナチス期にカルテルはどのような展開を示し、全体主義的な経済体制の中にいかに編成されるにいたったか。本章は、その具体的な状況、戦時経済体制への移行に伴うその変質と役割を分析し、それを通じてドイツ・ファシズムと独占的資本主義との内的関係の重要な局面を明らかにすること[1]を課題にしている。

市場の競争関係を規制する諸企業の結合体としてのカルテルは、第一次大戦前から発達し、ワイマール期にはカルテル規制令（一九二三年。経済力濫用取締令）、価格協定に関する規則（一九三〇年）や大統領令（一九三二年）などの規制にもかかわらず、重化学工業を中心に各分野で展開した。そのあり方は、市場を独占的に支配する強固な組織から、基準価格を提示するだけのゆるやかな価格協定、商品引き渡しや支払いの条件などを定める「カルテル類似的」な団体までさまざまであった。またそのような競争制限的な企業結合と並んで、各産業部門・業種にはそれぞれの分野の企業の全体的な立場や利害を代表したり、製品の規格化や専門化など技術的・経営的改善、価格情報や啓蒙活動をめざすだけの非カルテル的な団体が数多く組織された。(2) 工業にはそれらを全体的に包摂するドイツ工業全国連盟(3)(Reichsverband der Deutschen Industrie)が結成されていた。カルテルと非カルテル的な企業団体は、ともにVerbandとかVereinigung(連盟・連合)などの団体名を有し、その名称からはカルテルか否かを区別することは困難であった。しかも両タイプは相互に重なり合い、また後者が前者に移行することも少なくなかった。両者のこのようなからみ合いの中で「カルテル問題」が社会問題として重大な局面を迎えつつあった。

政権を掌握したナチスは、一九三四年二月のドイツ経済有機的構成準備法と同年一一月の施行令により、後者のタイプの非カルテル的な企業者団体を解組するとともに、国家的な企業組織として、経済部門・業種ごとに経済集団(および専門集団)を結成し、強制加入方式によりすべての企業をその中に編成した。(4) これに対して前者のカルテル的な企業結合体は、国家的な規制を受けながら、市場規制的(marktregelnde)な団体、価格拘束(Preisbindung)団体として公式に承認され、ナチス的経済体制の中に組み込まれた。カルテルは存続し、加工・組立業などの中小経営が支配的で過剰な競争状況にある諸分野では、国家的にカルテル組織がつくり出されさえした。

一九三三年七月の一九二三年カルテル規制令改正と強制カルテル法がこのような方向をつくり出したナチス的立法であったことは、『ビヒモス』の著者ノイマンやナーサンら同時代人の分析(5)をはじめとして多くの研究が明らかにする所である。それでは、カルテルはそのナチス体制の下で、また戦時経済体制への移行の中でいかなる状況におかれ、またどのように変質したか。ノイマンやナーサンらは、カルテル的団体と公的企業組織としての上記経済集団との一体化や、国家的な超カルテル化の傾向を指摘していた。この見方はナチス体制と資本集中あるいは独占資本との関係の問題に関するスヴァテックや、ツンペ[6]ら旧東独の歴史家の研究にも継承された。他方『第三帝国の大企業』の著者、シュワイツァー[7]は、カルテルと経済集団との重なり合いを認めつつも、同時に両者の併存関係についても言及していた。

しかしながらノイマンら同時代人はもとより、その後の研究も、その具体的な状況や展開、戦時経済体制の下でのカルテルの変質や機能転換などについて立ち入って分析するまでにいたらなかった。ナチス経済体制とカルテルとの関係は、ナチス期の企業活動に注目する最新の実証的研究においても正面から取り扱われることは少なく[8]、したがって、ナチス期におけるカルテルの状況、カルテルと経済集団との関係、ライヒ経済省のカルテルに対する独自な立場、カルテルの合理化や簡素化の過程、あるいはカルテルの特徴であるカルテル拘束価格とライヒ価格形成監理局の価格政策との関連など、ナチス体制とカルテルに関する重要な問題は、これまで全くといってよいほど分析されることがなかった。本章は、同時代の史料にもとづきながら、それらの問題を可能な限り明らかにする予定である。

I　ナチス体制とカルテル——第二次大戦前——

1　カルテル立法

企業間協定によって商品価格を引き上げるなどの手段を用いて、市場を排他的に支配しようとするカルテルに対する人々の批判は、他方での非カルテルな分野での中小規模企業を中心とする競争関係の激化、収益の悪化の状況を背

景にして、急速な広がりを見せた。世界恐慌のなかで「カルテル問題」はかつてない状況を迎えていた。(9)

カルテル的な組織は、さまざまな分野でつくられていたが、強固な結合体は、巨大企業が優勢な重化学工業を中心とする半製品生産・原料生産の諸部門で形成されていた。これに対して、半製品や原料を完成品に加工したり組立てたりする分野では、概して中小規模の資本主義的経営や小経営が支配的で、それらの経営は企業の数が多いためにカルテルを結成しにくく、原材料や燃料をカルテル価格で購入しながら、自らの製品の販売に際しては、競争関係を調整できず、価格引き下げなどによる厳しい競争状況に直面していた（別表参照）。ナチスは政権掌握とともにいち早くこの問題に対応した。一九三三年七月一五日に二つの法律が布告された。一九二三年の経済力濫用取締令（カルテル規則令）を改正する法律と、強制カルテル設立に関する法律である。(10)前者はカルテルに対するライヒ経済大臣の権限を強化した。従来の法律では、カルテルの濫用に関して、大臣はカルテル裁判所にその無効等を請求することができたが、決定は裁判所が行った。今やその決定をも経済大臣が下すことができるように改正されたのである。

別表　カルテル化の状況（1933年）

	卸売物価指数商品のうち拘束価格の割合	卸売物価指数における割合	工業売上高に占める拘束価格商品の割合
工業原料・半製品生産	55%	61%	34%
完成品加工業	15%	39%	6%
全工業	—	—	40%

出典：*Wochenbericht des Institutes für Konjunkturforschung*, Jg. 6, Nr. 36, Dezember 1933.

後者は、過酷な競争関係のなかで競争を調整ないし制限する企業結合ないしその強化が必要とされている諸分野において、ライヒ経済大臣が全体経済や公益の観点に立ってカルテル等を強制的につくり出すことを可能にしたり、また新企業の設立や既存の経営の拡大を一定期間中止させることができる法律である。法案はドイツ工業全国連盟とライヒ経済省との協働作業によって作成され、その際、連盟のカルテル委員会が用意した案がたたき台になった。(11)この法律は、競争関係が深刻な加工業・組み立て業を中心とする諸分野にとって効果的であったばかりでなく、戦時経済体制の下で石炭業や鉄鋼業等で結成された国家的な超カルテル＝ライヒ連合の準処法としても機能することになった。

ナチス政府は、このように一方では重化学工業を中心とする半製品・原料生産諸部門での大企業のカルテル価格の市場支配に対してその規制をめざすとともに、他方では半製品・原料を加工する諸部門において過当競争に直面する中小の資本主義的企業や小経営に対して「非採算的な価格」、つまり安売り価格を抑制するカルテル的組織を強化したり、創出したりする道を拓いた(12)。

一九三六年頃までの強制カルテル法による措置は、セメント工業（工業、以下略）で六件、写真四、無色鋳物一、金属鋳造一、製塩一、安全かみそり刃一、レンズ五、葉巻三、タバコ三、石けん六、魔法びん四、線鉄加工（溶鉄圧延・線鉄編み・ワイヤーロープ）一二、製紙四、電球一、化学・薬品用品ガラス五、自動車タイヤ四、ほか、となっている(13)。

ほとんどすべての措置がアウトサイダーに対する現存カルテルへの強制加入ないしカルテル価格の義務づけを伴っていた。たとえば安全かみそり刃生産の場合、カルテルは生産の九五％を掌握していたが、残りの五％は工賃で加工するアウトサイダーの小経営が生産し、カルテルはその低廉な商品の競争に直面していた。そのため一九三四年より強制カルテル法適用の申請を行っていたが、一九三六年七月の経済省の法令によりそれらアウトサイダーのカルテルへの強制加入が実施された。強制カルテルの成員は三五〇企業であった（ゾリンゲンが中心(14)）。

このあともラジオカルテル（一九三八年）、ビン詰め用ガラス共同体（一九四〇年）、さらに国家的なライヒ連合（後述参照）などが強制カルテルとして結成された(15)。さらに同法にもとづいて鉄鋼業はじめ各種工業で工場の新設や設備の拡充が禁止されたことも注目に値いする。強制カルテル法は、ナチス期の最後まで存続し、この体制を特徴づけるカルテル法として機能した。

2　ライヒ工業集団・経済集団とカルテル改革

第1章で見たようにナチスは、工業企業の公的な全国組織として、ライヒ工業集団を頂点組織とする経済集団（専門集団）を部門ごとに結成した。この組織は、当初、市場経済に直接的に関与する権限をもたなかったが、経済効率の向上の観点に立ったいわゆる市場秩序の確立のためにカルテルを監視する役割を担っていた。具体的にはカルテル一覧の作成、カルテルの会議への出席、「健全な競争」の観点からするカルテルへの助言や提案などである(16)。

スヴァテックはそのような状況を「集団によるカルテル機能の掌握」として捉え、「集団とカルテルとの厳密な区分」は事実上消滅したとみなした。経済集団への企業の強制加入によりアウトサイダーの可能性がなくなったため、ナチスの政策はカルテルの強化に結びついたというのである(17)。この認識は同時代人ノイマンや旧東独の歴史家ツンペらの見方と大きく重なる。

後述するように経済集団のカルテル化は確かにスヴァテックの指摘のとおり進展した。しかしそれは戦争勃発後の現象であって、しかもいわゆるカルテルの「合理化」・「整理」の政策と密接に関連して、カルテルの変質を伴っていた。これに対してそれ以前の時期の経済集団は、まだ「市場規制的」な権限をもたず、外部からカルテルをチェックする機能をもつだけであった。それではライヒ工業集団・経済集団の既存カルテルと区別される独自な立場、すなわち経済効率向上のための市場秩序の観点とはいかなるものであったか。

ライヒ工業集団は、この問題に関して市場秩序・経営関係部とカルテル監視関係部の二つの部局を設置した。前者の責任者はM・メッツナー(18)（Max Metzner：一八八八年生まれ）であり、後者の部長はH・ミュレンジーフェン（Heinz Müllensiefen）であった。両部局は密接な関係にあり（カルテルの合理化政策が進められる時期の一九四一年には後者は前者に吸収された）、カルテル問題へのライヒ経済集団の対応は、この二人を柱にしてなされたといってよいだろう。両者はナチスの権力掌握前から有力なカルテル専門家であり、ともにカルテルの合理化機能を重視する論者であった。

メッツナーは、カルテル問題の専門家Ｓ・チールシュキー（Tschierschky. Kartell-Rundschau：編集者）の下でこの問題に携わった後、ドイツ工業の全国組織・ドイツ工業全国連盟が一九二〇年に設置したカルテル部（Kartellstelle）の部長に任ぜられ、その後ナチス政権の下で上の地位に就いた。この間彼はカルテルの弊害を認識しつつ、同時にカルテルがもつ合理化促進的な可能性を重視し、とくにカルテル成員企業への適切な原価計算の奨励、生産物の規格化やタイプ化、経営の専門化などの積極的な意義を評価した[19]。一九二七年の「生産促進者としてのカルテル」をテーマとする上記連盟の会議の開催もそのような見方と結びついていた[20]。そこでの講演は連盟カルテル部の叢書で公にされたが、この叢書の次の号（一九二九年）の『カルテルによる生産促進』[21]はメッツナー自身のカルテル合理化論であった。

ライヒ工業集団のカルテル監視部長ミュレンジーフェンも、同じ連盟カルテル部においてメッツナーの部下として活動していた。彼はカルテル批判の世論の広がりの中、機械組立業のカルテルの事例にもとづき、『生産促進者としてのカルテル』[22]（一九二六年）を公にして一躍カルテル改革論者として知られるようになった。彼はライヒ工業集団のカルテル問題担当責任者として『カルテル政策から市場秩序・価格監視へ』（一九三五年）などの書物を公にし、その中でカルテル改革論を積極的に展開した[23]。

カルテル問題の核心は、カルテル構成企業に特別の利潤を可能にする、高い協定価格の市場支配にある。この問題に関して改革論者は、当該分野の適正な原価計算とそれにもとづく適当な価格が、カルテル自体によって提示されることが望ましいと考える。それは一方での独占的な協定価格と、他方ではコストを無視した捨値的な価格と区別される適正な価格水準である。ライヒ工業集団の市場秩序がめざす方向はこの点にあった。経済集団や専門集団はこのような原価計算の一般的な枠組みや原則を作成し、カルテルはそれにもとづいて実体に促した原価計算や価格を設定して成員の企業に義務づける必要がある。原価計算制度や会計制度の普及によって、個別企業の経営的な合理化が促されるとともに、適正なカルテル価格をめぐる競争は、企業に対して生産合理化による差額利潤の可能性をつくり出し、それは当該分野の生産力・経済効率を全体として引き上げることになるだろう。(24) ミュレンジーフェンらのこのカルテル合理化論は、経済効率の向上と結びつく競争調整をめざす、ライヒ工業集団の「市場秩序」の観点と密接に関連していた。そしてそれはナチスレジームの基本的方針と合致した。メッツナーやミュレンジーフェンらのカルテル改革論は、同時にナチス体制の支配的なカルテル論として受容された。

いわゆる計算カルテルは、そのような合理化されたカルテルの事例である。メッツナーらの重視する計算カルテルとは、共通の原価計算方式によって商品別・型別の平均的ないし基準的な価格を算定することを目的とするカルテル的組織で、その提唱者は、メッツナーが当初属した『カルテル・ルンドシャウ』の編集者で、カルテル問題の第一人者・チールシュキーであった。彼はこの計算カルテルのモデルとして、アメリカの同業組合（trade association）とそのオープン価格制をあげている。(25) つまり計算カルテルは、ドイツ特有のものではなく、アメリカのニューディールの全国産業復興法（ＮＩＲＡ）の同業組合構想と部分的に共通する考えであった。計算カルテル構想は、ライヒ工業集団の市場秩序・経営経済委員会の委員長Ｅ・ユングハンス（Erwin Junghans：シュラムベルク市の企業家。ライヒ工業集団の前身、ドイツ工業全国身分の事務長）によってもバックアップされた。(26)

ライヒ経済省はこの計算カルテルを一九三六年までに鋳鉄業・集中暖房装置・換気装置組立業・写真製版業において認可している。一九四一年以降に実施されたカルテル合理化の中で、多くの中小カルテルが経済集団・専門集団に吸収され、後者自身がカルテル化するのであるが、それはこのような計算カルテルへの形態転化の過程でもあった（後述参照）。

3 カルテル協定価格とナチス価格政策

カルテルの協定は、取引条件・納期・割引率・最低価格などさまざまな内容をもつが、そのなかで最も重要なのは価格に関する企業間の取り決めであった。最低価格など一定の価格を成員企業に義務づけるカルテルの価格拘束（Preisbindung）は、市場価格の適正化と安定化をめざすナチス政府の価格政策の最大の対象となった。[27]つまりナチス価格当局にとってカルテル問題はまず第一に価格問題であった。そして価格が利潤をそのうちに孕む限り、カルテル価格に関するナチスの政策は資本主義の本質に関わる問題を包摂していた。ナチス体制の下で価格問題を担当したのがライヒ価格監視監理官（Reichskommissar für Preisüberwachung）、次いでライヒ価格形成監理官（Reichskommissar für Preisbildung）である。カルテルの協定価格は、同じく「市場秩序」の観点に立って「適正」な価格基準の実現をめざすこの価格当局の重大な関心事となるのである。[28]

市場秩序の観点は、前述したように一方では市場競争を制限することによって維持される高いカルテル的価格を抑制し、他方では市場での過剰な競争によって生じる原価に近い捨値的価格を改善することにあった。ナチス政権によりライヒ価格監視監理官に任命されたのは、カルテル的な価格拘束に対して批判的な立場をとるC・ゲルデラー（Carl Goerdeler）であった。[29]一九三四年一一月一九日と一二月一一日の価格拘束令は、一九三三年六月一日以降新に結ばれた価格拘束協定、また買手に不利となる協定の変更（つまり価格引き上げ）は、同年一二月三一日までにライヒ価格監視監理官に届け出て、当局の認可をえることを義務づけた。[30]一九三六年の四カ年計画開始とともに、旧来のライヒ価格監視監理官が廃止され、それに代わって、価格の高さだけでなく、その設定の仕方（価格形成）にも関与するライヒ価格形成監理官が設けられた。監理官には古参のナチス党員J・ヴァグナー（Josef Wagner）が指名され、ゲルデラーは解任された。一九三六年一一月二六日にヴァグナーは価格停止令を布告し、一定の例外を除くすべての価格の引き上げを禁じた。それによってカルテルの協定価格は、最低価格が最高価格として認められ、それ以上の引き上げは禁ぜられた。価格の引き上げは、例外事項として同監理官の認可を必要とした(31)。

ライヒ価格形成監理局が規制の対象としたカルテルは、市場価格を拘束する価格協定であり、取引条件や支払い条件などに限定された協定、生産・販売割当協定は除外された。しかし価格協定は大多数のカルテルがそれを目的に掲げており、価格当局の上の規制はナチス期ドイツのカルテル統制として基本的に重要な役割を演じることになった。

上記の法令により価格当局は、一九三六年一二月末を期限とする新規の価格協定と協定価格の引き上げの申請を受けつけた。申請の数は、工業・手工業が一三〇四件、商業・交通が三一六件、合計一六二〇件に及んだ。価格を変更しないカルテルは届け出る義務がなかった。

主な部門の届出数は次のとおりである(32)。鉱山業六、製鉄・鉄鋼六一、土石材（セメント含む）一八〇、金属精錬・金属半製品二七、鉄・鋼・金属製品生産二一二、機械・装置・輸送機組立一二八、電機六八、光学・精密機器二三、化学一四二、繊維一一五、製紙八二等々。

価格形成監理局の中心的な論者W・レントロップ（Wilhelm Rentrop）が述べるように、当局の目標はカルテルを「国家的な価格政策の手段」とすることにあり、そのためには民間組織としてのカルテルが実施する価格協定に対して、国家的な市場規制を義務づける体制をつくる必要があった。つまりカルテルは排除の対象とされるのでなく、カルテルが有する成員企業への価格拘束力を重視し、その機能を価格政策の「手段」として国家的に利用しようとしたのである(33)。価格当局のこの立場はライヒ経済省とライヒ工業集団が求めるカルテルの「合理化」と基本的な観点において一致した。それは適切な現実の原価計算にもとづいて「適正」な価格を算定するという原則である。それは戦争勃発後にカルテル価格の引き下げ命令と結びついて現実化する。

4　工業分野のカルテルの展開状況

(1) カルテルの展開

それではナチス期のドイツにおいてカルテルはどのような展開を示していたか。

一九二六年頃の工業カルテルについてドイツ工業全国連盟カルテル部長のメッツナーはその数を一五四三とし、主要分野での分布状況を次のように示した[34]。鉱山業五一、製鉄・鉄鋼七三、金属熔解・同半製品一七、機械組立一四七、鉄骨・汽罐・装置組立四八、鉄道車輌一、電動機付乗り物・自転車八、鉄・鋼製品加工二三四、電機・精密・光学五六、金属品加工七八、化学九一、繊維二〇一、被服七一、製紙一〇七、皮革四六、木工四四、醸造九七、食品四九、等々。

一九三〇年にH・ヴァゲンフュール（Wagenführ）はその数を二一〇〇と推定した。ナチス政権が発足した一九三三年、E・ヴァゲマン（Wagemann）は、先に掲げた別表の数値を示しつつ、実際には工業生産の半分以上の販売価格がカルテル価格であると指摘した[35]。一九三四年のドイツ経済有機的構成法により、多くのカルテル類似的な団体が整理され、企業集団に吸収された。カルテル監視を業務の一つとするライヒ工業集団は、一九三六年一一月にカルテルについて調査を行うが、「市場規制的」な団体として同集団のカルテル名簿に記載されたその数は約一七〇〇で、そのうち半数以上が条件カルテルであったという。H・ケーニッヒは、この時期のカルテルの状況を別表のように推定しているが（別表参照）[36]、とくに鉱山業・鉄鋼業・車輌組立業・ガラス工業・セメント工業・製紙業において、カルテルが市場を独占的に支配している状況がわかる。

別表　部門別カルテル化率（総生産額に対する割合）

（単位：%）

業種＼年次	1907	1925/28	1935/37	1936年（100万 RM）	
				純生産額	総生産額
鉱山	74	83	95	2,235	3,631
石炭	82	100	100	1,486	2,493
褐炭	27	78	100	489	791
鉄鉱石	38	60	56	41	53
カリ	100	100	100	149	188
鉄鋼	49	92	100	1,814	3,479
銑鉄	26	100	100	—	—
粗鋼	50	90	100	—	—
圧延製品	59	90	100	—	—
非鉄金属・同半製品	10	31	80	536	1,720
鉄・鋼加工品	20	30	75	1,790	3,043
非鉄金属製品	0	15	20	771	1,285
機械・器具	2	15	25	2,615	3,998
輸送機	7	11	15	1,395	2,872
車輌組立	23	95	95	58	108
電機	9	14	20	1,503	2,156
精密・光学	5	12	15	368	491
化学	—	70	75	2,190	3,829
ガラス	36	66	100	238	345
セメント	48	90	100	153	266
製紙・同加工	89	70	85	742	1,763
製紙	90	90	98	462	1,156
皮革・リノリウム	5	5	10	702	1,639
繊維	—	10	15	2,840	6,581
楽器・玩具	9	18	15	—	—

出典：Heinz König, Kartelle und Konzentration (unter besonderer Berücksichtigung des Preis-und Mengenabsprache), in: Helmut Arndt (Hg.), *Die Konzentration in der Wirtschaft*, Bd. 1, Berlin 1960, S. 311.

（2）鉄鋼業のカルテル

カルテルはとりわけ重工業を中心に展開していた。典型的事例は、製鉄・鉄鋼部門のそれであり、A製品連盟（半製品・レール等鉄道建材・形鋼）や棒鉄連盟等の各カルテル、上部カルテルとしての粗鋼共同体などがそれを代表した(37)。これらのカルテルの多くは、第一次大戦前に形成され、戦後一時その多くが解体するが、一九二五年の鉄鋼税導入によって再び組織化された。機械や装置はじめ各種加工・組立業、また鉄道や建築業などにとって原材料となる鉄・鉄鋼のカルテル価格は影響が広範囲に及ぶ点で著しく重要だった。この部門におけるいくつかのカルテルの状況(38)に関して、ライヒ価格形成監理官の調査(39)にもとづいてその実態を見ることにしよう。

まず経済集団「鉄・鉄鋼生産」に属する鉄鋼業について。

〔帯鉄連合〕
（a）年間生産額・生産量：一億二千RM／九〇万t、（b）買手需要：輸出二〇％、国内加工業向中心八〇％、（c）生産企業数：二五、（d）経営規模：大、（e）主要生産地：ライン・ヴェストファーレン、（f）カルテル形態：販売共同体、（g）カルテルの生産企業把握九六％、同生産把握九八％〔以下、（a）〜（g）は同じ内容〕――コンツェルン的大企業による販売会社、シンジケートによって市場が支配されていることがわかる。

〔大型鋼管連盟〕
（a）一二万t、（b）輸出三三％、国内需要六一％、（c）四、（d）大経営、（e）同前、（f）割当カルテル・販売共同体、（g）約七〇％（生産）――同じようにシンジケートによって販売が統合され、生産総量が参加企業に割当られている。

〔鋼管連盟〕
（a）八六・五千t、（b）輸出四三％、国内取引は商社による。（c）九、（d）大半は大経営、（e）ラインラント、（f）ドイツ鋼管シンジケート（価格・割当カルテル、販売会社）、（g）ともに一〇〇％――九つの巨大企業による独占的支配が確立している。販売会社（シンジケート）による販売と個別企業によるカルテル価格での販売が併行して行われている。

〔鉄鋼ボンベ〕
（a）約四五〇万RM／六千t、（b）輸出二三％、国内七七％、（c）四（マンネスマン鋼管ほか）、（d）大経営、（e）

ラインラント、(f)販売共同体(数量・価格精算)、(g)アウトサイダー一あり。――マンネスマンほかのコンツェルン的巨大企業によるシンジケートが成立している。

次に経済集団「工業原材料加工業」に関連するカルテルを取り上げる。

〔低温圧延帯鋼連合〕

(a)五〇〇万RM/一一〇〇万t、(b)輸出約一〇%、加工業一〇〇%(ママ)、(c)約三〇、(d)大・中・小経営、(e)西部ドイツ、(f)条件・価格カルテル、販売共同体(ハーゲン)、(g)製造企業八〇%、生産八五%〔一九三九年四月二四日〕――この鉄鋼半製品は機械組立業や自動車・車輌など各種加工・組立業の原材料となる。販売シンジケートとともに、価格協定による各企業の独自な販売が行われている。コンツェルンと中小規模の企業が併存しており、カルテル組織率は八〇%に止まっている。

〔鍛鉄プレス等鉄鋼業〕

(a)四〇〇万RM/六千t、(b)輸出五〇%、国内五〇%、(c)一四、(d)中・小経営、(e)ラインラント、(f)条件・価格共同体、(g)生産の一〇〇%――製品は右と同じく加工・組立業の材料となる。カルテルは、価格や条件を協定しており、生産の一〇〇%を支配している。管部品連合などのカルテルを含む。

最後に経済集団「鉄・鋼・ブリキ製品加工業」に属する分野について。

〔溶接鋼管連盟〕

(a)千四〇〇万RM/三五千t、(b)輸出三〇~三三%、加工業六七~七〇%、(c)二五経営、(d)大・中経

営、（e）東部ヴェストファーレンほか、（f）条件・価格カルテル、（g）ともに一〇〇％――コンツェルン企業だけでなく中規模企業をも包摂するカルテルが市場を全体として把握している。シンジケートはなく、各企業がカルテル価格で販売を行っている。

〔**自由ロール溶接企業連盟**〕（**ベルリン**）

（a）約五二千t、（b）輸出六％、国内九四％、（c）三八、（d）中・小、（e）ジーガーランド、（f）価格・割当カルテル、（g）ともに一〇〇％――三八の中・小規模の企業全体を包摂した価格カルテルが市場を全体として把握していることがわかる。メンバー企業への生産量の割当も行われている。

〔**シームレス精密鋼管連盟**〕（**ゾリンゲン**）

（a）三～四千万ＲＭ／六万t、（b）輸出二〇％、加工業需要八〇％、（c）一七、（d）大・中、（e）ライン・ヴェストファーレン・ゾリンゲン地方、（f）価格カルテル、（g）ともに一〇〇％――大・中の一七企業すべてが加入した価格カルテル。

以上のほかにも鉄鋼業関係のカルテルは多く存在した。たとえば以下のとおりである。

鉄鋼業ハルコルト・アイケン（九社、大・中、条件・価格のカルテル、ともに一〇〇％）、隔壁鉄協会（Dortmund-Hoerder Hüttenverein A.G., Hoesch AG, Klöckner-Werke, Friedrich Krupp AG, Ilseder Hütte 等五社、価格・割当カルテル）、棒鋼連盟（約四五社、販売シンジケート、会社五五％、生産九八・八％）、薄板連盟（二二社、大、販売シンジケート、ともにほとんど一〇〇％）、中板連盟（三〇社、大、五七％／九一％）、厚鉄連盟（大、販売シンジケート、五八％／九九％）、排水管販売会社（フランクフルト／M・七社、大・中、割当カルテル・販売シンジケート、四四%／五六%）、排水管シンジケート（ベルリン、割当カルテル）。

多くのカルテルは協定価格が印刷された一覧表を有した。たとえば棒鋼連盟は、一九三一年八月から詳細な「棒鋼・小型形鋼（圧延塊鋼）国内プレミアム価格一覧」を使用し、一九三八年にはその一二刷が配布されている。ドイツ鋳造管連盟の回答によれば、開口鋳造管・定形鉄材には価格リスト（一九三四年に作成され、一九三九年まで変更なし）があるが、アウトサイダーがおり、「独占は存在せず、各種の鋳鉄工場の競争がある」と記している。

価格カルテルのない分野も例外的に存在した。建築鋼材（鉄骨）組織は、「カルテルなし」の回答を送っている（後述）。他方、鋳鉄工業の分野では前述したような計算カルテルがライヒ経済省によって認可されている。[40] ドイツ鋳鉄協会（デュッセルドルフ）内のその事務局は、各企業に対して次のような指示を行っている。①簿記の実施、②製品の原価計算の義務、③基準価格・引き渡し条件を定めること、④基準価格の変更は可能であるが、コストを下回ってはならない、等々。

Ⅱ　戦時経済体制とカルテルの機能転化

1　戦時経済とカルテル規制の強化——ライヒ価格形成監理官による——

戦時経済体制への移行とともに、カルテルないしカルテル類似団体への国家的な規制が強化された。それはまずカルテルを特徴づけるカルテル協定価格、カルテル拘束価格に対する価格形成監理官の統制として現れた。一九四〇年一一月二三日の「価格拘束令」(Verordnung über Preisbindungen) である。

この法令はカルテルの存続を認めた上で、カルテルの価格協定に関して、同種の水平的な経済分野での協定と、関連する異なった、垂直的な経済段階間での価格協定とに分類し、それぞれを規制するものである。[41] 通常のカルテル形態である前者について見ると、カルテル的結合体が、その成員に対して一定の価格や価格制限を守るように義務づけたり推奨する場合、あるいは同種分野の非成員(アウトサイダー)と協議し、同様のことをめざす場合、次のように規定された。

a. 国内取引におけるカルテル的価格拘束は、ライヒ価格形成監理官の認可を経て許可される。b. 既存の価格拘束の延長あるいは買手にとって不利益となる変更は認可を必要とする。c. 認可の有効期間は特別の理由がない限り三年とする。d. 価格形成監理官は拘束価格がそれ以上またそれ以下にならないよう規制することができる。e. 価格拘束が個々の経営に過大な利益をもたらした場合は、当該利潤の全部または一部を返還させることができる。f. 価格に影響を及ぼす報酬・利幅・マージン、支払い・引き渡し・その他契約条件の拘束も含まれる。

カルテルの拘束価格は以上のように国家的な認可を必要としたが、しかしカルテルの存在そのものは前提とされた。その上で価格当局は、次の段階としてカルテル的協定価格の高さそのものに介入する。すでにカルテル価格は、一九三六年一一月二六日の価格引き上げ禁止令によって、同年一〇月一七日の時点での拘束価格に据え置かれ、その引き上げは価格当局の「例外認可」によってのみ可能だった。[42] だが一九三九年九月四日の戦時経済令(二二条)は、国家による価格引き下げを可能にし、一九四一年三月五日にはライヒ工業集団に価格引き下げの指令が出されていた。一九四二年七月二七日の拘束価格引き下げ令 (Anordnung über die Senkung gebundener Preise)[43] は、それを受けて、水平的カルテルに対して拘束的価格を同年一二月一日までに引き下げることを命じたものである。

カルテルの価格引き下げの届出は、公的な組織である経済集団を通じて行われた。経済集団がカルテル価格の査定に事実上関与することになったのである。それは後述するようにライヒ経済省と経済集団とが推進しつつあるカルテル合理化ないしカルテル整理の政策と密接な関係をもっていた。カルテルは、ライヒ価格形成監理官が最終的に決定した引き下げ額にもとづいて、既存のカルテル価格（固定価格・最低価格）をその大きさだけ引き下げ、新しい拘束価格として成員企業にそれを義務づけた（シンジケートが存在しない場合は、個々の企業がそれぞれカルテル価格から値引きすることになった）。

しかしそのような画一的な引き下げが困難な場合には、例外的な事例が認められた。つまり関係企業は、A＝上記の引き下げを実行できるグループと、B＝引き下げ幅（パーセント）の半分までは価格引き下げを実施できるグループとに分けられ、カルテル成員企業は経済集団を通じてA、Bいずれかについて申告する。Aランクの価格を採用できない劣等企業は、公的発注などの際にランクAの企業に比して不利な位置におかれることになり、発注が停止されることもあった。その場合は労働力・原料・経営資金等の配分における優遇措置が取り消された。なお、原価・利潤などの価格構成要素だけの拘束、支払条件・引き渡しの条件の拘束等には適用が除外された[44]。

一九四〇年一一月の価格拘束令によるカルテル価格やその延長に関する認可制と、上記のカルテル価格引き下げ令とによって、ライヒ価格形成監理官はカルテルの本質である価格拘束の内容そのものに影響を与えることになった。その基準は、ライヒ工業集団の協力の下で進められてきた、適正な原価計算にもとづく平均的な商品価格にあり、カルテルが原価計算の新しい制度を採用せずに旧式のカルテル価格の延長を求めたり、価格引き下げの指令に適切に対応できない場合にはカルテル協定の延長が認可されず、協定そのものが解体することも起こりえた。

カルテル協定の延長に関する価格当局の認可の実施を示す事例は、ライヒ価格形成監理官（レントロップ名義）の鉄鋼連合宛の文書である[45]。この史料は当局が同連合傘下の以下の一〇カルテルの協定の延長（一九四二年六月三〇日まで）を認可したことを示している。粗鋼共同体・A製品連盟・棒鋼連盟・厚板連盟・中板連盟・一般鉄連盟・帯鉄協会・亜鉛引連盟・薄板連盟・圧延鉄線連盟である。これらの有力カルテルもすでに価格当局の統制下に置かれていたのである。一九四二年以降になると、価格形成監理局のレントロップが述べるように、[46] カルテルが原価計算にもとづく拘束価格（A・B各ランク）を申請できなかった場合や、カルテルが名称だけの場合にはカルテル協定の延長は認められないことになった。

2　ライヒ連合（Reichsvereinigung）の結成――国家的超カルテル――

カルテルの組織そのものに対する国家的統制はライヒ経済省によって実施された。カルテル制度の合理化政策がそれであり、その第一は、ニーダーラウジッツ商工会議所会頭を経て同省の特別職務総括担当官に就任（一九三八～四二年）したH・ケールル（Hans Kehrl）が主導したライヒ連合の組織化であった。[47]

ライヒ連合は、品目別にまた地域分散的に存在する民間団体としてのカルテルを、国家的にまた包括的な形で組織し直した、いわば国家的超カルテルである。その目的はこれを生産力拡充や配給制度の運営のために利用することにあった。ライヒ連合は、法的には強制カルテル法と自治体企業令（一九三九年九月四日）とによって実施され、一九四一年に石炭業、一九四二年には化学繊維部門、鉄部門および繊維加工部門など基幹部門に相次いで結成された。[48] 石炭、鉄、繊維加工について見よう。

〔ライヒ石炭連合〕

ドイツの炭鉱業者と石炭商およびそれらの結合体から構成され、会長・副会長（二人）・幹部（一〇人）からなる幹部会が運営に当った。会長は幹部会の提案によりライヒ経済大臣の承認を経て決定され、副会長は経済集団「鉱山業」とライヒ集団「商業」の各指導者が兼任した。運営は幹部会において多数決によって行われ、幹部会の内部に見解の相違が生じた場合にはライヒ経済大臣が決定した。会長にはP・プライガー（Pleiger, 1899-1985：一九三二年ナチス党員、一九三七年ライヒスヴェルケ・ヘルマン・ゲーリング社経営陣参画、一九三九年同鉱業ブロック重役会長）が就任した。

連合の目標は、業績能率上昇、炭鉱関係者の生活向上、販売統制、シンジケートと成員との間の利害調整、石炭配分の地域的組織化、固形燃料輸送計画、石炭関係大型計画への協力、消費統計作成、関連措置の監督、また外国石炭業者との協定、国際協定でのライヒ経済省補助、などであった。事務局はベルリンにおかれ、シンジケート中央事務所がその中に設置された(49)。

〔ライヒ鉄連合〕

一九四二年五月に結成されたライヒ鉄連合は、製鉄業、鉄鋼業に加えて鉄鉱石採掘、鉱石・スクラップ・鉄・鋼各取引商業をも含めた大組織で、その中に設けられた製鉄・鉄鋼共同体（Eisen-und Stahlwerks-Gemeinschaft, Esge）は、銑鉄・鉄鋼生産・圧延を担う企業とそれらのカルテル的結合体とを包括する最も重要な機構であった。連合の任務は成員（企業・団体）の生産物の市場規制、市場規制的協定の締結、価格問題の調整、鉄配給制度の監督・調整、カルテル諸団体の関係の簡素化、輸出入統制など広範囲に及んだ。従来の販売カルテルはそのまま存続した(50)。

連合は次のメンバーで構成された(51)。会長：H・レヒリンク（Hermann Röchling：Röchlingische Eisen-und Stahlwerke, Voelklingen. 一八九八年社長、商工顧問官、経済集団製鉄・鉄鋼指導者）；副会長：A・クルップ（Alfried Krupp von Bohlen und Halbach：一九〇七年生まれ：一九三一年親衛隊（SS）賛助会員、一九三五年ナチス航空隊軍旗指導者、一九三八年軍需部指導者、クルップ社重役）、W・ローランド（Walter Rohland, 1888-1981：Deutsche Edel-Stahlwerk AG：一九四〇年兵器・軍需省の戦車・牽引機械中央委員会会長）。幹事会：八人。評議委員会：三六人。連合事務局中央部長：E・ベック（Eugen Beck）。

最重要組織の鉄・鉄鋼共同体（Esge）の理事長には、ライヒ工業集団の代表者（指導者）であるマンネスマン鋼管のW・ツァンゲン（Wilhelm Zangen, 1891-1971：ナチス党員）が就任し、副会長として、ライヒスヴェルケ・ヘルマン・ゲーリング社のシェール・ヘニングス（Scheer-Hennings）と合同製鋼社のシュヴェデ（Schwede）が、またそれ以外の幹部として以下の人物が任命された。ブルカート（Odilo Burkart：一八八九年生まれ：Flick-Konzern：一九三三年以降鉄兜団、一九三四〜三六年突撃隊［SA］、一九四〇年国防経済指導者）、ハイマン・クレマー（Heimann-Kremer, Arbred-Konzern）、M・C・ミュラー（Max Carl Müller, 1894-1961：Berghütte Teschen）、E・トゥガート（Erich Tgahrt, 1882-1945：Hoesch-Konzern, 一九三七年より同支配人）、クヒン（Kuchin：保護領総裁Karl Kuchinka, 1884-1962）ほか。事務局長は鉄鋼連合会長のマウリック（Maulick）で、名誉理事長にE・ペンスゲン（Ernst Poensgen）が就任した。(52)

〔ライヒ繊維加工業連合〕

一九四二年三月一〇日に結成された繊維加工業連合は、紡績（糸）とその加工を行う各地の多数の企業とそれらのカルテルをすべて統合する大規模な機構となった。この連合には、繊布部門や被服加工業のみでなく、染色業・防水加工・仕上げ・漂白・捺染・ゴム引き・縮絨などの分野も含まれ、約二五〇〇経営、労働者八〜一〇万人が包摂された。(53) 連合には、幹部会はなく評議委員会が運営に関与し、問題の解決は、専門別・地域別の各支部で行われ、大幅な権限が容認された。(54)

繊維加工業のカルテル（約五〇〜六〇）は大部分が価格カルテルや条件カルテルで、製品販売に関して最低価格を決め、また統一的な引き渡し条件や支払い条件を定めていた。カルテルは地域的、また専門的に重複して形成されていたが（専門的に三〇、地域的には二三の重複）、整理されて専門分野は、紡糸、毛織物、スフ・綿織物、人絹・絹織物ほか七分野となり、地域は大きく九つに分けられ、中心都市に事務所が設けられた。各地域の規制価格の準備、価格情報の伝達、注文業者との計算・支払い関係などこの事務所が担当した(55)。

以上の三つの基幹的な産業部門における「連合」の特質は次のようであった。

（1）連合は当該分野の関連諸資本とそのカルテル的諸組織を全体として包括する国家的な経済結合体である。それはすべての企業が加入する巨大な強制カルテルの如き組織で、これまでと異なり、アウトサイダーは存在しない。その点で併存する経済集団と共通する。しかしこの連合は、関連するさまざまな生産過程および流通部門の諸企業を水平的かつ垂直的に統合する点で、各部門・専門分野ごとに水平的に組織された経済集団と異なっていた。

（2）連合は形式的には公法的団体ではないが、ライヒ経済省が強制カルテル法・自治体企業令によって国家的に組織した特殊な団体である。各結合体の長は、幹部会（石炭・鉄の場合）で選ばれた候補がライヒ経済大臣の認可を経て決定される仕組みになっており、また定款の変更についても同大臣の承認を必要とした。ライヒ経済省はこの組織を生産力拡充政策と戦時配給制度を支える国家的な手段として位置づけており、「連合」の生みの親、ケールルはその目的を「業績向上と市場秩序の総合」においていた(56)。連合が統制経済組織の「新しい道への第一歩(57)」とか、「カルテルから市場秩序へ(58)」などと呼ばれたのもその故である。ナーサンは指摘する。「この制度は疑いもなく大きな行政的改善であり、政府が産業を統制し指導することを容易にした(59)」。ライヒ連合は、まさに「統制的団体」として「ナチス国家の経済政策の手段(60)」の役割を担うことになった。

（3）しかし『ドイツの国家と団体（一八七一～一九四五年）』（一九七九年）の著者F・ブライヒ（Blaich）が

強調するように、ライヒ連合は国家的に監視されながらも、経済主体の「自主的」な運営を原則としていた。[61]ナチス的全体主義を特徴づける指導者原理は規定されていず、[62]むしろ前述したように石炭・鉄の場合、幹部会の権限とその多数決原則が明示されており、また幹部会を備えない繊維工業の連合では、地方的な下部組織の決定権が大きな位置を占めていた。

(4)ライヒ価格形成監理局のレントロップはライヒ連合を、経済集団や商工会議所などの公的組織と私的結合体としてのカルテル（およびカルテル類似団体）との間を媒介する組織である、と説明する。[63]つまりカルテルは部分的には整理・統合されながら、しかしライヒ連合の構成要素としてその中で存続した。そのことは価格形成監理局が、一九四三年には、ライヒ鉄連合を通じて粗鋼連合（エッセン）・鋼管連盟・高級鋼連盟・鉄鋼連盟に対して、また一九四四年にはドイツ鉄商連合、鉄線共同体、鉄・製鋼共同体（Esge）、鋼管連合、白地鋼共同体（デュッセルドルフ）、ドイツ鋳鉄管連合、等々に対して、製品販売価格の認可などで、通達を行っていることからわかる。[64]

また同局は、一九四二年九月三日のライヒ繊維連合に対する通達によって、「連合」傘下のカルテルが行ったダーク地織物・被服品の価格一覧（軍需用・民需用）の申請に対して、カルテルがそれを最低価格（同時に最高価格）として成員に義務づけることを認可する旨連絡している。そのカルテルはドイツ綿織物加工業者連合（ライプチヒ）、繊維加工業連合（ケムニッツ）、など六カルテルであった（有効期間：一九四五年一月一日まで）。[65]

(5)以上のように連合は、一方では国家的な統制機構の柱の一つとして編成されながら、他方では関連する各分野のカルテルの全体的な結合体、その連絡・調整機関としての側面を有し、「スーパー・カルテル」、「最高カルテル」、「国民的カルテル」という性格を濃厚に示していた。[66]

その頂点の執行部を掌握したのがコンツェルンや大企業の代表であった。石炭連合の会長に就いていたプライガーはヘルマン・ゲーリング社の重役であり、鉄連合においてはレヒリンクやクルップ、またマンネスマンのツァンゲン、合同製鋼・フリック・ヘッシュなどのコンツェルン代表が有力な地位を占めた。ツァンゲンはライヒ工業集団の全体的な指導者であり、シュペアの下にあった「国防用一般用器械中央委員会」の責任者の地位にあった。レヒリングは同じく経済集団・製鉄・鉄鋼と兵器・軍需省の「鉄鉱石生産リング」の指導者、国防指導者、ライヒ鉄鋼全権委員を兼ね、石炭連合のプライガーはライヒ石炭供給全権委員、ライヒ東部経済全権委員などの地位を占め、両者ともにゲーリングと最も近い関係にあった(67)。ブライヒは指摘する。カルテル的結合体は「政治的指導の目標ばかりを追求したわけではなく、むしろ逆に——一定の限度内で——国家に対して軍需工業の利害を主張することができた」のであり、「この統制的結合体は一九四五年の春の戦争最末期まで僅かな組織上の変更を伴いながら存続し機能した(68)」。

(6) しかしながらこの企業活動はまさに戦争遂行と戦時経済の推進という「政治的指導の目標」と一体となっていた。軍需生産の拡大への全面的な協力、原料・製品など物資の配給制度への支援、等々、国家的活動とカルテル的組織とは不可分に結びついていた。ライヒ連合は、ライヒ配給所(Reichsstelle)を支える配給機構の担い手になり、傘下のカルテルはその実行機関として働いた。カルテル内部における「生産」の「分配」は廃止されたが、それに代わって企業への原料の「配給」を政府に代わって実施することが求められた。

その中でカルテルの「機能転化」が生じる。カルテルを特徴づけてきたのはカルテル協定価格を拘束価格として成員企業に義務づけ、実施することであった。今やその拘束価格は国家的な観点に立って算定された価格であり、画一価格・グループ価格の形をとるようになっていた。カルテルはその遵守を成員に強制する半ば国家的な機関に転化したかのように見えた。ケールルは「カルテルの終焉(69)」を期待し、他方ライヒ工業集団のメッツナーはシンジケートにカルテル存続の可能性を見出そうとしていた。[70]

3　カルテルの整理・統合

(1)　カルテルの「合理化」・「整理」

ライヒ経済省によるカルテルの合理化政策の第二は、カルテルの整理・統合と経済集団への編入の政策である。その過程で多くのカルテルが解体したり、経済集団の中に組み込まれて「統制カルテル」化した。この政策をバックアップし、促進したのがライヒ工業集団・経済集団であった。一九四二年一〇月のライヒ経済相の布告とともにはじまったこの措置の経過について、ライヒ工業集団の市場秩序・経営経済部長の地位にあったメッツナーは、一九四三年春に、次のように述べる。[71]「ライヒ経済大臣の指示したカルテル合理化は大詰めに達した。経済集団が提出した原案では、現存の自立的なカルテルの数は大幅に減少することになる。公式のカルテル名簿に登録されているカルテルの三分の一はまず残ることはないだろう。残存するカルテルの主要部分はシンジケートになるだろう」。

先に見たように戦争開始直前のカルテルは約一七〇〇と推定されるが、地方的な小カルテルを含めばその数ははるかに増大する。同年八月にはライヒ経済省のケールルは「現在の所、凡そ二二〇〇あったカルテルのうち約九〇％が解組されたかその途上にある」とより大きな数値を表明している。[72]そうだとすると解体されたカルテルの数は二〇〇〇近く、残されたのはわずかに二二〇前後ということになる。もっとも別の経済誌[73]は、ケールルの名前を引き合いに出しながら、約二五〇〇のカルテルのうち約五〇〇が引き続き残されることになる、と記している。

ともあれ一〇〇〇をはるかに超える多数のカルテルが解組された。そしてそのかなりの部分が経済集団に統合され

た。その事例をあげよう。(74)

たとえば真鍮・亜鉛合金半製品のカルテル。ライヒ経済大臣は、一九四三年三月二三日付で次のように命じている。一、(a)ドイツ真鍮業カルテル、(b)ドイツ真鍮工業経済連合（同最低価格協定）、(c)亜鉛合金製半製品連合などの諸カルテルは一九四三年三月三一日をもって解組する。二、経済集団「金属工業」の専門集団「金属半製品工業」は、上記の(b)・(c)の解組団体が第三者との間に行った市場規制的協定を引き継ぎ、代行する。三、専門集団「金属半製品工業」の指導者は、(b)と(c)の団体のこれまでの市場規制を同集団を通じて遂行する権限を付与される。

また同年七月五日付の金属半製品市場規制に関する同大臣の第二布告も同様の内容で、銅板連盟はじめ三五の結合体が四三年七月三一日をもって解組を命じられ、上記専門集団の指導者が、二八の団体の関係する市場規制（ただし割当協定を除く）を同専門集団を通じて遂行する権限を与えられた。

G・プルム(75)（Gustav Plum）は、経済集団や商工会議所を統括する公式の上部組織であるライヒ経済会議所の機関紙(76)（一九四三年八月三一日付）において、一九四二年一〇月二七日のライヒ経済大臣の布告で実施されたカルテル整理は数週間のうちに基本的に終了する予定であると指摘し、その進展の状況について次のように説明している。

化学工業では、すでに作業は「基本的に終了」したとプルムは述べる。しかし「重要なカルテル」については決定は後回しになっている。石材・土部門ではセメント・カルテルの分離・統合（九強制カルテルの解組と統合）はすでに行われたが、地方的な九カルテルはそのままの状態にある（たとえば多数の煉瓦カルテル）。ライヒ連合ができた繊維加工部門のカルテルは、条件カルテルが大半で、約六〇存在したが、重複が多かったので統合によって整理され、上位カルテルの連合に統合された。しかしライプチヒのカルテル（一五〇企業）ほか九カルテルが存続し、条件カルテルとして活動している。製紙・紙加工工業ではカルテルは残存するが、五つの共同体に統合されている。

他の工業部門ではカルテルの経済集団・専門集団への移行が進んでいる。金属加工部門では一九四三年七月五日の指令により合計三五の結合体が解組され、二八の連盟に代わって経済集団「金属工業」の専門集団「半製品加工」がカルテル的協定を行うことになった。

経済集団「工業原料加工・同関連部門」の分野は生産物の品目が多く、カルテルの数も多かったが、大幅に削減された。そのうち五八のカルテルの業務は、経済集団に移譲された。他方、カルテルを残存させつつそれらを統合する仕方でも整理が進められ、その結果、これまでの一二一あったカルテルは、約二〇に整理された。その中で線鉄・針金加工業の八カルテル、鍛造・プレスなどの八カルテル、器械部品・金具部品工業の一五カルテル、鉄製品・小物加工業の二六カルテルが解組された。統合による整理について見ると、金具連盟に九カルテルが統合され、商業向けボルト・ナット・リベット連盟には八カルテル、帯鉄連盟と商業用チェーン連盟に各五カルテル、蹄鉄工連盟等三連盟に各四カルテル、上質チェーン連盟、棒鉄伸鉄連盟に各三カルテルが統合された。針金（ワイヤー）共同体に編成されたのは二カルテルである。ドイツ・ワイヤーロープ連盟、ドイツ車軸連盟、など六連盟は存続した。

被服工業のカルテル組織は経済集団「被服工業」に吸収され、経済集団が市場拘束的役割を遂行するカルテルを選定することになった。同工業のカルテル組織は二七あり、繊維加工業の場合と同様、条件カルテルの形を取っていた。ドイツ被服工業ライヒ連盟がそれらの中央組織で、そこにはさらに他の専門分野のカルテルも参加していた。

中小カルテルの統合の事例は次のとおりである。日用陶器共同体（一一カルテルを統合）、衛生陶器共同体（同五カルテル）、鏡用ガラス販売共同体（同二カルテル）、ドイツ・石炭・苛性ソーダ連盟（同二カルテル）。

(2) 経済集団・専門集団とカルテル

ライヒ経済省のカルテル整理の政策を支えたのはライヒ工業集団であった。メッツナーやミュレンジーフェンらカルテル改革論者の拠点である同集団は、一九三九年九月には、傘下の経済集団に対して、戦時経済の視点に立った不要カルテルの解組・休止・事業簡素化について調査を行うこと、各分野の重要カルテルにライヒ配給所などへの協力を要請することを指示した(77)。

ライヒ工業集団はカルテル的組織における市場規制的機能の調査を実施していたが、一九四〇年に経済省が貴金属・装飾品加工業の全国組織の解組を命じたのもその調査にもとづいていた(78)。一九四二年一〇月のケールルのカルテル整理の指令を受けて、経済集団はそれぞれの分野のカルテルについて簡素化の原案の作成に取り組み、一九四三年初めにはライヒ経済省に提出された。ライヒ工業集団には市場秩序・市場監視作業班が設けられ、経済省と価格当局との協議に加わった。

一九四三年五月にライヒ経済省がカルテル簡素化行動（Kartellvereinigungs-Aktion）とカルテル機能の経済集団への委任の方針を示すと、八月には経済集団「工業原材料加工・関連鉄加工」と専門集団「金属半製品工業」はいち早くそれを具体化した(79)。

経済集団はこれまでカルテルに対する監督権は有していたが、市場経済に関わる価格関係には直接的には関与していなかった。一九四三年一〇月二三日の経済集団「工業原料加工」へのライヒ価格形成監理官の通達は、経済集団がカルテル解組によって吸収した旧カルテル組織の成員（企業）に対して、従来どおり価格拘束を継続することを認めた(80)。繊維工業の分野では、コール天撚糸連盟が一九四三年九月三〇日をもって解組されたが、価格当局は、経済集団「繊維工業」に対して、集団が成員企業に当局の決めた価格を義務づけること、またその価格を上回ることがないように指示するよう要請している(81)。経済集団はカルテル的な価格拘束機能を備えることになったのである。

前述したように経済集団「工業原料加工」では一二一カルテルのうち一〇〇近いカルテルが解体され、そのうち五八カルテルの機能が同経済集団に移された。経済集団「金属工業」では三五カルテルが解組され、二八カルテルの市場拘束機能が専門集団「半製品工業」に移動した。経済集団「被服加工業」では二七カルテルのカルテル的業務が同集団に委任された[82]。

経済集団のカルテル化は、前述した原価計算にもとづく適正価格の算定、その水準へのカルテル価格引き下げ、さらに画一価格・グループ価格制の拡大と結びついていた。それはこれまで経済集団がめざしてきたカルテル合理化（とくに計算カルテル化）の基本的立場と一致し、その延長線上で実施された。他方で国家の側には経済集団へのカルテル機能の委託を必要とする現実的な問題が存在した。戦況の深刻化に伴う徴兵・戦死の増加によって官公庁の人員・補助力が不足して、カルテル価格の認可などの公的業務の簡素化と民間への委託が不可避となっていたことである。

ライヒ価格形成監理官（ヴァグナーの後任フィッシュベック：Hans Fischböck）の一九四三年五月一日付の「価格形成・価格監視指針」はその方針を公式に表明したものである[83]。すなわち能率の向上と、行政・経済の労働動員状況による労働簡素化との必要から、価格形成・監視の取り扱いは次のように行うことになった。（a）新規則の布告は必要不可欠な場合に限定されること、（b）経済界の要請にもとづく新規則の布告に際して、経済組織（ライヒ工業集団等）の助言をこれまで以上に考慮すること、（c）価格計算規則・個別的価格に代わる「固定・画一価格システム」をめざすこと、そして（d）「民需加工業の分野」に固定・画一価格システムを展開するために、ライヒ工業集団は、経済集団に対してそれに相応した価格案の作成を要請する権限を与えられる。（e）固定価格を採用した場合は戦時利得の国家への返還の義務を免除する。

こうしてカルテル価格に関する価格当局の連絡は、カルテルではなく、経済集団に向けられるようになった。その例を一つ示そう。

〔経済集団「鋳鉄工業」に対する連絡〕（ライヒ価格形成監理局公報・一九四三年一〇月二三日付）

（a）ドイツ鉄製炉製造業連合（カッセル）の成員企業は、ライヒ指定取引所からの鉄製かま供給に際して、以下の割引率を適用しなければならない。未包装品は最低三五パーセントの対商人割引率等々。(b)ドイツかまど製造業者連盟(ハーゲン)・ドイツガスがま製造業連盟(ベルリン)の成員企業は、自社の製造した石炭・ガスがま、ガスコンロの同所からの供給に際して、「固定総価格」の最低三五パーセントの対商人割引を行わなければならない。

以上のように経済集団・専門集団は、価格拘束やシンジケート的機能などカルテルあるいはその上級組織の行っていた業務を遂行することになった。[84]

(3) カルテル的組織の転化形態

カルテル合理化政策を通じてカルテルの数は大幅に減少した。そして残されたカルテルはさまざまな形態を取りながら国家的な役割を担う「統制カルテル」(Lenkungskartell) へと転化した。多くの価格カルテルは、戦時経済体制を担う価格機構の中にくみ込まれ、政府の価格政策の展開を支えた。他方販売カルテルとしてのシンジケートが統制経済を担う機関として新たな意義を与えられた。
シンジケートは製品の販売を一括して行うカルテル組織であり、具体的には顧客への対応、価格などの取り決め、注文の引受、成員企業への注文配分、顧客の支払金取り扱いなどの業務を実行した。戦時経済体制の下でシンジケート形態のカルテルは、公的発注に対する迅速な対応、受注した仕事の企業能力・交通条件を考慮した個別企業への配分、取引コストの節約などの面でその利点が評価された。[85] そのためそれらは旧来の形態のまま、あるいは複数カルテルの統合体やライヒ連合の形態を取りながら、戦時経済の中に編成された。とくに石炭と鉄のライヒ連合は、販売シンジケートとしても重要な役割を果たした。またセメント業界[86]では一九四〇年二月にライヒ工業集団の仲介により、各地のシンジケートを統合する全ドイツ的販売カルテルとしてドイツ・セメント連盟が結成された。[87]
一九四二年一一月に強制カルテル法により結成されたドイツ・ソーダ・苛性ソーダ連盟もシンジケートであった。

この分野ではソーダ生産者と苛性ソーダ製造業者のそれぞれのシンジケートが一九三八年に一つのカルテルに統合されていたが、一九四二年に、石炭や鉄の連合に類似した組織の販売カルテルに再編された[88]。

他方カルテル合理化政策の中で整理されたカルテルが企業結合体として存続し、独自な国家的な役割を担う場合もあった。その一つがドイツ鉄・建築鋼材連盟（Deutscher Stahlbau-Verband）であった。同連盟は一九四三年に専門集団「鉄骨」に吸収されるが、組織構成は維持された（第二次大戦後は占領体制の下で解組されるが、直ちに再組織された[89]）。

同連盟は、橋梁、大型建造物、鉱山・製鉄所などの鉄骨建築で用いられる建築用鋼材や、また窓・扉・階段などの小型鋼材を生産する企業の結合体で、前身はグーテホフヌング社・ハルコルト社、MAN－グスタフブルク社の代表が主導して一九〇四年につくられたドイツ橋梁・鉄骨工場組合であった（一九二八年に改名）。この分野では一九三一年において、鉄骨専門の個人企業が八八、会社形態の企業が三二、また他の分野をも包摂した混合企業は五〇、計一七〇企業が経営を行っていた[90]。

連盟の加入企業の生産高は全体の七〇～八〇パーセントに達したが、アウトサイダーの中に比較的大きな企業が存在し、連盟の定めた供給条件や基準価格はあまり効果的ではなく[91]、適正価格などを提示する計算カルテルの形態に止まっていた（前述したカルテル価格形成監理官の鉄鋼関連カルテル調査への回答において同連盟は「カルテルなし」と記していた[92]）。

しかしこのカルテル類似的な組織はナチス体制の下で独自な役割を果たしていた。というのはこの時期のドイツでは鉄道関係の橋梁・駅舎などの公的な建造工事はもちろん、鉱山・鉄鋼業をはじめとする民間の大規模建築工事において大量の鉄材が必要とされる場合には、特別の公的委員会（鉄鋼材委託委員会）において決定されたが、その際鉄材を用いる工事の申し込みと、その工事を実施する鉄骨企業の募集にあたって窓口となったのが、この旧カルテル組織であった。上記連盟は全ドイツの企業から大型建築工事の希望を受付け、他方ではそれらについて工事を請負う鉄骨メーカーの応募を行い、委員会において工事や入札の見積りの査定に際して専門的な立場から評価を行うなど重要な役割を担った。工場の施設の建造・拡張は、戦時経済体制の下で生産拡大が必要とされる中、各企業にとって緊急な課題となっていた。毎月開催されるこの委員会の決定は、工事を請負う鉄骨関連企業にとってばかりでなく、工事を求める各企業にとっても著しく重要であった(93)。連盟はその窓口となり、また見積もり等の専門的評価などの点で大きな役割を果たしたのである。

おわりに――カルテル機能転化の本質――

戦時体制への移行の中で資本の集中形態としてのカルテルは、ライヒ経済省とライヒ価格形成監理局を通じて、国家的に規制され、戦争経済の機構のなかに組み込まれた。「カルテル整理」・「カルテル合理化」は、同時に「統制カルテル化」と結びついた。この過程はナチス体制を支える公式の企業組織であるライヒ工業集団・経済集団（専門集団）が支援し、推進する形で進められた。それは「石炭」、「鉄」、「繊維」、「化繊」などの基幹部門での全ドイツ的・包括的な国家的カルテル組織＝ライヒ連合の組織化、各種カルテルの整理・統合と存続カルテルの価格統制機構への編成、経済集団（専門集団）による一部カルテルの吸収と、経済集団自体の計算カルテル化として展開した。カルテル協定価格は、統一的な原価計算にもとづく半ば国家的な適正価格に転化し、カルテルはそれを拘束的価格として構成メンバーである各企業に義務づける役割を担った。カルテルの特質であった価格拘束機能は、ナチス的な価格統制を機構的に支える半ば公的な性格を備えるようになった。

これまでの協定価格は、通常、カルテルを構成する異なった水準にある諸企業の中の劣等な経営の原価を基準にして決められた。その場合には、それ以上の経営条件を備え、より小さなコストで製品を生産できる上位の企業は、通常の利潤に加えて、特別の超過的な利潤を獲得することができた。一九三六年の価格停止令は、価格の引き上げは禁じたが、それまでのカルテル価格の基準は最高価格として認められた。戦争勃発とともに価格当局は、戦時経済令にもとづいて、このような特別利潤を不適切とみなし、その引き下げをカルテルに求めた。価格の基準は劣等経営ではなく、「良好な経営」における平均的な原価に置かれることになった。当局は、旧来型のカルテル特別利潤を消滅させることによって、企業が生産条件・経営条件の向上によるコスト引き下げと、それにもとづく生産的な特別利潤の取得に向かうことを求めたのである。生産力の上昇、経済効率の向上は戦争経済の不可避的な要請であった。この過程はライヒ経済省とライヒ工業集団・経済集団を中心とする企業への原価計算様式の導入・促進、そのための制度的な準備・具体化と一体となって展開した。やがてそれは画一価格・グループ価格の制度化に結びつけられ、カルテル的組織は、カルテル協定価格の代わりに、そのような半ば公的に算定された価格をメンバー企業に義務づける「統制カルテル」に転化したのである。

だがそれは営利追求を本質とする資本の結合体としてのカルテルの特質を否定することにはならなかった。拘束価格の基準となる「良好な経営」は、「平均的」な経営を意味し、それに相応する平均的な利潤は前提となっており、平均以上の優良経営はそれに応じた特別利潤の可能性が与えられていた。「統制カルテル」は資本の蓄積過程の進行を決して排除するものではなかった。

生産力の上昇、経済効率の向上は、前述のようにまさに戦争遂行のための国家的な課題であった。だが戦争経済は、同時に、あらゆる生産力を活用して生産総量を総体として増大させることを必要とした。そのためには劣等な経営の生産力をも活用しなければならない。戦争経済がはらむ「戦時生産の隘路」の問題に対して、当局は「多少不利なコスト」で生産する企業をも動員する必要に迫られた(94)。こうして同一商品に対するカルテル価格の複数価格制（グループ価格）が採用されることになった。戦時特別利益の国家への返還の義務化に際して用いられた「利潤基準点」の適用も廃止され、「経済［企業］は、戦時経済の厳正な尺度から見て、その利潤が適正か否かを再び自己責任において査定」（傍点は引用者）することになったのである[95]。

カルテル価格の引き下げとグループ化の具体化に際して、当局は「適正」な価格を基準にした。しかし価格形成監理局の当事者が公然と述べるように、そのような価格を確定することは官僚組織としての当局の能力を超えており、「カルテルの全面的な協力」が不可欠であった[96]。加えて戦況激化に伴う関係者の徴兵、戦地派遣、戦死者の増大、空襲による破壊は日常的な業務の遂行に支障をもたらし、ライヒ価格形成監理官自身が規制の簡素化、経済集団への業務委託を宣言しなければならない状況に直面していた[97]。「適正」な価格は「自己責任」にもとづくカルテルの「協力」なしには確定できなかったのである。

一九四三年一一月一〇日付のライヒ軍需・戦時省の文書はこう指令している。①規定違反の取り締りは「大がかりな違反」に限定し、小さな違反利潤は戦時経済令（22条）の許容の範囲内とすること、②軍需受注による経営利潤が規定[98]の利潤の二倍か、適正自己原価の二五％を超える場合にのみ納入業者に対して価格調整を求める。③受注者が特別の実績により得た高利潤を査察官が適正とした場合は、価格補正の実施の可否を当該集団に決定させる。しかし「そのようなケースはめったにおきないと思われる。なぜなら固定利益の下限が高く設定されているからである[99]」。

軍需関連部門と民需生産部門とは重複し関連し合っている。また受注企業は多くの場合カルテルのメンバーであり、また軍需関連企業の「委員会」や「リング」はカルテルと重なる。利潤率の拡大を事実上認める上の指令を企業の結合体としてのカルテルが考慮しないはずがなかった。カルテル的組織がライヒ価格形成監理局に対して申告する「適正」な価格基準は、「許容の範囲内」において十分に「高く」算定されていたはずであった。「カルテルの終焉」を説くライヒ経済省ケールルの主張にもかかわらず、資本の結合体としてのカルテルは、ナチス期を通じて本質を維持し続けたといえよう。

資本の集中形態としてのカルテルは、第二次大戦前のドイツの独占資本主義を特徴づける本質的要素である。ナチス体制は、その独占資本主義を否定せず、容認した。しかしそれは両者の単なる癒着や融合を意味しなかった。ナチス権力は、独占資本（カルテル）に対して、一貫して抑制的な立場をとっており、その活動を規制しつつ、自らの体制の中に組み込もうとした。ナチス権力と独占資本主義とは対立的な側面を包蔵していたのである。

注

（1）カルテルは当時の資本主義経済を顕著に特徴づけており、カルテルとナチス全体主義がいかに関係するかは、ファシズムと資本主義との関連の問題の中心的課題となるのであるが、これまでそれが問題にされることは殆どなかった。cf. Ian Kershaw, *Der NS-Staat*, Reinbek bei Hamburg 1994, とくに3、Norbert Frei/Tim Schanetzky (Hg.), *Unternehmen im Nationalsozialismus*, Göttingen 2010, 1. また井上茂子ほか著『１９３９』同文舘、一九八九年、序章二（永岑三千輝）。

（2）Horst Wagenführ, *Kartelle in Deutschland*, Nürnberg 1931, Einleitung; Arnold Wolfers, Über monopolistische und nicht monopolistische Wirtschaftsverbände, in: *Archiv für Sozialwissenschaft und Sozialpolitik*, Bd. 59, Heft 2, 1928. イギリスやアメリカでもさまざまな形態の企業集団（trade association）が発展した。イギリスについては、Ministry of Reconstruction, *Report of Committee on Trusts*, London, 1919（Reprint 1927）; Helen Mercer, *Constructing a Competitive Order. The hidden history of British antitrust policies*, Cambridge, 1995, p. 23f. アメリカについては、Department of Commerce, Herbert Hoover's Secretary, *Trade Association Activities*（Elimination of Waste Series）, Washington, 1923.

（3）一九一九年設立。四五五の全国的団体、五八の州レベル団体、七〇の地方的団体、さらに商工会議所七〇、個人一三六三人から構成されていた。

（4）本書、上出第1章、参照。

（5）Franz Neumann, *Behemoth*, New York, 1944, London, 1967（Reprint）, Part Two, Ⅲ. 岡本友孝ほか訳、みすず書房、一九六三年：Otto Nathan, *The Nazi Economic System*, New York, 1944, 1971（Reprint）. 同時代ドイツで公にされた関連文献の

うち最も本格的なのは、Kartell-Rundschau を別にすると、Fritz Voigt, *Die Wandlungen der Marktordnungsverbände vom liberalen zum autoritären Staat*, Stuttgart/Berlin 1943 であろう。

（6） Dieter Swatek, *Unternehmenskonzentration als Ergebnis und Mittel nationalsozialistischer Wirtschaftspolitik*, Berlin 1972.; Lotte Zumpe, *Wirtschaft und Staat in Deutschland 1933 bis 1945*, Berlin 1979, Vaduz/Liechtenstein 1980, S. 137f. ほかの関連叙述。

（7） Arthur Schweitzer, *Big Business in the Third Reich*, Bloomington, 1964.

（8） ナチス期カルテルに関する関心の弱さは、最近の成果についてもいえる。Christoph Buchheim (ed.), *German Industry in the Nazi Period*, Stuttgart 2008 ほか、参照。塚本健著『ナチス経済』東京大学出版会、一九六四年、東京大学社会科学研究所編『ナチス経済とニューディール』（『ファシズム期の国家と社会3』）同、一九七九年、工藤章著『20世紀ドイツ資本主義』同、一九九九年、はじめ日本の研究においても同じことがいえる。

（9） Max Metzner, *Kartelle und Kartellpolitik*, Berlin 1926, S. 46; Heinz Müllensiefen, *Kartelle als Produktionsförderer unter besonderer Berücksichtigung der modernen Zusammenschlusstendenzen in der deutschen Maschinenbau-Industrie*, Berlin 1926, Vorwort; *Wochenbericht des Institutes für Konjunkturforschung*, Jg. 6, Nr. 36, Dezember 1933. ほか。

（10） Heinz Müllensiefen/Wolfram Dörinkel, *Das neue Kartell-, Zwangskartell-und Preisüberwachungsrecht*, Berlin 1934, 1938（東京商工会議所『独逸に於ける新カルテル法令と価格取締令』『商工調査』第50号、一九三四年一一月）; Nathan, *op. cit.*, pp. 70; Neumann, *op. cit.*, p. 218, 訳二三五頁以下。静田均著『カルテルと経済団体』日本評論社、一九四三年、第2章3節、第3章、拙著『資本主義史の連続と断絶』日本経済評論社、二〇〇六年、第3章、雨宮昭彦／J・シュトレープ編著『管理された市場経済の生成』同、二〇〇九年、第1章（雨宮昭彦）第2節（3）。

（11） Zumpe, *a. a. O.*, S. 134f. この委員会の中心的メンバーは、後述するライヒ工業集団の「市場秩序」担当の責任者になる、M・メッツナーであり、メッツナーを支えたのが、同じく上記集団の「カルテル問題」の責任者になるH・ミュレンジーフェンであった。カルテルの合理化機能を重視する二人の人物が、一九三三年七月のカルテル立法に関与していたものと推定される。なお、ドイツ工業全国連盟のカルテル部については、メッツナーが戦後叙述を行っている。Max Metzner, Die Kartellstelle des Reichsverbandes der Deutschen Industrie, in: *Der Weg zum industriellen Spitzenverband*, Darmstadt 1956.

(12) Günter Schuppener, *Das Kartellproblem in der heutigen Fertigwarenindustrie*, Düsseldorf 1937, S. 18ff., S. 29ff. その背景については、拙著『ドイツ中小ブルジョアジーの史的分析』岩波書店、Ⅳ、参照。なおブロシャトはこの法律を、既存カルテルの利害にたち、その影響力を強化させるものであって、「ナチレジームと独占的大企業の利害調和の最初の事例」としているが、ナチレジームの独自性が無視されており、一面的である。Martin Broszat, *Der Staat Hitlers. Grundlegung und Entwicklung seiner inneren Verfassung*, München 1969, Wiesbaden 2007, S. 223.

(13) Claire Russel, Die Praxis des Zwangskartellgesetzes, in: *Zeitschrift für die gesamte Staatswissenschaft*, Bd. 97, Heft 1, 1936, S. 541f.

(14) *Kartell-Rundschau*, Jg. 34, Heft 8, 1936, S. 567f.

(15) Voigt, *a. a. O.*, S. 91ff.

(16) Eberhard Barth, *Wesen und Aufgaben der Organisation der gewerblichen Wirtschaft*, Hamburg 1939, S. 79; H. Müllensiefen/W. Dörnikel, *Kartellrecht einschließlich neuer Kartellaufsicht, — Preisbildung, — Schiedsgerichtsbarkeit und Steuerrecht*, Berlin 1938, XIV, 42ff.; Zumpe, *a. a. O.*, S. 137f.

(17) Swatek, *a. a. O.*, S. 143f. また Werner Sörgel, *Metallindustrie und Nationalsozialismus*, Frankfurt a. M. 1965, S. 55, S. 59.

(18) メッツナーの履歴・業績については Roland Risse, Lebensweg und Lebenswerk von Dr. Max Metzner, in: Ludwig Kastl (Hg.), *Kartelle in der Wirklichkeit. Festschrift für Max Metzner zu seinem 75. Geburtstag*, Köln/Berlin/Bonn 1963.

(19) Metzner, *a. a. O.*, とくに S. 22ff., S. 51ff.

(20) *Kartelle als Produktionsförderer. Vorträge von Dr. Flechtheim und Dr. Reichert*. Schriften der Kartellstelle des Reichsverbandes der Deutschen Industrie, Nr. 4, Januar 1928.

(21) Max Metzner, *Kartelle als Träger der Rationalisierung. Eine Materialsammlung* (*1929*), Berlin 1955. メッツナーはその後ライヒ工業集団の事務局執行部で、事務長グートを支える地位につき、グートとともに次の文書を公にしている。Marktordnung der Reichsgruppe Industrie. とくに II, 参照。戦後西ドイツのカルテル禁止法（独禁法）の論争においてメッツナーらはこの立場からカルテル全面禁止論に対抗した。

(22) Müllensiefen, *a. a. O.* 日本では、たとえば静田、前掲書、一六頁以下。

(23) Ders., *Von der Kartellpolitik zur Marktordnung und Preisüberwachung*, Berlin 1935.

(24) *Ibid.*, とくに S. 15ff., S. 22ff.

(25) Siegfried Tschierschky, Zum Problem des Kalkulations-Kartells, in: *Kartell-Rundschau*, Jg. 34, Heft 3, 4, 1936.; H. Müllensiefen, *Freiheit und Bindung in der geordneten Wirtschaft. Kartellgesetzgebung und Marktordnung in der gewerblichen Wirtschaft*, Hamburg 1939, S. 37f. 計算カルテルの一般的意義については、Leonhard Miksch, Kalkultionskartell und Kalkulationskontrolle, in: *Die Wirtschaftskurve*, Bd. 16, 1937；雨宮昭彦著『競争秩序のポリティクス・ドイツの経済政策思想の源流』東京大学出版会、二〇〇五年、第5章9、アメリカのオープン価格論については、Leverett S. Lyon/Victor Abramson, *The Economics of Open Price Systems*, Washington, D. C., 1936. なお、チールシュキーについては、田野慶子著『ドイツ資本主義とエネルギー産業』東京大学出版会、二〇〇三年、一〇一頁、も参照。

(26) Erwin Junghans, "Zur Frage des Kalkulations-Kartells", in: *Kartell-Rundschau*, Jg. 34, Heft 6, 1936. ライヒ工業集団においても加工業の市場規制的結合体（カルテル）が「計算可能性」を伴った価格カルテルの役割を果たすことを求めている。Reichsgruppe Industrie, Tätigkeitsbericht, Nr. 4/39, April 1939.

(27) 本書、第一部第6章、参照。

(28) スヴァテックのナチス・カルテル研究はこの点に関する分析視角を欠いている。前掲雨宮ほか編著『管理された市場経済の生成』第1章（雨宮）、二〇頁以下をも参照。

(29) Müllensiefen, *Von der Kartellpolitik zur Marktordnung und Preisüberwachung*, S. 7f., S. 30ff.; Schweitzer, *op. cit.*, pp. 187.

(30) Wilhelm Rentrop, *Preisbildung und Preisüberwachung in der gewerblichen Wirtschaft*, Hamburg 1937, S. 74ff.

(31) Erich Flottmann (Hg.), *Das deutsche Preisrecht. Eine systematische Darstellung der Grundsätze der Preispolitik und des Preisrechts*, Berlin 1943, S. 134f.

(32) Rentrop, *a. a. O.*, S. 87f.

(33) *Ibid.*, S. 74ff.

(34) Metzner, *Kartelle und Kartellpolitik*, S. 13f.

(35) H. Wagenführ, *a. a. O.*, S. XIII.

(36) *Kartell-Rundschau*, Jg. 35, Heft 9, 1937. cf. Swatek, *a. a. O.*, S. 131f. Heinz König, Kartelle und Konzentration（unter besonderer Berücksichtigung des Preis-und Mengenabsprache）, in: Helmut Arndt（Hg.）, *Die Konzentration in der Wirtschaft*（*Schriften des Vereins für Socialpolitik*, N. F., Bd. 20）, Bd. 1, Berlin 1960, S. 310f. 前掲拙著『資本主義史の連続と断絶』、五六頁以下も参照。

(37) Wagnerführ, *a. a. O.* ほか。日本語文献としては加藤栄一著『ワイマル体制の経済構造』東京大学出版会、一九七三年、二九七頁以下、有沢広巳・脇村義太郎著『カルテル・トラスト・コンツェルン』御茶の水書房、一九七七年。

(38) ナチス期のカルテルの状況に関する同時代資料として、*Kartell-Rundschau* 参照。鉄鋼関係については、Hans Dichgans, *Die Preisbildung in der Eisenwirtschaft*, Düsseldorf 1941.

(39) Bundesarchiv Berlin（BArch Berlin と略す）, R/26/II, 29. これは一三項目のアンケート式の調査で、鉄鋼関係のカルテルの回答が残されている。回答は一九三八、一九三九年の日付で作成された。オストマルク・ズデーテン地方の生産は含まれないという回答がほとんどすべてである。項目：所属経済集団、同専門集団、年総生産額・量、生産物卸売価格、小売価格、輸出・買手需要、コスト構成、生産企業数、経営規模（大・中・小）、主要生産地、カルテル（条件・計算・価格・割当・販売会社、強制カルテル）、生産企業・生産量のカルテル把握程度、注記。

(40) *Kartell-Rundschau*, Jg. 34, Heft 1, 1936.

(41) *Mitteilungsblatt des Reichskommissars für die Preisbildung*（以下、Mitteilungsblatt d. *RfP* と略す）, Teil I, Nr. 50, 16. Dez. 1940, S. 840f.; Hans Dichgans, *Die Geschichte des Reichskommissars für die Preisbildung*, Düsseldorf 1977, S. 30f. をも参照。

(42) 本書、第一部第6章。

(43) *Mitteilungsblatt d. RfP*, Teil I, Nr. 31, 3. Aug. 1942, S. 489; Martin Sellmann/Ernst Ferber（Bearb.）, *Preisrecht. Die wichtigsten allgemeinen Preisvorschriften*, Leipzig 1944, S. 199–203.

(44) 価格グループ制は、軍需品の価格における画一化・グループ化の実施と一体となっていた。その動向については、本書、第一部第6章。

(45) BArch Berlin, R/26/II, 29.

（46） Rentrop, Preisverwaltung durch Selbstverwaltung in der gewerblichen Wirtschaft, in: *Mitteilungsblatt d. RfP*, Teil I, Nr. 6, 15. Febr. 1943, S. 108.

（47） H・ケールルは毛織物製造業者の子で、ロイトリンゲンの繊維工業上級専門学校などで学んだ後、一九三三年にコトブスの父親の企業に入り、父の死後それを継いだ。一九三三年にナチス党員。ライヒ経済省の後、ライヒ軍需・戦時生産省の工業部門部長（一九四二／四三年）、同計画局長（一九四三～四五年）を歴任した。一九四九年に一五年の刑を宣告されたが一九五一年に刑期短縮により釈放された。ライヒ連合との関わりについては、戦後の回想的自著 Hans Kehrl, *Krisenmanager im Dritten Reich*, Düsseldorf 1973.

（48） Nathan, *op. cit.*, p. 82f.; Neumann, *op. cit.*, pp. 601f.; Fritz Blaich, *Staat und Verbände in Deutschland zwischen 1871 und 1945*, Wiesbaden 1979, S. 113; Eichholtz, *a. a. O.*, S. 84ff.; Zumpe, *a. a. O.*, S. 326f., S. 332. 石炭分野については、Matthias Riedel, *Eisen und Kohle für das Dritte Reich. Paul Pleigers Stellung in der NS-Wirtschaft*, Göttingen/Frankfurt/Zürich 1973, S. 271ff.

（49） *Kölnishe Zeitung*, 13. Mai 1941; *Deutsche Bergwerkszeitung*, 13. Mai 1941（ともに Bundesarchiv Potzdam〔以下、BArch Potzdam と略す〕, 62 DAF 3, 9444）.

（50） *Deutsche Allgemeine Zeitung*, 18. Dez. 1942（a. a. O.）.

（51） Protokoll der ersten Sitzung des Zentralausschußes für Sozialwesen und Arbeitseinsatz der Reichsvereinigung Eisen am Donnerstag, den 17. Dezember 1942（a. a. O.）.

（52） *Deutsche Allgemeine Zeitung*, 18. 12. 1942（a. a. O.）.

（53） *Textil-Zeitung*, 29. 3. 1942, 7. 4. 1942, 26. 7. 1942（a. a. O.）. 以下本文の説明は上記資料による。

（54） *Ibid.*, 30. 6. 1942（a. a. O.）.

（55） *Ibid.*, 26. 7. 1942, *Deutsche Textilwirtschaft*, Nr. 17/18, Sept. 1942（ともに a. a. O.）.

（56） *Wirtschaftsblatt der Industrie - und Handelskammer*, Nr. 12, 21. März 1942.（a. a. O.）.

（57） *Frankfurter Zeitung*, 14. März 1942（a. a. O.）.

（58） *Wirtschaftspolitischer Dienst*, 14. März 1942（a. a. O.）.

(59) Nathan, *op. cit.*, p. 83.

(60) Blaich, *a. a. O.*, S. 113.

(61) *Ibid.*

(62) cf. Nathan, *op. cit.* ケールルは講演の中で極端な指導者原理はないが、会長の権限は全面的である、と述べたという。*Wirtschaftsblatt der Industrie - und Handelskammer*, a. a. O. また Kartell und Reichsvereinigung (v. Beringe), in: *Deutsches Recht*, 25. Juli 1942 (a. a. O.).

(63) Rentrop, Preisverwaltung durch Selbstverwaltung.

(64) *Mitteilungsblatt d. RfP*, Teil II, 1943/1944.

(65) *Ibid.*, Teil II, Nr. 19, 21. September 1942.

(66) Neumann, *op. cit.*, p. 602. をも参照。

(67) *Deutsche Biographische Enzyklopädie* (*DBE*), München 2007.

(68) Blaich, *a. a. O.*, S. 113.

(69) Hans Kehrl, Das Ende der Kartelle, in: *Das Reich*, 29. 8. 1943.

(70) Max Metzner, Bleiben die Syndikate? in: *Deutsche Allgemeine Zeitung*, Nr. 164, 6. 4. 1943 (BArch Potzdam, a. a. O.).

(71) Ibid.

(72) Kehrl, a. a. O.

(73) *Neuer Wirtschafts-Dienst* (*NWD*), 76/11 Jg., 19. April 1943, Die Bereinigung im Kartellwesen (a. a. O.).

(74) Anordnung über Marktregelung für Halbzeug aus Messig und Zinklegierungen vom 23. März 1943/2. Anordnung über Marktregelung für Metallhalbzeug vom 5. Juli 1943, in: Die Vorschriften über Preisbildung und Warenregelung, II. Teil: Eisen-und Metallwirtschaft, 3 (BArch Berlin, R 26 II/43).

(75) Gustav Plum, *Selbstkostenermittlung im Bankbetrieb*, Berlin 1926. を公にしている。

(76) Teilergebnisse der Kartellbereinigung, in: *Deutsche Wirtschafts-Zeitung*, 31. 8. 1943.

(77) Reichsgruppe Industrie, Tätigkeitsbericht, Nr. 9. 1939.

（78） Ibid., Nr. 4, 1939, Nr. 9, 1940.

（79） Ibid., Nr. 5-8, 1943.

（80） *Mitteilungsblatt d. RfP*, Teil I, Nr. 42, 1. Dez. 1943.

（81） BArch Berlin, RWM, 31. 01.

（82） Was brachte bisher die Kartellbereinigung?, in: *Völkischer Beobachter*, 7. 9. 43（BArch Potzdam, a. a. O.）.

（83） Richtlinien für die Preisbildung und Preisüberwachung, in: *Mitteilungsblatt d. RfP*, Teil I, Nr. 20, 31. Mai 1943.

（84） この中で生産と流通の垂直的な結合も見られた。Rentrop, Preisverwaltung durch Selbstverwaltung in der gewerblichen Wirtschaft.

（85） Metzner, a. a. O.

（86） 当時のセメント工業については Alfred Brachwitz, *Die Zusammenschlüße in der deutschen Zementindustrie seit 1914*, Hamburg 1937, Ⅲ. Teil; August Niebuhr, *Die Stellung der deutschen Zementindustrie in der Volkswirtschaft*, Lörrach 1938, S. 22f. ほか、参照。

（87） Reichsgruppe Industrie, a. a. O., Nr. 2, Feb. 1940.

（88） *Die Deutsche Volkswirtschaft*, Nr. 36, 3. Dez. 1942; *Frankfurter Zeitung*, 10. Dez. 1942（BArch Potzdam, a. a. O.）. 会長にはドイツ・ソルヴェ社の総支配人クレム（Clemm）、副会長にはイーゲーファルベン社の重役ヴェーバー・アンドレー（Weber-Andreae）が就任した。ソーダは工業用・日常用として広く用いられ、苛性ソーダは人造繊維生産・セルロース溶解にも使用され重要性を増していた。

（89） *Deutscher-Stahlbau-Verband 1904–1954*, Oldenburg 1954, S. 8f.

（90） Hans Schatz, *Die deutsche Stahlhoch-und Brückenbauindustrie*, Halle（Saale）1933, S. 32ff., S. 62f.; Christian Kleinschmidt, Die Dortmunder Stahlbauindustrie zwischen Mitte des 19. und Mitte des 20. Jahrhunderts, in: Manfred Fischer/Chr. Kleinschmidt（Hg.）, *Stahlbau in Dortmund. Unternehmen, Technik und Industriekultur im 19. und 20. Jahrhunderts*, Essen 2001, Tab 1.

（91） *Denkschrift zum 25 jährigen Bestehen des Deutschen Stahlbau-Verbandes 1904–1929*, S. 79; Schatz, *a. a. O.*, S. 50f.

(92) BArch Berlin, R/26/II.
(93) BArch Potzdam, 31. 01, 11634. による。
(94) Flottmann (Hg.), *a. a. O.*, S. 139f.
(95) *Ibid.*, S. 140.
(96) *Ibid.*, S. 139.
(97) Rentrop, a. a. O. をも参照。
(98) 本書、第1部第6章。
(99) BArch Berlin, 31. 01, 12936.

第3章　地域経済機構のナチス的改造

はじめに

ドイツの工業部門の資本主義的企業は、第1章で見たように、一九三四年のドイツ経済有機的構成法により産業部門・業種ごとに編成されて、ライヒ工業集団・経済集団の全国的な機構に組織された。ナチス政権によって強権的に全ドイツ的な集団機構に編成された各企業は、しかし、ドイツ国内のそれぞれの地域に足場を有しており、そこを拠点にして国内・国外に経済活動を展開していた。第1図は一九三六年における工業生産の地域分布を示したものであるが、工業はこのように各地に分散的に立地し、それを土台にしてドイツ経済は各々が特徴を備えるいくつもの地域経済から成り立っていた(1)。

地域経済のさまざまな問題に関して、地域の商工業の利害に立ちつつ、国（ラント・自治体を含む）などへの対外的な関係に対応する地域的組織が、商工会議所（Industrie-und Handelskammer：ドイツ語は「工商会議所」）であった。商工会議所はいわゆる「手工業」を除く商工業者の公法的な団体であり、全国的な組織としてドイツ商工会議(Deutscher Industrie-und Handelstag）を備えていた。ナチスは政権掌握とともに地域経済の拠点としてのこの商工

第１図　ドイツ工業の地域分布（1936年）

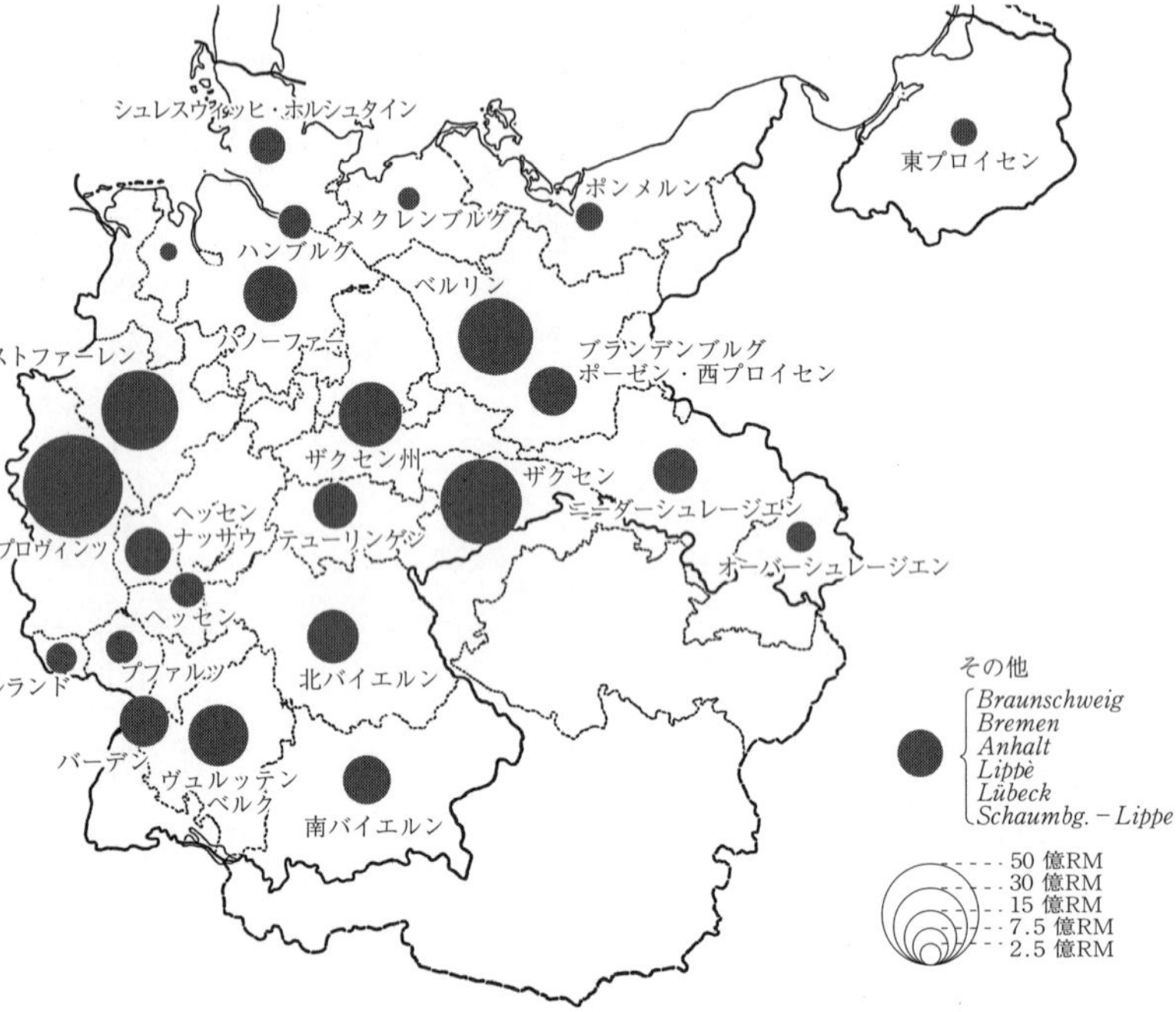

出典：*Die deutsche Industrie. Gesamtergebnisse der amtlichen Produktionsstatistik*, Berlin 1939, S. 115.

会議所の改造に着手した。本章の課題は地域経済の機構を担うこの商工会議所のナチス的な改造を分析することにある。

　ナチスによる商工会議所の改造は、公式には一九三四年八月二〇日の商工会議所令（Verordnung über die Industrie-und Handelskammer）によって実施された。まず商工会議所は、旧来のラントなど地方の管轄からライヒ経済大臣の監督下におかれた。組織原理としてこれまでの民主的な協議・決定方式は排除され、それに代えて全体主義的な指導者原理（Führerprinzip）が導入された。また会議所の会頭・副会頭はライヒ経済大臣によって任免されることになった[2]。

　しかし商工会議所のナチス化は、この立法の前から始まっていた。ヒトラーの政権掌握とともに、各地域でナチス党員が会議所を圧迫し、ユダヤ人の排除と自由主義的な会議所執行部の退陣、親ナチス的企業家の登用を迫ったからである。いわゆるグライヒシャルトゥングである。上の立法はそのような会議所のナチス化を確定する措置であった。

商工会議所は、地域経済の重要な担い手である中小企業家層に基盤を置いていた。ワイマール期において中小規模の資本主義的企業層・中小営業者層は、経営数の点で圧倒的な位置を占めており、また労働者の雇用においても巨大企業のそれをはるかに上回る重要性を有していた。加工・組立部門ないし完成品部門を基盤とする彼らは、原料・半製品生産を中心とする独占的な巨大資本と併存し、対置されるドイツ経済の基軸的な担い手であった(3)。その彼らを自らの体制の中に取り込み、支持基盤として編成することは、政権掌握後のナチスにとって大きな課題となったはずである。商工会議所の機構的改造は、ドイツ経済の地域的基盤およびそれと結びついた中小企業家層・営業者層をナチス的全ドイツ的に編成する重要な転換と考えることができるのである(4)。

ナチス期の商工会議所の活動は、これまでそれぞれの地域の商工会議所史の中で取り扱われ、その歴史（たとえば一〇〇年史、一二五年史）を色取る一つの画期として叙述されるのが普通である。シュトゥットガルトやロイトリンゲンはじめヴュルッテンベルクの会議所に関するH・ヴィンケル（Winkel）の歴史研究は、この時期を最も詳細に解明した注目に値する成果ということができる(5)。それらの歴史叙述からこの時期の会議所が、全体主義的なナチス権力により、自治的な活動の余地を剥奪され、国家的政策を現実化する下部機関へと転化した事実が明らかにされたことは重要である。しかしまさにそのことにより多くの商工会議所史が、ナチス期を商工会議所の自主的な活動が抑圧されたネガティヴな時代として位置づけ、その活動の具体的な状況については、ヴィンケルの研究以外は概して比較的簡略に取り扱う傾きがみられたことも否定できない(6)。

ナチス期をこのようにいわば「暗い谷間」のひとこまとして消極的な形で叙述する傾向に対して、最近では、この時期の商工会議所の活動を、ナチス体制それ自体の研究の重要な一環として位置づけ、その具体的な状況とその独自な意義を第一次史料を用いて解明する研究が登場してきている。ヴェストファーレン・リッペ地域の会議所に関するR・シュトレンメル（Stremmel）の優れた分析がそれである。(7)

しかしこれらの地域的な叙述には限界が存在した。確かにこれらの研究によってそれらが対象とした地域の動向は明らかになった。それではドイツ全体を見たときにその状況はどうであったか。ナチス経済は全体主義的中央集権的な体制を特徴としている。そのナチス体制は商工会議所をどのように編成替しようとしたのか。本章は、商工会議所のナチス的改造を可能な限り全体的な視点に立って考察することとする。

1　全体主義的組織原理の導入

ドイツの商工会議所のナチス的な再編は上述のように公式には一九三四年八月二〇日の商工会議所令によって遂行された。ライヒ経済大臣H・シャハト（Hjalmar Schacht：ライヒスバンク総裁）の名で施行されたこの条令は、それに先立つ一九三四年七月三日の経済措置法(8)（Gesetz über wirtschaftliche Massnahmen）にもとづいていた。この経済措置法は一九三四年九月三〇日をもって効力を失う時限的な立法であったが、ライヒ経済大臣に既存の法律の域を超えて、経済関係の包括的な政策を具体化させる権限を賦与する、すぐれて全体主義的な性格を有していた。その第一条と第二条は次のとおりであった。

第一条　ライヒ経済大臣に対し、その職務の範囲内において、ドイツ経済の促進ないし経済的損害の防止・除去のために必要とする一切の方策を講ずる権限を賦与する。方策が他のライヒ大臣の職務範囲にも関係する場合は当該大臣の同意を経てこれを実施する。

第一項にもとづいて講ぜられた方策は既存の法律に抵触することがない。

第二条　ライヒ経済大臣は、自らの公布した規定に違反する行為に対し、懲役および罰金刑又はその中の一つを課することを規定することができる。罰金刑の最高限度はこれを定めない。

一九三四年八月二〇日の商工会議所令は、この措置にもとづいてライヒ経済大臣によって発せられた措置であり、そもそもから全体主義的な由来をもっていたのである。その内容は次のとおりであった(9)。

商工会議所はライヒ経済大臣の監督の下に置かれる（第一条）。

商工会議所とその支部・公法団体は指導者原理にもとづいて運営される。会頭・副会頭はライヒ経済大臣がこれを任免する（第二条）。

会頭は副会頭とともに会議所の理事会を構成する。会頭および理事への助言・補助のために顧問団が置かれ、その成員は会頭がこれを任命し、かつライヒ経済大臣がこれを認証する（第三条一項）。前項の規定は第二条の公法上の団体にも準用される。

この条令は布告日をもって発効する。商工会議所に関するラント法におけるこの条令に反する条項は、当該月日をもって失効する（第四条）。

以上のように、これまでラント等地方当局の下にあった商工会議所は、経済大臣シャハトのこの指令により、ライヒ経済大臣の監督の下に置かれ、また会議所の会頭・副会頭の任免権も同大臣に属することになった。この立法により会議所会頭にナチス党員ないしナチス的な経済人が就任することが確保され、さらに顧問など執行部の人事における会頭の任命権を通じて、会議所の主導部のナチス化への道が固められた。

商工会議所の運営は、総会による協議・承認というこれまでの民主的方式でなく、全体主義的な指導者原理にもとづくことになった。指導者原理は、本来ヒトラーの政治運動上の基本原則で、多数決原理と議会主義とを否定し、最高責任者の絶対的な権威の原則を主張するものであるが、それは同時に一般的な組織にも適用され、下への権威、上への責任にもとづく責任者＝指導者（Führer）の決定・指令形式を意味した。その場合指導者は「民族社会主義」を理解する、実行力・責任意識を備えた人材であることが必要であった。その指導者原理が経済的な組織に導入され、企業経営における経営者や専門別集団（グルッペ）の責任者などとともに、商工会議所にも組織原理として適用されたのである。

このような原則と両立できないラントの立法は無効とされ、以後、各地で法改正が実施された。プロイセンではすでに一九三三年一二月に改正がなされていたが、その後、ザクセンは一九三五年四月、バイエルンは一九三七年三月、等々各地で改正が実施された(10)。各商工会議所の規約も改正され、たとえばベルリンのその第二条にはナチズムの基本的観念である「公益は私益に優先する」の原則が盛り込まれた(11)。

他方一九三四年一一月二七日のドイツ経済有機的構成準備法施行令は、同年二月二七日のドイツ経済有機的構成準備法に規定された経済諸部門の専門別の団体編成、経済集団を、全国的かつ地域的に構成するとともに、さらにその地域的組織として経済会議所（Wirtschaftskammer）を設け、上記専門団体＝経済集団の地域的組織とともに、手工業会議所および商工会議所をその構成員とすることにした。つまり各地の商工会議所は、より広域の地域的な経済会議所に編成され、しかもこの経済会議所の事務局は経済大臣の定めた商工会議所に置かれることになった。各地のこの経済会議所は、全国的な上部組織、ライヒ経済会議所（Reichswirtschaftskammer）によって統括された。商工会議所はこうしてより広域の地域的組織である経済会議所に、さらに全ドイツ的なライヒ経済会議所と結びつくことになったのである。各企業は、部門・業種ごとの経済集団に強制的に編入されるとともに、各地の商工会議所の構成メンバーとなった。

経済機構のこのような全体主義的中央集権的編成の方向に対して、ナチスは同時に経済団体の自治的活動（Selbst-verwaltung）の原則を重視した。企業経営の営利的活動の是認を前提にして、各種の問題に関する経済団体の積極的な参加と活動が要請された。商工会議所は、専門的な経済集団（グルッペ）とともに、「国家と経済との仲介者」（Mittlerin zwischen Staat und Wirtschaft）たることが求められたのである。その基礎にある観点が「公益は私益に優先する」原則であった。[12]

2　商工会議所のナチス化

ドイツの商工会議所は、ワイマール共和制の末期の一九三〇年代初めには一〇五を数えたが、ナチス体制の下で統合が行われ、一九三七年には九〇となった。ヒトラー政権掌握とともに、各地の商工会議所は地域のナチス党活動家の強圧により、ユダヤ人の会員の排除とナチズムに同調しない執行部メンバーの退陣を強要された。多くの会議所で旧執行部は改組され、ナチス的な経済人がそれに代わって就任した。一九三四年八月の商工会議所令は「グライヒシャルトゥング」（Gleichschaltung）と呼ばれるこの強権的な人事改造を公式に確定することになった。

ライヒ経済省の上級事務官・E・バルト（Barth）はその経緯について次のように述べている。「〔ナチス〕革命」の進展のなかで、公式の組織化が実施される前に、グライヒシャルトゥングを通じて、「人間の浄化」（Personalreinigung）が行われた。それは、新しい時代を内面から肯定できないものを、すべて適切な人物によって置き換えるために必要な措置であった。商工会議所、手工業会議所および経済団体が、時期的には前後するが、同じようなやり方でその対象となった。そして指導者原理の導入がそれに続いた、と。[13]

一九三七年にH・テッシェマハー（Teschemacher）によって編纂された『経済構成便覧』（Handbuch des Aufbaus der gewerblichen Wirtschaft）の第3巻[14]は、ライヒ経済会議所・経済会議所とともに商工会議所の当時の状況と、会頭・副会頭ほか執行部の名前と会頭の経歴を掲載している。以下でわれわれはドイツ各地の代表的な商工会議所を取り上げ、主として上記『経済構成便覧』にもとづきこれら会頭の経歴を見ることによって、一九三七年頃のドイツ商工会議所のナチス化の状況を解明することにしよう。

（1）ライン・ヴェストファーレン地方

①ベルク商工会議所ヴッパータール・レムシャイト（Bergische Industrie- und Handelskammer Wuppertal-Remscheid）

この商工会議所は、一九二九年にヴッパータール工業地域のエルバーフェルト・バルメン商工会議所とベルク商工会議所（レムシャイト）という二つの伝統ある会議所の統合によってうまれた組織である。この地域の代表的工業は、繊維工業と製鉄・鉄鋼業・金属加工業で、機械・器具・車輌組立、電機製品生産もその中に含まれている。製紙業・同加工業、皮革工業、人造繊維、木材加工、食品加工、石材業等々の多様な加工業もこの地域を特徴づけていた。

一九三三年に会頭となったF・ヴァクス（F. Wachs：一八九二年エルバーフェルト生まれ）は、化学製品卸商 Wachs & Asmann の共同所有者。ドレスデン工業高等学校で学び、博士号をもつ。第一次大戦に志願、予備役少尉。一九三〇年にナチス党に入党し、地区経済顧問、ヴッパータール市顧問、ヴッパータール党組織の地区グループ指導者、化学・薬品卸商業集団の地区責任者、デュッセルドルフ経済会議所顧問、ラインラント経済地区経済会議所顧問（ケルン）等多くの地位を兼ねている[15]。

一九三三年ナチス政権掌握の直後、同会議所は——同商工会議所史によれば——三月二八日に、六人のナチス党地区代表委員から組織改組を強要された（六人の一人が会頭に就くヴァクスで、他の一人は副頭取となる）。同年四月三日の会議で全理事退任を決議、一九二二年以来会頭を務めてきた染色・仕上業（Otto Budde & Co. in Barmen）

のR・チールシュ（Ziersch, 1867–1962：一九五〇年の会社名はWuppertaler Textilveredelung Rudolf Ziersch & Sohne）は辞任する。チールシュに代わり当初選出されたP・ハーガー（Hager）は、ナチス党員でなかったため、退任を強制され、同年六月に先のヴァクスが会頭に就任した。七月には労働者・職人代表として三人のナチス党員が顧問に加わった。一九三四年三月には総会が解散され、会議所の運営は指導者原理に移った[16]。

②クレフェルト商工会議所（Industrie- und Handelskammer Krefeld）

この会議所の管轄地域は約三〇〇〇の企業を有し、伝統的な絹工業（関連加工業も含め一九三五年の従業者一万八五〇〇人）をはじめとする各種繊維工業と関連工業、金属加工（とくに繊維工業用機械組立業）、車輌組立、器具組立、電機機械組立、等々が重要な地域的産業であった（金属加工業の労働者は一九三六年に約九四〇〇人）。また靴加工業や各種食品加工業、化学工業、鉱山業も重要であった。

同会議所の会頭に就任したW・フェルトゲン（Feltgen）は、クレフェルトの羊毛・紡毛輸入商（一九一九年創業）で、早くからヒトラーの思想に共鳴し、一九三〇年に党員となった。同商工会議所の会頭に指名された直後に、地区経済顧問をも兼任することになった[17]。

クレフェルト商工会議所も――同商工会議所史によれば――一九三三年一月にナチス党のいわゆるコッミサール全権委員の影響下におかれ、会頭は辞任を余儀なくされ、先のフェルトゲン他が執行部に選ばれた。一九三三年一二月に商工会議所法が改正され、旧商工会議所の改組と指導者原理の採用が規定され、新執行部はそれにもとづきライヒ経済大臣により公式に任命された[18]。

③ケルン商工会議所（Industrie - und Handelskammer zu Köln）

一九三三年五月に会頭に就任したシュレーダー（Kurt Freiherr von Schroeder, 1889-1966）は、J・H・シュタイン銀行の共同所有者で、いわゆるケプラー・クライス（Keppler-Kreis）に属し、一九三四年にヒンデンブルクに対して、ヒトラーをライヒ首相に任命するように求めた経済人の文書に署名した一人である。彼はボン大学で法学を学んだ後、軍で働き、一九二一年以降上記銀行の共同所有者となった。一九三三年にナチス党に入党し、SS（親衛隊）にも属した。同年五月に表記の会頭とともに、上部組織ケルン経済会議所の指導者を兼ね、また経済集団・個人銀行の責任者でもあった。さらに国際商業会議所と国際決済銀行の各理事長、ライヒスバーン（国鉄）副理事長、などを兼任している。(19)

④デュッセルドルフ商工会議所（Industrie - und Handelskammer zu Düsseldorf）

鉱山業、金属加工業・機械組立業等など重要な諸工業が展開するこの地域の会議所の会頭に就任したK・ツッカー（Zucker）は、器具組立業の会社の所有者で、同時に上部組織デュッセルドルフ経済会議所の指導者を兼ねていた。彼もナチス党に属していた。(20)

⑤東ヴェスファーレン・ビーレフェルト商工会議所（Industrie - und Handelskammer Ostwestfalen zu Bielefeld）

上記商工会議所の会頭H・オーバーシェレプ（Oberschelp）は、農民出身で、第一次大戦参戦後にビーレフェルト近郊の工場で仕事をするようになり、小規模だったその企業を、一九三六年には三〇〇人ほどの従業員を雇用する経営に拡張した。彼は一九三三年にナチス党の党員となり、同年夏に当商工会議所の会頭に任命された。三人の副会頭は各々、食品加工工場、タバコ工場、醸造業に属した。

同地域の工業の中心は、繊維工業（シーツ・シャツ等）、紳士服製造、自転車、ミシン、家具、タバコ、精肉の加工などの消費財産業であった[21]。

⑥ボーフム商工会議所（Industrie - und Handelskammer zu Bochum）

石炭業と製鉄・鉄鋼業を中心とし、多くの関連産業を擁するこの地域はドイツ工業の最重要地域の一つであった。一九三四年一一月に会頭の地位に就いたM・A・シュリター（Schlitter：一八九四年生まれ）は、ドイツ銀行とディコントゼルシャフトのボーフム営業所の所長で、一九三二年三月にナチス党に加入している。ボーフム市参事会員、ヴェストファーレン・リッペ経済会議所顧問、ボーフム銀行連盟会長、等々を兼ねた[22]。

⑦エッセン商工会議所（Industrie - und Handelskammer zu Essen）

石炭業・製鉄・鉄鋼業（クルップ等）・各種鉄加工業・機械組立業、それらの関連各種産業、化学工業、電力業、各種原材料卸商業・小売業、等々を背景にもつ表記会議所の会頭E・テンゲルマン（Tengelmann）は、一八七〇年に生まれ、この時点でエッセン石炭会社の総支配人であった。

青年期に鉱夫として経験を積んだ同人は、鉱山組合の経営・技術指導に関与し、一九〇六年にエッセン石炭鉱業会社の経営陣に加わり、一三年に同社の総支配人に昇進した。一九一二年には表記会議所の一員となり、二二年に会頭となった。一九三三年には北ヴェストファーレン・ルール地方の外国貿易局の理事会代表、三五年からはデュッセルドルフ地区経済会議所の副会頭、さらにベルリンの商工会議所協働体の顧問に、またライヒ労働会議所成員、エッセン市顧問になる。彼もナチス党員である[23]。

⑧ゾリンゲン商工会議所（Industrie - und Handelskammer zu Solingen）

同商工会議所は、鉄鋼製品加工・金属加工業の中心、ゾリンゲン市と、各種産業部門を有するライン・ヴッパークライス地域から成る。会頭のＥ・ハルトコプフ（Hartkopf：一九〇三年生まれ）は、鉄鋼製品・鍛鉄工場ハルトコプフ社の共有者である。フライブルク（i. Br.）・ミュンヘン・ボンで法律を学び、二五年に父親の会社で仕事をするようになった。ナチス党への入党は一九三一年五月で、一九三三年四月に表記会議所の会頭に就任した。ベルク地方（ヴッパータール・エルバーフェルト）対外商業局の局長、ゾリゲン市顧問を兼ねた。(24)

⑨グラードバッハ・ライト・ノイス商工会議所（Industrie - und Handelskammer Gladbach-Rheydt-Neuß）

ライン左岸のこの地域は、各種の繊維工業（紡績・紡糸・織布・仕上げ・被服加工）、金属加工業・機械組立業（アルミニウム・鋳鉄・圧延・ケーブル・工作機械・農機具・電動モーター・建築用材等々）を中心とし、さらに皮革・製靴・製粉・製油・木材加工・褐炭採掘、等々の諸産業を有していた。

会頭に就任したＷ・アハター（Achter：一八九六年生まれ）はナチス党員で、グラートバッハ羊毛工業株式会社の社長・総支配人。同人は、第一次大戦に志願し入隊、一九二三年に上記会社（もとはL. Josten in M. -Gladbach：一九二五年の合併により現行の会社となった）の責任者の地位に就いた。一九三七年当時同社の労働者・職員は合計約一四〇〇人である。(25)

（２）西南ドイツ・南ドイツ

①フランクフルト商工会議所（Industrie - und Handelskammer zu Frankfurt am Main：もとライン・マイン経済地域商工会議所）

フランクフルト商工会議所の始まりは一七世紀に遡り、ドイツ最古の会議所の一つである。一九三三年にライン・マイン経済地域商工会議所とヘッセン商工会議所の合併によりライン・マイン商工会議所となったが、一九三六年七月に再び改組されて、カッセル・ミュールハウゼンとジーゲン・オルペン・ディリンブルクの会議所が統合されて現行の名称となった。上部組織のヘッセン経済会議所（Wirtschaftskammer Hessen）は本会議所の中に設置されている。同会議所がカバーする広い地域の経済活動は多様で、工業は、鉄鉱山・製鉄業および石材工業を中心とするラーン・ディル地域と、各種加工業を支柱としたフランクフルト・マインツ地域とに集中している。

化学・薬品部門と金属加工品部門・機械組立業は輸出とも結びついている。鉄鋼建築材・中・小型鉄鋼製品・エレベーター・トラック・自転車・輸送設備・モーター・ガス炉・電気炉・ガス水道メーター・エナメル品・各種特殊機械（工作機械・木工機・タイプライター・農業用機械・道路工事用機械・冷凍機・製靴機械・皮革加工用機械等）などが金属・機械部門を構成する。さらに電機工業（測定機・強電機器・照明備品・電話器・ラジオ）、光学工業（ヴェツラー）、貴金属・ダイヤモンド加工（フランクフルト・ハーナウ）などもこの地域を代表する工業となっている。

同商工会議所は、一九三三年春、ヘッセン・ナッサウのナチ党ガウ指導者（J. Sprenger）の圧力により、ドイツ民主党所属の二人の副頭取、ユダヤ人執行部、次いで頭取が退陣を余儀なくされ、代わってナチ党員のC・リュア（Lüer, 1897–1969）が、同年五月に会頭に就任した。同人は第一次大戦に参戦・負傷、戦後各種の職業を経験する中で独学により博士号取得（フランクフルト／M）、一九二七年にナチス党に入党し、新聞（Frankfurter Volksblatt）の経済部長、ラント情報局員を経験し、この地区のガウ指導者の地位についていた。彼は、ヘッセン地区のライヒ労働管理官（一九三三・三四年）とライヒ経済集団・商業の指導者を兼任し、また一九三七年時点でヘッセン経済会議所指導者の地位にある。(26) 彼はドレスデン銀行の重役・経営指導者にもなっている。(27)

②オッフェンバッハ商工会議所（Industrie- und Handelskammer Offenbach a. M.)

この地域の経済は、各種の労働集約的な加工業とそれを営む中小規模の経営によって特徴づけられており、その多くは輸出市場と結びついている。とくに皮革製品と高級なめし皮の生産、製靴業、それらの関連諸産業、また機械組立業や金属加工業、印刷用活字や石版印刷装置の製造、化学工業、セルロイド・象牙品生産、木工等々が重要である。

会頭のＥ・Ｈ・ゲルリヒ（Gellrich：一八九三生まれ、ポーゼン出身）は、機械製作工場（Schneider & Helmecke AG）の重役である。シュレージエンで学校を終え、第一次大戦に参戦、戦前に引き続き戦後も機械・金属工業関係で働いた後、一九二八年に上記会社の重役に就いた。ナチス党への入党は一九三二年七月である[28]。

③ギーセン商工会議所（Industrie- und Handelskammer Gießen für die Kreise Gießen, Alsfeld und Lauterbach)

この地域の工業は、タバコ工業（ギーセン）、機械組立、ゴム製造、醸造業、亜麻工業、被服加工、製材・家具加工、等々である。

会議所会頭のＥ・パウリイ（Pauly, 1888-1964）は、医学を学び、医師であったが、戦後義父が設立した同族企業の部品加工・鋳鉄工場（一九〇七年設立）に入り、一九三七年に至る。一九三一年一二月にナチス党に入り、三三年五月に上記会議所の理事、同年に会頭に就任した。一九三八年退任。後任は、同じくナチ党所属の経済人Ｅ・シュロト[29]（Schroth）。

④ヘッセン商工会議所ヴォルムス（Hessische Industrie- und Handelskammer Worms)

ワイン生産と並んで皮革工業、タバコ工業、木材加工・家具製造、繊維工業、被服加工、缶詰加工、製粉、醸造業、機械工業、等々が主な産業である。

ラインヘッセン電機会社の重役の地位にある会頭T・ラトケ（Radtke）は、一八八一年生まれで、ベルリン工業高等学校で学び、ジーメンスの技師となり、一九一四年ヴォルムス市電会社と上記会社の重役となった。ナチス党員で、一九三三年に同会議所の会頭の職に就いた。(30)

⑤**プファルツ商工会議所**（Industrie - und Handelskammer für die Pfalz in Ludwigshafen a. Rh.）

一六の支部組合をもつ表記商工会議所（設立一八四三年、現行規約は一九三五年一月決定）は、一九三六年時に約四〇〇〇の商事裁判所登録企業を包摂していた。プファルツの産業構造は、金属工業・製靴工業・化学工業を柱としており、全工業労働者の半数以上がこの三部門で雇用されている。その他に建築業・石材工業・食品加工業・繊維工業・木材加工業・製紙業・複写工業などが重要である。金属加工・機械組立業は、ポンプ・装置、高速度印刷機、ミシン、農業機械、集中暖房装置、鉄製建築材、水量計、ボーリング機、製靴機械、染色機、測定機器、アルミニウム製品、ほうろう製品などが主要な製造品である。化学工業（ルードウィッヒスハーフェン）の主な製品は、染料・肥料・陶土・明ばん・薬品・炭酸塩・クエン酸・グルテン等々である。

商工会議所会頭のA・ライマン（Reimann：一八六八年生まれ）は、ナチス党員で、化学工業企業（Joh. A. Benckiser）の共同所有者。一九二七年以来同会議所の会員で、一九三七年四月に会頭に就任する。ザールプファルツ経済会議所の顧問、同公的発注地区顧問、ドイツ労働戦線の「化学」委員会員（ザールプファルツ地域）、等を兼任している。(31)

⑥**マンハイム商工会議所**（Industrie - und Handelskammer Mannheim）

上記会議所（管区の人口七四万人〔バーデン全人口の三〇％余〕、商事裁判所登録企業は約五五〇〇）の会頭F・

ロイター（Reuther）は、地元マンハイムの有限会社の企業家＝経営指導者で、ナチス党党員（一九三一年公式入党）である。一八八二年生まれのロイターは父親の上記会社、次いで銀行で実習した後、この会社の共同所有者・支配人となり、現在は表記のように経営指導者の地位にある。マンハイム地方裁判所の商事委員・陪審判事、経済集団・機械組立業・装置部門の理事、バーデン銀行カールスルーへ支店の監査役会長、バーデン・プファルツ航空株式会社の監査役会長、バーデンライン航行・輸送株式会社（マンハイム）の監査役会長、等々を兼ねた。

管轄地域の北バーデンの中心的産業部門：製鉄・鉄鋼業、機械・器具・装置、自動車組立、電機器・モーター、等々（就業人口二万人余）；食品加工（同三万人）、繊維・被服工業（同一・三万人）、建築業（同一万人）等。ほかに木工、製紙、化学、皮革、石材、ゴムなどの各種工業がある。卸・小売業、金融業、保険業、交通業、等も活発である。(32)

⑦カールスルーエ商工会議所（Industrie- und Handelskammer Karlsruhe）

会議所会頭のF・R・ヴォルフ（Wolff：一九〇〇年生まれ）は、カールスルーエ市の有限会社化粧品・石鹸工場の共同所有者・経営指導者で、ナチス党員。実業学校で商業学を学び、外国で語学研修、一九一八年に兵役に服した。一九三〇年以降上記会社の取締役に就任し、一九三六年から商工会議所会頭となり、バーデン経済会議所の会計部長を兼ねている。

この地域の工業は、鉄道信号装置・橋梁建築材・ガス計測器・コンロ・自転車・トラック・車輛・医療機器、等の金属加工業、機械組立業（皮革・マッチ製造用機械、木工機械、工作機械・ミシン・計算機、等々の生産）が重要である。北部シュヴァルツヴァルドには木材加工や製紙業がある。その他の工業としては、タバコ業、食品加工、繊維・被服工業、皮革加工、化学工業、ガラス加工、レンガ製造、等々である。(33)

⑧フライブルク商工会議所（Industrie - und Handelskammer Freiburg）

一九三三年七月にバーデンの八カ所の商工会議所はバーデン商工会議所（Badische Industrie - und Handelskammer）に統合されたが、一九三五年二月の法律で再び改組され、同年三月に表記会議所が設立された。会議所の会頭E・チョイリン（Tscheulin：一八八四年生まれ）は、ナチス党員。商業と技術を習得し、兵役後、機械工場の支配人を経験した後、アルミニウム圧延工場を経営、戦後、工場を拡張し、一九三七年当時従業員は七〇〇人を数えた。彼はこの工場の経営指導者である。また別の機械・鋳鉄工場の監査役会長、フライブルク地区顧問団長を兼ねていた。

この地区の主要産業は、タバコ工業、食料品加工、木材加工、化学工業（ライン上流地域）、電力業、繊維・被服工業、時計工業、各種金属・機械工業、などである。(34)

⑨シュトゥットガルト商工会議所（Industrie - und Handelskammer Stuttgart）

会頭F・キーン（Kiehn：一八八五年生まれ）は、ハノファー商業学校で学んだ後、紙加工企業の営業担当を経て、一九〇八年にトロシンゲン（Trossingen）に移り、ダンボール会社に勤務、一九一二年に独立し、製本・箱製造を兼営する紙取引企業を買収し、拡張した。大戦の兵役で勲功。一九一九年にタバコ巻紙加工・印刷企業に移り、一九三七年に至る。一九三〇年にナチス党に加わり、地元トロシンゲンで地方組織をつくり、それを指導した。三一年市参事会員・同市党支部長、三二年ライヒ議会議員、三三年にシュトゥットガルト商工会議所会員。三四年四月に同会頭に選ばれ、さらに一九三五年にヴュルッテンベルク経済会議所の指導者に就任した。(35)

一九三四年七月にハイルブロンとハイデンハイムの旧会議所地区が併合された。会議所の管区（人口は一三二万人余）の工業は、中小の金属・機械工業と繊維工業とが重要な位置を占めた。前者は鉄・金属鋳造、精密伸延、ねじ等製造、ボイラー組立、炉・料理炉・外科用医療器具・工作機械等の製造、機関車組立、電機機械、鉄材組立、製パン設備、木材加工用機械、レンガ製造装置、圧縮機、ポンプ、酪農品加工設備、醸造用設備等の製造、自動車工業・同関連工業など。その製品は外国を含めヴュルッテンベルク内外に広く市場を見出している。その他に化学工業、食品加工、オルガン組立、皮革工業、靴製造、製紙、玩具製造等々がある。(36)

⑩ミュンヘン商工会議所（Industrie- und Handelskammer München）

ミュンヘン商工会議所の管区は、オーバーバイエルン地区（人口一七七万、二八都市）一帯におよび、商事裁判所登録済の企業は約八七〇〇である。近年小営業者も加入が認められ、その数は約三万と推定されている。

一九三四年八月に会頭に任命されたA・ピーチュ（Pietzsch：一八七四年生まれ）は、ドレスデンの工業高等学校で機械工学を学び、同校電気工学研究所の助手を経て化学工場に勤め、塩素・苛性カリ製造用の電気工学的技術の改善に携わった。一九一〇年にG・アドルフ（Adolph）とミュンヘン電気工学アドルフ・ピーチュ会社（Elektrotechnische Werke München, Adolph. Pietzsch Co.）を設立し経営者となった（一九二八年に株式会社）。ピーチュは一九二五年にヒトラーと出会い、ナチス党に入党する。一九三三年から三六年まで総統代理ヘスの経済問題関係の助言者の地位にあった。同人はバイエルン経済会議所の指導者を兼ね、さらに一九三六年一二月にライヒ経済会議所の指導者に就任する。(37)

⑪ニュルンベルク商工会議所（Industrie- und Handelskammer zu Nürnberg）

ミッテルフランケン地方（人口一〇三万）を管区とする上記商工会議所は、ニュルンベルクにある。会頭O・シュトロブル（Strobl：一八八七年生まれ）は、ナチス党員で、同党ガウ・フランケンのガウ管区指導者、ガウ経済顧問であり、一九三七年に会頭に就任した。シュトロブルはミュンヘンの兵学校を卒業、大戦中軍人として活躍（旅団副官）し、バイエルン陸軍省に勤務した後、軍を離れミュンヘン大学、同工業高等学校で法律・経済・経営を学び、同市の電気暖房機具製造会社の支配人となった。その後ベルリンのベルクマン電機会社（Bergmann Elektrizitats-Werk in Berlin）部長、一九三二年にAEGに移り、電気暖房工場（ニュルンベルク）の工場支配人、一九三四年から経営指導者に就いた。また経済集団・電気工業部門ニュルンベルク支部顧問、ラント保険協会オーバフランケン・ミッテルフランケンの顧問、フランケン労働会議所会員、ライヒ管財官バイエルン管区名誉裁判所陪席判事などを兼任した。

ニュルンベルクの最重要工業は、金属加工業で、とくにブリキ玩具の製造と機械工業・電気工業が著名である。同市のMAN社は、大型ガス機・タービン、クレーン、市電車輌、荷物自動車などを製造し、ジーメンス・シュケルト社は、従業員一万人以上を雇用し、モーター、発電機、照明燈、電気メーター、変圧器を、またノイマイヤー社（Neumeyer：従業員三〇〇〇人弱）は、ケーブル、電線を生産している。機械工業に関連してネジ・蝶番、ガス・水道・蒸気用設備、電極炭、碍子、電話器・配電装置などの製造業が営まれている。また電線・電信機や電気医療器具、さらに製図器具、タイプライター、自転車、オートバイ、高質針金、とくに鉛筆の製造などが活発に営まれている。(38)

（3）中・東部ドイツ

①ベルリン商工会議所（Industrie - und Handelskammer zu Berlin）

会頭フリードリヒ・ラインハルト（Friedrich Reinhart, 1871–1943）は、ベルリンのコンメルツ・プリファート銀行（Commerz - und Privatbank AG）の監査役会長の地位にある銀行家である。『経済構成便覧』にはナチス党所属の記載はないが、一九三二年にヒトラーをライヒ宰相にするように大統領ヒンデンブルクに提案した経済界実力者の一人であり、その後もライヒ指導者SS友の会の会員としてナチス党を支えた有力人物である。ラインハルトは、一九一〇年にフランクフルト／Mの中部ドイツ信用銀行（Mitteldeutsche Creditbank）の重役、同銀行のコメルツ・プリファート銀行への合併（一九二九年）の後、後者の重役の地位に就いた（一九三四年監査役会長）。同人はベルリン商工会議所の会頭と同時にベルリン・ブランデンブルグ経済会議所の指導者を兼ね、さらにプロイセン枢密院顧問官、ベルリン取引所理事長、経済枢密顧問など要職に就任した。いずれもヒトラーの政権掌握後のことである。(39)

ベルリン商工会議所の管区（人口七三四万人）に属する営業的経営は約一七万二〇〇〇で、うち四万三〇〇〇が商事裁判所登録簿に記載されている。主要工業は金属工業と被服加工業で、ドイツの電機工業の半分近くがベルリン周辺に集中している。この地域では同時に機械・器具・車輌製造業、木材加工業、化学工業、食品加工業が重要な工業となっている。

「手工業」を含めたベルリン市の工業経営の数は一一・九万（就業者数六二・二万人）、商業・交通の企業数は一五・六万（同六二〜六四万人）である。そのうち被服加工業は五万経営（就業者八・六万人）、建築業は一・三万経営（同六・五万人）、クリーニング業は一・三万経営（同三・六万人）、食品加工業は一・二万経営を数える。なお、機械・器具・車輌組立工業の就業者数は四・七万人、鉄鋼・金属製品加工のそれは三・三万人となっている。(40)

②マクデブルグ商工会議所（Industrie- und Handelskammer zu Magdeburg）

会頭W・A・ファレンホルツ（Farenholtz, 一八八六年生まれ）は、ナチス党に所属し、ミッテルエルベ経済会議所の指導者でもある。ギムナジウム卒業後、ハンブルクで商業実習、一九一三年に父親の製油工場に入社、一九一五年以後その単独所有者になる。第一次大戦に参戦。一九二二年製油会社グスタフ・フッベ（Gustav Hubbe）と合併、同社の共同所有者、経営指導者になる。一九二九年に上記商工会議所会員になり、三三年に会頭に就いた。経済集団・食品加工業の副指導者で、油脂部門の指導者を兼ねる。(41)

同会議所と上記経済会議所において事務局長としてファレンホルツを助けたのはハンス・ロイプケ（Hans Reupke：一八九二年生まれ）である。ロイプケは一九二七年にドイツ工業全国連盟の事務局に入り、その間グレゴール・シュトラッサーを支持して活動するが、ヒトラー政権掌握後はドイツ工業全国身分（Reichsstand der Deutschen Industrie）の部長となり、一九三六年に上記経済会議所、一九三七年に同商工会議所のそれぞれ事務局長となった。一九三〇年にナチス党に入党、三一年以降突撃隊（ＳＡ）の一員でもある。書物として *Der Nationalsozialismus und die Wirtschaft*, Berlin 1931 ほかがある[42]。

③ハレ商工会議所（Industrie - und Handelskammer zu Halle）

人口一四〇万、鉱山業・化学工業・電気工業・金属加工業など重化学工業を有し、ロイナ（Leuna）はじめ巨大企業を管区内にもつハレ商工会議所の会頭Ｅ・クレールト（Chlert：一八八四年生まれ）は、砂糖卸業の所有者であり経営者である。商業・貿易業の経験を積んだクレールトは、永らくハレ市の銀行（Hallescher Bankverein von Kulisch, Kaempfe & Co.）の監査役を務め、一九三四年四月に上記の会頭に選ばれた。ナチス党員である。マクデブルグ経済会議所の副指導者を兼任している[43]。

④ライプチヒ商工会議所（Industrie - und Handelskammer Leipzig）

会頭Ｋ・ゼーリガー（Seeliger：一八九〇年生まれ）は、ライプチヒの製本会社（Fritzsche-Hager-Gieke）の総支配人であり、出版・書籍取次業 Lühe & Co. の所有者である（本章で取り上げた『経済構成便覧』はこの出版社から刊行されている）。法律・経済・歴史を学び、大戦に参加、勲功を立てる。予備役大尉。一九二〇～二三年オーバーラウジッツ銀行の法律顧問の後、一九二三年以降ライプチヒ書籍業に関与する。ナチス党入党は一九三一年。突撃隊

（SA）隊員。経済集団・印刷・紙加工業の指導者、ライヒ工業集団の副指導者、ザクセン・東テューリンゲン外国局理事長、ライヒ経済会議所・ザクセン経済会議所の顧問、ドイツ労働戦線のライヒ経営協働体「印刷・紙」部門の副指導者、等々要職を兼任している。

同会議所の管区（商事裁判所非登録営業者二万五〇〇〇、同登録者九〇〇〇）では、商業や書籍メッセ・毛皮製品メッセなどと並んで各種工業が活発に営まれている。金属加工業（とくに機械組立業）、印刷・製本業、繊維工業、食品加工業、化学工業、精油・インク工業などである(44)。

⑤**ドレスデン商工会議所**（Industrie- und Handelskammer Dresden）

ドレスデン商工会議所の管区（約六万の経営、従業員二〇万人以上）は、一九二九年のザクセンの法律によって商業会議所（Handelskammer）から商工会議所に名称を変更し、現在は一九三五年二月に施行され、ライヒ経済大臣によって承認された規程にもとづいて運営されている。

この地域の産業の特徴は、中規模経営を基軸とする高級品・完成品加工業や各種工業である。食品加工業では製粉・チョコレート・砂糖菓子・油脂加工・タバコ工業、ビール醸造、薬品・染料・石鹸・爆薬など化学工業や製紙・紙加工、写真工業、繊維関連工業、帽子製造、木材加工、皮革製造、石材、陶器・ガラス、鉄・金属加工、各種機械・器具製造、電機工業、精密工業、等々が活発に営まれている。

会頭のW・ヴォールファールト（Wohlfahrt：一八八〇年生まれ）は、ザクセン経済会議所の指導者を兼任するナチス党員である。実業中学校と商業実習の後、ゲッピンゲンの鋼管・装置製造会社の営業担当、紙製品工場（ハイルブロン）勤務を経てカメラ製造会社に勤め、一九〇五年営業部長となる。大戦に参戦。戦後一九二六年、同会社を含め四会社がカール・ツァイス社主導の下で合併し、ツァイス・イコン会社（Zeiss-Ikon AG）となると、同人は重役陣に加わった。一九三五年上記商工会議所の副会頭に、一九三六年会頭に就任した。[45]

⑥ブレスラウ商工会議所（Industrie - und Handelskammer Breslau）

会頭O・フィッツナー（Fitzner：一八八八年生まれ）は、一九三一年一〇月ナチス党に入り、突撃隊の一員でもある。シュレージエン経済会議所の指導者を兼任している。

彼はブレスラウとグライフスヴァルトの大学、ベルリンとアーヘンの工業高等学校で学び、鉱山試補の資格を取得する。大戦に参戦、予備役陸軍中尉。戦後鉱山官試験合格、鉱山業に勤務、一九二五年以降ブレスラウの鉱山会社（Georg von Giesche's Erben）の技術部長となる。一九三四年七月以降経済集団・非鉄金属工業の指導者となり、また三五年三月に上記のシュレージエン経済会議所指導者に任命された。ライヒ労働・経済顧問でもある。

会議所管区（人口一二八万人）には、繊維工業、金属工業（機械組立を含む）、食品加工業、建築・建設関係、木材加工・製糸業、また化学工業、窯業、セメント・採石業、皮革加工業等々さまざまな工業が存在する。[46]

（4）北部ドイツ・北海・バルト海沿岸地方

①ハンブルク商工会議所（Industrie - und Handelskammer Hamburg）

会頭O・J・ドウ・ラ・カムプ（de la Camp, 一八九五年生まれ）は、第一次大戦に志願兵として参戦、予備役少尉、航空機指揮官となる。戦後はハンブルクの商社で働き、一九二四年に共同で獣皮・毛皮の輸入会社（Markwitz, Delacamp & Co）を設立した。一九三二年にナチス党員。一九三三年にハンブルク商業会議所の会員、一九三五年その副会頭に、そして一九三七年の改組でできた表記の会頭に任ぜられた。ノルトマルク経済会議所の指導者を兼任している。[47]

②ブレーメン商工会議所（Industrie - und Handelskammer Bremen）

会頭K・ボルマイヤー（Bollmeyer：一八八七年生まれ）は、実業学校修了後、マクデブルグで実習、次いでウィーンのアジア向輸出商社で働く。大戦中は機関銃中隊隊長。戦後貿易商（Firma A. Held, Bremen-Columbien）の支配人になり、一九二五年以降は共同所有者となる。ナチス党に属し、ブレーメン経済会議所指導者を兼ねている。またライヒ経済会議所と国際商業会議所の顧問でもある(48)。

③メクレンブルグ商工会議所（Mecklenburgische Industrie - und Handelskammer zu Rostock）

会頭K・ミュラー（Müller：一八九二年生まれ）は、法律を学び、試補資格取得、一九三三年まで弁護士・公証人、その後メクレンブルグ信用・抵当銀行の重役となる。ナチス党員(49)。

④シュテティン商工会議所（Industrie - und Handelskammer zu Stettin）

会頭O・ランゲ（Lange：一八九五年生まれ）は、一九三〇年ナチス党に入党している。ランゲはケニヒスベルク大学で言語学を学び、大戦に兵士として参戦。後ハレ大学で法律学・経済学を勉強し、シュテティン海上・河川保険会社（Union-Actien-Gesellschaft für See - u. Fluß-Versicherungen）の法律顧問、二五年に同社の重役となる。一九三三年に表記会議所会頭に就任し、三五年からポンメルン経済会議所の指導者の地位に就いた。一九三〇年七月からナチス党員(50)。

以上、ドイツ各地の主だった商工会議所を取り上げ、会議所の会頭とナチス党との関係を見た。『経済構成便覧』は、九〇の商工会議所のうち、少なくとも七六の会頭がナチス党員ないしナチス的な経済人であったことを示している。残る一四の会頭については、党籍に関する記載を欠いているが、もちろんそのことは彼らが非党員であることを意味しない。それらのうちドルトムントとハーゲンの商工会議所の会頭は、シュトレンメルの研究によって、ナチス党員であることが判明している(51)。

それ以外の一二の会議所についてみると、会頭就任の年次がナチス政権発足の一九三三年より以前で、ワイマール期から引き続いて会頭の地位に留まったことが確認できるのは、リーグニッツ（シュレージエン、一九一九年に就任）とロイトリンゲン（一九三二年に就任）の二つのみであり、就任年次不明の会議所を除くその他の七会議所の会頭は、一九三三年以降にライヒ経済大臣の任命にもとづいてその地位に就いている。つまりこれらの七会議所でも旧執行部は退陣を余儀なくされていたのである。そして新しく会頭に就任した人物の多くはライヒや地域の経済集団やライヒ経済会議所の役職に任命された。党籍記載のないこれらの会頭もまたナチス寄りであったと考えてよいだろう。

一九三二年就任のロイトリンゲンの会頭が、一九三三年五月に、執行部の交替とナチス党員の会員の新規就任が必要なことを表明した(52)ことが示すように、商工会議所の会頭だけでなく、それを支える執行部のナチス化も各地で進行した。ヴェストファーレン・リッペ地方の八商工会議所では、一九三三年末に政治的理由で地位を追われた執行部の人員の数は、八人の会頭を含めて二五人で、全体の七八パーセントに及んだことをシュトレンメルは明らかにしている(53)。さらに商工会議所の事務機構でもナチス化が展開した。たとえばフランクフルト／Ｍでは、二三人の事務長・部長のうち一九四五年敗戦時までに一九人がナチス党員で占められた(54)。

それではナチス政権掌握後の商工会議所改造によって一九三三〜三七年の間に新たに責任者の地位に就任した人物はいかなる経済人であったか。

ケルン商工会議所のシュレーダーやベルリンのそれのラインハルトのような富裕な金融業者ないし大銀行重役は例外であり、『経済構成便覧』の事例が示すように、会頭に就任した経済人のほとんどが中規模な商工業企業・銀行の所有者・共同所有者・経営者か、地域的な企業の支配人・重役の地位にあった。シュトレンメルは、ヴェストファーレン・リッペの商工会議所会頭に関して、彼らが上層の経済人ではなく、「中間層」ないし「上層中間層」に属する、「下から」抬頭してきた企業家や経営者であったと指摘し、このことは他の地域にもあてはまると述べている(55)が、これまで紹介した諸地域の会議所の会頭の経歴からみて、この指摘は誤っていないといってよいだろう。このようにナチス化された商工会議所の責任者の地位に就いたのは、コンツェルン的企業の関係者ではなく、地域に足場をもつ「中産的な企業経営者」(mittelständischer Unternehmer)、中でも各種の加工業を担う中堅的な資本家層や経営者層であった。

彼らのほとんどすべてがナチス党員かナチス支持者であったという事実は、ナチス党と資本主義との関係の重要な局面を示すものとして注目に値する。彼らはまぎれもなく資本主義的な企業家ないし資本主義的企業を担う経営者であった。それは手工業的な特徴を残した小経営者、いわゆる「手工業者」(Handwerker)と区別される経済的存在であった。当時の資本主義経済は、重化学工業を中心とするひと握りの独占的な巨大資本によってばかりでなく、圧倒的な数の企業数と巨大企業を上回る労働者数を有する中小規模の資本主義的な経営によって構成され、支えられていた。それらは各種の加工・組立業を含めた多様な地域経済を土台としつつ、内外の広域的な市場に向けて活発な経済活動を展開していた。商工会議所は、そのような地域的な経済活動とその担い手たる中小の企業家・経営者の重要な拠点であった。ナチスは、この商工会議所と執行部を改造することによって、地域経済と「中産的な」資本主義的企業経営者を全体主義的な体制に組み込もうとしたのである。戦争準備体制の構築をめざすナチス権力にとって、それは「手工業者」の「手工業会議所」への編成と並ぶ重要な政策であったといえよう。

3　商工会議所と国家的業務

商工会議所は、公法的団体として、会議所を構成する企業家のための自治的な活動と並んで、今や国家的ないし国民経済的な立場に立った行動を強く求められことになった。失業問題の解決、原料・外国為替問題への対応、外国貿易への配慮、四カ年計画と国防経済への対処、価格統制のための関係当局への協力、等々である。

このような国家的な課題の拡大に伴って商工会議所は、自地域の企業経営の要請により多く対応しなければならなくなった。それらの国家的な問題は、地域の経済活動に深く関係しており、会議所はそれに関する政府の指示や命令を地元経済人に仲介するとともに、それに対する地元企業の対応を、地域や部門の特殊性を考慮しつつ、国家になかだちしたり働きかける役割を担った。会議所は「国家と経済との仲介者」として、ナチスの至上命令である「公益は私益に優先する」の原則にもとづいて活動することが要請されたのである。

それではこの時期の商工会議所はどのような活動をしていたのだろうか。ミュンヘン商工会議所会頭でありライヒ経済会議所の指導者を兼ねるA・ピーチュは、商工会議所の任務として次の事項をあげている(56)。

a．証明証・鑑定書の作成：外貨・原料割当に関する証明書、関税関係での原産地証明、商用旅行用ビザ取得のための証明書、署名証明など。

b．専門家・鑑定人の指名・依頼・確証。

c．競争上のいさかいに対する調停裁判所・和解職務の設置。

d．取引所の設置・監督。

e．メッセ、商品検査所、商業博物館、公設倉庫、交通・船舶航行施設、等々の設置と振興。

f. 商事裁判所登録簿の管理・運営への協力、企業変更時における登録審査官への協力。
g. 職業教育分野での業務、とくに職業学校・専門学校の維持・補助、商店員・工業労働者・補助者の試験の管轄、徒弟名簿の管理。
h. 和議手続き開始の申請への専門的判定、和議管財人・破産管財人の指名に先立つ聴取。
i. ライヒ経済省に対する地域の経済状況の定期的報告などの作成、法案準備の際の協力。
j. 行政・司法の当局への専門的見解の提出。
k. 商業慣行に関する専門的所見の作成。
l. 事業の開設・取得・変更における専門的立場からの協力。
m. 商事裁判官の指名に関する専門家的提案、税務署審議官および税務裁判所名誉所員の指名。
n. 卑金属仕入れ認可の申請に関する鑑定。
o. 租税・交通・関税等に関する企業への助言と情報の提供。
p. 競争・景品・価格割引の問題、日曜日休日、店舗閉店時間、売り尽くし、競売、特許利用意匠権、商標権の各問題への協力。
q. 交通運賃、自動車での越境交通のための承認手続、郵便・電信・電話の制度的改善、人的・物的交通、料金表、時刻表等の問題についての協力。
r. 租税法の分野での協力。
s. 福祉部面での活動。商業用職業集会所の建設、寄付等。

商工会議所は上記のようにこれまで以上に広範な業務を担当することになった。それらの多くがナチス政府の統制的ないし規制的な諸政策と結びついていた。企業活動は多方面にわたって規制され、多くの場合文書形式による企業の申請と、それに対する当局の審査と認可の形を取って行われた。規制からの除外や例外適用を含めて無数の書類が当局に集中した。だが官僚機関は企業側の要望の個々のケースについて判断する十分な専門的知見を欠き、それらの適否に関する予備的な判断を、個々の企業の状況を知る商工会議所に委ねるほかはなかった。このように当局に対する企業の対応は、たいていは会議所を通じてなされ、会議所はそれに対して専門的な立場から一定の判断を下し、それを通じて政府当局の認可のあり方に影響を与えることができた。さまざまな鑑定書（a、h、j、k、n）の作成は、企業の「下から」の要求をコントロールしつつ汲み上げ、当局の決定に反映させる上で重要な役割であった。

たとえばヴッパータール・レムシャイト商工会議所は、一九三四年シャハトの「新計画」による原料・外貨統制の後、一九三五年には綿・羊毛工業における綿花・羊毛の特別割当のために三〇〇〇通の証明書を発行し、また卑金属の小口使用業者（レムシャイトは金属加工業の中心地）から出された申請二四五〇を審査し、会議所を通じて監督局に送付した。この年同会議所は一万二〇〇〇を越える外貨割当の証明書を作成し、外貨・原料統制の多種多様な事態に関連して六〇〇以上の所見を提出したという。さらにナチス政府のユダヤ人経済人排斥＝「アーリア化」政策への対応、アウトバーンの建設計画に伴う道路交通の問題、価格停止令（一九三六年）への協力、公的な発注の配分の問題、広告規制（一九三三年九月経済広告法、同一〇月同法施行令）、競争上のトラブルの調停、小売店舗設置（一九三三年五月小売商業保護法による規制）の鑑定、等々、の活動を行った。商工会議所の役割は質量ともに大きく増大した[57]。しかし、それは企業の利害を国家に仲介する商工会議所の役割の重要性をも示すものであった。商工会議所の改造とナチス化は、このようなナチス国家の方向性を考慮しつつ、個別企業の営利活動を支え、かつ体制に結びつける上で重要な意味を有していた。

それは地域経済の担い手たち、すなわち中小規模の資本家層を軸とする資本主義的企業家層の営利活動の抑圧を意味するものでは決してなかった。彼らはこのナチス的な機構を前提にしつつ、それに対応し、自らの利害に沿った形でそれを利用した。たとえば自地域に有利な形でのアウトバーンの路線の建設（ケルン―レムシャイト―ヴッパータール―ドルトムント）、公的発注の配分（中小規模企業への配慮）、価格停止令の例外条項（価格引き上げ）の活用（そのために一九三七～三九年に年平均約二〇〇の鑑定書を発行）、原料・外貨割当の確保、等々がそれである。

各種の証明書の発行や審査・鑑定書の数の多さは、ナチス的な国家的統制体制の規制的な側面の大きさを示すと同時に、新たな状況に対する地域的利害の積極的な対応と企業活動の旺盛な展開をも意味していた。もともとナチス的政策理念における「公益は私益に優先する」の原則は、「利益」を否定せず、むしろそれは経済人の私的イニシャチヴの重視や経済団体の「自治」（Selbstverwaltung）の強調と一体になっていた。ナチスは上のような形で地域経済の利害を吸収し、その担い手たる中小資本家層を自らの体制に組み込もうとしたのである。巨大資本・独占資本との関係とは異なるナチス体制と資本主義ないし資本家層との関係がここに示されているといえるだろう。

4　商工会議所の広域的編成とガウ経済会議所への移行

各地の商工会議所は、広域の上部組織である経済会議所を構成し、この経済会議所は、全国的組織であるライヒ経済会議所によって統合された。広域的な地域組織としての経済会議所は、一九三四年一一月の経済有機的構成準備法施行令で規定された後、一九三五年三月の経済大臣の指令、経済地区・経済会議所令（die Anordnung des Wirtschaftsministers über die Abgrenzung von Wirtschaftsbezirken und die Bildung von Wirtschaftskammern）によって設置され、広域地域の中心的な商工会議所の中に置かれた。経済会議所は一八存在した。

経済会議所は、商工会議所と経済部門・専門部門別の経済集団（専門集団）の地域組織および手工業会議所の三者から構成され、その指導者はバーデン経済会議所（カールスルーエ）を除いて、いずれも経済会議所が置かれた当該商工会議所の会頭が兼ねた。バーデンを含めたこれらの一八人の指導者は、党籍不明のオストプロイセン経済会議所以外はすべてがナチス党の党員かその有力な支持者（ベルリンの場合）であった[58]。

これらの経済会議所は、前述のように全ドイツ的にはライヒ経済会議所に編成された。ライヒ経済会議所は商工会議所だけでなく、ライヒ経済集団と手工業会議所をも構成メンバーとする最高の経済的機構であり、ミュンヘンの商工会議所会頭でありバイエルン経済会議所指導者であるＡ・ピーチュがその指導者となっていた[59]。

ライヒ経済会議所の中には商工会議所の共通の任務を検討する「商工会議所協働体」（Arbeitsgemeinschaft der Industrie - und Handelskammer）が設けられた。ワイマール期の「ドイツ商工会議」はその中に吸収された。ここにおいて各地の商工会議所の要求や苦情がまとめられ、全体としての情報交換と調整がはかられることになる。その代表はピーチュであり、各地の商工会議所会頭がその理事会を構成した[60]。

商工会議所の広域化と全ドイツ的組織化は、以上のようにナチス体制の下で強制的に推し進められたのであるが、しかしそれをもっぱら強圧的な全体主義的方向性においてのみ理解することは適当ではない。諸地域経済間の相互的ないし全ドイツ的な関連は、すでに第一次大戦前から進展しており、ワイマール期には国民経済における地域経済の内的連関（innere Verflechtung）が大きな問題となっていたからである。ナチス的組織化はこのような動向に沿って、それを全体主義的に具体化したものであった[61]。

一九三九年の第二次大戦勃発と戦時経済体制への移行に伴って、商工会議所の活動範囲は拡大した。軍需関連の公的発注に関する企業間の受注配分の調整や斡旋、深刻な労働力不足に対する対応、とくに民需部門の中小企業の休業・廃業措置への協力や、専門労働者の早期育成のための職業・技術教育の強化、戦争捕虜・外国人労働者の企業への斡旋における協力、等々である。加えて、原料・動力供給、物資配給、価格統制、利潤国家還元措置、配当制限に関わる監視、戦時の家族手当・経済支援・戦災保障等々への協力やそれらに関する企業指導など、さまざまな面で商工会議所の業務が増大した(62)。

しかし軍需工業・関連工業を中心とする戦時経済体制の中で、とりわけトット、次いでシュペアによる総力戦体制の下で、これらに関わる活動範囲・権限をめぐって、地域組織としての商工会議所と産業部門ごとの経済集団との間にあった対立が拡大しつつあった。ライヒ経済省は一九四二年六月、旧来の商工会議所と手工業会議所および経済集団地方機関を再編成して、ガウ経済会議所（Gauwirtschaftskammer）に統合することを計画した。商工会議所はこうして解体され、地域経済はより広域のガウ経済会議所の下に組み込まれることになった(63)。

注

（1）第一次大戦後におけるドイツの地域経済の相互的関連、つまり経済の「内的関連」（die innere Vesflechtung der Wirtschaft）に関しては、諸田實・松尾展成・小笠原茂・柳澤治・渡辺尚・E・シュレンマー著『ドイツ経済の歴史的空間』昭和堂、一九九四年、第3章（柳澤治）3、拙著『資本主義史の連続と断絶』日本経済評論社、二〇〇六年、第2章3・(3)。

（2）同法については、Hermann Teschemacher (Hg.), *Handbuch des Aufbaus der gewerblichen Wirtschaft*, Bd. III (Reichswirtschaftskammer/Wirtschaftskammern/Industrie- und Handelskammern), Leipzig 1937, S. 137.（以下 *Handbuch* と略す）。同法の邦訳は日満財政経済研究会編『ナチス経済法』日本評論社、一九三七年、七六頁以下。同時代日本における関連叙述として、小穴毅著『独逸国防経済論』森山書店、一九三八年、一一六頁以下、渡辺宗太郎「ナチス経済団体統合法」『法学論叢』第43巻4号、一九四〇年一〇月、三九三頁以下。なお、ドイツの商工会議所史の要約的な叙述として、渡辺尚編著『ヨーロッパの発見』有斐閣、二〇〇〇年、第5章（渡辺尚）第2節。

（3）詳しくは拙著『ドイツ中小ブルジョアジーの史的分析』岩波書店、一九八九年、Ⅳ。

（4）本書「序論」注（19）も参照。

（5）Harald Winkel, *Geschichte der württembergischen Industrie–und Handelskammern. Heilbronn, Reutlingen, Stuttgart/Mitt-*

lerer Neckar und Ulm 1933–1980. Zum 125 jährigen Bestehen, Stuttgart 1980, I.

（6）たとえば Hans Pohl/Klara van Eyll（Hg.）, *Zur Politik und Wirksamkeit des Deutschen Industire - und Handelstages und der Industire - und Handelskammern 1861 bis 1949*（*Zeitschrift für Unternehmensgeschichte*, Beiheft 53）, Stuttgart 1987 を見よ。

（7）Ralf Stremmel, *Kammern der gewerblichen Wirtschaft im "Dritten Reich". Allgemeine Entwicklungen und das Fallbeispiel Westfalen–Lippe*, Dortmund/München 2005.

（8）Werner Hoche, *Die Gesetzgebung des Kabinetts Hitler. Die Gesetze in Reich und Preußen*, Heft 9, Berlin 1934, S. 192. 前掲『ナチス経済法』三二頁以下。

（9）Hoche, *a. a. O.*, Heft 10, S. 399; *Handbuch, a. a. O.*『ナチス経済法』七六頁（ただし第４条を欠く）。

（10）*Handbuch, a. a. O.*, S. 135ff.

（11）*Ibid.*, S. 137f.

（12）*Ibid.*, S. 3f.

（13）Eberhard Barth, Der fachliche und regionale Aufbau der gewerblichen Wirtschaft, in: *Jahrbuch der nationalsozialistischen Wirtschaft*, München 1937, S. 274. またライヒ経済会議所の商工会議所部事務長Ｐ・ヒラントの同様の叙述をも参照。Paul Hilland, Die Neuordnung der gewerblichen Wirtschaft, in: *a. a. O.*, Stuttgart/Berlin 1935, S. 119.

（14）注（2）参照。

（15）*Handbuch*, S. 411ff.; *Das Deutsche Führerlexikon 1934/35*, Berlin 1934, S. 510.（以下、*Führerlexikon* と略す）。なお、ライン地方の商工会議所の成立とその類型については、渡辺尚著『ラインの産業革命』東洋経済新報社、一九八五年、第５章、参照。

（16）Industrie - und Handelskammer Wuppertal（Hg.）, *Industrie - und Handelskammer Wuppertal 1831–1956, Festschrift zum 125 jährigen Jubiläum am 17. Januar 1956*, Wuppertal-Elberfeld 1956, S. 109ff. Ｒ・チールシュについては、Wolfram Fischer（Hg.）, *Biographische Enzyklopädie deutschsprachiger Unternehmer*, München 2004, Bd. II, S. 1348. をも参照。

（17）*Handbuch*, S. 288ff.

（18） *Die Industrie - und Handelskammer zu Krefeld 1804–1954. Festschrift zur Feier des 150 jährigen Bestehens*, Krefeld 1954, S. 37ff.

（19） *Handbuch*, S. 76, S. 281; *Führerlexikon*, S. 437. 栗原優著『ナチズム体制の成立』ミネルヴァ書房、一九八一年、一〇九頁、二二三頁、とくに四〇五頁以下、四六六頁以下。Ernst Klee, *Das Personenlexikon zum Dritten Reich. Wer war was vor und wach 1945*, Frankfurt a. M. 2003, S. 560.

（20） *Handbuch*, S. 68, S. 201.

（21） *Ibid.*, S. 159f. オーバーシェルプは一九四三年に退任する。Stremmel, *a. a. O.*, S. 271.

（22） *Ibid.*, S. 164ff. シュリターは三年後に地位を追われ、代わってO・マーケ（Make：一九三三年ナチス党入党）が会頭に任命された。Stremmel, *a. a. O.*, S. 238, S. 269ff.

（23） *Handbuch*, S. 213.

（24） *Ibid.*, S. 370f.

（25） *Ibid.*, S. 320f.

（26） *Ibid.*, S. 72, S. 221ff.; *200 Jahre IHK Frankfurt am Main. Rückblick auf das Jubiläumsjahr*, Frankfurt a. M. 2009, S. 31ff.

（27） *Führerlexikon*, S. 291; Klee, *a. a. O.*, Arktikel: Lüer, Carl.

（28） *Handbuch*, S. 330ff.

（29） *Ibid.*, S. 238f.; Helmut Berding（Hg.）, *125 Jahre Industrie - und Handelskammer Gießen. Wirtschaft in einer Region*, Darmstadt 1997, S. 14f., S. 31.

（30） *Handbuch*, S. 403ff.

（31） *Ibid.*, S. 303ff.

（32） *Ibid.*, S. 313ff.; *Führerlexikon*, S. 385. も参照。

（33） *Handbuch*, S. 268ff.

（34） *Ibid.*, S. 230ff.

（35） *Ibid.*, S. 123. Fischer（Hg.）, *a. a. O.*, Bd. 1. によると、この人物は、一九三五年にトロシンゲン市名誉市民となっている。

同人ははじめG・シュトラッサーを支持していたが、その排除後は転換し、一九三八年SS友の会の会員になった。彼はアイスリンゲンの包装紙工場の「アーリア化」を行い、また一九四三年にはオクリフテルの「アーリア化」されたパルプ・製紙会社を取得した。一九四五年三月にティロール方面に逃げたが、五月に捕まり、拘禁・収監され、一九四九年に釈放された。同人の工場は戦後も存続し、一九四九年に二六〇人の従業員を雇用した。六〇年代中頃には八〇〇人に達したが、七二年に支払不能となり、一族は経営から退いた。*A. a. O.*, S. 577f. シュトゥットガルトなどヴュルッテンベルクのグライヒシャルトウングについては、Winkel, *a. a. O.*, S. 9, S. 11ff.

(36) *Handbuch*, S. 385ff.

(37) *Ibid.*, S. 27, 317ff. *Führerlexikon*, S. 355; Klee, *a. a. O.*, S. 462; Fischer (Hg.), *a. a. O.*, Bd. 2, S. 957. ピーチュと経済大臣K・シュミット（Schmitt）との関係、またそれに関連するナチス政権掌握直後の経済組織化を中心とする経済政策の方向の諸潮流については、栗原優著『第二次大戦の勃発』名古屋大学出版会、一九九四年、二一五頁、二二〇頁、参照。

(38) *Handbuch*, S. 326ff.

(39) *Ibid.*, S. 61; Klee, *a. a. O.*, S. 488f. また、栗原、前掲書、三六八、四〇八、四六七、四六八各頁。なおラインハルトはこの間次の会社の重役ないし社長・副社長に就任したという。Buderussche Eisenwerke (1937-43), Deutsche Hypothekenbank (1935-43), Henninger-Bräu AG (1930-43), Ilse Bergbau AG (1927-43), Schultheiß Brauerei AG. (1933-43). こうして彼は鉱山業・精錬業および銀行・保険業界に影響力を行使した。Fischer (Hg.), *a. a. O.*, Bd. 2, S. 1020. ベルリン商工会議所については、Thomas Hertz, *Die Industrie-und Handelskammer zu Berlin. Ein Beitrag zur Wirtschaftsgeschichte Berlins*, Berlin/New York 2008, Kap. V. 一九三四年六月のヒトラーに対する「国民車」事業に関する提言については古川澄明「ナチの『ドイツ国民車』事業に関する西ドイツ文書館所蔵文書の検討」『鹿児島経大論集』第25巻4号、一九八五年、参照。

(40) *Handbuch*, S. 152ff.

(41) *Ibid.*, S. 80f.; *Führerlexikon*, S. 119.

(42) *Führerlexikon*, S. 381f. 栗原、前掲書、三三三頁、三四九頁以下、四二九頁、四八六頁以下、五一五頁以下。

(43) *Handbuch*, S. 349f.

(44) *Ibid.*, S. 292ff.; *Führerlexikon*, S. 452.

（45） *Handbuch*, S. 103f., S. 198ff.

（46） *Ibid.*, S. 108f., S. 177ff.

（47） *Ibid.*, S. 88, S. 251ff.

（48） *Ibid.*, S. 65, S. 172ff.; *Führerlexikon*, S. 65f.

（49） *Handbuch*, S. 351.

（50） *Ibid.*, S. 96, S. 378ff.; *Führerlexikon*, S. 269.

（51） ドルトムントの会頭のＢ・シュラー（Schüler, 1901-1956）は、一九二五年ナチ党入党、ドルトムント・ウニオン醸造会社の支配人。ハーゲンの会頭Ａ・ヘスターベルク（Hesterberg, 1876-1956）は、一九三一年ナチス党員。小型金属製品加工自営（労働者二〇〇人［一九三〇年代］）。Stremmel, *a. a. O.*, S. 92ff., S. 593f.

（52） Winkel, *a. a. O.*, S. 9, S. 12.

（53） Stremmel, *a. a. O.*, S. 92ff.

（54） *200 Jahre IHK Frankfurt am Main*, S. 41. ヴェストファーレン・リッペ地方については、Stremmel, *a. a. O.*, S. 129f.

（55） Stremmel, *a. a. O.*, S. 145.

（56） Albert Pietzsch, *Die Organisation der gewerblichen Wirtschaft*, Berlin 1938, S. 28ff.

（57） 注（16）の *Industrie - und Handelskammer Wuppertal 1831–1956*, S. 117ff. の叙述参照。

（58） *Handbuch*, S. 38ff.

（59） *Ibid.*, S. 8ff.

（60） *Ibid.*, S. 15ff., S. 33ff.

（61） 注（1）参照。

（62） ライヒ経済会議所の機関誌 *Deutsche Wirtschaftszeitung* の記事参照。また Winkel, *a. a. O.*, S. 116ff.; Stremmel, *a. a. O.*

（63） *Die deutsche Wirtschaftszeitung*, Nr. 22, 6. Juni 1942, Nr. 39, 10. Oktober 1942; Winkel, *a. a. O.*, S. 125ff.; Willi A. Boelcke, *Die deutsche Wirtschaft 1930–1945. Interna des Reichswirtschaftsministeriums*, Düsseldorf 1983, V. 1.

第4章　戦争準備・戦時体制と資本主義——四カ年計画から第二次大戦へ——

はじめに

ドイツの戦時経済体制の展開過程は、国防経済体制・アウタルキー体制の本格的な出発点となった一九三六年四カ年計画の開始から一九三九年九月二度目の世界大戦突入までの準備期、第二次大戦開始・戦時経済令から総力戦体制の起点となったトット‐シュペア体制成立にいたる時期（大戦前半期＝いわゆる電撃戦期）、独ソ戦開始期から一九四五年敗北にいたるトット‐シュペア体制下の総力戦体制の時期（大戦後半期）の三つの区分にされる。第二次大戦は四カ年計画の中途で始まるため、大戦前半期（いわゆる電撃戦期）は、この四カ年計画と重なる。本章はその四カ年計画からトット‐シュペア体制成立にいたる戦争準備・戦時体制前半期の展開において、資本主義がその動員体制にいかに編成されていったか、その過程に対してドイツの資本主義的企業が全体としてどのように協働したかを検討する。

ナチス体制下の戦時経済体制は、日本を含めたほかの資本主義国の場合と同様に、資本主義経済を前提として、それをまず戦争準備体制に、次いで総力戦体制に編成する形を取って構築された。それは部分的な国有化や国家自身による経済活動を伴いながらも、基本的には民間の資本主義企業の存続を認め、それを国家的に規制しつつ、それとの対立関係を含みながら、しかし全体としては協働関係をつくり出す形で展開した。その点で生産手段の国有化を前提とするソ連の社会主義的な総力戦体制とは本質的に異なっていた。

ドイツの資本主義的企業は、第1章で見たように、一九三四年のドイツ経済有機的構成準備法とその施行令によって、部門・業種ごとに組織された経済集団（Wirtschaftsgruppe）・専門集団（Fachgruppe）に強制的に編成された。その上部組織として全体を総括したのが、ベルリンに設置されたライヒ工業集団であった。強制加入方式により全ドイツの資本主義企業を網羅したこの企業組織は、一方では各分野の企業側の利害を代表しながら、他方ではナチス国家の「上から」の指令に対応して、その具体化に協力するという仲介的な役割を演じた。この組織はそのことにより、ナチス権力と資本主義経済を結びつける機構として、ナチス経済体制の中で基軸を位置を占めることになった[1]。本章は、ナチス体制に編成された資本主義のこの組織体とそれを構成する企業が、一九三六年四カ年計画からトットーシュペア体制成立にいたる展開過程といかなる関連をもったかを分析することにより、ナチス的な戦争準備・総力戦体制と資本主義との関係を明らかにすることを課題としている。

1　四カ年計画に関する先行研究の視点――その問題点――

一九三六年九月、ニュルンベルクで開かれた党大会でヒトラーは、新四カ年計画の実施を宣言した。四年以内にドイツの化学工業・機械工業・鉱山業が生産できる原材料のすべてについて、外国の依存から自立させること、そのために多くの分野の国民的生産を向上させるとともに、輸出に対して行われる輸入は、必要な生活資料と不可欠な工業原料を優先し、それによって国内循環を確保すること、という内容であった[2]。この四カ年計画の目的が戦争の準備にあり、準備体制がいかなる段階にまで達したかはともあれ、この計画がその後の戦争経済体制の展開にとって、重大な出発点に位置づけられることは研究史の示すところである。

四カ年計画の実施は、ヘルマン・ゲーリング（Hermann Göring, 1893–1946）に全面的に委任された。シュワイツァー（Schweitzer）やペッチーナ（Petzina）らのすぐれた研究が明らかにしたように、四カ年計画は四カ年計画全権委任ゲーリングの下で、何よりもドイツ経済の世界経済からの自立とアウタルキー化を目標とし、原料・食料の輸入規制と外国為替の国家的管理、輸出政策の強化として展開した。それをめぐってゲーリングと、国内自給化よりも世界経済との連繋、軍備拡大よりも輸出拡大による通貨の安定を求める経済相・ライヒスバンク総裁H・シャハト（Hjalmar Schacht, 1877–1970）とが対立関係におかれたこと、またシャハトの立場はライン・ヴェストファーレンの鉄鋼資本から支持されており、他方、ゲーリングは化学工業の利害と結びついていたことが明らかにされている。

『ドイツの経済と国家　1933-1945年』の著者、旧東独の歴史家ツンペは四カ年計画をこう要約する。「四カ年計画は決して国民経済の全体的な計画ではなかった。計画は原料・素材生産とその強化へと範囲を拡大したが、それはドイツが輸入に頼る生産物に限られた。この構想を支えたのがドイツの『国防経済的なアウタルキー化』という周知の目標であった。……計画の実質上の急速な分裂、遅滞、また効果のなさが明らかになり、一九三八年夏には、この計画をごく一部の直接的な戦争重点生産物に集中する方針が実施されることになった[3]」。一九三八年の転換は、火薬・爆薬等の生産や化学工業のための緊急計画として具体化した。その作成に関わった中心人物は、化学工業のコンツェルン、IGファルベンのO・アムブロス（Otto Ambros）とC・クラウホ（Carl Krauch）であった。第二次大戦はこの四カ年計画の最後の局面で勃発する。

これまでの研究は、以上のように四カ年計画をアウタルキー化の計画、その下での原材料・食料自給体制の確立、人造石油・人造ゴム・人造繊維など化学工業の強化といった経済政策として理解し、その上でそれらがもつ矛盾した諸側面や限界が明らかにされ、また強調されてきた。

それは四カ年計画がもつ独自な政治的目的（いわゆる「政治的理由」）と関連していた。イギリスのオッタワ協定（一九三四年）にみられる資本主義諸国の対抗的な保護主義や、広域経済圏形成の世界的傾向のなかで、ナチスのアウタルキー化政策は、同時にすぐれて戦争準備的な体制の構築をめざすものでもあったからである。「ドイツ軍は四年以内に出動可能となること」、「ドイツ経済は四年以内に戦争能力を備えること」(4)を秘密文書で求めるヒトラーは、ドイツの戦争能力を「ドイツ経済」の「戦争能力」と結びつけていた。先行研究は、四カ年計画の前述した諸政策がこのような「戦争能力」という目標から見たとき、軍事力のための重化学工業の強化を十分な形で実現しなかった諸政策がと、そのような状況のまま大戦に突入したため、ドイツは独ソ戦までは総力戦を遂行する体制までに達していなかったことを示した(5)。

この理解は、ナチスの本格的な戦時経済体制が、四カ年計画ではなく、独ソ戦開始（一九四一年）期の兵器・軍需省設置、軍需相F・トット（Fritz Todt）、次いでA・シュペア（Albert Speer）の体制とともに始まるという認識と密接に関連する。トット－シュペア体制は、軍需関連企業の「自己責任」・「自治」にもとづく戦時協力体制（委員会・リング制）と、そのような企業の協働体制に支えられた生産の全面的な「合理化」政策を特徴としており、これまでの一般的な見解は、この体制をもって総力戦的経済の開始として理解してきた。四カ年計画に関するこれまでの研究は、この認識と矛盾なく接続した。

四カ年計画とシュペア体制との関連は、その場合、重大な「転換」とみなされ、両者の間の政策上の相違点が強調されてきた。しかしこれまでの研究は、戦争準備体制の構築を目的とする四カ年計画が、トット－シュペア体制を準備し、総力戦体制に連続する本質的な側面を有していた事実を見逃してきたように思われる。その一つは、戦争経済体制が基本的には資本主義経済を土台にし、資本主義的企業の協働体制として構築されねばならないという方向が、四カ年計画の中で明確に示されていたことである。それは戦争体制へ資本主義企業を国家的に動員する体制づくりの基本的な局面をなすものであって、シュペア体制の「自己責任」・「自治」にもとづく総力戦的な企業の協力体制の前提となり、それに連続的に結びつくものであった。

もう一つは、四カ年計画が「戦争能力」の根本にある経済諸力の拡大＝「合理化」の政策をその中核に有し、経済集団＝企業団体の協力に支えられて具体的に実施されていた点である。トット－シュペア期の特徴とされる総力戦のための業績向上＝「合理化」政策は、四カ年計画のもとですでに着手されていた。これまでの研究はこの重要な側面を見落として来たように思われる。

また先行研究は次の点も十分に理解してこなかった。資本主義は市場経済を特徴としているが、戦争経済が資本主義を土台とする限り、国家は市場経済を一定の枠組みの中で規制する体制をつくり出さなければならない。四カ年計画は、まさにこのような市場経済に対するさまざまな国家的統制（Lenkung）の機構を準備した。とくに市場経済の最も重要な要素である価格形成メカニズムに対するライヒ価格形成監理官体制と、原料等配給システムに関わるライヒ取引所体制がそれである(6)。戦争遂行の準備体制として、資本主義の価格システム・流通機構に対する「外から」の国家的な規制の体制と、資本主義企業のそれへの協力関係が四カ年計画の中でつくり出されていたことは、総力戦体制の前提になる著しく重要なことがらであった。

四カ年計画において資本主義に対する国家的・統制的な戦争準備・戦時体制と、企業家の「イニシャチヴ」と「自治」を原則とする企業集団との協働体制がすでに現実化しており、またその中で「合理化」の政策が打ち出されていたとするならば、四カ年計画の過程は、トット－シュペア体制を準備したことになり、前者から後者への移行は、断絶面が重視される「転換」ではなく、むしろ連続面を強くもった「転換」として理解されなければならない。

本章はこのような問題を検討するのであるが、考察にあたってわれわれは、先行研究として永岑三千輝氏の論文(7)に触れておく必要がある。氏の論文は、「電撃戦から戦力戦への転換期」としての一九四二年春に作成された、四カ年計画全権当局の活動総括極秘文書の内容を紹介するものであり、これまで取り上げられることがなかった計画のもつ多様な側面と方向性を興味深く明らかにしている。氏自身によって発掘されたこの文書館史料の内容は、ペッチーナらの通説とは異なる四カ年計画の全体像を示すものであり、本章の考察にとっても重要であるため、可能な限り参照し、注記した。

2　四カ年計画の新局面

(1)　合理化（経済効率向上）政策

「戦争能力を備えた経済」は、各種の軍需工業とその関連工業だけではなく、国民の生活資料を生産する消費財工業をも含めた、国民経済の全体的な生産能力の向上を必要とする。四カ年計画庁の機関誌『四カ年計画』[8]の中でヒトラーは、繰り返し生産（力）の拡大を国民に要求した。一九三七年七月号は、「生産の増大だけが国民全体の利益になる」というヒトラーのヴュルツブルグでの演説（一九三七年六月二七日）を巻頭に掲げ、さらに一九三八年三月号は同じく冒頭で、国民経済の発展の第一段階はすべてのドイツ人を国民的生産過程に編入することであったが、今や第二段階として「国民的生産過程で活動する人々の能力の最大限の拡充」が課題だと強調する総統の演説を掲載した。この演説は一九三八年はじめの国際自動車・オートバイ展示会（ベルリン）で行われたものである。

シャハトのライヒ経済相辞任とともに経済大臣を一時兼任し、同省に影響力を行使したゲーリングが、ライヒ経済省の改造によって「経済諸力の全面的展開」の途がかつてないほど整えられた、と語ったのは同じ年の二月であった。[9]

そしてゲーリングに近い、W・フンク（Walther Funk, 1890–1960）が経済大臣に就任した。フンクは一九三八年の三月号で強調する。「四カ年計画のプログラムはドイツ経済政策のプログラム」であり、それは「国民的生産の拡大のためにすべての力」を動員し、「ドイツの労働の成果を引き上げること」である、と。[10]

一九三八年秋の『四カ年計画』では、ライヒ経済省の「業績向上委員会」（後述）の責任者になるG・ゼーバウアー（Georg Seebauer）は、「合理化による能率向上」について論じ、新原料（人造ゴム等）の生産をめざす四カ年計画に関連させて、「技術と化学」の発展のためには全体的な「経済諸力」が必要であり、「国民の全経済エネルギーの秩序と合理的動員」こそが重要であると主張した。[11]

一九三九年になると「能力向上」（Steigerung der Leistungen）と「生産の上昇」（Erhöhung der Produktion）、そのための「合理化」（Rationalisierung）が四カ年計画の合い言葉となる。同年一月三〇日のライヒ議会でのヒトラーの演説が同誌（一九三九年二月号）の巻頭に掲載された。ヒトラーは強調する。[12]「与えられた生活圏」から最大のものをつくり出そうとするドイツの経済政策は「われわれの能力の不断の向上と生産の増大」を要請する。四カ年計画の実行のためには労働力の計画的配置と、「合理化」による労働の「業績拡大」が不可欠だ、と。

「能率向上」と「経済諸力の拡大」に対するこのような認識は、総力戦が予想される将来の戦争のためには、平時において戦時経済への準備的体制を整える必要があると主張する、いわゆる国防経済論を背景に有していた。「戦争」と「経済」との関係を重視し、平時における戦時経済体制の準備的構築の必要性を主張する国防経済論は、第一次大戦の経験を踏まえて、K・ヘッセ（Kurt Hesse：少佐・ベルリン大学私講師）、国防軍参謀本部大佐トーマス（Georg Thomas）、学者G・フィッシャー（Guido Fischer）らによって提起されており、四カ年計画はこの論議と密接に関連していた。[13]

（2）国家的統制と個人のイニシャチヴ――ライヒ経済省と経済集団の役割――

経済諸力の拡大はいかにして行われるか。四カ年計画においてヘルマン・ゲーリング社のような国家的事業が重要な意味を有したことは周知のとおりである。しかし、ヒトラーは経済能力の拡充を国家が直接所有ないし管理する経済ではなく、「国民的生産」に求めており、アウタルキー的国防経済の基本は、何よりも私的な資本主義にあった。ゲーリングは一九三六年一〇月二八日のベルリンの演説の中で「経済」（企業）の「責任」の重大さを強調していた。「企業家・工業家各人は国家が提案し、求めることを待つだけではなく、自分自身で手段や方法を探すことが必要である」。「諸君は常に経済の自由なイニシャチヴを主張している。今や諸君は自由なイニシャチヴを手にしているのだ[14]」、と。

ゲーリングは、一九三七年一〇月の機関誌でも、国家的政策のための「統合的な指導」と同時に「経済人のイニシャチヴ」の役割を強調し、「全経済的な方向」に結びつく「経済の一体的な組織化」を求めた[15]。ドイツ原料・工業材料局、鉄鋼経済全権委員および外国貿易事業団の権限がライヒ経済省に戻された[16]。一九三八年二月になるとゲーリングは明言する。四カ年計画の機関として「新編成されたライヒ経済省とその他すべての関連分野」が重要であり、「経済諸力の全面的な展開の途」はそれらによって切り拓かれることになる、と。ゲーリングのこの発言は四カ年計画の新しい方向を示すものである[17]。

ゲーリングの発言の趣旨を、その代理で、後にシュペア体制に加わるP・ケルナー（Paul Koerner）は具体的に説明する。四カ年計画は「経済諸力」の向上とその統制をめざしており、「経済人の豊かな経験と企業家の想像的なイニシャチヴ」が必要である。四カ年計画は、ライヒ経済省と四カ年計画の中でゲーリングによって再編成されたライヒ価格形成監理官など諸機関とが一体となって、実施されなければならない、と[18]。ドイツ経済の組織体＝経済集団との間に密接な関連を有するライヒ経済省は、とくに重要な位置を占めることになる。

一九三八年一二月一四日にゲーリングは、このことをライヒ経済大臣フンクに対して書面をもって指令した。ゲーリングは述べる。「ドイツ経済力」の増大は、生産設備、生産手段、生産方法の改善によって、またドイツ経済で活動する人々の業績能力の上昇によって生じる。この目的のために実施される措置は総合的な統制を必要とする。それゆえドイツ経済の業績拡大のために必要な措置の一切を指令し遂行することをライヒ経済大臣に委任する、と。[19]

ライヒ経済省では四カ年計画以前から、シャハトとその新計画の下で、若い専門的な人材が採用され仕事を行うようになっていた。一九三八年フンク就任とともに、H・ケールル（Hans Kehrl）はじめ新たな人材が加わった。[20] 生産（力）向上の国家的な要請に対応して、一九三九年一月一三日にライヒ経済省の中に、ライヒ業績向上委員会（Reichsausschuß für Leistungssteigerung：以下業績向上委員会）が設置された。委員会は、「ドイツの経済力の向上」に必要な「経営設備、生産手段、生産方法および従業員の教育・育成の改善」を総合的に統制するために、経済計画、技術的合理化、能率向上に関与する国・党・経済界の諸機関を連携させる役割を与えられた。同委員会は業績向上の本来的な担い手が経営者・労働者であることを重視し、経済集団やドイツ労働戦線、また合理化当局と協働し、それらを通じて国家的政策と個々の経営との関係をつくり出す媒介的な役割を担当した。とくに重要なのはライヒ経済大臣―上記委員会―ライヒ経済会議所・ライヒ経済集団―企業の関係であった。同委員会の活動資金はその経済集団によって調達されており、経済集団と委員会とは密接な協力関係をつくり出していた。[21]

委員会の責任者になったゼーバウアーは、いくつもの電力企業の重役や監査役を経験しナチス党の技術部でも活躍した人物であった。彼はまたライヒ経済集団エネルギーの副指導者であり、ライヒ経済性向上委員会の指導者を兼ね、やがて兵器・軍需省の消費財生産局（生産局）に就任し、「合理化」政策の推進者になる。[22] ゼーバウアーは、それ自身の活動が四カ年計画とシュペア体制とを連続的に結合させる人物であった。

3　ライヒ経済省の合理化計画

ライヒ経済省による効率向上＝合理化政策は、二つの側面を有していた。一つは企業における生産の合理化であり、もう一つは経営面の合理化であった。まず前者についてみることにしよう。

(1)　生産の合理化

ライヒ業績向上委員会の提案にもとづきライヒ経済大臣は、一九三九年五月、ライヒ経済会議所に対して緊急計画を提示した。その主な内容は次のとおりであった[23]。

(a)生産物の規格化：標準化・型化。
(b)合理的作業方法の確保：作業・時間研究（とくにロス時間の改善と経営効率の確保）。
(c)生産・販売単純化のための効率実行班の形成（組立作業班、特定型への専門化、など）。
(d)経済的包装手段の開発と利用（安全、規格化、簡素化、等）。
(e)システムにおける一般的ロス排除のための対策。
(f)効率向上のための従業員協力体制づくり。

たとえば(a)に関して。フンクはライヒ経済会議所に対して、約六五〇〇の規格について、拘束力を伴う形での規格化が可能か否か検討することを求めた。この要請は、ライヒ経済会議所を通じて、ライヒ経済集団（とくに工業）に伝えられ、関連経済集団と「ドイツ規格委員会」（ライヒ経済効率委員会）との合同の調査を経て、専門集団など専門分野で検討された後、その成果は委員会を経てライヒ経済相に提出され、大臣の名においてその義務化が布告された。

それをバックアップしたのは、一九三九年九月八日の規格・取引条件・品質標示規則の義務化に関するゲーリングの指令である。ゲーリングは、それにより商工業における規格、営業・供給条件、品質・標示規則、類似規則を義務づける権限をライヒ経済大臣に賦与した。[24]

生産力の拡充政策は、国家的な強制ではなく、経済諸力の担い手であり推進力である企業経営者の自発的な経済活動によってはじめて可能になる。政府は、そのために彼らの結合体である経済集団や会議所に協力を求め、その「行動力」(Aktivierung) に期待した。委員長のゼーバウアーは述べる。すべての経済集団の中に効率向上の緊急課題を設定し、必要な作業を軌道にのせることを短期間に成功させることができた、と。[25] 経済集団がライヒ経済省の要請に対していかに対応したかは後に述べよう。

(2) 経営合理化政策――原価計算基準――

四カ年計画における合理化政策のもう一つの柱は、これまで企業ごとにその方法が異なり、多くの場合しばしば恣意的ないし経験的であった商品の原価計算や企業の会計に関する方法を整備し、統一的な基準に従って合理化することであった。

それはすでにシャハトによって着手されていた。すなわち一九三六年一一月一二日、経済大臣は、経済集団に対して企業経営の計算制度の改善のために、簿記と原価計算に関する基準を作成するよう指示した。専門集団の作業を踏まえ一年後の一九三七年一一月には、ライヒ経済大臣とライヒ価格形成監理官は、コンテンラーメン (勘定組織案・図解) による簿記基準を公にした。両者による原価計算総則が布告されたのは、一九三九年一月一六日のことであった。これらにより各経済集団は、各々の分野について集団メンバーに義務づける原則を作成した。[26]

原価計算総則（Allgemeine Grundsätze der Kostenrechnung）の目的は、経営における原価計算の適切な整備と普及によって、企業活動の「経済効率性」（Wirtschaftlichkeit）を向上させることにあった。つまり経済集団に対して、これを専門分野ごとの原価計算指針の基礎たらしめ、集団ごとに作成された原価計算方式を、集団を通じて、個々の企業に強制することを求めたのである。その目標はコストに関する適確な認識、他企業との比較、コスト（品目・労働支出）の細目の価格評価、経営内のコストの時間的比較と、業種における経営間比較（経験交換）にあった。それらによって計画的コスト管理、事務計算にもとづく事前計算、個別経営内・部門内のコスト比較、また貸借対照表、短期収益計算準備等々の実施の条件をつくり出そうとした(27)。

簿記・原価計算様式の業種・部門ごとの規格化と企業への義務づけは、戦争準備体制をめざす四カ年計画の経済効率（生産力）向上政策の一環をなしていた。製品の規格化・型化、それと結びついた生産工程の改良＝合理化は、製品のコスト計算、経営の収益計算の合理化を不可避としたからである。しかし原価計算・会計事務の合理化は、四カ年計画の別の側面とも密接な関係を有した。それは価格政策に関してである。

資本主義経済を土台とする戦争準備体制は、市場経済、とくに価格メカニズムを前提とし、それに対する国家的規制を不可欠とする。一九三六年一〇月二九日、四カ年計画執行令により発足したライヒ価格形成監理官（Reichskommissar für Preisbildung）は、従来までの価格監視監理官と異なり、単なる価格監視だけでなく、価格の算定、つまり「価格形成」に関しても介入する権限を与えられた。監理官にはゲーリングによりナチス党のヴェストファーレン／オーバーシュレージエン・ガウ指導者、J・ヴァグナー（Josef Wagner, 1899-1945）が任命された。一九三六年一一月二六日にいわゆる価格停止令（価格引き上げ禁止令）が布告され、それによって価格の引き上げはその例外事項として監理官の認可項目となるが、その中で価格引き上げの適否の基準となる適正な価格の認定が課題となった。戦争準備体制にとって価格の安定化は重要な条件であり、そのためには企業における原価計算制度の一般化とそれにもとづく適切な原価計算、さらには利潤の適正化が求められた[28]。当時の企業は、特定の大企業を除いて、簿記・会計制度の普及は十分でなく、原価計算や利潤計算は、なお経験的ないし機会主義的に行われていた。企業経営の合理化による適正な原価計算とそれにもとづく商品価格設定は、四カ年計画の価格政策とも密接に関連していたのである。

とりわけそれは四カ年計画により急増した国家的発注における価格計算に際して不可欠であった。公的発注に関して二つの重要な法令が公にされた。一九三八年一一月一五日の公用発注品価格形成準則（Richtlinien für die Preisbildung bei öffentlichen Auftragen：RPÖ）と「公用発注者への諸給付の際の原価にもとづく価格算定に関する指令・要綱」（Verordnung für die Preismittlung auf Grund der Selbstkosten bei Leistungen für öffentliche Auftraggeber nebst zugehörige Leitsätze：LSÖ）がそれである[29]。

公的発注者とは、ライヒ・ラントの公的機関（軍、警察、ライヒ労働局、ライヒ鉄道、ライヒ郵便局、アウトバーン）や自治体・公法団体の機関、さらにナチス党が含められた。四カ年計画は軍を中心とする公的発注を急増させ、軍需品・軍関係施設の建造等の納入価格の適正さが重大な問題となっていた。上記の法令は、このような納入価格に関する規定であり、それは企業側の原価計算の適正化・規格化を必要とし、企業経営の合理化政策はこれと密接に結びついていた。

とくに注目すべきは公的発注に対する商品・サービスの価格計算における利潤の規定であった。価格はコスト＋利潤を基準としており、利潤は経営必要資本の利子相当部分、企業家リスクの補償、利子・リスク付加金への収益税補償、輸出促進税、公的寄付金（適度）およびLSÖによる業績付加金からなっていた。つまり利潤は、経営資本利子部分＋企業リスク補償を基本として公式に認められ、加えて企業の「業績」努力による利益、経済性引き上げによる「差額的」利益（優良経営におけるコスト削減部分）を追加的に計上することが許された。それはまさに四カ年計画の生産力向上政策に対応する措置であった。

統一的な基準による原価計算とそれにもとづく商品価格の算定は、個々の企業の納品価格の審査を容易にした。それはやがて国家による商品価格の引き下げや固定価格制の導入を可能にし、特別利潤をめざす企業のコスト引き下げ、そのための経営合理化を促すことができる。それは一九三九年の戦時経済令から一九四二年シュペア体制下の固定価格制への移行にいたる過程の中に示された。

4 経済集団の対応と企業の合理化

四カ年計画の基軸をなすドイツ経済の効率向上＝合理化政策は、アウタルキー化体制の下での原料基盤（および食料）や軍需生産に関わる特定工業（とくに化学工業）とその関連企業（ＩＧファルベン等）の問題をはるかに超えて、経済全体と関連するとともに、それを構成するすべての企業の経営活動と結びつくことになった。それはライヒ経済省・ライヒ価格形成監理官の当事者の認識でもあった。「すべての経営指導者は、今後の経営活動のなかで、ドイツの合理化運動の認識を備えなければならない[30]」と。

しかし企業家は必ずしもナチス政府の戦争準備政策に従い、経営の合理化に向けて努力するとは限らなかった。同時代の経済学者Ｈ・ベンテ（Bente 1896-1970）は『四カ年計画』に寄せた文章の中で指摘する[31]。「経済界においては、歴史的な不可避性とか、現在進行中の力強い転換の意味について、これを理解する度合いは驚くほど小さい。人々はむしろ今日の上からの経済指導を、いずれも過渡的な措置あるいは緊急の処置として捉えようとしており、もし新建設が完了すれば、それらは再び消滅するものと受け止める傾向にある。再軍備や四カ年計画のような大きな国民的課題の解決は、厳しい組織化をさしあたっては必要としていると考えられる。しかし人々の見方はこうである。最後は、制約のない「自由な企業家のイニシャチヴ」の看板を掲げた秩序の形が再び実現されるに違いない、と。

四カ年計画・動力車部門全権委員のA・シェル（Adolf Schell）も述べる[32]。ナチス的な見方では、人種的に一体となった国民の全体的な繁栄が優先し、個々人は全体の繁栄という一般的な観点の下におかれる。だがわが経済形態においても、こうした基本的な考えがすでに一般化したとは誰も主張できないだろう、と。経済活動を担う通常の企業人の間では、ナチス的観念は必ずしも十分な力を発揮しえなかったのである。

四カ年計画の合理化政策は、個別企業に対する直接的な命令としてではなく、企業のナチス的結合体である経済集団（専門集団・下部集団）の協力を通じてはじめて現実化することができた。効率向上に関するライヒ経済相の指令は、前述したようにライヒ経済集団（およびライヒ商工会議所）の最上部機関であるライヒ経済会議所に対してなされ、そこから各ライヒ経済集団（とくにライヒ工業集団）、そして各経済集団（専門集団）を媒介してその成員（企業）に伝えられた。個々の企業はそのような経路を経て国家的な政策と関係をもったのである。

（1）生産の合理化への協働

戦争準備体制における生産合理化の重要分野は、軍需工業・関連重化学工業だけでなく、機械組立業、自動車・オートバイ製造、建設部門およびエネルギー部門をはじめ各種の工業諸部門に及んでいた。四カ年計画で要請された工業生産の合理化は、戦争勃発とともに一層重要となり、トット－シュペアの軍需生産力拡大政策へと展開する。

生産過程の合理化政策の第一は、規格化・型化および専門化（Spezialisierung）である。各生産分野（生産部門・業種）の生産物・生産方法における規範化を中心とし、それを通じて当該分野の生産諸力の全体的な向上をめざすのであるが、それは同時に関連分野の諸企業の規格化を必要とした。規格化は、名称・表示、標式、長さ・重量等の単位、種類、大きさ、形、材料、精度、検査、製品形状、計量、組立表示、安全基準等々の規範化であり、型化はとくに種類や大きさに関わる規格化と考えられた[33]。

一九三九年初め、業績向上委員会は、経済集団の指導者・事務長をライヒ経済省に招き、経済集団との協働作業の方針を伝えた。委員会には工業代表一〇人が加わることになった。一九三九年三月のライヒ工業集団の活動報告書によれば、ゼーバウアの意向により、ライヒ工業集団において、委員会と経済集団との協議が行われ、翌四月にはゼーバウアが出席して、効率向上のための協働作業の実施に関して、機械組立業・電機工業・精密工業・光学との間で検討が重ねられた。規格の義務化については、ライヒ経済省の求めでライヒ経済性向上委員会（Reichskuratorium für Wirtschaftlichkeit）において、工業・商業・手工業のライヒ集団、業績向上委員会、ドイツ規格委員会（Deutscher Normenausschuß）、供給条件ライヒ委員会（Reichsausschuß für Lieferbedingungen）が会合し、ライヒ工業集団と規格委員会とが経済集団と協力してライヒ経済省に案を提出することになった。(34)

前述したように一九三九年五月にライヒ経済省の効率向上緊急計画が提示された。ライヒ工業集団はそれにもとづき各経済集団に対して集中的な検討を求めた。各集団は規格化を義務づける生産を急ぎ確定することになった。戦争勃発直後、その成果に依拠してライヒ工業集団は、規格・型・種類の制限について発表し、合理化計画の具体化を進めた。他方、ゲーリングの求めでドイツ労働戦線との間でも技術上の協力を行うこととなった。(35) それらはライヒ経済省による型・種類の数の制限に関する法令化（九月二八日）に結びつき、それにもとづきライヒ工業集団はその実行について指示書を配布した。(36) 合理化政策は、このようにライヒ工業集団を中心としながら、各々の経済集団・専門集団ごとに計画され、実施されたのである。

（a）機械組立業：機械組立業は、軍需工業はもとより、すべての産業の生産手段を生産する最も重要な部門であり、その生産力拡大は四カ年計画の最も基本的な課題であった。四カ年計画庁に機械生産全権委員（Bevollmächtigter für die Maschinenindustrie）がおかれて、経済集団・機械組立業の事務局長ランゲ（Karl Lange）が任命された。彼はシュペア体制の下でも「中央委員会・機械」の指導者に就任する。(37) この機械組立業において基軸的な位置を占めていたのが、軍需品・自動車・航空機・造船・鉄鋼業・金属加工業をはじめ、各種部門の基本的な生産手段としての工作機械の生産部門であった。ランゲは述べる[38]。「軍需、四カ年計画、そして機械工業自体のための機械の必要性」のために「私は拡充政策の重点を当初から工作機械に置いた」と。それが工作機械の「規格化」、「型化」、「専門化」であった。

各種分野における工業製品の規格化は、当該生産物の構成部品の代替・交換に必要な部品の規格化と結びついており、それは部品生産の生産手段としての工作機械の規格化を不可避とした。旋盤生産の場合、規格の数は八〇〇までに制限された[39]。また工作機械を用いる各種の鉄・金属加工部門での規格化・型化は、それに対応した新たな工作機械の開発ないし改善を必要とした。したがって工作機械部門の規格化・型化は、それを使用する各関連部門との連繋のもとで柔軟に進められねばならなかった[40]。

工作機械工業でのこのような動きは、個別企業の間で第一次大戦期から始まっていた[41]。その推進力となったゲッピンゲンの企業、ベーリンガー社のロルフ・ベーリンガー（Rolf Boehringer）は、同経済集団の専門集団・工作機械に属する平削り機等専門部の指導者に指名された。彼は『四カ年計画』の論文「ドイツ工作機械組立業の専門化・規格化・型化」（一八／一九三九）において、ボールベアリングの大きさの規格や旋盤の規格化の事例を明らかにしている。彼は工作機械の型化がそれを使用する側の企業との協力関係を必要とし、それが企業間の結合を推進した事実を指摘し、下記のような事例をあげている。

・Richard Hofheinz & Co.（Haan：ラインランド）、Rhein. Maschinenfabrik Anton Roeper KG.（Dülken：ラインランド）、Carl Schwenn（Erkrath：ラインランド）の結合体（ＷＥＢＯ：西ドイツ穿孔機工場共同体）

・Karl Wetzel (Maschinenfabrik und Eisengießerei Gera), "Union" (Gera), Collet & Engelhardt AG (Offenbach)〔穿孔装置コンツェルン〕

・Gebr. Boehringer GmbH（ゲピンゲン）、Franz Braun AG. (Zerbst), Heidenreich & Harbeck（ハンブルグ）、H. Wohlenberg KG（ハノーファー）〔VDF、旋盤工場連合〕

・Billeter & Klung (Aschersleben)、Gebr. Boehringer GmbH.〔平削り盤連合〕ほか。

ベーリンガーは、自動車工業はじめ各種工業や軍需部門での規格化ないし型化の進展が、特殊な専門的な工作機械の製作を必要とし、それが工作機械生産の生産者相互の結合と生産者間での特定品の型化と専門化を生み、各企業がそれぞれ1～3のサイズだけを担当して生産することが可能になったと述べる。彼は、工作機械製造の今後の課題として、①適切な限度内での規格化、②専門化の促進と顧客（使用企業）への配慮、③競争企業間の結合と型化の協働の支援、を指摘した[42]。

（b）自動車工業：一九三九年三月二日にゲーリングは、自動車（オートバイ含む）型限定令を発表し、自動車・付随車の製造を自動車全権委員の認可制とし、全権委員は製造方法・型の数等を決定できることとした。同年八月一一日には同全権委員A・v・シェル（Adolf v. Schell：参謀幕僚大佐）は施行細則を公にするが、それは経済集団の専門集団が作成した計画を公式に認可するという内容で、経済集団が計画作成の実質上の権限を有していたことを示している。たとえば付随車の型生産についてのシェルの細則は、経済集団・自動車工業の専門集団「付随車・バス・実用車」所属の諸企業の社名を掲げ（四五企業）、それらが規格付随車・特別車を生産することを認可する、という形式的なもので、専門集団の規格化の実施を追認するに止まった[43]。

自動車の型化は、このように経済集団の手で実施された。シェルは『四カ年計画』の論文で次のように説明している[44]。

従来は、①乗用車は八二タイプ、②トラックは同一一三、③オートバイは同一五〇、④三輪オートバイは同二〇、⑤トラクターは同一〇五、計四四〇の主タイプで各主タイプに副次的タイプが平均二～三あり、型は合計一二〇〇に及んだ。現在は、①三〇、②一九、③三〇、④二、⑤三五、計一一七となっており、各主タイプに副タイプを一としたため、全体として二〇〇タイプに整理された。

また自動車部品の設置の位置一二三が、かっては五三八一種類のタイプに相応したが、四六五二タイプが中止となり、現在は七三九タイプとなっている。たとえば：発電機一六四→二七、スターター一一三→一〇、スイッチボックス一一四→二、点火プラグ三五→五、白熱電球二六九→二六、ウィンカー三八→二、等々である。

関連工業間の協働も進展しており、鋳鉄・鍛冶・薄板工業と組立工場との連繫はその一つである。型数の削減によって製造過程が単純化かつ低廉化され、労力・材料・資金の節約に結びついている、と。

（c）建設業：建設業は西部防壁（Westwall）をはじめとする陸海空軍の軍用施設の建設、ライヒスヴェルケ・ヘルマン・ゲーリングの生産施設、四カ年計画の重点重化学工業の関連設備、農業用施設（穀物サイロ・給水施設・ダム等）、鉄道・河川交通施設、アウトバーン、党関係施設、住宅建設、等々の四カ年計画に直接ないし間接に関係する重要部門であった。建設業全権委員には、この後、兵器・軍需省大臣になる大物F・トットが就任した。

建設業はナチス政権掌握以来急速に成長してきたが、一九三八年には能力の限界に達し、一方では建設の規制と、他方では建設業の生産力の拡充とが必要とされた。トットは緊急措置＝短期目標として、現時の予備的能力の動員を、また中・長期的措置として業績能力の漸次的かつ適切な上昇を目標に掲げた。(45)

ライヒ工業集団の経済集団・建設業の指導者E・フェーグラー（Eugen Vögler）は、その「合理化」の状況について、『四カ年計画』でこう報告している。(46)フェーグラーが重視したのは経営内の合理化であり、労働力と生産手段の効率的な利用であった。適切な労働投入（適材適所・プレミアム制・半熟練工活用）、労働者の継続的研修・教育、事故対策、事前見積り・コスト計算、不要労働の排除、企業間の情報交換、建設機器の適切な利用・維持・検査（とくにシャベルカー・機関車［Lokomotive］・ダンプカー・回転起重機・混合機など）、納入企業の指図書、検査システム、代替品在庫の継続的検査、機械整備技師・修理工の配置、機械工服務規程、機械工場の技師との連繫、等々がそれである。

(2) 経営の合理化への協力

一九三六年一一月一二日のライヒ経済相の布告、一年後の一九三七年一一月一一日の同大臣とライヒ価格形成監理官の布告を受けて、ライヒ工業集団・各経済集団は企業経営における原価計算・会計制度の基準づくりに向かった。ライヒ経済性向上委員会がそれを側面から支えた(47)。一九三七年には、同委員会とライヒ工業集団との共同編集による小冊紙「会計制度整備と経営分析による経済性の向上」が公にされた(48)。

序文は、ライヒ工業集団の市場秩序・経営委員会の責任者・E・ユングハンス(Erwin Junghans:シュヴァルツヴァルト・シュラムベルクのユングハンス兄弟社総支配人)、同集団事務局指導者・K・グート(Karl Guth)およびライヒ経済性向上委員会指導者・G・ゼーバウア(後に業績向上委員会責任者)の連名で作成された。彼らは指摘する。「生産の拡大はドイツ国民経済の課題である。そのためには効率の向上と経済性の個別的全経営的な促進が必要である。四カ年計画で提起されたこの課題は、費用(コスト)の正確な把握を要請する。コストの認識はコスト引き下げの前提となる(49)」と。経済集団の執行部は、四カ年計画の課題を効率向上・経済性の促進として認識し、生産物の「コスト」の正確な把握をそれに関連させ、それを「コスト」引き下げの前提として捉えた。経済集団は、原価計算・会計制度の整備を「合理化」の重要な要素と位置づけていた。

それでは現実はどのような状況にあったか。小冊紙は現状についてこう述べている。——企業経営における計算・会計制度は、経済集団・専門集団の「ほとんどすべて」の分野で依然として欠如しており、企業家の間ではそれに対して「嫌悪」すら生じている。商品の計算と価格は、通常は「感覚」により、あるいは「競争価格」で決められ、コストや効率を考えない。会計制度は全体としてバラバラで、統一されていない。生産物のコストの確定、計算、価格

別表　1938年12月31日までに許可された経済集団・専門集団の簿記基準・会計チャート（工業）

許可年月日	集団名	名　称
1938年1月7日	精密機械・光学（経済集団）	同集団成員のための最小限簿記規定
2月16日	建設業（同）	会計制度形成のための経済集団「建設業」指導者の第一次指令
3月17日	紙・ボール紙・パルプ・木材パルプ加工（同）	同経済集団のための基準コンテンプラン
5月28日	ウーステッド糸紡糸業（専門集団）	同工業用簿記・経営コストの統計共通原則
5月31日	輸送手段工業（経済集団）	同経済集団用基準コンテンプラン
9月6日	繊維工業（同）	繊維工業業務用コンテンラーメン・基準
9月12日	電機工業（同）	同経済集団分野向けコンテンラーメン
9月12日	精密機械・光学（同）	同経済集団成員企業共通コンテンプラン
10月1日	鉄鋼業（同）	同工業会計手引き第1部（原価計算・評価・収益計算）
10月14日	被服工業（同）	同経済集団用コンテンラーメン
10月31日	木材加工業（同）	同経済集団基準コンテンラーメン
11月14日	ガラス工業（同）	同経済集団成員経営共通コンテンラーメン
11月14日	ガラス加工・精製業（専門集団）	同工業中小経営用簡易コンテンプラン
11月14日	平ガラス工業（専門下部集団）	同工業経営用詳細コンテンプラン
11月14日	ガラス加工業（同）	同工業経営用詳細コンテンプラン
12月21日	錆取・鉄塗装工業（専門下部集団）	同部門企業会計制度形成のための経済集団「建設業」指導者の指令
12月31日	メリヤス・ニット工業（専門集団）	同工業業務用コンテンラーメン・指針
12月31日	フェルト布織物業（専門下部集団）	同工業業務簿記のためのコンテンラーメン・指針

出典：*Mitteilungsblatt des Reichskommissars für die Preisbildung*, Teil II, 1939, Nr. 16 (24. Juli).

査定、在庫評価、効率性分析、信用査定、等いずれも不十分な状況にある。だがこのような状況を改善する動きは、経済性向上委員会や業界の中にあり、本冊紙はそれにもとづいてまとめられた、と。

四カ年計画からシュペア期にいたるナチスの企業経営合理化政策は、上のような状態を国家的に改良し、企業の計算制度の改善を通じて、生産過程を含めた経営の効率性、労働生産性を引き上げるとともに、軍需関連の公的発注や全経済的な価格政策（コスト引き下げによる価格安定化・低廉化）にそれを結びつけ、さらにはその価格政策を通じて企業の生産性向上を強化するという意図をもっていた。

四カ年計画はその出発点となり、その後の基礎をつくり出したのであるが、それを支えかつ推進したのが、ライヒ工業集団であり、各経済集団・専門集団であった。原価計算、会計制度に関する個別経営の調査、その比較、専門分野の全体的状況、統一的な基準の作成、構成企業への情報伝達と教育、等々の作業が集団の手で実施された。

会計チャート（コンテンラーメン）と簿記準則は、経済集団・専門集団ごとに原案が作成され、主としてライヒ工業集団（工業の場合）を経てライヒ経済省で決定された。一九三八年一二月末までに認定された規定は、別表のようであった（別表参照）。一九四一年一二月末までにその導入が承認された工業の経済集団・専門集団・専門下部集団の数は延べで九〇を超えた（ライヒ商業集団は一六、ライヒ手工業では二八）[50]。いくつかの経済集団について見てみよう。

〔a〕経済集団「鉄・鉄鋼業」。この分野の会計基準の原案は、一九三六／三七年以来、「ドイツ鉄鋼業者協会」（Verein Deutscher Eisenhüttenleute）が中心になって作成された。政府の認可が下りたのは、一九四〇年四月三日で[51]、同経済集団指導者E・ペンスゲン（合同製鋼社長）によって指令された。この基準は、集団企業が実施すべき最小限の原則を規定したもので、一九四〇年九月三〇日以降の最初の決算期に採用することになった。実行困難な場合にはその理由をペンスゲン宛に提出することを求めた。基準の適用除外は、経済集団の指導者の認可を必要とした[52]。

〔b〕経済集団「精密機械・光学」の場合[53]。一九三七年六月一一日に同経済集団指導者R・ハウプトナー（Hauptner）は、集団構成企業に対して、一九三九年一月一日以降下記の基準に従って簿記を実施することを義務づけた[54]。

1．本経済集団のすべての成員は、帳簿を記載し、定められた簿記原則にもとづいて取引および資産状況を明示することが義務づけられる。

2．すべての成員は、各営業年度の終わりには決算を実施し、土地・建物・機械、その他資産の価額、債権・負債、現金金額、その他財産の価値を明示すること。決算とともに利益・損失計算を行うこととする。

3．一切の会計証（拠）書類・取引関連文書は整理して保管し、注文書はすべて保存し、口頭による指図は文書化することｏ納品については計算書を作成し、写しを取っておくこと。計算書には、量・商品種類・単価・総額、割引率の正確な表示、支払い・納品条件が記載されていること。

4．法的規則がより長期の保存を指示しない限り、営業帳簿と簿記証書は最低五年間は保存すること。

上の指示の五カ月後にライヒ工業集団の統一的会計制度の準則が出されたが、統一的準則の前提になるべき企業側での簿記の採用はまだ一般化していなかった。一九三八年一月一三日に上記経済集団は、再度指令を出し、「営業活動において規則的かつ全面的な記帳を全く行わないような成員、あるいは単式簿記だけの成員」に対して、基準に従った複式簿記の作成を実行するよう要請した。

同年六月二四日の同集団の通達は、先の簿記規則の実行の期限（一九三九年一月一日）を再度通告し、不明なことがある場合には所属の経済会議所の工業部または商工会議所の指導を受けることを薦めている。同年一二月には、「中小経営」向けに複式簿記の解説小冊紙が作成された。自己原価計算による経営管理、価格形成の基礎となる簿記が、企業経営にとって無条件に重要なことを説くこの冊紙は、中小経営がなおコスト計算や製品価格の設定を「感覚で」行う現状を指摘している。中小経営だけでなかった。簿記の実施を誇る「比較的大きな企業」（grössere Firmen）ですら、しばしば自己原価計算の方法が単純で、不十分な場合がある。たとえば賃金・原材料など「生産的」経費は正確に計算するが、さまざまな「不生産的」支出については一般的な追加額として加算するに止まっている、と。(55)

以上のような現状に対して最小限規則としても求められた帳簿は次のとおりであった。(56)

①　複式簿記の組織的帳簿：アメリカ式仕訳帳（取引の仕訳を記入。勘定科目、借方・貸方、金額を記入。取引の日記記録になる）および主要簿（勘定科目別に整理し、財務諸表のための資料を集計する元簿）。

②　補助帳簿：日記帳（営業日誌）、賃金台帳、取引先・当座勘定帳簿、銀行当座勘定帳簿、郵便振替口座帳簿、手形帳、商品有高帳、経営決算書。

③ 書式（決算書作成用等各種証拠書類、計算書類）：計算書類、労働伝票、原材料仕入票。

〔c〕電機工業。前述した一九三六年一一月一二日と一九三七年一一月一一日の政府の要請を受けて、経済集団・電機工業（指導者は Waldmar Braun）では、一九三七年に市場秩序・経営委員会を発足させ、当該部門のコンテンラーメンの原案の作成に当らせた。委員会には経営規模の異なる企業、また地区から専門家が加わり、ライヒ経済性向上委員会や経済集団・機械組立業、同精密機械・光学がそれに協力した。こうして作成された原案は、一九三八年九月一二日にライヒ経済相・ライヒ価格形成監理官によって正式に承認された[57]。

5　ナチス的イデオロギー

四カ年計画の重要な柱となった以上のような企業経営の合理化政策のねらいが、計画の最大の目的である戦争準備体制の生産力的基礎を強化することにあったことはすでに述べた。生産過程を含めた企業活動の合理化は、それ自体、競争的な市場関係の中で資本が不断に実施せざるをえない、資本主義に内在する現象であり、第一次大戦後のドイツにおいては、それが経済界における一つの運動として展開したことはよく知られている。四カ年計画期の合理化政策は、そのような資本主義の一般的な動向を包摂しつつ、しかしそれを戦争準備に結びつけて国家的に強制した点に特徴があった。そしてこの強制はナチス・イデオロギーと一体となって実行された。

「生産の不断の拡大」は、ヒトラーによって「ドイツ民族の利益」という「ナチス的経済観」に結びつけられ[58]、また「経済諸力の完全な展開」、「経済人のイニシャチヴ」を重視するゲーリングは、「経済人の共同体」と「民族的共同体」とを重ね合わせながら、「一民族の経済は、家族や個々の経営と同じように、一つの全体」であり、そこにおける「統合的な指導」が不可欠であると主張する[59]。

経済諸力の向上、生産の拡大、それに対する「経済人のイニシャチヴ」は、民族・民族的共同体およびその全体性のイデオロギーと不可分に結合していた。個々の経済人の主体的な経済活動は、営利追求を目的としている。経済人の「イニシャチヴ」のナチスによる容認は、この営利原則を認めることである。しかしナチス体制の下でそれは民族共同体の全体的な利益と結びつかなければならない。ナチズムの最も基本的なイデオロギーである「公益は私益に優先する」（公益優先原則）がこのような観点を支えていた。

ゲーリングは、ライヒ経済省と「経済人」の国家的組織としての経済集団に対して、このようなナチス的経済観念にもとづく「経済指導」（Wirtschaftsführung）を指令した。そしてその指導はナチス的な「指導者原理」（Führer-prinzip）によって実行される。『四カ年計画』においてゲーリングは強調する。「民族社会主義は指導者原理によって成り立っている。指導者原理によってわれわれは大きくなり、またその土台の上に民族と国家を構築することができたのである。経済をつくるのも指導者原理だけなのだ[60]」。

ナチス的な観念は、経済人の指導者層によって受容された。ライヒ工業集団は、一九三九年一月一九日に、合理化問題を担当する内部委員会である、市場秩序・経営委員会（委員長はE・ユングハンス〔前出〕）の拡大委員会に、経済集団と経済会議所工業担当部の指導者・事務局長を集めて、原価計算一般準則や公的発注における価格原則に関わるPRÖ、LSÖの説明会を開き、ライヒ経済省やライヒ価格形成監理局の専門家の説明を受けて、彼らにそれらの立法について各成員企業に通達することを求めた。その席上でユングハンスは「問題は簿記ではない、重要なのは世界観だ」という信念を述べ、「経済集団の主要な任務の一つは、それぞれの集まりの中で、資本主義的観念とナチス的観念との相違を何度も繰り返して、そして一層明確に説明するよう企画することにある[61]」と強調した。

先に述べたように経済人の意識の中にナチズムは必ずしも浸透していなかった。四カ年計画自動車工業全権委員シェルは指摘する。「今日もなお存在する経済形態の大きな特徴はフランス革命の理念から発したものである。この理念はわれわれを個人的自由主義を通じて資本主義システムに導いた」[62]。先のベンテはこのような観念に対抗するために強調する。「指導的経済だけが今日の民族主義的（völkisch）な課題を解決できるのであり、自由主義的な秩序形態へのあと戻りはおこりえない[63]」と。

四カ年計画による戦争準備体制の構築は既存の資本主義経済を土台にし、その転換として実施されねばならない。そのためには経済活動の担い手、企業家の主体的な行動が不可欠であり、それは経済人の意識の転換、つまり自由主義的な資本主義の観念からナチス的経済観への転化を必要とする。ゲーリングをはじめナチスの政策当事者はそれを認識していた。四カ年計画の柱をなす合理化政策は、ナチス的世界観の強要と一体となって進められたといえよう。

6　価格メカニズム・流通過程の統制と経済集団

戦争準備体制構築のための四カ年計画は、すでにくり返し述べたように、その基本は既存の資本主経済を前提にし、民間の企業活動に対して間接的に介入しつつ、それを総力戦体制に向けて編成替えすることにあった。前述した経済効率向上＝合理化政策は、企業の生産過程と経営様式に関わる間接的な国家的介入であり、四カ年計画に続く総力戦体制としてのトット－シュペア体制の軍需工業合理化もそれを土台にし、その延長線に展開するのである。

他方、四カ年計画は資本主義の市場経済の側面に関しても、戦争準備的な機構を整備した。一つは市場で取引される商品（サービス含む）の価格をコントロールするメカニズムの構築であり、もう一つは商品流通に関わる統制機構の整備であった。ライヒ価格形成監理官体制は前者に、輸入原材料はじめとする諸商品の取引を規制するライヒ配給所（Reischstelle）や各種の配給組織は後者に属した。

(1) ライヒ価格形成監理官と価格統制

価格統制機構の基軸となったのはライヒ価格形成監理官とその組織であった。この機関は一九三六年一〇月二九日の四カ年計画執行令(ライヒ価格形成監理官設置令)によって発足し、監理官にはゲーリングによってJ・ヴァグナー(一九四一年解任、後任はH・フィッシュベック[Hans Fischböck])が任命された。この機関は四カ年計画全権委任・ゲーリングの下に置かれていたが、ライヒ経済省はじめ各省庁、軍、ナチス党、経済集団などと連絡を取りつつ、自立的な組織として四カ年計画を価格政策の分野で推進する役割を担った。[64] 従来の価格監視監理官は廃止され、その地位にあったC・ゲルデラー(Carl Goerdeler)は解任された。

ベルリンに本部が設置され、また各地に価格形成所がつくられて、本部と連繋するとともに、ゲルデラー以来の価格監視所(Preisüberwachungsstelle)を利用して地方ごとの価格措置を実施した。一九三六年一一月の価格引き上げ禁止令、一九三九年戦時経済令と価格引き下げ令・戦時利得徴収措置からシュペア体制の下での画一価格・グループ価格制にいたる価格政策は、この体制の下で実行された。

価格形成監理局による価格政策は、商品の市場価格の高さや水準についてだけでなく、さらに商品価格の形成とその内的な構成、すなわちコストプラス利潤のあり方そのものにまで立ち入って規制を加える点に特徴があった。「価格」と同時に「価格形成」(Preisbildung)が問題とされたのである。[65] 前章で述べたようにナチス政府は、カルテル価格をはじめ過大な利潤に結びつく価格の引き上げを抑制すると同時に、過剰な競争関係による原価ギリギリの低廉な価格に対してもそれを規制しようとした。価格当局の基準はコストに適度な利潤を加えた適正価格にあった。企業での原価計算の徹底と適度な利潤の計算のために企業の経営面での合理化が必要とされた。四カ年計画はそれを決定的なものとした。軍需部門や関連分野での公的な発注の拡大に対して、民間受注企業の納入品・サービスの価格の適正さを確保するためにそれは不可欠な要請であった。

四カ年計画の経済効率向上政策の柱をなす企業経営の合理化政策は、このように公的発注を含めた価格政策と密接に関連していた。一九三八年の公的発注に関わる価格形成準則、その要綱、二カ月後の原価計算総則が、ライヒ経済相、四カ年計画委員ゲーリングおよびライヒ価格形成監理官の三者の名において布告されたのはその故である。それを直接担当したのはライヒ価格形成監理局であった。それらの措置の実施が、経済集団によって支えられ、それを通じて企業レベルでの実施が強制されたことは前述したとおりである。

それではライヒ価格形成監理官とその当局は、それらの原則にもとづき、商品ごとに適正な価格構成をどのように判断し確定したか。それもまた企業集団としての経済集団の協力なしには不可能であった。適正価格がこれまで以上に重大な問題となるのは、一九三九年大戦勃発後、戦時経済令22条により価格引き下げと戦時利得の国庫への納入が命ぜられてからであった。ライヒ工業集団は一九四〇年一二月、戦時経済令にもとづくライヒ価格監理官の要請を受けて、すべての経済集団に対して、価格原則の遵守を指令し、各企業への徹底を求め、また価格引き上げ、禁止令の例外的取り扱いを求める申請については、その審査を一層厳しくするよう指示した。(66)経済集団は「経営必要資本」の計算基準、価格説明書の様式などの作成とともに、適正利潤に関わる「利潤基準点」(Gewinnrichtpunkte)の算定に携わった。利潤基準点は「企業と価格当局にとって貴重で実質的な助けとなり、利潤の審査の支え」(67)とみなされたのである。その作成は経済集団ないし専門集団が行い、ライヒ工業集団がその調整にあたり、ライヒ価格形成監理官は提出された利潤基準点にもとづき価格の適正性を判断した。基準点は、当該分野の平均的な経営にもとづいて算定され、各企業はそれを基準にして企業利潤を計算し、一定の超過分を戦時利得として国庫に支払った。シュペア期の画一価格制は、これまでの企業ごとの自己原価計算価格に代えて、同一商品について一定の基準にもとづく画一的な価格を設定したのであるが、それが可能となったのは四カ年計画以来の企業経営の合理化とこのような価格形成政策の積み重ねがあったからである。[68] 総力戦体制の価格メカニズムは四カ年計画によって実質上構築されていたといってもよいだろう。

（2）原料統制

四カ年計画の下での流通規制のうち、とくに重要なのは原材料取引に関する統制である。その機関となったのが監視所、次いでライヒ取引所であった。[69] 監視所は元来ドイツの商品輸入の統制機関として活動して来たが、一九三九年八月八日の商品取引法によってライヒ取引所（Reichsstelle）と名称を変え、輸入だけでなく、全商品の国内取引に関わる統制機関として権限を拡大された。

商品の輸入はすでにワイマール期に、とくに一九三一年為替令によって認可制となり、ラントに外国貿易を監視する為替所が設けられていた。ナチスは政権掌握後、一九三四年九月に為替統制や輸入認可の機関として監視所を設置し、その際繊維原料、金属、油脂など、製品の輸出に結びつく特定品目が一般的な認可制から除外された。監視所は各商品について、輸入の必要度、国内生産の供給や政治的必要性などとの関連を判断する権限を与えられたばかりでなく、原料の配給を管轄する機関に、さらに前述のように全商品の取引を規制する拠点となったのである。

しかし原料統制は決して直接的ではなかった。最重要品目である鉄鋼の場合、四カ年計画直後においては、配分は代理機関を通じてなされ、価格は関連カルテルが決定していた。その後配分は必要度・緊急度によって決められ、軍・四カ年計画・輸出工業・機械組立業が配分の重点的な対象とされた。鉄鋼を加工する企業は監視所（ライヒ取引所）に申請し、中央計画部の企業集団（Geschäftsgruppe）が配分をコントロールした。[70]

四カ年計画のこの原料配給機構も経済集団によって支えられていた。経済集団（また専門集団）は、多くの場合、企業経営とライヒ取引所との間を仲介する結節点（Knotenpunkt）の役割を担った。いくつもの原材料を必要とする経営にとって、必要な時期に適当な分量の原材料を得るためには、経済集団（専門集団）に任せるのが最も効率的であった(71)。機械組立業に関して見てみよう。同経済集団の指導者O・ザックは、『四カ年計画』で次のように報告している(72)。

彼は述べる。国内鉄鋼生産は増大しているが、需要が供給を上回る状態が続いており、その配分と操業の調整を、政府の委託によって経済集団が実施している。原則は四カ年計画のための基本的な機械の組立に携わる専門集団や企業への重点的な鉄配給にあり、たとえば農業用の機械、金属加工用機械、機械製造のための工作機械、動力装置、ころ軸受け、他の機械への部品生産、などに対して十分な鉄が供給された。事務作業能率向上のため、鉄使用量の少ない事務機械も優先された。発注企業には鉄消費者配給枠が確保されている。枠は国家的必要性を考慮して決められるため、企業の従業員数に必ずしも対応しない。消費配給量の多い企業に対しては、企業が行うそれ以外の注文向生産への配給量は少なくなり、逆の場合は多くする。また経済集団は特定の機械工場への注文の集中やほかの仕事の減少を調整したり、地域的な操業度の違いが生じないよう対応している、と。鉄鋼だけでなく木材やセメントも配給の対象となったが、その場合もライヒ工業集団と経済集団がその柱となった。

おわりに

一九四〇年三月にライヒ兵器・軍需省が発足し、トット（Fritz Todt）が大臣に就任した。トットは一九四二年二月に飛行機事故で急死し、その後をシュペアが襲った。トット-シュペアとともに戦争経済体制は新しい段階に進み、一九四一年の対ソ戦開始、とくに同年一二月のモスクワ攻撃敗退を画期にドイツは総力戦体制に移る。トット、次いでシュペアによる戦時経済の新しい体制は、とりわけ軍需関連企業による「自己責任」にもとづく「自治的」な経済統制機構の確立と、その下での軍需関連生産部門の「合理化」政策を特徴とした(73)。

シュペアは、『兵器・軍需相通信』（Nachrichten des Reichsministers für Bewaffnung und Munition）の第1号（一九四二年三月三一日）の冒頭記事で、「経営指導者」に呼びかけ、「経営の効率上昇」のための道づくりが自分の仕事であり、そのために経営者に対してこれまで以上に「大きな自治」（Selbstverwaltung）を認める決意である、と宣言する。しかし前任者トットは、すでに軍需工業の関連企業を「委員会」（中央委員会／専門委員会）に組織し、それを通じて軍需企業との密接な協働関係をつくり出していた。シュペアはそれを引継ぐとともに、さらに軍需品生産に必要な原材料部門の企業を「リング」に編成した。シュペアは、軍の必要とする軍需品の発注計画、発注企業の選定、規格・型化などの合理化などの権限をこの委員会・リングに賦与した。中央委員会も整備され、武器、弾薬軍需品、戦車、軍用機材、戦闘機の動力装置組立・翼部組立、機械組立、自動車・オートバイ、軌条車、情報手段の各委員会の編成となった(74)。

しかし委員会・リングに組織されたそれらの軍需関連企業は、もともと経済集団に編成されており、委員会・リング体制成立後も、多くは引き続き経済集団に所属した。中央委員会・機械組立業の場合には、経済集団・機械組立業がそっくりそのまま兼任の形で組織された。軍需品工業関連企業のこの機構は、このように経済集団・専門集団のこれまでの組織を土台にして、その所属企業の組み替えによってつくり出されたのである。

シュペアは、このような機構づくりに際して経済集団を統括するライヒ工業集団に多くを依存した。軍需省の軍需品供給局は、同工業集団の指導者であるツァンゲンが指名した軍需工業の代表者によって構成された。ツァンゲン自身も、中央委員会とリングとの間の調整を行う責任者となった（代理は、Schieber）(75)。ツァンゲンは、同時に中央委員会「軍事・一般装備」の指導者として、光学・精密軍需器機、商業用光学・精密製品、繋駕輸送手段、輸送手段車体、同トレーラー、ガスマスク、鉄道・軍事用橋梁装備、戦地・工業用軌道設備、宿泊装備、皮革・帆布製軍用装備、皮革品・ベルト、軍靴、自転車、動力付水上漕航機、木製・建設部品、輸送容器、針金製品、等々の各特別委員会を統括した。

以上からわかるように、委員会・リングを軸とするトットーシュペアの総力戦体制は、ライヒ工業集団・経済集団を土台にして、またそれに支えられて構築された。ライヒ工業集団・経済集団は、ドイツのすべての資本主義的企業を組織する公的な機関であり、ゲーリングの四カ年計画は、ライヒ経済省とこの機構との関連に注目し、それらを通じて戦争準備ないし戦時経済のための生産諸力の拡充＝合理化政策の実現をめざしたのである。資本主義的企業と戦時経済政策とは、この機構によって結びつけられ、ライヒ工業集団・経済集団は、その中軸にあって、両者を媒介する中心的な機関として機能した。資本主義的企業と軍事的国家との協働関係をつくり出すこの枠組みが、四カ年計画のなかで意図的につくりだされたことは、本論で見たように著しく重要であり、トットーシュペアの委員会・リング機構は、それを前提にし、新たな編成替として構築されたことになる。

その委員会・リング体制の下で軍需工業を中心とする合理化政策が強行され、総力戦に対応した軍事力が構築された。本章はそのような合理化政策が四カ年計画においてすでにはじまっていたことを重視した。四カ年計画の合理化政策に関しては、R・ハハトマンや永岑三千輝氏(76)が注目し、また、戦時経済体制の起点をトットーシュペア体制とする通説を批判し、四カ年計画期のドイツの軍事化と戦争経済への移行を重視するR・J・オヴァリーも、ハハトマンに依拠しつつ、この時期の「半ば官僚的」(semi-official) な組織による合理化に言及している(77)。しかし、それらについての分析は十分でなく、企業の経済活動に直接関係するライヒ工業集団・経済集団の役割、それらの合理化への協働関係の説明も欠けている。オヴァリーは「生産の現実過程や商業戦略への官僚的介入に対して工業は全体として敵対的であった(78)」と主張するが、本論で見たように、工業の全体的な機構としてのライヒ工業集団・経済集団は、むしろ四カ年計画の合理化政策に協力的であったのである。

しかしこれまでの研究の最大の問題点は、合理化を生産や工程における技術的改善としてのみ理解し、企業の営利活動に関わる商品の原価計算や利潤計算における合理化を考慮しなかったことにある。企業における製品の規格化・型化と大量生産化など生産の合理化は、当然のことながら生産コストと利潤のあり方に影響を与え、製品の価格決定、軍需品等の国家への納入価格（自己原価計算価格）を決定する条件となる。四カ年計画における原価計算・簿記の合理化措置は、企業レベルでの生産の合理化にとっても必要な政策であった。合理化の二つの側面は、企業にとって切り離すことはできない要請であった。

四カ年計画・戦時経済は軍需品・軍事施設を中心とする国家的発注を急速に拡大し、軍需関連企業に巨額の利益をもたらす一方、国家財政に重大な負担を課すことになった。軍需品価格の適正さ、さらにはその引き下げが国家的な問題となる所以である。四カ年計画期における統一的な原価計算・利潤計算様式の導入と、企業への強制はその意味で著しく重要な措置であった。企業は公的発注に際して、国家的基準に従った商品（納入品）の原価計算を求められた。政府はその適正さを監視し、企業間の比較を行い、それを参考にして次の発注に際して企業の選定を行うことが可能となった[79]。トット－シュペアは軍需品の価格を、企業ごとの自己原価計算価格（コスト＋利潤）から、品目ごとの単一価格（グループ価格）に転換し、それを通じて企業におけるコスト切下げと効率向上を促進しようとした。しかしこうした価格政策の新しい体制の前提となり、それへの移行を可能にしたのは、原価計算・利潤計算に関わる四カ年計画期の企業経営の合理化政策であった。国家は、市場経済の最も本質的な要素をなす商品価格（コスト＋利潤）の決定様式に「上から」かつ「外から」介入する体制をつくり出したのである。それをバック・アップしたのも、ライヒ工業集団・経済集団であった。四カ年計画は、あらゆる意味で総力戦体制を準備したといってよいだろう。

注

（1）詳細は本書、上出第1章参照。

（2）四カ年計画については、たくさんの研究がある。Arthur Schweitzer, *Big Business in the Third Reich*, Bloomington, 1964; Dieter Petzina, *Autarkiepolitik im Dritten Reich*, Stuttgart 1968; Lotte Zumpe, *Wirtschaft und Staat in Deutschland 1933 bis 1945*, Vaduz/Liechtenstein 1980; Dietrich Eichholtz, *Geschichte der deutschen Kriegswirtschaft 1939–1945*, Bd. I (3. Aufl., Berlin 1984), Nachdruck, München 2003. また、Burton H. Klein, *Germany's Economic Preparation for War*, Cambridge, 1959; Alan S. Milward, *The German Economy at War*, London, 1965; Berenice A. Carroll, *Design for Total War*, The Hague/Paris, 1968. 邦語文献としては、大野英二「四カ年計画と経済政策の転換」大野英二・住谷一彦・諸田実編『ドイツ資本主義の史的構造』有斐閣、一九七二年、同著『現代ドイツ社会史研究序説』岩波書店、一九八二年、第4章、戸原四郎「ナチス経済」東京大学社会科学研究所編『ナチス経済とニューディール』（『ファシズム期の国家と社会』3）東京大学出版会、一九七九年（戸原四郎著『ドイツ資本主義』桜井書店、二〇〇六年、第4章として所収）、永岑三千輝「電撃戦から総力戦への転換期における四カ年計画――ドイツ第三帝国の戦争経済の一局面――（一）（二）」立正大学経済学会『経済学季報』第38巻2号（一九八八年一〇月）、同3号（一九八八年一二月）、栗原優著『第二次世界大戦の勃発』名古屋大学出版会、一九九四年、とくに第三部3章、工藤章著『20世紀ドイツ資本主義』東京大学出版会、一九九九年、第Ⅱ部第3章；また大島通義著『総力戦時代のドイツ再軍備・軍事財政の制度論的考察』同文舘出版、一九九六年。

（3）Zumpe, *a. a. O.*, S. 243.

（4）Dietrich Eichholtz/Wolfgang Schumann（Hg.）, *Anatomie des Krieges. Neue Dokumente über die Rolle des deutschen Monopolkapitals bei der Vorbereitung und Durchführung des zweiten Weltkrieges*, Berlin 1969, Dok. 48.

（5）Klein, Carroll, Milward はじめ諸研究参照。このことと一九三九年の第二次大戦勃発・「電撃戦」戦略との関係がこれまで活発に論ぜられてきた。栗原、前掲書、序論、工藤、前掲書も参照。工藤氏は「このようにみれば、直接的軍事生産をはじめとする生産面における停滞的様相は、設備投資と雇用における戦争準備の立遅れに裏打ちされていたのであり、ナチスの戦争経済力は、既存の生産力水準を前提とし、それを大きく超えるものではなかったといえよう。ナチス戦争経済は戦時にあっても平時経済のごとく組織され、運営された。それは「戦時における平時経済」といってよく、一九三六年から三九年までの「平時における戦争経済」の延長線上にあった」（三三三頁）と指摘する。キャロルやミルウォードらの通説的な見解に対して、R・J・オヴァリーは、四カ年計画・電撃戦期におけるドイツ経済の戦争経済化の状況を重視する。cf Richard James Overy, *War and Economy in the Third Reich*, Oxford, 1994.

（6）　ペッチーナもツンペもこのような統制機構について言及はしている。しかしそれらは前述した「計画」（Plannung）の「手段」として捉えられているだけで、本章のような基本的な認識には立っていない。Cf. Petzina, *a. a. O.*, Dritter Teil; Zumpe, *a. a. O.*, S. 250ff.

（7）　永岑、前掲論文。

（8）　*Der Vierjahresplan. Zeitschrift für nationalsozialistische Wirtschaftspolitik mit den amtlichen Mitteilungen des Beauftragten für den Vierjahresplan, Ministerpräsident Generaloberst Göring.*（以下 *Der Vierjahresplan* と略す）。永岑、前掲論文（一）、五一頁。

（9）　*Ibid.*, 2/1938.

（10）　*Ibid.*, 3/1938, S. 130. Rüdiger Hachtmann, *Industriearbeit im „Dritten Reich". Untersuchungen zu den Lohn - und Arbeitsbedingungen in Deutschland 1933–1945*, Göttingen 1989, Ⅳ. 2. 3. また ders., „Die Begründer der amerikanischen Technik sind fast lauter schwäbisch-allemannische Menschen": Nazi-Deutschland, der Blick auf die USA und die „Amerikanisierung" der industriellen Produktionsstrukturen im „Dritten Reich", in: Alf Lüdtke/Inge Marßolek/Adelheid von Saldern（Hg.）, *Amerikanisierung. Traum und Alptraum im Deutschland des 20. Jahrhunderts*, Stuttgart 1996.（„Die Begründer" と略す）。永岑、前掲論文（一）、八五頁以下。

（11）　*Der Vierjahresplan* 9/1938, S. 523ff. 山崎敏夫著『ナチス期ドイツ合理化運動の展開』森山書店、二〇〇一年、二〇〇三年（二刷）、第2章、をも参照。

（12）　*Ibid.*, 4/1939.

（13）　ヘッセは『戦争経済論集』（*Schriften zur kriegswirtschaftlichen Forschung und Schulung*）を創刊し、一九三五年に自著“*Der kriegswirtschaftliche Gedanke*”を公にする。さらに一九三六年に『戦争経済年報』を刊行し、その一九三七年の冒頭で四カ年計画との関連を指摘する。*Kriegswirtschaftliche Jahresberichte 1937*, Vorwort. この号にはトーマスをはじめ軍関係者など多くが執筆している（トーマスの論文は、Operatives und wirtschaftliches Denken）。なお、トーマスとゲーリングとの対立的関係に関しては、Carroll, *op. cit.*; Ludolf Herbst, *Der totale Krieg und die Ordnung der Wirtschaft*, Stuttgart 1982. 永岑、前掲論文（二）、八八頁。国防経済論は日本でも注目され、とくに陸軍・石原莞爾が発足させた日満財政経済研究会は、G・フィッシャーの *Wehrwirtschaft*, Leipzig 1936 に注目し、訳出している（同書には伊藤好道の訳もある）。日本でのその影響については、拙著『戦前・戦時日本の経済思想とナチズム』岩波書店、二〇〇八年、Ⅳ、参照。戦争準備体制の最大の課題が生産力拡充にあることを日本の指導者は十分に認識し、国防経済政策は、同時に生産力拡充政策でもあった。山崎志郎著『戦時経済総動員体制の研究』日本経済評論社、二〇一一年。

(14) Rede des Ministerpräsidenten Generaloberst Göring über den zweiten Vierjahresplan gehalten am 28. Oktober 1936 im Berliner Sportpalast, in: Ludwig Münz (Erläuter), *Die gesamten Vorschriften über den Arbeitseinsatz nach dem Vierjahresplan*, München/Berlin (1937), S. 22. 永岑、前掲論文（一）、五六頁。

(15) *Der Vierjahresplan*, 10/1937, S. 578.

(16) *Ibid.*, 2/1938, S. 66.

(17) *Ibid.*, 2/1938.

(18) *Ibid.*, S. 66ff. 戦争準備体制にとって経済諸力の実態を知ることは決定的に重要であった。そのため一九三八年にはライヒ統計局の第８部門が母体となってライヒ国防経済計画局（Reichsamt für wehrwirtschaftliche Planung）が設置された。*Die deutsche Industrie im Kriege 1939-1945*, Berlin 1954. の著者 Rolf Wagenführ はその中心人物である。一九三九年の同局刊行の *Die deutsche Industrie. Gesamtergebnisse der amtlichen Produktionsstatistik*, Berlin は、一九三六年の調査にもとづくドイツ工業生産の分析で、四カ年計画の重要な一環をなすものである。Wagenführ, *Die deutsche Industrie im Kriege*, Vorwort. また Zumpe, *a. a. O.*, S. 244, n. 永岑、前掲論文（二）、九〇頁以下の論述も参照。

(19) Anordnung des Beauftragten für den Vierjahresplan zur Sicherstellung der zentralen Führung vom 14. 12. 1938, in: *Der Vierjahresplan*, 3/1939, S. 335. Hachtmann, *Industriearbeit im „Dritten Reich“*, S. 72.

(20) ライヒ経済省については、同時代文献として、同省のH・クヴェケの書物がある。Hans Quecke, *Das Reichswirtschaftsministerium. Werdegang und Stand der Wirtschaftsverwaltung*, Berlin 1941. 研究文献としては、Willi A. Boelcke, *Die deut-*

sche Wirtschaft 1930–1945, Düsseldorf 1983. また当時の人物像については、Heinrich Hassmann, *Das Reichswirtschaftsministerium. Kurze Ansprache*（19. Februar 1965, Bonn）. [Institut für Zeitgeschichte, München 所蔵]。

（21） Anordnung über die Errichtung eines Reichsausschußes für die Leistungssteigerung, in: *Der Vierjahresplan*, 3/1939, S. 337; Seebauer, Leistungssteigerung als Kampfmittel, in: *a. a. O.*, 18/1938, S. 1064f. Quecke, *a. a. O.*, S. 56. も参照。Hachtmann, *a. a. O.* 委員会はドイツ労働戦線（ＤＡＦ）とも連絡を取っていた。ＤＡＦの合理化政策については、Tilla Siegel/Thomas von Freyberg, *Industrielle Rationalisierung unter dem Nationalsozialismus*, Frankfurt a. M. 1991, 2.

（22） Eichholtz, *a. a. O.*, Bd. II, S. 150.

（23） Seebauer, a. a. O., S. 1065f. 山崎、前掲書、四八頁。

（24） Verordnung über die verbindliche Einführung von Normen, Geschäfts-und Lieferbedingungen sowie von Güte-und Bezeichnungsvorschriften, vom 8. September 1938, in: *Der Vierjahresplan*, 19/1939, S. 1153. それより六カ月前に自動車工業について四カ年計画全権委任がその規格を確定するという指令がゲーリングによって出され、一九三九年八月一一日に具体的な執行令が公にされた。*A. a. O.*, 6/1939, S. 489, 17/1939, S. 1039; Hachtmann, *a. a. O.*, S. 73. 永岑、前掲論文（一）、八五頁以下。日本でも戦時期にこのような合理化が政策的に実施される。佐々木聡著『科学的管理法の日本的展開』有斐閣、一九九八年、とくに第4章、参照。

（25） Seebauer, a. a. O., S. 1065. Cf. Overy, *op. cit.*, p. 345.

（26） *Der Vierjahresplan*, a. a. O., S. 1066; Leistungssteigerung, in: *a. a. O.*, 17/1939, S. 1030f.; Elmar Michel, *Allgemeine Grundsätze der Kostenrechnung, nach dem Erlass des Reichsministeriums und des Ministerpräsidenten Generalfeldmarschalls Göring, Beauftragten für den Vierjahresplan, Reichskommissars für die Preisbildung, vom 16. Januar 1939*, Berlin 1939; Johannes Fischer/Otto Heß/Georg Seebauer（Hg.）, *Buchführung und Kostenrechnung*, Leipzig, o. J.（1939）. 本書、第1部第6章。

（27） Michel, *a. a. O.*

（28） 本書、第1部第6章参照。

（29） 同前。また M. E. Pribilla, Elemente des LSÖ. -Gewinns, in: *Der Wirtschaftstreuhänder*, 8. Jg., Nr. 23/24, 15. Dezember

1939; Zumpe, *a. a. O.*, S. 270. ほか。

(30) Fischer/Heß/Seebauer, *a. a. O.*, S. 1. 四カ年計画は「経済で活動するひとりひとりの人間」の問題となった。

(31) Hermann Bente, Führungswirtschaft und Persönlichkeit, in: *Der Vierjahresplan*, 4/1939, S. 376. ベンテについては、Hauke Janssen, *Nationalökonomie und Nationalsozialisums. Die deutsche Volkswirtschaftslehre in den dreißiger Jahren*, Marburg 1998, 2000（2. Aufl.）, S. 546f. ほか。

(32) Adolf v. Schell, Nationalsozialistische Wirtschaftsformen und Kraftfahrzeugindustrie, in: *Der Vierjahresplan*, 17/1939, S. 1010. Hachtmann, *a. a. O.*, S. 73.

(33) Otto Kienzle, Die Typung, ein Zweig der Normierung, in: *Werkstatttechnik und Werksleiter*, XXXV. Jg., Heft 2, 15. Januar 1941.

(34) Reichsgruppe Industrie, Tätigkeitsbericht, 3/39, 4/39, 1939.

(35) *Ibid.*, 5/39, 9/39, 1939; *Der Vierjahresplan*, 1/1940, S. 13.

(36) *Der Vierjahresplan*, 10/1939.

(37) T. Siegel u. a., *a. a. O.*, S. 143f.

(38) Karl Lange, Werkzeugmaschinen als Grundlagen der Produktionssteigerung, in: *Der Vierjahresplan*, 19/1939（Okt. 1939）, S. 1134. Hachtmann, *a. a. O.*, S. 76. も参照。

(39) Lange, a. a. O. また、*Ibid.*, 1/1939, S. 13.

(40) Lange, a. a. O. また Kienzle, *a. a. O.*, 22f. なお、永岑、前掲論文（一）、八八頁も参照。

(41) Thomas von Freyberg, *Industrielle Rationalisierung in der Weimarer Republik. Untersucht an Beispielen aus dem Maschinenbau und der Elektroindustrie*, Frankfurt a. M. 1989. 幸田亮一著『ドイツ工作機械工業の20世紀』多賀出版、二〇一一年、第3章。

(42) Rolf Boehringer, Spezialisierung, Normung und Typung im deutschen Werkzeugmaschinenbau, in: *Der Vierjahresplan*, 18/1939.

(43) Ausführungsvorschriften Nr. 7 zu der Verordnung über die Typenbegrenzung in der Kraftfahrzeugindustrie vom 2.

März 1939, in: *a. a. O.*, 17/1939, S. 1039. ナチス期の自動車工業に関しては、西牟田祐二著『ナチズムと自動車工業』有斐閣、一九九九年。

（44）Schell, a. a. O., S. 1011f. Hachtmann, *a. a. O.*, S. 73. 永岑、前掲論文（一）、八八頁以下。

（45）Fritz Todt, Regelung der Bauwirtschaft, in: *Der Vierjahresplan*, 12/1939 (Juni 1939).

（46）Eugen Vögler, Durch Betriebsrationalisierung zur Leistungssteigerung in der Bauwirtschaft, in: *a. a. O.* 永岑、前掲論文（一）、九〇頁。

（47）Reichsgruppe Industrie, a. a. O., 1939.

（48）Reichskuratorium für Wirtschaftlichkeit/Reichsgruppe Industrie（Hg.）, *Grössere Wirtschaftlichkeit durch geordnetes Rechnungswesen und Betriebsuntersuchungen. Einführung und Anregungen*, Leipzig 1937. 同委員会内の経済管理委員会事務長代理の A. Choinowski, 同経営分析部代理指導者 J. Warlimont およびライヒ工業集団事務局の H. Mende が作成し、同 H. Müllensiefen や上記委員会事務長 F. Reuter, また教授 K. Mellerowicz が編纂に加わった。*A. a. O.*, S. 2.

（49）*Ibid.*, S. 3.

（50）*Ibid.*, 2. Aufl., 1942, S. 98ff.

（51）*Buchführungsrichtlinien und Kontenrahmen der Eisenschaffenden Industrie*, Düsseldorf 1940, Vorwort.

（52）*Ibid.*, S. 5f.

（53）Wirtschaftsgruppe Feinmechanik und Optik, *Doppelte Buchhaltung für Klein - und Mittelbetriebe der Wirtschaftsgruppe Feinmechanik und Optik*, Berlin o. J.（Vorbemerkung, Dezember 1938）による。

（54）*Ibid.*, S. 23f.

（55）*Ibid.*, S. 25. 一九三八年一二月末までに最小限規則をすべて実施した企業は、一九二企業のうちわずかに六四で、検討中が五六、回答を留保している企業は七二に達したという。Bericht über die Tätigkeit der Hauptgeschäftsstelle der Wirtschaftsgruppe Feinmechanik und Optik in den Monaten September bis Dezember 1938, in: Bundesarchiv Berlin, R 3101/9098.

（56）*Ibid.*, S. 37.

（57） *Ibid.*, S. 29ff.

（58） Kontenrahmen für den Bereich der Wirtschaftsgruppe Elektroindustrie, Berlin（Dez. 38）.

（59） *Der Vierjahresplan*, 7/1937, 3/1938, 巻頭言。ナチス期の合理化におけるドイツ的特殊性に注目するのはハハトマンである。Hachtmann, „Die Begründer", S. 61ff.

（60） *Der Vierjahresplan*, 11/1937, 巻頭言、12/1937（Zur Jahreswende）, 2/1938, 巻頭言。

（61） Erwin Junghans/Elmar Michel/Otto Heß, *Kostenrechnung und Preisbildung*（*Schriftenreihe zur industriellen Leistungssteigerung*, Reihe A, Heft 1）, Stuttgart 1939, S. 4ff.

（62） Schell, a. a. O.

（63） Bente, a. a. O.

（64） Petzina, *a. a. O.*, 3, Ⅲ; Zumpe, *a. a. O.*, S. 262ff. 永岑、前掲論文（二）、一一〇頁以下。ペッチーナは原価計算方式を含めた価格政策を単なる価格水準安定化政策として捉え、それが経営合理化政策と一体となっていたこと、また適正価格の観念がシュペア期における軍需品を含めた均一価格制の前提になったこと、それらの政策が経済集団との協働体制の下で現実化したことを認識していない。そのため「価格政策は、多種多様な方法が用いられたにもかかわらず、計画の実現という点では二義的な役割しか果たさなかった」と評価するに止まった。*A. a. O.*, S. 165.

（65） Josef Wagner, *Die Preispolitik im Vierjahresplan*, Jena 1938, S. 9; Petzina, *a. a. O.*, S. 163; Zumpe, *a. a. O.*, S. 268f.

（66） Max Metzner/Heinz Müller, *Die Preisbildung im Kriege. Preissenkung und Gewinnabführung*, Berlin/Wien/Leipzig 1941, S. 15f.

（67） *Ibid.*, S. 91f.

（68） 本書、第1部第6章、参照。

（69） Wolfgang Gähtgens, Die rechtlichen Grundlagen der Warenbewirtschaftung, in: Wirtschafts-Hochschule Berlin（Hg.）, *Probleme der gelenkten Wirtschaft*, Berlin 1942; Petzina, *a. a. O.*, S. 153ff.

（70） Petzina, *a. a. O.*, S. 154ff. ペチーナは、企業側の過大申請等によりこの方法が大きな問題点を有していたと指摘する。なおライヒ取引所の数は一九四二年に三一で、二四がライヒ経済省に属した。Gähtgens, *a. a. O.*, S. 38.

（71）*Der deutsche Volkswirt*, Nr. 14, Jg. 15（25. Oktober 1940）. また Rolf Wagenführ, *a. a. O.*, S. 43f., S. 45.

（72）Otto Sack, Lenkung der Maschinenerzeugung, in: *Der Vierjahresplan*, 1/2, 1939. ザックについては、前出第1章参照。

（73）Wagenführ, *a. a. O.*, Kap. III; Milward, *op. cit.*; Eichholtz, *a. a. O.*, Bd. II, Kap. V; Wolfgang Schumann/Karl Drechsler（Leiter von einem Autorenkollektiv）, *Deutschland im Zweiten Weltkrieg*, Berlin 1985, Bd. 2, 9; Zumpe, *a. a. O.*, S. 334ff. 工藤、前掲書、第3章2節3。

（74）*Nachrichten des Reichsministers für Bewaffnung und Munition*, Nr. 1, 31. März 1942, Nr. 3, 6. Mai 1942.

（75）*Ibid.*

（76）注（10）参照。

（77）Overy, *op. cit.*

（78）*Ibid.*, p. 345.

（79）公的発注に対する企業の納入価格は、当該企業の実費としてのコストとそれに一定利潤率を掛けて利潤としたものを付加して算定された。いわゆる自己原価計算価格である。この場合コストが大であれば利潤も大きく、このことが企業に対して経営改善によるコスト引き下げへの意欲を低下させ、製品価格の低下を抑制したことは事実であり、トット－シュペアが、画一価格・グループ価格制の導入に踏み切った理由もそこにあった（本書第一部第6章、参照）。しかし、統一的な原価計算・利潤計算基準の採用と企業への強制は、本文でみたように、企業の恣意的な価格設定を抑止し、当局に企業の納入価格の適正さを監視したり、企業間でのコストの比較を可能にした。当局は、それによって個々の企業への発注の大小を調整し、企業間での配分をめぐる事実上の競争関係をつくり出すことができた。オヴァリーは、この側面を考慮していない。Overy, op. cit., p. 349.

第5章　総力戦体制と企業——トット－シュペア体制——

はじめに

一九三九年九月の第二次大戦の勃発から一九四一年独ソ戦開始期にいたる時期が、ドイツの戦争経済の第一期だとすれば、それに続く一九四一年から一九四五年敗戦までの三年余は、その第二期ということができる。戦時経済は後者の第二の時期に全面的な総力戦体制の形態をとるにいたった。その転換を主導したのが、武器・軍需省（後に軍需・戦時生産省、軍需省と略す）とその大臣フリッツ・トット（Fritz Todt）、トット急死（一九四二年二月）後は後任のアルベルト・シュペア（Albert Speer）である。本章はそのトットとシュペアによる総力戦経済体制（いわゆるトット－シュペア体制）の構築過程と、それを支えた資本主義的企業との関係、またこの体制が内包する戦争経済の隘路について検討することが課題となる(1)。

ナチス・ドイツ研究の最大のテーマの一つ、ユダヤ人大量殺戮（ホロコースト）が問題となるのもこの総力戦体制期においてであった。『ホロコーストの力学』（青木書店、二〇〇三年）の著者永岑三千輝氏は、ホロコーストへのベクトルを「独ソ戦の多様な諸要因、ヨーロッパ戦争の世界大戦化、総力戦」に求め、こう述べる(2)。「総力戦勝利のための大攻勢の基本戦略の中で、第三帝国は実に多様な政策を検討し実行し、可能な限りの人的物的資源を戦争遂行に振り向け、削減可能な民需生産などを減らしていった。その一環として「生きるに値しない生命の絶滅」も推進したのである」。

ドイツ現代史の重要テーマである外国人の強制労働体制も総力戦体制と密接に関連していた。矢野久氏は指摘する。(3)「外国人強制労働体制—ユダヤ人絶滅—強制収容所体制は相互に関連している。〔それらは——引用者〕……戦時体制下、戦況と労働力不足状況との関連で生じたものである」。

そのような状況をつくり出したナチス・ドイツの総力戦期の経済体制に関してはすでにたくさんの研究がある。一九三六年以降の四カ年計画の推進者ゲーリングから軍需相トット、次いでシュペアへの主導権の移行、それらとヒトラーやナチス党・軍・省庁との関連など、ナチス体制の権力構造の推移と政策方針の転換については、A・S・ミルウォード、A・キャロル、L・ヘルプストなどが、それぞれの仕方ですぐれた分析を行った。(4)本章が問題とするのは、そのようにしてつくり出されたトット、シュペアによる総力戦経済体制が、資本主義それ自体と構造的にどのように関連するかである。この点についても、R・ヴァーゲンフュール、D・アイヒホルツやL・ツンペ、F・ブライヒ、H・-E・フォルクマンらによって研究が深められてきた。(5)本章はそれらの成果を継承しつつ、とくに総力戦のための国家的政策と軍需工業の担い手たる諸企業とを結びつける「委員会」・「リング」の機構に注目し、ヒトラーの総統命令(一九四一年一二月)に始まる軍需生産力強化政策がその機構を通じてどのように展開し、軍需関連企業がそれにいかに対応したかを考察する。それによってトット-シュペアの国家的政策と資本主義的企業との内的・構造的な関係が示されるのであるが、本章では同時にそのような総力戦体制が経済全体にいかなる障害を生み出したか、総力戦経済の矛盾は何であったかをあわせて検討することにしたい。

1　F・トットと総力戦経済体制

(1) ヒトラーの軍需生産力強化命令（一九四一年一二月三日）

一九四一年一二月三日のヒトラーの「総統命令」(Führerbefehl) は、トット－シュペア体制を特徴づける総力戦的な経済体制の確立の出発点となった。(6) 一二月三日の「命令」は、この後次々に打ち出される総力戦遂行のための軍需生産の増強に関する政府の指令の根拠となったからである。

この命令は、(7)「軍需生産の簡易化 (Vereinfachung) と生産力増強 (Leistungssteigerung)」を命ずるもので、(1)大量生産と製法の合理化による兵器・装備製造の細部にいたる改善、(2)最適かつ効率的な経営への軍需発注の集中的な配分、(3)必要な場合は大量生産用工場の新設による兵器・装備生産の生産増強、などを内容とした。以上の三つの柱のうち、とくに(1)と(2)に力点があり、現行の製造方法・発注方式を再検討し、簡素化による大量生産方式に向けた改良を実施すること、それを通じて原料・労働の節約を達成することが意図された。そのために軍部に対しては、戦場での効果に限定した技術的必要性と、戦闘必需品の全体的な政策のための武器・装備の点検を要請し、企業専門家に対しては、武器・装備開発への関与を、また経営者・技術者に対しては生産改善の提案（部品簡素化、規格化、労働節約）を指令した。ヒトラーは、「軍需品生産」関連の諸企業の中から大量生産に対応できる「適切な企業」を選別し、それらの経営者と、とくにそこで活動している「有能な技術者」の軍事力増強への積極的な関与を期待したのである。

総統命令の実行は、四カ年計画全権委任のゲーリングではなく、軍需省（一九四〇年発足）の大臣トットに委された。その実施規則は彼の下で作成され、「命令」の抜粋とともに軍需顧問、軍需委員会、特別委員会の各責任者、さらに国防地域委員に伝達された（一九四一年一二月二三日）[8]。トットは、この間、武器・装備の種類ごとに軍需企業を編成した特別委員会（Sonderausschuß）を組織するとともに、それらを統括する中央委員会（Hauptausschuß）を五つ発足させていた。すなわち弾薬、兵器・装置、戦車・牽引車、軍事装備、機械の各中央委員会である。命令はこの中央委員会と特別委員会で受け止められ、それを通じて企業に指示された。

他方トットは、同様の指示をライヒ工業集団指導者のW・ツァンゲンに対して行った。工業集団には、すべての企業が加入しており、軍需工業のみでなく、その関連企業もメンバーであった。ツァンゲンは、軍事的装備の生産に関わる経済集団にトットの指令を伝達するとともに、企業の「経営指導者」に対する指令文書を作成し、企業へのその配布を指示した[9]。

こうして「総統命令」の実行と一体となって、軍需省（トット）―中央委員会―特別委員会―企業（カルテル）と、軍需省―ツァンゲン（同省軍需顧問・一般軍事装備中央委員会責任者・ライヒ工業集団指導者）―経済集団―企業・カルテルという二つの指揮系列ないし連繫関係が確立した。後者においてツァンゲンは、一般軍備の製造に関連する諸経済集団に対して、品目ごとに企業群を編成することを求め、それをツァンゲンの下にある第一系列の委員会に組み入れようとした。彼は、これらの企業やカルテルに対しても総統命令にある技術改善の提案を行うよう要請した（一九四二年二月一日期限）[10]。こうして軍需関連企業は、これまでの国家（軍）による軍需品発注に対する単なる受け手、受注者としてばかりでなく、特別委員会―中央委員会の構成メンバーとして、軍需経済の具体的な過程に直接関与し、軍需省が推進する戦時経済の協働者＝担い手たる位置を与えられたのである。トットによって「上から」指導され、企業側が「下から」支えるというこの体制は、シュペアによって「自己責任」と「自治」の経済体制として国家的な規定性を賦与され、一九四五年敗戦にいたるまで、ナチス戦時体制の中核を形づくることになった。

総統命令にもとづくトットの指示の下、委員会と経済集団が行った要請に対して、企業・カルテルは直ちに対応した。たとえば、中央委員会・弾薬では一九四二年から六カ月の間に効率向上の提案は六七五に、特別委員会・輸送手段部品では一二四八に達した。経済集団が行った鉄鋼関係の合理化の指令はカルテルが受け手となったが、カルテル（連盟）は次のような回答を行っている。(11)

① 銑鉄連盟：合理化委員会を結成（グーテホフヌンク、合同製鋼、クルップなどから八人の委員で構成）。

② 鉄鋼連盟・同下部団体：中央委員会のNöll が関与。(a)建築鋼材部門――規格はすでに導入済（たとえば軌条鉄型は八種類）。したがって委員会の結成は不要。(b)棒鋼・型鋼部門：新リスト（一九四〇年一一月）による企業への義務づけをライヒ経済省に申請済。ただし円形鋼ほかの均一化は未解決。(c)薄板金連盟：合理化委員会（七人）を結成。(d)帯鉄連合：技術委員会を結成（二月一〇日第一回会合、メンバー八人）。現行の帯鉄の工程効率を調査中。

③ 鋼管連盟：合理化のための技術委員会を組織（ドイツ鋼管工業代表が委員長。オーバーシュレージエンではビスマルクヒュッテ代表が責任者）。

④ 大型鋼管連盟：技術委員会が作業中（委員長はマンネスマン代表）。

⑤ 鍛鉄連合：二月六日第一回会合。下部委員会を結成――原材料問題・検査規則の検討（責任者：クルップ代表）、鍛鉄の機械化における効率向上（同）、均一化による効率向上を検討。

⑥ 粗鍛棒鋼連合：技術委員会が発足。

⑦ ドイツ鉄鋼共同体：委員会が作業中。車輛車輪材料について会合（二月三日）。均一化・簡易化の原案を検討中。

⑧ 特殊鋼連盟：専門集団特殊鋼が合理化案を作成中。(a)規格化、(b)広告（展示禁止、新聞・雑誌の広告原則禁止）、(c)販売機関の簡素化（特殊鋼連盟内の下部委員会設置による）、(d)年産一〇〇〇トン以下企業の調査（存続の可否決定のため）、委員は五人（クルップ、ドイツ特殊鋼工業、特殊鋼連盟の各代表を含む）、(e)連盟内に注文調整

所設置（連盟に対して申し出た工場の注文の合理的分配）、(f)オーバーシュレージエン・オストマルクのための特別委員会。

この時点では経済集団は、トット体制を補佐する役割を果たしている。一般軍備品に関する軍当局（参謀本部）の発注について、企業やカルテルに対して連絡の仲介を担当したのは一つの例である。たとえば大型鋼管連盟を経由するマンネスマン鋼管社（デュッセルドルフ）への軍の発注を経済集団が鋼管連盟に対して伝達するというような例である。[12] しかし、一九四二年に入って、トットの後任シュペアが、鉄鋼など武器・軍備品の原材料を生産する企業をリングとして編成し[13]、原料材料部門が委員会・リング体制に組織されると、経済集団は民需部門を中心とする任務に限定されるようになる。

(2) 軍需部門の合理化と企業発注の重点化、民需部門に対する圧迫

ヒトラー＝トットの軍需生産力増強政策は二つの側面を有していた。一つは軍需品の大量生産のための技術的な改良と合理化であり、もう一つは軍需企業に対する軍事的発注の重点的な配分と企業の選別である。

前者は軍需品の規格化・型化であり、とくに規格・型の数の削減により、特定の型へ生産を集中させて、大量的効率的に製造させる政策である。このことは後者の軍需発注の仕方に関連する。大量的・効率的生産に対応できる企業は限られており、発注は優先的・集中的にそのような経営条件を備えた特定の優良企業に配分され、そうでない企業は除外されるか、他の品目への転換を余儀なくされることになる。コンツェルン的な大規模経営が優先され、弱小経営は不利な状況に置かれることになる。

ツァンゲンは、総統命令に関して企業に配布した文書「経営指導者へ」の中でこう指示している。[14] 軍需品の分野における同種企業の結合体すなわちカルテルは、「委託された製造に関する全般的な経験交換」を実施するとともに、

「あまり合理的でない経営」における人間と材料の「節約」についてその仕方を提示してほしい。「非合理的な経営から遊離された労働力」は他の効率的な経営に動員されねばならない、と。合理化政策は劣等経営の縮小ないし停止・休業化と、そこからの労働力の強制的剝離と優良経営へのその動員の政策と結びついていた。

こうして委員会・リングの軍需的発注は、生産条件の良好な経営に重点的に配分され、大量生産に対応できない中小の企業がそこから整理された。たとえば中央委員会・弾薬は、一九四二年二月から九月の間に弾薬梱包容器の企業を一四〇削減し、五〇キログラム以上爆弾については一〇〇企業、電動式信管は一四企業、自動爆弾信管は二四企業、等々の削減を行った。特別委員会・輸送手段部品では、四〇二経営を一七三経営に集約した。

しかし経営活動の全面的な停止ないし企業の部分的な縮小は、労働力の移動だけでなく、電力の利用や原材料配分など諸部門へ関連し、当該企業が存在する地域の経済に影響を与える。そのため経営の停止には、ラントの経済会議所、とくにその中にある経済集団の地域的組織（工業部）やラント経済当局が関与することになり、その中で軍需関連の中小経営の多くは、活動の全面的な停止ではなく、受注大企業に対する下請的生産、部品生産や開発的な製作に転換した。他方で国からの大規模な発注に対して、専門工不足のため適切に対応できない大企業は、その一部を他の企業に下請けさせたり、部品の生産を中小企業に対してより多く外注するようになっており、シュペアの機関誌が強調するように、「国民経済の基礎」としての「健全な中間層」は、軍需生産力の担い手として、むしろ維持される必要があったのである。(15)

軍需工業増強＝合理化の重点政策は、軍需関連企業に対する以上に、非軍事部門、民需部門へ影響を与えた。そのことはトット以前から、すでに四カ年計画の下で始まっていた。(16)それは民需部門の生産手段を製造する工作機械の生産の縮小という事実に象徴的に示された。軍需用の工作機械の生産は拡大したが、民需用は大幅に削減されたからである。たとえば、旋盤の場合、軍需用と国内民需用の生産台数は、一九三八年には前者が九七〇〇、後者が一万三〇〇〇であったが、一九四一年になると、前者は二万三〇〇〇へ増大したのに対し、後者は七四〇〇に減少した。穿孔機は、この間前者は九〇〇〇から二万へ増えたのに対して、後者は一万六〇〇〇から一万三〇〇〇に縮小した。一九四二年上半期の軍需向旋盤台数は、七一％を占め、国内民需向は二〇％で、穿孔機は、それぞれ七一％、二三％であった。(17)

ライヒ経済大臣による民需関連製品の生産制限令はそれに対応するものであった。繊維・被服工業、パルプ・紙製造・加工、印刷業、鉄・金属加工、エネルギー、ガラス、陶磁器、タバコ、耐火・絶縁素材加工、建設、皮革、化学、木工、フィルム等々の製造制限がそれである。(18)

また戦車など最重要軍需品の製造に対する鉄鋼原料の重点的な配分方式がトット体制の下で本格化し、それは非重点部門での鉄材の配分の削減を伴った。すなわち特別委員会は戦車・車体の増産のために一九四一年一月初め、原材料配分を行う自身の配分所を特設し、戦車製造企業二四社の各配給量を優先的に定めた。(19)そのため、ライヒ工業集団指導者ツァンゲンは、鉄鋼業、鋳造業、鉄鋼建材、機械組立、電機、輸送業、精密機械・光学、航空機、鉄・鋼・薄板各種品目加工、工業原材料、金属など、鉄使用の多い一二経済集団に対して、個々の鉄使用の重量を二〇～一〇％削減することを求めざるをえなかった。ツァンゲンは、経済集団の受注企業が下請への注文にあたって原材料をすでに二〇～一〇％削ってきたこと、このような配給削減について経済集団から苦情が寄せられている事実を指摘し、軍需品については軍武器局に個別に交渉することを指示した。(20)

（3）軍需生産拡大と労働力動員

軍需工業重点化・合理化政策は、戦車製造企業をはじめ重点企業での労働力の不足を引き起こし、他部門からの労働者の動員を不可避にした。戦車の増産に伴う労働力の不足は、一九四二年当初、たとえばアルケット社（ベルリン）

四八三人、ダイムラー・ベンツ社（同）四七九人、クラウス・マッファイ社（バイエルン）一〇八八人、ヘンシェル社（カッセル）四四五人をはじめとして二四社、四〇〇〇人を超えた。次の六カ月の予想必要数はそれをさらに大幅に上回る人数に達していた[21]。

労働者の充足は、外国人労働者、捕虜の強制労働や婦人労働の使用と並んで、民需部門の非重点経営の全面的ないし部分的な停止措置による余剰労働力の半ば強制的な離脱と動員を通じて調達された。民需部門を統括するライヒ工業集団がそれを推進する担い手となった。ツァンゲンは、経済集団の協力を求めつつ、経済会議所の工業部に対して、遊離した労働者を当該地域の戦車製造企業に移動させる作業を指令した（第一回の期限は一九四二年二月五日[22]）。

戦車増産のための労働力動員を目的とする経営整理は、ライヒ経済省と四カ年計画庁（労働配置部）によってもバックアップされた。ラント労働局長宛の四カ年計画庁の文書は強調する。「現在の労働動員状況は、非軍事的な経営の選別と整理を直ちに強化することを必要としている。ライヒ経済省の当方への通知にあるように、民需向製造の色々の分野に諸力〔労働者——引用者〕の離職の可能性がある。とくに繊維工業から軍需工業用の労働力を抽出することができる。その他の製造についても戦時経済の重要性の課題に照らしてより厳しい基準を設けなければならない[23]」。

民需部門での閉鎖経営に対してライヒ工業集団は「経済共同援助金」（Gemeinschaftshilfe der Wirtschaft）を給付することになった。一九四一年一二月末までに、工業での件数は早くも三三八三にのぼりその内訳は次のようになっていた。石材・土一六八一、皮革工業三一四、被服工業二九八、繊維工業二七二、化学工業一八三、その他の経済集団六三五、援助金については一九四二年六月末までに約七二〇〇万RMの寄金があり、またすでに支給された援助金は三一六〇件、三六七〇万RMで、支給予定の金額は八五七件、一六〇〇万RMとなっていた。ライヒ工業集団の活動日誌の一九四二年九月号は記している。「集中・合理化措置によって実施された閉鎖の大きさは、何よりも、八月だけで補助金の第一次申請が二四〇件もあったことに示されている」。ピルマーセンの経済集団・皮革工業では新たに六〇件の靴工場の閉鎖があったという。一一月の報告は、補助金がさらに一層必要となろうと予想している[24]。

それらの措置により遊離した労働力が直ちに軍需工場に吸収されるとは限らなかった。戦車製造企業は、一九四一年一二月／一九四二年一月の時点で、アルケット社（ベルリン工場）は緊急必要数四八三人に対して四五人、クラウス・マッファイ社は一〇八八人に対して四二人が補充されただけであった。これに対してビュシング・ナグ社（ベルリン）は一〇八人に対して四二・六％、ノルドバウ社（同）も一五五人に対して六八・四％、フォマグ社（プラウエン）は六二人に対して七九％と充足率はやや高かったが、不足分は決して小さくなかった[25]。

労働力動員の重点化政策は、もちろん戦車製造だけに限定されたわけではなかった。トットは一九四二年二月四日付の文書で次のような指針を示していた[26]。

（一）一九四二年度の重点は陸軍とする。空軍・海軍の建設の長期目標は変わらないが、そのために陸軍の装備を低下させてはならない。

（二）各軍軍備の重点。

陸軍：機動部隊・重対戦車砲計画、遠征部隊の追加的装備。海軍：潜水艦の建造・維持。空軍：原料配分重点化、航空機計画、高射砲計画。

その他の重点プログラム：石油・合成ゴム・軽金属各計画、鉄道分野の輸送局長計画・戦時計画、武器局・参謀本部（ＷＴ／ＯＫＷ）重点計画の情報・特別建設計画（Fellgiebel）、動力輸送分野の軍備計画（シェル計画）、工作機械・工具・教育の特別支援。

（三）以上の重点項目のうち、石油・合成ゴム・軽金属計画のための人員、戦車・重対戦車砲・高射砲製造の労働力の充用が優先される。

(4) 軍需品納入価格の均一・グループ化

軍需生産の合理化計画は、軍需品の型の整理による大量生産化、企業選別と重点的発注とによって軍事的な物質の増産をめざすものであったが、その結果として武器・装備の均一化が進み、それとともにそれらの軍への納入における製品価格の均一化がはかられた。

企業への軍需品の発注は次のようにして行われた。参謀本部武器・軍需局と当該軍需品の特別委員会責任者が協議して配分を決定し、参謀本部当局が各企業に結果を通知する。委員会・(リング)は軍需発注に直接関与することになったのである。発注に先立って上記局長は軍需工業代表者の意見を聴取する必要があった。軍需検査官、国防地区全権委員および軍需委員会委員長にも決定が通知され、彼らはその配分に対して異議を申し立てることができた(27)。

軍需品を含めた公的需要に対する企業の納入価格は、これまで一九三八年の公用発注品価格形成準則と公用発注品原価価格算定要綱により、当該品目の原価計算にもとづいて一定の利潤率により利益を加算するいわゆる自己原価計算価格によって算定されていた。各企業は経営条件が異なっていたため製品のコストは企業によって相違し、価格は納入業者によってさまざまであった。企業側は一定利潤率に掛け合わされるコスト幅が大であればそれだけ利益幅も大きく、したがって既存のコスト幅の維持を求める傾向があった。これはコスト引き下げに結びつく生産諸条件の改善への志向を鈍らせるものと考えられ、効率向上・合理化政策の観点からトットは、ライヒ価格形成監理官の協力を得て、軍需品の価格の自己原価計算方式を転換し、価格の画一化の検討を指示した(28)。

まず高射砲の砲弾の画一価格について納入企業との間に協議が行われた。続いて軍参謀本部内に画一価格のための特別班——メンバーは参謀本部長・ライヒ価格形成監理官代理・軍需相——が設けられ、同一品目に対して均一価格ないし二〜三の複数の価格(グループ価格)を導入する作業が進められた(29)。品目は大量品・規格品が対象とされ、四カ年計画のライヒ価格形成監理官が中心的な役割を演じた。

同一品目についてただ一つの価格だけでなく、それよりも高い金額をも一～二種類、別のランクで設定し、複数の均一的な価格制、つまりグループ価格としたのは、低い均一価格では製造できない平均以下の経営条件をもつ弱小経営をも生産力として包摂しようとしたからであった。最上位の低い均一価格で納入する企業には税制上の優遇措置が設けられ、戦時特別利潤の国家還付の義務を免除されるなど、低価格での生産とそのための企業の効率向上努力が奨励された。

その準備は価格当局の中でなされていた。価格形成監理官は、一九四一年一一月六日に、軍需発注における価格・利潤算定に関する指針をまとめ、企業ごとの原価計算にもとづく価格設定方式を変更して、「軍需発注は原則として固定価格（Festpreisen）によって行われねばならない」という新しい原則を提示した。その目的は「企業に対して効率上昇への十分な刺激を与えること」にあった。[30] 均一・グループ価格制の全面的な実施は、シュペア時代に入り、一九四二年五月一九日の「均一・グループ価格令」によってなされた。[31]

均一・グループ価格は、参謀本部内の作業班において、価格当局の主導の下で、企業側との協議を通じて決められた。ライヒ価格形成管理局は、経済集団にも協力を求め、たとえば経済集団・鉄鋼業に対して、MG砲の銃身材料の納入価格が陸軍と空軍とで異なるのはなぜか、それを統一できないか、と問い合わせている（一九四二年四月二一日付）。陸軍の納入業者はデーレナー鋳鋼社（Döhlener Gußstahlswerken）とルールシュタール社（Ruhlstahl）で、空軍へはラインメタル・ボルジッヒ社（Rheinmetall-Borsig）とクルップ社が納入していた。[32] 同経済集団は、ボルジッヒとクルップ宛に、この問合せを伝え、コスト計算と加工工程を経済集団に通知することを求めた。その上で価格統一ができるか否かは経済集団がまず判定し、その結果を予め企業側に連絡した上で、価格当局に報告するという手順がとられた。[33] つまり企業側は経済集団や委員会・リングを通じて納入価格の策定に事実上影響を与えることができたのである。

2　軍需部門の組織化――「自己責任」・「自治」――

(1) 委員会・リング体制

トット、次いでシュペアの下で構築されたドイツの総力戦体制の特徴は、軍需品の効率的な増産＝合理化政策が、単なる上からの強制としてばかりでなく、軍需関連企業によって下から支えられ、推進された点にある。それはいわゆる「自己責任」と「自治」の原則にもとづく軍需企業の組織化、官民協力的な軍事的機構を通じて実施された[(34)]。トットは、前述したように兵器ごとに製造企業を委員会として組織化し、さらに「より強力な合理化」の実現のために「軍需品経済の自己責任」(Selbstverantwortung der Rüstungswirtschaft) の体制として委員会を統括する「中央委員会」(Hauptausschuß) を設置した[(35)]。

中央委員会Ⅰ「弾薬軍需品」の指導者は、P・ケスラー (Keßler：ベルクマン電機会社総支配人) で、同Ⅱ「兵器」はE・ミュラー (Müller：フリードリッヒ・クルップ社重役)、Ⅲ「戦車・牽引車」はW・ローランド (Rohland：合同製鋼重役)、Ⅳ「軍事装備」はツァンゲン (Zangen：マンネスマン社総支配人)、Ⅴ「機械」はH・バンケルト (Bankert：ジーメンス・ハルスケ社重役) がそれぞれ指導者に任命された。

中央委員会の下に委員会・特別委員会が編成された。たとえば中央委員会Ⅰには、次のような委員会・特別委員会が配置された。(a)歩兵装備・ピストル弾薬・雷管、(b)一三～三〇ミリメートル弾薬 (ケース付)、(c)合成火薬、(d)弾薬筒ケース (三・五センチメートル以上)、(e)重口径・弾薬、(f)時限爆弾 (ティール式。特別委員会)、(g)同 (ユングハウス式。同)、(h)三・七～五センチメートル弾、(i)七・五～一二・七センチメートル弾、(j)時限付爆弾、(k)時限付でない爆弾、(l)弾薬樽、(m)火薬(特別委員会)、(n)爆薬(同)。

軍需省内にトットを長とする軍需顧問会長・中央委員会責任者からなる小顧問会がつくられた。また中央委員会IVの責任者となったツァンゲンは、ライヒ経済省所轄の民需部門の分野についても合理化政策を遂行する権限を賦与された。

トットによって着手された軍需工業の組織化は、トット急死の後大臣に就任したシュペアに引き継がれた(36)。中央委員会には、新たに戦艦、航空機動装置、航空機翼、航空機装備、軌条車、動力車、通信機器、などが追加された。これまで軍需省の管轄外にあった海軍・空軍関係の軍需工業に対してシュペアは影響力を及ぼすことが可能になった。同省は軍需工業の全領域を把握することになったのである。また委員会の下に、各軍需品の原材料を加工する企業の組織体、リング(中央リング・特別リング)がつくられたことも重要である。中央リング・鉄鋼はじめ、金属、生産手段・機械部品、電機製品の各中央リングがそれである。また特別中央リングとしてラッカー、合成物質、人造繊維、木材が組織された。

中央リングの下に、品目別に構成された企業群としての特別リングが置かれ、特別リング―中央リング―特別委員会―中央委員会という編成が形成された(37)。たとえば中央リング・鉄鋼業は、銑鉄、粗鋼、圧延工場製品、非合金鋼、合金材の五つの特別リングからなり、また中央リング・鉄鋼加工は、鍛造品、鋳鉄、材料加工、非合金材、合金材の四特別リングから編成された。

つまり各種兵器・軍需品の最終的生産に対応させて、必要な原材料・部品の製造業がそれぞれ企業群として組織された。各企業はもともとライヒ工業集団の下に編成された経済集団・専門集団に所属していたが、委員会・リング体制はそれを土台にしつつ、それらから企業を組み替える形で構成された。最重要リングの鉄鋼の場合は、経済集団・

鉄鋼業をそのままの形で移行させたといってよいだろう。企業は、品目ごとにカルテル的な企業結合体を有しており、それらカルテルが事実上特別リングの担い手となったものと考えられるが、そのカルテル自体はライヒ経済省（とくにH・ケールル）のカルテル合理化＝整理政策により国家的機能を担う「統制カルテル」（Lenkungskartell）へと転換させられつつあった（第一部第2章参照）。

トットの指令により中央委員会は、各地域の国防区域（Wehrkreis）に対応させて、地区全権委員を任命したが、シュペアも企業家の中から各地の軍需代表者・地区代表者を選任した。

一九四二年四月二〇日のシュペアの布告は、この体制を公式に確定するものであった。その中でこれら委員会・リングの役割が規定された[38]。すなわち①軍需品等の発注計画と、最適・有能企業への重点化、そのための発注統制に関与すること、②個別経営の製品品目の均一化の促進、③規格・型化、時間節約的な機械・工法の採用、④経験交流の促進、⑤効率的経営の業績向上、非能率経営の抑制、能率向上教育、⑥必要な仕入・納入・下請関係の確保、⑦機械・器具・装置・原材料の合目的利用、⑧軍需発注の消失ないし増加に対する代替能力・追加能力の準備。

中央委員会やリングの構築、その運営に対して、ライヒ工業集団・経済集団などが土台となり、それを援助したことは前述のとおりである。組織の人員や経費に関しても経済集団が負担し、それは会員企業の会費の増額によってまかなわれた。たとえば、経済集団・鉄鋼建材（WG Stahl-u. Eisenbahn）の専門集団・鉄道車輌組立（業）は、シュペアにより、特別委員会の鉄道車輌組立の人件費（事務局等の人件費、社会保障費を含む）と交通費・通信費や、特別委員会・軌道車への寄金のために、三四万RMの供出を命ぜられ、そのために会員の会費の大幅な引き上げを行わざるをえなくなった[39]。

(2) コンツェルン的企業の優位

委員会・リングは、ライヒ軍需省と軍との緊密な連携の下で、企業のいわゆる自己責任・自治の機関として活動することになり、その責任者も企業家が任命された。トットによって編成された五つの中央委員会の責任者については上に見たが、この原則はシュペアによって継承された。

ライヒ兵器・軍需省の最上位に位置する軍需顧問官には、ミルヒやトーマスなど軍の有力者五人と並んで、軍需工業から八人が加わった。八人はいずれもコンツェルン的企業の重役であった。すなわちH・ビュッヒャー(Hermann Bücher)は、AEG重役(社長)、P・ケスラーは、ベルクマン電機会社総支配人、P・プライガー(Paul Pleiger)は、ヘルマン・ゲーリング社支配人、E・ペンスゲン(Ernst Poensgen)は、合同製鋼社長、H・レヒリング(Hermann Röchling)は、レヒリング鉄鋼有限会社(Röchlingische Eisen-und Stahlwerke GmbH)、H・レーネルト(Hellmuth Röhnert)は、ラインメタル・ボルッジヒ会社重役/社長、ユンカース航空機・モーター会社重役、ヘルマン・ゲーリング社監査役、A・フェグラー(Albert Vögler)は、合同製鋼重役、高層・地下建設会社(旧ヘルフマン兄弟社)に属した。

中央委員会・中央リングのリーダーもすべて企業人によって占められ、その所属企業も中央委員会・機械以外はいずれもコンツェルンないしそれに近い経営規模であった。中央委員会・武器の責任者ティックスは合同製鋼の子会社とハノマック社の社長、海軍水中兵器のパウルスはダイムラー・ベンツ、動力機の責任者ヴェルナーはアウト・ウニオン、航空機体製造のフライダクはヘンシェル航空機、同装備のハイネはAEG、情報機器のルュッシェンはジーメンス・ハルスケにそれぞれ属した。

トット-シュペア体制の委員会・リング機構の上層部は、アイヒホルツらが詳しく分析したように、コンツェルン

委員会・リング機構

中央委員会	委員長	所属企業
弾薬軍備	Edmund Geilenberg	ヘルマン・ゲーリング社
武器	Arthur Tix (1897-1971)	Bochumer Verein; Hanomag 社長
戦車・牽引機	Walter Rohland (1888-1981)	Bochumer Stahlwerke; Deutsche Edelstahlwerk
造船	Rudolf Blohm (1885-1979)	Blohm & Voss; ライヒ工業集団・経済集団
海軍・水中兵器	Gottlieb Paulus	Daimler-Benz
動力機	Wilhelm Werner (1893-1975)	Horch-Werk (Zwickau); Auto Union
機体建造	Karl Freydag	Henschel Flugzeugwerke AG
航空機装備	Hans Heyne	AEG
軍事一般装備	Wilhelm Zangen (1891-1971)	Mannesmann 社長；ライヒ工業集団指導者
機械	Karl Lange (1889-1955)	ライヒ工業集団・経済集団機械組立業事務局長
鉄道車輛	Gerhard Degenkolb	Demag
自動車	Paul Werners	Büssing NAG/AEG
情報機器	Friedrich Lüschen (1877-1945)	Siemens & Halske; 経済集団電機工業指導者
中央リング	**代　表**	**所属企業**
鉄鋼生産	Hermann Röchling	Röchlingische Eiseu-u. Stahlwerke; 経済集団鉄鋼業指導者；ライヒ連合鉄指導者
鉄加工	Albert Nöll	合同製鋼
金属	Otto Fitzner	Bergwerksgesellschaft Georg von Giesch'es Erben; 経済集団金属工業指導者
生産手段・機械部品	Hans Kluy	ヘルマン・ゲーリング社
電機製品	Friedrich Lüschen	上出

出典：Eichholtz, *a. a. O.*, Bd. II. とくに S. 65-68.

的な独占資本によって掌握されていたのである。[40]

その一例として軍需顧問（ペンスゲン〔社長〕・A・フェグラー〔重役〕）や中央委員会（ティックス）・中央リング（ネル）に人材を送り込んだ合同製鋼社（Vereinigte Stahlwerke AG. Düsseldorf）について紹介しよう。[41]

合同製鋼社は、鉱山業・製鉄業・鉄鋼業・その他にまたがるコンツェルン企業で、一九二六年に次の大企業群が合併して発足した。

① ライン・エルベ・ウニオン（Rheinelbe Union）：ドイツ・ルクセンブルク鉱山・精錬会社（Deutsch-Luxemburgische Bergwerks-und Hütten-Aktiengesellschaft）、ゲルゼンキルヘン鉱業会社（Gelsenkirchener Bergwerks-Aktien-Gesellschaft）、ボーフ

ム鉱山・粗鋼連合（Bochumer Verein für Bergbau und Gußstahlfabrikation）。

② フェニックス・グループ（Phoenix-Gruppe）：フェニックス鉱山・精錬会社（„Phoenix", Aktiengesellschaft für Bergbau und Hüttenbetrieb）、チュペン・ヴィセナー合同鉄鋼会社（Vereingte Stahlwerke van der Zypen und Wissener Eisenhütten Aktiengesellschaft）。

③ テュッセン・グループ（Thyssen-Gruppe）。

④ ライン鉄鋼会社（Rheinische Stahlwerke）。

ナチス期における同社の事業は次のような状況にあった。

〔石炭業〕傘下事業会社のゲルゼンキルヘン会社（エッセン・資本金二億RM）が、石炭・ブリケット・コークス・それらの副産物（ベンゼン・アンモニア・タール）を生産・販売し、コンツェルン全体の収益のトップを占めた。

〔製鉄・鉄鋼業〕事業会社として、アウグスト・テュッセン鉄鋼会社（資本金一億RM）、ドルトムント・ヘルダー製鉄連合会社（同一五〇〇万RM）、ボッフム鋳鋼連合会社（同一〇〇〇万RM）、ドイツ製鉄会社（同二五〇〇万RM）、ドイツ鉄管会社（同一億RM）、ジーガーランド製鉄会社（同二五〇〇万RM）をはじめとして九企業が存在した。

これらの会社は銑鉄・粗鋼・半製品・型鉄・建造鉄材・棒材・薄板・圧延鉄・鉄道軌条・鋼鋳物・鍛鉄品・ブリキ・車輛・機関車用打型・鋼鉄車輛・帯鉄等々を製造した。九社の収益は同コンツェルン全体の三分の二以上を占めた。

さらに合同製鋼は、橋梁等建築用鉄材会社や、機関車・車輛用鉄材部品、自動車用鋳鉄製品、鉄鎖、等々を製造する有限会社一〇を傘下に収め、また銑鉄・半製品、各種鉄製品を販売する事業所を七つ所有した。また同社は、鉱山業・製鉄・鉄鋼業の他の企業に資本参加していた。鉱山業ではコンコルディア鉱業会社（一七五〇万RM）はじめ五社、製鉄・鉄鋼部門ではルールシュタール社（三六〇〇万ＲＭ）はじめ計一二社、その他への参与がそれである。

製鉄・鉄鋼部門には、「連盟」「連合」の名称を備えたシンジケート・販売カルテルが各種存在し、製品の販売を掌握していた。合同製鋼はそのような販売組織の最有力メンバーで、その中での販売割当量は次のとおりであった。「銑鉄連盟」の対外発送分の三九・一％、自企業消費分の五〇・八％、「Ａ製品連盟」の半製品の三五・三％、軌道の四四％、「棒鉄連盟」の国内分・外国分、ともに二七％強、「帯鉄連盟」の同前三四・九％、三一・七％、等々である。[42] 同コンツェルンは、これらのカルテルを通じて、市場に大きな影響を与えることができた。

中央委員会・戦車の委員長となったローランドが属していたドイツ高質鋼会社（クレフェルト、資本金一四〇〇万）も合同製鋼が資本参加した企業の一つであった。

だが巨大企業に属しながら、株式会社形態をとらず、有限会社の形をとった同族コンツェルンも併存し、委員会・リングの担い手として重要な役割を演じた。レヒリング（1872-1955）はその一人である。レヒリングは国家的超カルテル組織、ライヒ鉄連合の会長に就任するとともに軍需顧問、さらに中央リング・鉄鋼生産の責任者となった。彼は、中央リングで彼を補佐するローランドやライヒ連合の副会長・クルップとともに、重要な役割を演じることになるのであるが、[43] その企業はナチス政権掌握時には次のような形態を取っていた。[44] ①レヒリング鉄鋼有限会社（ザールのフェルクリンゲン）が中心で、この有限会社の下に、五企業を子会社とする同名の株式会社、八つの子会社を支配するレヒリング高質鋼株式会社、ほか二社が配置されていた。それと並んで、②レヒリング兄弟商事会社（ルードウィヒスハーフェン、四子会社）はじめ、石炭・販売・船舶・銀行などの諸分野にわたる合計八つの企業を所有した。レヒリング高質鋼社の子会社の一つ、レヒリング・ブデレス鉄鋼会社は、資本金三〇〇万ＲＭ（一九四一年次）の株式会社であった。

（3）専門的経営者としての企業家

ヒトラーとトット、次いでシュペアは、前述したように委員会・リングの指導的企業家が単なる営利的な企業活動ではなく、生産部面と結びつく経営者、専門的な知識を備えた企業家や技術者であることを求めた。その方針は上記の各組織の責任者の人選に際して考慮された。

たとえば中央リング・鉄鋼生産の責任者となったレヒリングは、大学教育を受けた技術面に強い経営者であった。軍需顧問の合同製鋼社長のペンスゲンは、シュトラスブルク大学で数学・化学・冶金学、ベルリン鉱山アカデミーで製鉄学を学んで後、祖父の鉄管・圧延企業重役、フェニックス鉱山・鉄鋼会社の技術・営業部重役、等を経験した。中央委員会・武器の委員長になったティックスは、ダルムシュタットで機械工学を学び、合同製鋼の事業会社、ボッフム鋳鋼連合社で経営技術者を経験し、三〇年代には経営陣に参画、次いで同社の出資によって支えられたトラクター製造企業ハノマク（Hanomag）社の重役、オスナブリュック鉄鋼会社の技術関係重役となった。(45)

戦車部門の責任者になったローランドは第一次大戦に参戦、大戦後にカイザー・ヴィルヘルム鉄研究所に勤め学位取得、次いでヴェストファーレン鉄鋼会社（Westfälische Stahlwerke, Bochum）で高質鋼の専門家となる。一九二四年にボッフム鋳鋼連合会社の子会社、次いで一九二六年にドイツ高質鋼会社（Deutsche Edelstahlwerke）に移り、一九三七年同社重役、一九三八年に同副社長の地位に就いた。ともに合同製鋼の事業会社ないし参与会社である。ローランドは一九四一年には同コンツェルン本社の技術部長、一九四二年には重役、一九四三年に社長になる。(46)

中央委員会・情報機器とリングの電機製品の責任者ルュッシェン（Lüschen）も上記二人と同様技術畑の企業家であった。(47) 彼は郵便行政に携わり、一九〇三年中級行政試験に合格、パリの郵便・電信上級職業学校留学後、ベルリン大学で数学・物理学を学んだ（一九〇五～一一年）。第一次大戦後ジーメンス・ハルスケ社の弱電ケーブル、次いで送信技術の実験室長に就任し、交流電信などの技術改良に携わった。一九三三年に同社の重役に、一九四一年には副社長に昇進した。彼は一九四二年にナチス党員となった（一九四五年自殺）。

これに対してツァンゲンや中央委員会・動力機のヴェルナーは、営業・業務畑の専門家であった。ツァンゲンはデュイスブルクで商業の知識を身につけ、テュッセン社、ゲルゼンキルシヘン社、ドイツ機械工業社（ＤＥＭＡＧ）の各社の職員、部長、ＤＥＭＡＧの持株会社である商品搬送会社の重役（一九二四・二五年）、ＤＥＭＡＧ重役（一九二九～三四年）を歴任し、一九三四年以降マンネスマン鋼管会社の総支配人、社長の地位を得た人物である。マンネスマン社は石炭採掘、製鉄・鉄鋼、同製品の生産・販売を行う巨大企業で、一一カ所に工場施設を有し、炭鉱三、販売会社二一を経営、さらに三五企業に資本参加するコンツェルン的企業であった。[48] しかし社長となったツァンゲンはマンネスマン社の生え抜きでなく、いくつもの会社を経験した営業畑の経営者として迎えられた。[49]

中央委員会・動力機の責任者、ヴェルナーはニューヨークで育ち、ドイツ帰国後はラインメタル社の開発部長を経験した後アメリカに戻り、クライスラー社に勤務した。一九二九年はツヴィッカウの自動車メーカー・ホルフ社（Horch-Werk）の技術部長となり、アウディやヴァンデラーなどと結成したアウト・ウニオン社の理事に就任した。[50]

これらの経営的な企業家はナチス党といかなる関係にあったか。ペンスゲンやＡＥＧ社長ビュッヒャーらは党員ではなかったが、レヒリングやＡ・フェグラー、ローランド、ツァンゲン、Ｏ・フィッツナーやルュッシェンらは、いずれもナチス党員であった。ナチス党に所属しない人物も党との関係は親和的であったと考えられ、シュペア体制もナチス的人材によって支えられていた。[51]

3　シュペア体制と「経営指導者」

以上のようにドイツの軍需関連企業は、委員会・リング体制に組み込まれた。トットとシュペアは、委員会・リングの指導的な企業家ばかりでなく、それらを構成する個々の企業の「経営指導者」(Betriebsführer) の積極的な経営活動に期待した。

(1) 経営指導者

シュペアは、軍需省の機関誌『通信』の創刊第一号で「ドイツ軍需工業の経営指導者へ」を巻頭に掲げ、その中で経営指導者の「経営の効率向上」の役割とそのための企業の「自己責任」の重要性を強調した。彼は『通信』をシュペア・軍需省と軍需工業・経営指導者との直接的な関係をつくり出す手段として利用した。[52]

トット、次いでシュペアが重視した経営指導者とは、一九三四年一月二〇日の国民労働秩序法 (Die Ordnung der nationalen Arbeit) によって規定された観念であった。[53] 同法の第1条は「経営において企業家 (Unternehmer) は、経営の指導者 (Führer des Betriebs) として、職員・労働者は従属者 (Gefolgschaft) として、経営目的の促進ならびに民族・国家の共同利益のために働くものとする」と定めた。経営指導者は第2条により従属者 (労働者・職員、以下労働者と略す) に対して経営の一切のことがらについて決定を行う権限を有し、従属者は指導者に対して経営協同体に基礎を持つ忠誠を保つことが規定された。法人の場合は法定代表者が経営指導者になることになっていた。

この立法は、雇主と労働者との関係を、階級的な対立的関係としてではなく、相互の信頼にもとづく経営協同体 (Betriebsgemeinschaft) を構成する指導者と従属者の関係として捉えた。企業経営者 (＝雇主) と労働者は、経営の目的のために、またさらに民族・国家の協働利益のために働くことが要請された。ナチスの至上命令である「公益優先」の原則がここでも重視された。

経営指導者は、経営協同体の構成員である従属者（労働者）に対して、経営に関するすべての事項について決定を行う権限を有していた。ナチズムを特徴づける指導者原理が経営に適用されたといえよう。シュペアは、経営指導者の観念を、より広く捉え、個人企業の場合は、その所有者、株式会社は、取締役、有限会社は支配人をそれぞれ経営指導者とした。(54)

（2）株式会社の経営者・取締役の地位

「経営の指導者」なる概念が示すように、ナチスは企業の営利追求そのものではなく、生産・流通に関わる「経営」活動そのものを重視した。この観点は、株式会社の場合、出資者たる株主ではなく、経営的な活動を担当する重役会・取締役会の機能の拡大と結びついていた。一九三七年一月三〇日の株式法(55)（Aktiengesetz）は、それを決定的なものにした。すなわち同法は第70条において、「取締役（会）（Vorstand）は自己の責任において、経営（Betrieb）と従属者〔労働者――引用者〕との福祉、ならびに民族（Volk）とライヒ（Reich）の共同の利益の求めるところに従い、会社を運営（leiten）しなければならない」（第1項）と規定した。取締役（会）は一人ないし数名から構成され、株式会社は取締役（会）がこれを代表した。

この法律によって取締役（会）の地位が株主に対する関係で強化された。株主総会は法律と定款に定められたことがらを決定することができ、また営業年度の最初の五カ月の間に取締役と監査役との責任解除について決定できたが、株主総会が営業執行の問題について決定できるのは取締役（会）が求めた場合のみであった（第103条）。

同時代の法学者シュレゲルベルガー（Franz Schlegelberger）らは、これを「株式法の決定的な改変」とみなし、「民主的な大衆・多数決原則に鋭く対立する民族社会主義国家の基礎、すなわち指導者原則」が貫徹していると指摘した。[56]取締役会の権限はこれまでは会社の最高執行機関としての株主総会から派生した形になっており、会社の運命に関わる決定は株主総会で行われた。一九三七年の株式法は「株主総会のこの権限を破砕」し、それによって「資本の匿名的な指揮」(anonyme Leitung des Kapitals)を除去した。「会社の運営と業務は全面的に取締役にまかされた」、と。

シュペアは、委員会・リング体制を通じて軍需工業部門の企業を総力戦体制に編成したが、その際重視したのは資本所有者(株主)ではなく、ナチス株式法によって権限を強化された会社の経営陣であり、経営協同体の理念と民族共同体の原理に従って行動することを要請された経営の指導者であった。シュペア体制はナチス的な経営優先主義を土台にして構築されていたのである。

(3) 経営者のナチス化

経済集団や委員会・リングの指導者は、このような企業の経営者の中から選ばれた。ドイツ経済有機的構成準備法の施行令(一九三四年)が規定するように、経済集団の指導者は「民族社会主義国家の理念」に立って活動することが求められた。ナチス的な国家組織を指導するものは、専門的知識や経営者的資質を備えると同時に、民族社会主義とナチス党との親近性が必要とされたのである。[57]アウトバーンの建設、四カ年計画関連事業、さらに軍備拡大といった国家的な発注が急速に増大する中で、ナチス党との近さは、公的な経済組織の指導者だけでなく、日常的に営利活動を展開する個々の企業にとっても意味をもつことになった。こうして各企業レベルにおいて経営陣のナチス化が進むことになった。

たとえば自動車・モーター製造の大手ダイムラー・ベンツ社では、取締役(一九三三~四五年)一三人のうち、四人を除く九人がナチス党に加わった。そのほとんどはナチス政権掌握後の一九三三/三四年に入党した。取締役のひとりＪ・ヴェルリン（Jakob Werlin）は、ヒトラーとの関係も強く、一九三三年に取締になった人物で、その後同社と党との関係に重要な役割を演じたといわれた[58]。

自動車工業から航空機原動機に重点を移し、ダイムラーやユンカースとともに、軍用機・戦闘機製造に関与したベー・エム・ヴェー（Bayerische Motoren Werke：ＢＭＷ）では、ナチス期の取締役の一三人中五人までが戦後「非ナチ化」措置の対象とされた。この企業でもナチス化が進展していたことがうかがえる[59]。

ライヒ工業集団の指導者となるナチス党所属のツァンゲンがマンネスマン社の社長に迎えられたのは、ナチス政権掌握後のことであった。マンネスマン社ではナチス政権になって重役陣の交替が行われ、「三年間にマンネスマン鋼管の取締役会は完全に新しくなった」といわれる。その新陣営がナチスと近い関係にあったと思われることは、敗戦直後にツァンゲンやＨ・ヴィンクハウス（Hermann Winkhaus）ら四人の取締役が収監され、一九四五年末にはわずか二人だけが取締役の地位に留まることができたことからもわかる。監査役は一一人いたが、一九四六／四七年にはわずかに三人が残されただけであった。マンネスマン社でも経営者とナチス党との関係が進行していたことが推測できる[60]。

合同製鋼社では、フェグラーがケプラークライスに加わり、ヒトラーの政権掌握をバック・アップし、またペンスゲンはナチス党には距離を保ちながら、しかし、ナチスの機構の指導者となった。Ｆ・テュッセン（Fritz Thyssen：後にナチスにより収監）、Ｅ・ブランディ（Ernst Brandi）、Ｅ・ヴィナカー（Erich Winnaker）など有力メンバーがナチス支持者となり、テュッセン社出身の重役Ｈ・ディンケルバッハ（Heinrich Dinkelbach）は同僚の要請により同党に加入し（一九三八年）、また傘下のボッフム連合社の社長Ｗ・ボルベット（Walter Borbet）もナチス党員となり、ヴェストファーレン・リッペ経済会議所の責任者に就任した[61]。

金属加工業の分野においては、貴金属・化学の中堅会社デグッサ社（Degussa）を分析したヘイエスの研究によれば、一九三三年ナチス政権掌握時には同社の取締役九人いずれもがナチス党員ではなかった（ただし後に重役となる部長二人はすでに党に加わっていた）。しかし同社は、フランクフルト商工会議所会頭のナチス党員C・リュア（Lüer）と、地元ガウ指導者W・アヴィニー（Avieny）を監査役に招聘し、ナチスとの関係を固め、また一九三七年以降には、新たに就任した取締役七人のうち、三人（上記二人を含む）を古くからの党員から選び、他の三人は、一九三七年と一九四〇年に党に加わった（取締役の数は一九四三年一一人）[62]。

化学工業の分野においては、周知のように、バーデン・アニリン・ソーダ会社（BASF：Badische Anilin & Soda Fabrik）、バイエル社（Friedr. Bayer & Co.）、ヘキスト社（Höchst）はじめ巨大化学会社が結合して、一九二五年にイーゲー・ファルベン社（I. G. Farbenindustrie AG）が発足していた。一九三六年から始まる四カ年計画の中で、人造石油等の化学製品の生産拡大のために、化学工業の役割は決定的に重要な位置を占めた。一九三七年には、そこで活躍することになるC・クラウホ（Carl Krauch）やO・アムブロス（Otto Ambros）、またC・L・ラウテンシュレーガー（Carl Ludwig Lautenschläger）ら、一一名の取締役がナチス党に加入した。社長に就任するH・シュミッツ（Hermann Schmitz）ら五人はすでに党籍を保有していた[63]。取締役会二七名中一六名がナチス党員だった[64]。同企業のヘキスト社について分析したS・リンドナーは、同社の「経営協同体」における有力な従業員のナチ化と時流への追随の状況を興味深く描き出している。化学部門、染色部門、医薬品部門の専門家の三二・八％、大学卒技術者の三四・四％、エンジニア・技師の三四・四％、営業部門職員の二二％など経営陣を支える指導的な従業者がナチス党に所属していた（終戦時）[65]。

経営者のナチス化は、多くの場合、ヒトラー政権掌握・ナチス体制成立後において、(1)ユダヤ系あるいは反ナチ的な重役の退任と、ナチ党籍を有する外部の経済人の採用を含めた取締役会の新旧交替、また(2)これまで党員でなかった取締役のナチス党への加入という形で始まる。続いて(3)ナチス党加入の制限（一九三三年五月一日）が緩和された一九三七年後に、党員でなかった重役が次々に党籍を取得するという事態が起きた。一九三五年一月のナチス党員数は二五〇万近くあり、その三分の二が一九三三年一月三〇日以降の加入によるものであった。一九三七年の加入制限解除後に党員は急増し、最終的には八五〇万人となった(66)。経済人のナチ党加入もそのような流れの中で進展したのである。

これまでの研究が明らかにしたように、企業人のナチス入党の個人的動機はさまざまであったが、最大の理由の一つは、ナチス体制の下で企業が引き続き経済活動を継続ないし拡大するためには、党員となることが立場上有益と判断したからであった。したがって彼らがナチズムについてどれほど積極的であり、ヒトラー・ナチス党に対してどこまで確信的に協力したかは決して一義的ではなかった。にもかかわらず彼らのナチス党への参加は客観的には重大な意味を持っていた。

なぜならそもそもナチス党への加入は、党綱領に示されるナチス的世界観への同調を意味した。ナチス党は民族社会主義の世界観を決定的に重視しており、党員はその世界観を共有する同志（Parteigenosse）であった。民族共同体と全体主義、反ユダヤ主義、反マルクス主義・反自由主義を軸とする世界観は、何よりもナチス党員によって担われ、ナチス体制は——具体的な政策や方針に見解の相違はあれ——基本的にはそのようなナチス党員によって支えられた。経済人のナチス党参加は、そのようなナチス的世界観への賛同を意味し、ナチス体制の支持者たることを表明するものであった。

ナチス独裁体制は、他の全体主義と同様に、暴力的な国家的強制のメカニズムとともに、体制に対する国民の一定の合意や協調を必要とした。しかもナチスがめざす四カ年計画と戦争準備体制、さらに戦時体制は、既存の資本主義経済を土台にして編成されねばならず、それにはその担い手としての企業（と労働）の積極的な協力が不可欠であった。ところが経済界へのナチズムの浸透は必ずしも十分ではなかった。四カ年計画庁の機関誌で、四カ年計画動力車部門全権委員A・シェル（Adolf Schell）が慨嘆するように、人種主義にもとづく民族的全体主義をめざすナチス思想は、経済人の間には十分に一般化していなかったのである。(67)

そのような中でこれまで党と関係がなかったドイツ経済界を担う若手経営者、合理的経営の推進者たちが次々にナチス党に加入するようになったことは、ナチス的世界観を土台とする戦時経済の構築をめざすナチス体制にとって、著しく重要な支えとなった。そればかりではなかった。学識・経験を備えた専門家や有能な経営者はナチス体制以前から、それ相応の積極的な社会的評価を与えられていた。彼らの入党は、個々人のそれぞれの事情がいかなるものであれ、またその積極性がどの程度であれ、ナチス体制に対する社会的評価を高める点で影響力をもちえたのである。ナチス体制にとってそれは二重三重に望ましいことがらであった。

逆にそのようなナチ化の社会的な潮流のなかで、ナチス世界観への疑問、さらに反感から入党を躊躇し、拒絶する経済人も多数存在した事実にも十分考慮しなければならない。個別の企業に関するこれまでの歴史研究が指摘するように、多くの経済人がナチズムに同調せず、ヒトラー体制成立とともに強行されたグライヒシャルトウングの中で、あるいは自主的に退任し、あるいは強要されて企業家としての地位を失った。また多数の経営者がナチス期を通じて、不利益が予想されながら党に加入することがなかったことも重要である。「世界観」の重視を決定的な特徴とするナチス体制の時代的状況と、人の行動における思想の重要性を考えるとき、ナチス党への加入または非同調は、重大な選択肢であったのである。(68)

4　委員会体制と武器製造企業——戦車製造——

(1)　中央委員会「戦車製造・牽引機械」と企業

軍需工業は委員会・リング体制に編成された。それらを構成する軍需企業とはどのようなものであったか。トットーシュペア体制の下で最も重視された戦車の製造企業を例に取って見よう。

戦車製造を統括したのは、中央委員会「戦車製造・牽引機械」であった。この委員会は、戦車製造、同開発、装甲(戦)車・牽引車製造、特殊軽自動車製造、モーター製造、変速装置製造の六特別委員会から構成された。それらは、鋼材・金属・部品・装置の製造企業を編成している中央リング・特別リングや工作機械等の生産手段を加工する中央委員会と緊密な関係におかれていた。

トットはまず一九四二年一月七日付で戦車製造企業に対して一九四二年第Ⅰ四半期の鋼材の特別配給証の交付を決定するが、対象とされた企業は次のとおりであった[69]。

ブランデンブルク鉄工有限会社（ブランデンブルグ）、アルケット社（ベルリン）、ダイムラー・ベンツ社（ベルリン）、フォマグ社（プラウエン）、ヘンシェル社（カッセル）、ヴェグマン社（カッセル）、ドイツ高質鋼（DEW）社（ハノーファー）、クルップ社（マグデブルグ）、ミアグ社（ブラウンシュヴァイク）、ニーダーザクセン機械工業（MNH）社（ハノーファー）、MAN社（ニュルンベルク）など一一企業ほか、計二五社であった。

さらに二四の企業に対して戦車増産のために必要な追加的労働力を緊急に補充する措置が実施された。上記の一一企業のほかに次の会社が追加された[70]。中部ドイツ鉄鋼・圧延会社、ビュシング・ナッグ社（ベルリン、ライプチヒ）、

M・W・C社（コトブス）、ノルドバウ社（ベルリン）、Z・F社（ベルリン、アウグスブルク）、クラウス・マッファイ社、アドラー社（フランクフルト）、ボルグヴァルト社（ブレーメン）、ハノマグ社（ハノーファー）、エルフィ社（ヒルデスハイム）。

（2）主要な企業

軍事的諸手段のうち、野戦において攻撃用の戦闘手段として中心的な役割を果たすのが本来の戦車（Panzer）である。一九四三年においてその戦車の九〇％以上が九つの企業によって組み立てられたという。(71) アルケット、ミアグ、ニーベルンゲン、フォマグ、クルップ・グルゾン、MNH、ヘンシェル、ダイムラー・ベンツおよびMANであった。戦車原動機の最大のメーカーは、マイバッハ（Maybach：フリードリッヒスハーフェン）とダイムラー・ベンツであり、車体・砲塔・砲・車輪・装置等の製造には鉄鋼業・機械組立業など各種の企業が関与した。

アルケット社は、戦後はライン・メタル・ボルジッヒ社の子会社になるが、この時点では有限会社の形態をとる独立の企業であった。(72) ミアグ社は、一九二一年設立時には製粉所・倉庫の建設が中心の企業であったが、一九二五年に同分野の六企業を併合して現行の企業形態（資本金八七〇万RM）となり、各分野の機械や電動輸送機、牽引車をも製造するようになった。(73) フォマグ社は、一九三二年に設立された新しい企業（設立時資本金三〇万RM）で、主にトラック、モーター、特殊自動車、工作機械、印刷機、鋳鉄を加工した。MNH（Maschinen Fabrik Niedersachsen）も、アルケットと同様、有限会社の企業で、一九二八年に設立された機械メーカーであった（資本金三〇〇万RM）。同社は各種駆動・電動装置の専門会社ヴュルフェル鉄工業（Eisenwerk Wülfel, Hannover Wülfel）が買収したヒルデブラント破砕機有限会社を改組してつくられた。(74) 以上の企業はたいていは中規模の資本主義的な専門的経営ということができる。

これに対して、クルップ・グルゾン社、ヘンシェル社、ダイムラー・ベンツ社、MAN各社は、コンツェルン的大企業であった。クルップが一八九六年に取得したマグデブルグのグルゾン社は、一九二三年に株式会社となり（資本金二千万RM）、武器を含めた鉄鋼加工、機械組立業の分野で実力を発揮してきた。一九四三年時における戦車製造向の労働力の緊急充足必要数は一八六人（今後六カ月の必要数は一九人）であった[75]。ヘンシェルはカッセルの機関車製造、鉄鋼業分野の同族的なコンツェルンであり、上記の緊急充足必要数は四四五人（同五八人）であった[76]。MANはアウグスブルク、ニュルンベルク、グスタフスブルクの三つの拠点で、機械、ジーゼルモーター、蒸気機関、ガス機、クレーン、車体、トラック、橋梁、建築鋼材、等々を製造する巨大企業である。同社は、一八九八年アウグスブルク機械工業とニュルンベルク機械組立会社とが合併して発足し、一九二〇年に鉄鋼コンツェルンのグーテホフヌングとの結合により強化されていた。MAN（ニュルンベルク）の上記数字は二一一人（三一四人）であった[77]。ダイムラー・ベンツ社（一九二六年ダイムラー・モーター会社とベンツ社との合併により発足）は、モーター・自動車・機械を生産する大企業で、戦車の分野（ベルリン）では、上記数字は四七九人（五九六人）の多数に及んだ[78]。

しかし狭義の戦車生産を担ったこれらの企業のなかで組立数の上でとりわけ重要な位置を占めたのが、アルケットグ二社は、合計で四〇%を超えるが、決してコンツェルン企業ではなかった。戦車製造のための緊急に必要とされた補充労働力はアルケット社ベルリン工場で四八三人、シュパンダウ工場で一三八人であって、それらに対する直後の充足率はそれぞれ九・五%、三一・二%に止まった。今後六カ月の必要数は各七二人、一六三人が計上され、引き続き多数の追加的な労働力が求められていた。またミアグ社は二六七人の必要数に対して一八・〇%の充足率であったために、今後六カ月に三七三人が必要とされた[80]。突撃砲戦車（広口・短身径砲設置・対歩兵）に関して、アルケットとミアグとは、一九四二年八〇〇、一九四三年三二四五、一九四四年五七五一を製造している。パンター型重戦車を一九四三年に計一七六八、一九四四（四五）年三七四〇製造したヘンシェル・MANの両コンツェルンとは直ちには比較はできないが、戦車製造分野における両中堅企業の役割が決して小さくなかったことがわかる。[81]

（3）製造台数の増加

ドイツの戦車生産は、軽戦車では一九四一年二二〇〇台であったが、一九四二年に三六〇〇、一九四三年には七九〇〇、一九四四年に一万一〇〇台と急速に拡大し、また中型戦車もそれぞれ二八〇〇、五六〇〇、九三〇〇、一万三七〇〇と急増した。[82]

一九四三年六月七日の『通信』（二四号）は、ヒトラーに対してシュペアが行った状況報告を掲載している。[83] その中で戦車の製造に関して、重戦車は一九四三年二月から五月の間に生産量の上昇は二〇〇％、軽戦車は一九四一年の月平均を二〇％上回っていると報告している。型の整理と型に合わせた特定企業への集中的発注、そこでの特定型の専門化と大量生産化などによる生産能率の上昇、関連企業の戦車生産への転換、労働力の集中的投入、などが増産を可能にした直接的な理由であったが、原材料の鋼管・棒鋼・帯鋼の生産増大（一九四三年二月／五月四五％増加）、成型鋳鋼（同四八％）、可鍛鋳鉄（同四二％）、型鍛造鉄、ころ軸受け、クランク軸、ピストン、同パッキング、バイトばね、などの生産能力の増大が重要な条件となった。それは中央委員会とリングとの相互的な関連、各分野での合理化ないし生産増大の相互作用によるものであるとシュペアは説明した。

5　軍需生産の基盤としての機械組立業

(1) 工作機械の重要性

戦闘機・戦車・軍艦・銃砲はじめあらゆる軍事的手段の生産にとって決定的に重要な条件は、労働手段としての各種機械、とりわけ工作機械である。トットーシュペアはライヒ工業集団の経済集団を同時に中央委員会に組み入れ、経済集団・機械組立業の事務局指導者で、機械生産全権委員のランゲが責任者に任命された。ランゲの下には工作機械を筆頭に一四の特別委員会が設置され[84]、その下に作業委員会（Arbeitsausschuße）が組織された。たとえば工作機械の特別委員会は、平削り機・立削り盤・スクレーバーや旋盤はじめ一六の作業委員会によって構成された[85]。

各種特別委員会・作業委員会にはそれぞれ責任者が配置された。中央委員会の指導者ランゲは、合理化用一般機械ほか二つの特別委員会の長を兼ね、また経済集団の指導者O・ザック（Otto Sack）は食品加工用機械、ザックを支えたJ・モンフォッルツ（Monforts）は、繊維・被服工業用機械の各種特別委員会の責任者となった。彼らは中堅機械メーカーの経営者でいずれもナチス党に加入していた。

工作機械の特別委員会の長となったのは、E・ハファベック（Edgar Haverbeck）で、ベルリン・エアフルト機械会社の取締役であった[86]。同社（資本金〔名目〕五四〇万RM）は、一九〇二年に設立され、一九二六年に株式会社となる薄板鉄加工機などの専門的なメーカーで、外国にも支店を有した。平削り盤等作業委員会の責任者は、専門集団・工作機械の平削り機等専門部の指導者でもある西南ドイツ・ゲッピンゲンの有力企業ベーリンガー社のベーリンガーが就任し、旋盤の作業委員会の長を兼ねた[87]。

工作機械の販売高と雇用は、四カ年計画の下で拡大し、[88] 一九三八年を一〇〇とすると、販売高は一九三九年一二〇・六、一九四〇年一四三・二、一九四一年一六五・四、一九四二年一五五となっていた。それは軍需工業向の工作機械の増加、その割合の急増と結びついていた。軍需工業用の旋盤は一九三八年には九七〇〇台であったのが、一九四一年には二倍以上の二万三七〇〇台と増大し（逆に国内民需用は一九三八年一万三〇〇〇台であったのが四〇％以上マイナスの七四〇〇台に減少した）、タレット旋盤・自動機、穿孔機、フライス盤などの工作機械も民需用は大幅に削減され、軍需用が急増した。一九四一、二年頃には、軍用が七〇〜八〇％、民需が一〇〜二〇％の割合を示した。[89]

さらに一九四二年一二月二三日、機械生産全権委員ランゲは、戦時に重要性をもたない機械の生産を原則として禁止した。[90] 繊維機械、皮革加工用機械、製靴機、洗濯機、建築用機械・シャベルカー、エレベーター・エスカレーター、塔付回転起重機、印刷機、事務機、染色機、製紙用機械・装置、石鹸製造機、食品加工機（一部）、家庭用ミシン、金庫、等々の製造が該当した。たとえば繊維機械は、一九三八年には国内向は一億七三〇〇万RM、外国向は八二〇〇万RM、一九三九年は各二億二六〇〇万RM、九三〇〇万RM、一九四〇年は各一億三六〇〇万RM、七億RMの受注高を示していた。[91] 上の指令はこれらの機械の製造を軍需向ないし軍需用品目に転換させようとするものであった。それらの機械を用いる民需用生産諸部門は、機械の更新や新規・追加購入が困難になり、縮小再生産を余儀なくされる。

（2）機械の製造会社

機械を生産する会社はどのような企業であったか。

経済集団・機械組立業は一九三九年に企業における工作機械の保有状況に関して調査を行っているが、深吼中ぐり機・中ぐり旋盤については三九社が申告を行った。そこにはグーテホフヌンク社、フリードリッヒ・クルップ社、エム・ア・エヌ（MAN）社のようなコンツェルン的企業と並んで、中堅の専門的企業が数多く存在した。[92]

そのような中堅的企業の例を示そう。R・シュトック社（R. Stock：ドリル・工作機械・機械工業株式会社）はその一つである。ドリルの大量生産をドイツで最初に行ったR・シュトック（Robert Stock）が設立した工作機械製造会社であったが、工場で必要な特殊機械は、自社の機械組立部門で製造した。一九三七〜三九年、一九四二年にはナチス模範経営の称号を与えられた。資本金は一二〇〇万RM（名目）で、約九〇％をElektrische Licht-und Kraftanlagen社が所有した。同社は電機工業・エネルギー工業・電気化学工業・金属工業分野の特殊金融会社で一九三四年にR・シュトック社の株式を取得していた。[93]

G・ケルガー（G. Kärger）社も、一八六九年設立（一九一六年株式会社）の工作機械・光学機械専門メーカーで、資本金三六〇万RMのベルリンの中堅企業である。[94] ザクセン工作機械工業ベルンハルト・エシャー（Sächsische Werkzeugemashinenfabrik Bernhard Escher AG）は、ケルガー社よりやや遅く一八七四年に設立されたケムニッツの中規模の高性能工作機械企業で（資本金は一二〇万RM）、高性能中ぐり機・同旋盤の保有台数は七台で、グーテンホフヌンク社より多かった。[95] 同じくケムニッツ所在のザクセン繊維機械株式会社（Sächsische Textilmaschinenfabrik, vorm. Rich. Hartmann AG）は、工作機械メーカーではないが、一八三七年設立のリヒャルト・ハルトマン機械工場を踏襲した同名の会社を一九三〇年に引き継いで、基幹部門であった繊維機械組立を中心に経営を行う中堅的な会社である（資本金三五〇万RM）。紡績・紡毛機械の組立が専門であったが、軍需に重点を移していったようで、一九四〇年と四二年にナチ模範経営となっている。[96]

合同鉄道信号機会社は、一九二八年設立の有限会社（資本金一二〇〇万RM）で、鉄道装置の製造を専門とした。同社はジーメンス・ハルスケの子会社であった。[97] またビーレフェルトのデュルコプヴェルケ（Dürkoppwerke）社は、一八六七年に設立され、一八八九年株式会社となった（一九一三年までの社名はビーレフェルト機械工業・旧デュルコプ社）。工業用ミシン・製縫機械、自転車、オートバイ、映写室装置、一般機械などの機械・装置製造が専門で、各部品は自社でまかなった。一九二八年に流れ作業方式を導入するとともに同地のミシン会社と型の交換協定を結び、規格に従って家庭用ミシンも製造した（企業健全化によるこの時点での資本金二七五万ＲＭ）[98]。エトリンゲン（バーデン）のロレンツ機械工業会社（一九二一年設立、前身は一八九〇年に創業）は、歯車加工機用の工作機械やバイト（Schneidrad）を中心に製作する中堅企業であった（資本金は一二七万ＲＭ）[99]。

フロットマン社は開業一八七二年の企業を継承して一九一七年に設立された機械・装置・鋼材・鋳鉄メーカーで、とくに圧搾空気製造機、圧搾空気駆動工作機械（中ぐり機削岩機等）が含まれた（所在地はHerne）。一九二八年にゲルゼンキルヘンの機械メーカーを合併した後、一九三〇年代に二つの企業を一部ないし全部買収するなど経営を拡大した。資本金は二五〇万ＲＭで、中堅的企業に属した[100]。これに対して一九一一年設立のクノル制動機会社（前身は一八九〇年設立のカーペンター・シュルツェ社）は資本金二七〇〇万ＲＭの大手中堅企業で、社名のとおり、鉄道・自動車用の圧搾空気ブレーキや鉄道・自動車製造会社の必要品目、工業用コップップレッサーを生産した。ＢＭＷ社への出資や他社の圧縮機部門の買収、外国（スウェーデン他）への進出など積極的な企業活動を特徴とした[101]。

以上に示されるように、機械の生産は、ＭＡＮ社、クルップ・グルゾン社、グーテホフヌンク社などコンツェルン的企業とともに、多数の中堅的ないし小規模企業に依存していた。上記の三九社のうち約半数が株式会社一覧に記載のない有限会社ないしそれに近い企業形態であった。

これらの多数の機械メーカーの一部が工作機械の製造企業であった。米国爆撃調査団の調査によれば、ドイツの工作機械メーカーは、一九三八年に三五一、一九四四年に四六五を数え、そのうち、取引高一〇〇万ＲＭ以下の小企業は、それぞれ六二・八％、六六・二％、一〇〇万ＲＭ～一〇〇〇万ＲＭの中堅が、三三・八％、三一％を占め、数の上では中小企業が圧倒的であった。これに対して一〇〇〇万ＲＭ以上の大企業は、取引高では全体の各二七・六％、二七％と四分の一以上の割合を示したが、全体としてみれば工作機械生産は、大企業ではなく、中小規模の資本主義的企業によって支えられていたのである。(102)

(3) 軍需関連生産への転換

ヒトラーの軍需生産力増強命令にもとづくトット、次いでシュペアの合理化政策は、一方では機械製造業における民需関連機械の製造の縮少、部分的ないし全面的停止、そこでの生産手段と労働力の軍事関連生産への転換を、他方では軍需品の大量生産化を可能にする機械の規格・型の削減とそれに対応させた企業ごとの専門化を伴って進められた。

このような転換に対して企業はいかに対応したか。この問題については、ヴュルッテンベルクの機械工業とナチス体制との関係を解明したA・ゲーリッヒの研究、バーデンを取り扱ったR・ペーターの書物や、ケムニッツの機械組立業に関するM・C・シュナイダーの経営史的研究が(103)、それぞれの地域に関して興味深い分析を試みている。ここではシュナイダーの研究成果から、ケムニッツの事務機・工作機械分野の大手メーカーのヴァンデラー社と、中小企業の工作機械業カッペル社の状況について紹介しよう。

ヴァンデラー社（創業一八八五年、一八九六年株式会社、資本金〔一九四三年〕一五七二万RM、一九三七年労働者数六七〇〇名）の売上げは、一九三七年ではタイプライター四一・八％、計算機一二・七％、フライス機二三・七％、自転車・オートバイ二一・六％で、軍需品はわずかであった。この数字は一九三九年戦争勃発まではあまり変化しなかったが、一九四〇年以降タイプライターの割合は急速に後退し、一九四四年にはわずかに二・四％となった。これに対して軍需品の比重は、一九四〇年の二・二％から、一九四一年一五・一％、一九四二年二四・二％、一九四三年三六・七％と上昇し、一九四四年には六八・五％に達した。工作機械のフライス機の生産が、一九四〇～四三年は三二～三八％と大きかったが、一九四四年には二二％に落ちた。工作機械も中心は軍需用と考えられるから、シュペア体制の下で同社の生産は、民需（タイプライター）から軍需へと大きく転換したことになる。[104]

軍需品としては発光爆裂榴弾、弾頭信管、手投榴弾信管、文字電信機部品（C. Lorenz 社／ジーメンス・ハルスケ社向け）、遠心力起動機、双飛信管磁石、集電器台、高射砲・機関銃の部品、等々が加工された。ヴァンデラー社はその際ジーメンスやボッシュ、ユンカース、ヘンシェル航空機モーター社、そのほか多くの企業、さらに軍と取引関係を結んだ。

軍需生産への転換は、シュペアの軍事的増産・重点化政策の圧力のなかで進展したが、しかしヴァンデラー社はこれまでの主力部門のタイプライター・計算機の製造の継続にも力を注いだ。軍需生産への全面的傾斜がもつリスクの問題、戦争終了後を見通した平時的状況への経営戦略的な配慮などが、重役陣の内部的な抗争と絡み合って、ヴァンデラー社の対応を複雑なものにさせた。[105]

専門工の徴兵、不熟練工・婦人労働者・外国人労働者の技術的育成、空襲への対処、郊外地域の廃業工場への工場移動、タイプライター生産のフランスへの移転と同部門の労働力・生産手段の軍需生産部門への転換など、当時のヴァンデラー社の経営活動をシュナイダーは克明に描き出している。たとえば、同社はケムニッツ近郊三地点に新設・買収により工場を設け、軍需生産を移転した。Olberhau（一九四二年四月新設）では信管の部品をつくり、一九四四年六月には四五九人の労働者と二三人の職員を雇用し、Pockau-Görsdorfer に一九四四年に設立した工場では、同じ頃、二二九人の労働者を、また一九四三年買収した Schmiede Pockau の工場では各種鍛鉄品の生産のために八人を雇用した。また受注した軍需品の生産を外部に下請けし、靴下編工場に導火線加工（労働者一三人）を、雷管磁気部品はシェナウの企業（労働者一五人）に、発電子鉄心ほかをケムニッツの工場（同七五人）に委託するとともに、傷病者病院、刑務所、強制労働所にも部品の生産を下請けした。[106]

シュナイダーは中小会社のカッペル社（Maschinenfabrik Kappel AG）についても興味深い分析を行っている[107]。一八六〇年設立の刺繍機械工場に端を発し、一八八八年に株式会社となったケムニッツ（カッペレ）のこの企業は、資本金六七・五万ＲＭの中規模の資本主義的企業で（一九三二年から三七年まで一時的に有限会社）、各種機械、とくにタイプライター、木工機械、繊維機械、工作機械（精密旋盤）が主製品であった。

同社は、ヴァンデラー社と同様、戦争勃発時までは、直接的な形では軍需生産に関与していなかった。労働力は一九三八年には七〇〇名を超えていたが、兵役などにより減少し、一九三九年には六〇〇名以下に、一九四一年には五〇〇名を割り、一九四二年四二〇名、一九四三年には三四八人となった（ただし、一九四四年に四二一名になる）。旋盤生産の割合は、一九四二年には七〇％近くあり、軍需用としても確保されていた。シュペア体制の下で、同社は旋盤の製造の継続を求めたが、一九四二年末・四三年初めのアドルフ・ヒトラー戦車計画によって、戦車装置の製造に組み込まれた。

カッペレ社はタイプライター生産の継続にも力を注いだが、一九四三年秋にはその部門の労働力の軍需生産への転換か、労働当局への委託を求められ、タイプライター部門を閉鎖し、軍需生産と工作機械製造に移った。一九四四年二月の受注額の構成は――シュナイダーによれば――空軍兵器・装備製造が六三・八％、戦車ギア製造五・三％、各種軍需品供給一・〇％、工作機械組立二九・一％となっていた。労働力は、ドイツ人労働者二九八人（うち女子七八人）、同見習い（徒弟）三二人（同〇人）、イタリア人軍抑留者四三人（同〇人）、その他外国人一〇人（同一人）、ドイツ人職員五八人（同一七人）、計四八八人であった。

6　軍需工業の合理化と労働力・原料の「節約」

トット－シュペア体制のめざす合理化はすぐれて軍需生産の増産を目的としていたが、それは同時に労働力と原料の「節約」の要請と一体になっていた。シュペアはその成果を『通信』の中でほとんど毎号のように記事として掲載した。戦車製造についてはすでに紹介したが、その他の事例のいくつかをまとめてみよう。

(1)　中央リング・鉄鋼生産における圧延工場の合理化に関する報告（『通信』8号、一九四二年七月）[108]：(a)委員会―リング―専門集団―商業の連携による発注方式の集約、(b)組立業者が求める圧延断面の数の削減（たとえば、H形鋼等のDIN規格三三三から九八削減、造船用特殊鋼一五二規格を九八に減少、等）、(c)その他規格の個別工場への計画的配分。また形鋼・棒鋼の供給工場名簿更新、広幅フランジ梁供給業者を一一から三工場、隔壁鋼のそれを九から三工場にそれぞれ限定。それらにより供給所が、規格形鋼断面では四七四工場から二四六、規格棒鋼断面では一万九四六四が一万三一二三に減少した。

(2)　中央委員会・弾薬（『通信』11号、一九四二年九月）：一九四二年二月から着手された労働力・原材料節約計画は、半年で一二%の労働力削減を達成し、効率向上提案の数は六七五に及んだ。まず工場検査の合理化による労働力節約で、一万二五〇〇人の削減ができた。弾薬部品加工の発注を優秀経営に集中することにより、取引工場の数が縮小された。削減された事例：弾薬包装容器では一四〇経営削減、五〇キログラム以上爆弾一〇〇、電動式爆弾信管一四、自動爆弾信管二四、歩兵用弾薬半製品供給企業半数、弾薬筒生産者一〇%など企業の削減がなされた。効率向上提案によって原材料も節約された。

(3)　中央委員会・自動車の特別委員会・輸送手段部品（『通信』13号、一九四二年一〇月）：(a)加工工場の集中：

四〇二経営から一七三経営に集中、(b)加工簡素化：一二四八の提案により労働時間の節約二〇六・三万時間、原料節約三四二・三万RM。発注者との協議により三八の輸送手段・車体に関して組み立て方式の統一、(c)建造規格や加工品目に関する経営比較により配給量・労働時間の節約。

(4)　中央リング・電器製品（同前）

(a)三相交流電動機：型の限定による生産能力の上昇は全体とし三五％、大企業の一つでは約三〇〇％向上、(b)計測器類：新磁気材により原料・労働時間節約、(c)配線管：型数制限（五六を二八に削減）により鉛・鉄の節約（年各九〇〇〇トン、三五〇〇トン）。その他ケーブル工業（輸送面の節約）、電器ストーブ・家庭用品（労働力九五〇〇人節約）・銅の代替、などである。

(5)　中央リング・鉄加工の特別リング・鋳鉄における作業班・取り付け具（同前、19号、一九四三年二月）：型の削減。従来大経営は九六〇〇種類の型、中経営は三〇〇〇～四〇〇〇の型があったが、現在は二五〇〇の型を削除、ほか。

(6)　特別委員会・船舶機器・ボイラー製造では船舶のタービン・ジーゼルモーター・ポンプ（水・油）・送風換気機器・パイプライン・同付属品、デッキ補助機、ピストン機、ゲージ、ボイラー、基準、等の作業班が組織され、規格・型の整備が進められた。合理化は中央委員会・機械と協働して行われ、たとえばジーゼルモーターの製造所は一九四三年中頃までに現行の三分の一に集約され、また数百種類あった船舶用ポンプが合計二〇の特定種類に限定されるなど規格の種類が大幅に整理される。（同前）

(7)　空軍武器製造（同前、24号、一九四三年七月）。中央委員会・戦闘機機体：事例八企業の労働時間節約二二～六三％、タンク製造では四カ月間に原料費一七〇万RM節約、労働時間の節約。中央委員会・運転装置：部品重量、形体構成等の改善、労働時間・原材料節約、製作期間短縮（たとえばA

タイプは、各二七％、一三％、二五％短縮)。とくに原動機の部品規格化による改良。原動機の部品生産の合理化でクランク軸、歯輪、ピストンボルト、充電圧力調整器、冷却材ポンプ、変速連動装置、コンデンサ・ポンプ、縦軸筒、等々の製造に必要な労働時間を三三〜六五％節約した。

7 総力戦経済の隘路

(1) 戦争経済と原料不足・労働力不足

トットｰシュペア体制下の合理化政策は、以上のように企業の一般的な合理化と区別される、総力戦と結びついた軍需工業とその関連企業のそれであり、その最大の目的は戦争遂行の物的手段としての武器など軍需品の大量的生産、その効率的な増産にあった。しかしわれわれはそのような合理化政策が、同時に生産に必要な原材料と労働力の「節約」を大きな目標としていたことを知った。

もとより生産・流通両部面における原材料・資材と労働力の効率的な使用、その節約は、資本主義的企業が利潤拡大のために一般的に追求する方法であり、ワイマール期の合理化運動の重要な局面を構成する特質でもあった。ところが今やそれらは総力戦経済体制の下で、個別企業のレベルを超えて、国家的な要請として提示された。その背景には総力戦的戦争状況に起因する深刻な原料不足と労働力不足という問題が存在した。それは総力戦経済それ自体がその内に孕む矛盾にほかならなかった。

鉄鉱石や石油、ゴムなど重要な原材料を外国に依存するドイツは、第一次大戦の経験を土台に、戦争状況が経済封鎖や外国貿易の阻害を通じて、それらの輸入を困難にすることを十分予想していた。一九三六年から始まる四カ年計画が、それに対する対策であったことは周知のとおりである。しかし戦争開始と総力戦体制への移行に伴って原料不足は、原料配給制度の拡大・強化の下、深刻さの度合いを増していった。代替原料の利用、余剰とみなされた鉄など金属のスクラップ化、軍需部門への原材料の重点的配給、大量生産による効率的使用にもかかわらず、原材料の不足は軍事的増産政策への重大な隘路となった。

労働力不足はより決定的であった。武器などの物的戦力と並んで戦争に際して本質的な条件となるのは主体的な戦力、すなわち兵士などの人的要素である。軍事的諸手段の高度な機械化にもかかわらず、総力戦による戦闘の量的かつ質的な広がりと長期化、人間の殺傷の深刻な拡大によって、人的戦力の必要度はさらに増加した。一九四一年の兵隊動員数は七四〇万人だったのが、一九四二年には九四〇万人、一九四三年には一一二〇万人、一九四四年には一二四〇万人に達した。人員損失の累積数は、一九四一年二〇万人であったが、一九四二年八〇万人、一九四三年一七〇万人、一九四四年三三〇万人に及んだ(109)。それは企業で働く労働者の戦争徴用を拡大させ、戦争経済を支える労働力の重大な欠損をもたらした。トット－シュペア体制の最大の問題はこの点にあった。

（2）労働力の問題

ⓐ専門労働力の不足

シュペアは述べる。「効率の向上こそが、ドイツの人手不足（Menschenarmut）の問題と、同時にまたにもかかわらずわれわれに不可避的に与えられた課題〔戦争〕に対して、成果をもたらすことができるのである(110)」。効率向上は軍需生産の拡大のためばかりでなく、深刻な人手不足問題に対応するためにも必要とされたのである。しかし効率向上のためには、専門的な労働力が企業に確保されなければならない。「戦時経済保護」に関わる一九四二年二月一九日のヒトラー命令にもとづき、シュペアは「基幹労働力」（Schlüsselkräfte）を経営に確保するために、彼らの軍隊召集を猶予し、同年二月二二日以降に召集されたものは経営に戻ることができるようにした。「専門労働力」(Fach-kräfte) の場合は、召集通知は入隊予定日の八週間前とし、企業がこの間代替の人員を用意できるようにした[111]。物的戦力の増産をめざす軍需省・シュペアと、人的戦力の増大を求める軍当局はその方向が相反したのである。一九四三年七月七日の『通信』24号においてシュペアは、兵役免除者が召集から免除されないことへの苦情を紹介し、経営に属する基幹労働力・専門工など兵役免除者のリストを同月一五日までに軍需事務所に提出することを求め、それらが審査されて考慮されることを示唆している[112]。一九四三年一一月になると軍需工業勤務の三〇歳未満労働者の召集停止措置がなくなるが、シュペアは経営指導者に「中核労働力」の申請による対応を求めている[113]。

軍需工業におけるドイツ人熟練工の不足を補うために採用された最大の方法は、民需部門における企業の閉鎖や停止の措置であった。それは前述したようにトット－シュペアの合理化政策、軍需工業重点化政策の重要な一環をなしていた。この経営閉鎖政策 (Stillegung) は、民需部門の縮小政策と結びついており、後述するように戦争経済の最大の隘路がそこに存在した。

ⓑ外国人労働者・強制労働・婦人労働

軍需生産の拡大は、合理化にもかかわらず、労働力の需要を絶対的に増大させ、既存労働力の軍隊召集拡大とあいまって、追加的労働力を不可避とした。戦車製造部門での補充人員の必要性については前述したが、その充足は決して容易ではなかった。シュペアは企業に対して外国人労働者、強制労働、婦人労働の使用による対応を求めた。

軍需工業で働く女性労働者は、一九四二年にライヒ勤労奉仕から免除された (『通信』6号、一九四二年)。その数は一九三九年から一九四三年に二〇万人増加した[114]。婦人労働者のかなりの部分は一日四～六時間の労働に従事していたが、シュペアは経営指導者にフル労働制に転換することを求めた[115]。

だが婦人労働の比重は外国人労働者に比してはるかに小さかった。これに対して強制労働を含む外国人労働力は、一九四二年から一九四三年にかけて一九〇万から三一〇万に急増した。一九四二年八月の『通信』[116]でシュペアは「緊急に必要とされる労働力を最も早い方法で経営に供給する」ために外国人労働力を調達する関係当局の作業が大きな成果を挙げている現状を伝え、その利用のために適切な選別、育成、扱い（住宅・食事など）など、労働配置全権委員（ザウケル）の指示（一九四二年五月七日）の遵守を求めた。

シュペアにとってユダヤ人の労働力もその中に含まれており、ユダヤ人を雇用する企業に対する外部の非難に対してその予防を党執行部に求めた。それは「指示に従ってユダヤ人を雇用する軍需経営の経営指導者が、ユダヤ人寄りだとして攻撃や疑いがかけられないよう」に要望するものであった[117]。

ドイツ人労働者の軍事的動員の増加による労働力の不足に対応した外国人労働力の必要性は、その後さらに強まった。労働配置全権委員のザウケル（Fritz Sauckel）が一九四四年八月、『通信』（46号）を通じて行った経営指導者への指令は、そのことを如実に物語っていた。ザウケルは述べる。「貴重なドイツ専門工の軍隊への動員の強化により、経営の労働能力に専門工の欠落が生じており、戦時生産の下降を防ぐために、埋め合わせが何としてもなさなければならなくなっている」。ドイツの戦時経済には「数百万の外国人」が投入されており、彼らの潜在能力をこれまで以上に活用することが不可避となっている。そのために外国人労働者・捕虜の職業や能力を再度確定し、再教育・育成措置を強化し、彼らの中から指導的人材を選抜して副指導者として活用すること、彼らとの意思疎通をはかるためドイツ語教育を深めたり、通訳者を増員する措置が必要である。「悪態や罵倒」は極力慎まなければならない、と。ザウケルは彼らへの「促成教育行動」（Anlernaktion）の実行を経営指導者に指示した[118]。

ナチ体制の外国人労働・強制労働に関しては近年個別企業に関してすぐれた分析が相次いでいる。たとえばダイムラー・ベンツの場合、M・シュペーラーの研究によれば[119]、ドイツ人労働者は一九三九年には四・六万人、一九四二年に五・三万人に達した後、一九四三年に四・〇万人、一九四四年三・六万人（一九四五年三・三万人）と減少したのに対して、一般外国人（Zivileausländer）、捕虜、強制収容所労働力は、一九四一年はそれぞれ一・三万人、四・一千人、〇・一千人であったが、一九四三年には各二・三万人、五・六千人、〇・八千人に、一九四四年には、二・六万人、四・八千人、五・六千人（一二月）と増大した。外国人と強制収容者の全労働力に対する割合は、一九四〇年にはわずか一・四％だったのが、一九四一年には二四・六％、一九四二年＝四〇・六％、一九四三年＝四二・七％、一九四四年＝五〇・五％、一九四五年＝四九・八％と急増した。

ザクセンの機械メーカー・ヴァーデラー社[120]では、兵役召集が一九四一年度に約一五〇〇人に達し、一九四二年／四三年は三〇〇〇人を超え、一九四四年には四〇〇〇人近くになった。その欠損の一部は女性労働によって補われ、その割合は一九四〇年には二五％だったのが一九四四年には半分近くを占めるにいたった。他方捕虜の強制労働は相対的に少なく、一九四四年の二四〇人が最も高い数値であった。これに対して「一般外国人の労働者」は、一九四四年には、男子七四六人（うち職員一七人）、女子八七五人（職員二人）を数え、合計一六〇〇人以上となり、全労働者六七〇〇人の四分の一近くに達した。その中で最大の位置を占めたのが「東部労働者」（Ostarbeiter）で、一九四四年には男子は二二〇人、女性は六七五人に達していた。

8　戦争経済の基礎＝消費財生産の解体――おわりに代えて――

軍需工業とその関連工業を担い、その拡大を支える労働主体＝労働者は、自らの労働力を再生産するために、消費資料を消費しなければならない。その消費財を生産したり、その関連生産財部門で働く労働者もまた消費財によって労働力を再生産する。したがって消費財生産は、戦争経済を支える最も基礎的な部門であるといえる。ところが戦争における軍需品の消費拡大と軍需部門の拡張は、戦争経済のこの土台を解体させることになる。

戦争経済に関するこれまでの経済学的研究が指摘するように、戦闘機・戦車・戦艦、各種銃器と火薬をはじめ、軍事的手段＝軍需品の機能は、経済的には何も生産せず、戦争の中でただ消費されて、経済過程から永久に除去されてしまう。消費財が人間とその労働力を再生産し、機械や原料がこの消費資料を製造する生産手段やそれらの機械や原料を含めた生産手段一般を生産し、再生産する機能をもつことと基本的に異なっている。

総力戦においてそのような不生産的な軍需品の消費は厖大な規模に達する。それに対応して軍需的手段の生産は最大限に拡大され、それは、それらを製造する労働力と生産手段の投入の拡大を不可避とし、再生産過程を担う上記の消費財生産部門と生産財生産部門の生産に必要な生産手段と労働力の中からそれらが充当されざるをえなくなる。その結果両部門とも生産の規模は縮小せざるをえない。戦争経済を根底において支える消費財生産の解体はこうして生じる[121]。

一九三九年戦争開始以降、とくにトット－シュペア体制の下で加速された軍事的生産の拡大過程は、経済学が指摘した前記の展開を如実に示していた。レフェツォウによれば、軍需品最終加工が工業全体に占める割合は一九四一年＝一九％、一九四二年＝二六％、一九四三年＝三八％、一九四四年＝約四五～五〇％であった。軍需用の原材料生産、労働手段を加えれば、この数値は大きく増大する。一九四三年の軍の発注額は一九二八年のドイツの全工業生産額に匹敵したという[122]。消費財生産は一九四一年一〇〇に対して一九四四年九〇であったが、一九四四年には軍用が三分の一を占めたため、民間人ほ消費は戦前水準の五〇～六〇％まで下降した[123]。その原因の一つは、前述したように民需用生産に用いられる機械やその製造に必要な工作機械の生産の削減が強制され、機械生産が軍需用に転換したことにある。

消費財部門の労働力はあまり減少しなかったが、専門工が軍需部門に移動し、熟練度の低い婦人・外国人労働者に代替されたことが生産を後退させる要因となった。さらに軍需工業への労働力の動員は、消費財生産を中心とする民需部門における企業の経営活動の休止や一部ないし全面的な営業停止を通じて強行された。その数は、工業部門についてみると、一九四一年一二月までに三三八三、一九四三年には約七一〇〇、一九四四年上半期に七七〇〇に達した。一九四四年上半期の該当経営を経済集団別に上位についてあげると次のようになっている。[124] 石・土材部門二七二〇、繊維工業一三〇七、食品加工業六六五、印刷四六五、化学工業四三六、皮革加工業四三二、被服加工業二二四、金属製品一五四、紙加工一四三、製材八一。

　このような廃業や休業に加えて、既存企業の軍需関連工業への転換、軍需重点化による生産手段・電力などの生産諸条件の削減によって、民需用の消費財の生産は縮小を余儀なくされた。消費財生産の減少は、労働力の再生産を根底から動揺させる。戦争経済の最大の隘路がそこに潜んでいた。

注

（1）トットーシュペア体制については、Rolf Wagenführ, *Die deutsche Industrie im Kriege 1939–1945*, Berlin 1954; Alan S. Milward, *The German Economy at War*, London, 1965; A. Carroll, *Design for Total War*, The Hague/Paris, 1968; Gregor Janssen, *Das Ministerium Speer. Deutschlands Rüstung im Krieg*, Berlin 1968; Willi A. Boelcke（Hg.）, *Deutschlands Rüstung im Zweiten Weltkrieg. Hitlers Konferenzen mit Albert Speer 1942–1945*, Frankfurt a. M 1969; ders., *Die deutsche Wirtschaft 1930–1945*, Düsseldorf 1983; Wolfgang Schumann/Karl Drechsler（Leiter von einem Autorenkollektiv）, *Deutschland im Zweiten Weltkrieg*, Bd. 2, Berlin 1975; Lotte Zumpe, *Wirtschaft und Staat in Deutschland 1933 bis 1945*, Vaduz/Liechtenstein 1980; Ludolf Herbst, *Der totale Krieg und die Ordnung der Wirtschaft*, Stuttgart 1982; Fritz Blaich, *Wirtschaft und Rüstung im „Dritten Reich"*, Düsseldorf 1987; Dietrich Eichholtz, *Geschichte der deutschen Kriegswirtschaft 1939–1945*, Bd. Ⅱ（1941–1943）, Berlin 1985, Kap. Ⅲ–Ⅴ, Bd. Ⅲ（1943–1945）, Berlin 1996：工藤章著『20世紀ドイツ資本主義』東京大学出版会、一九九九年。cf. R. J. Overy, *War and Economy in the Third Reich*, Oxford, 1994, Ⅳ.

(2) 永岑三千輝著『ホロコーストの力学――独ソ戦・世界大戦・総力戦の弁証法――』青木書店、二〇〇三年、二二頁以下。

(3) 矢野久「他者としての外国人労働者」（川越修・矢野久編『ナチズムのなかの20世紀』柏書房、二〇〇二年）、二一五頁。

(4) Milward, *op. cit.*; Carroll, *op. cit.*; Herbst, *a. a. O.*

(5) Wagenführ, *a. a. O.*; Zumpe, *a. a. O.*; Blaich, *a. a. O.*; Eichholtz, *a. a. O.*; Hans-Erich Volkmann, Zum Verhältnis von Großwirtschaft und NS-Regime im Zweiten Weltkrieg, in: ders., *Ökonomie und Expansion*, hg. von B. Chiari, München 2003.

(6) 注（1）参照。

(7) Vereinfachung und Leistungssteigerung unserer Rüstungsproduktion. Bundesarchiv Berlin（以下、BArch Berlin と略す）、R/13/I, 658. また„*Führer-Erlasse*"*1939–1945*, zusammengestellt und eingeleitet von Martin Moll, Stuttgart 1997, Nr. 124 (S. 210–12); Milward, *op. cit.*, P. 65ff.; Eichholtz, *a. a. O.*, Bd. II, S. 277f.

(8) 軍需顧問責任者・特別委員会委員長宛のトットの文書（一九四一年一二月二三日付）、BArch Berlin, a. a. O.

(9) ツァンゲン宛トットの文書（同年一二月二九日）、Anordnung des Leiters der Reichsgruppe Industrie und Vorsitzender des Hauptausschusses „allgemeines Wehrmachtgerät des Reichsministeriums für Bewaffnung und Munition"（一九四二年一月九日）、同経済集団事務局指導者宛（同一月二三日、"An die Betriebsführer!" 付き）、a. a. O.

(10) Anordnung des Leiters der Reichsgruppe Industrie.

(11) Rationalisierung (I. Bericht), in: BArch Berlin, a. a. O. Eichholtz, *a. a. O.*, S. 307 をも参照。

(12) 経済集団・鉄鋼業宛の陸軍参謀本部文書、Röhren-Verband G. m. b. H. の Hauptgeschäftsführer の文書（BArch. Berlin, a. a. O.).

(13) それはカルテルと重なる。カルテルについては本書、上出第2章参照。

(14) An die Betriebsführer !, in: a. a. O.

(15) *Nachrichten des Reichsministers für Bewaffnung und Munition*（以下 *Nachrichten* と略す）, Nr. 18, Januar 1943. 経済集団指導者・事務局長、経済会議所工業部指導者・事務局長宛のツァンゲンの文書（一九四二年一月三一日付）、BArch, a. a. O. ライヒ経済会議所の機関誌も「下請や注文」により、「中小工業や手工業」が軍需計画の中に大きく組み込まれていると、報道している。*Deutsche Wirtschaftszeitung*, Nr. 39, 10. Okt. 1942, S. 11ff. なお、Janssen, *a. a. O.*, S. 87ff. も参照。

（16）本書、前出第4章。Overy, *op. cit.*, IV・9を参照。

（17）Die Verteilung der Lieferungen der Werkzeugmaschinenindustrie（ohne besetzte Gebiete）1938–1. Halbjahr 1942, BArch Berlin, R 13/III, 385.

（18）Richtlinien des Herrn Reichswirtschaftsministers über die Einschränkbarkeit von Fertigungen（23. 2. 1942), a. a. O., R 13/I, 658. Eichholtz, *a. a. O.*, S. 295をも参照。

（19）BArch Berlin, R 13/I, 658.

（20）Ibid.

（21）Sofortbedarf an Arbeitskräfte für Panzerfertigung [Sofortbedarf. と略す]、a. a. O.

（22）経済集団指導者・事務局指導者に対するツァンゲンの文書（一九四二年一月三〇日付）、経済集団指導者宛ライヒ経済集団事務局文書（一九四二年二月二三日付）、a. a. O. この時期の労働動員体制と政治機構との関連については、Walter Naasner, *Neue Machtzentren in der deutschen Kriegswirtschaft 1942-1945*, Boppard am Rhein 1994. また矢野久「外国人労働者の強制連行・強制労働――1941／42年を中心に――」井上茂子ほか著『1939』同文舘、一九八九年、参照。

（23）ラント労働局長宛の四カ年計画全権委任労働配置部文書（一九四二年一月二八日）、a. a. O. 労働動員をめぐるライヒ労働省、四カ年計画庁労働動員当局、ガウ指導者の動向に関しては、Milward, *op. cit.*, p. 80; Eichholtz, *a. a. O.* 参照。

（24）Reichsgruppe Industrie, Tätigkeitsbericht, 1/42, 7/42, 9/42, 11/42. Cf. Eichholtz, *a. a. O.*, Bd. II, S. 125; Herbst, *a. a. O.*, S 121. 経済共同扶助令（Verordnung über Gemeinschaftshilfe der Wirtschaft）は一九四〇年二月一九日に公布された。休業／停止期間について該当企業を公的に援助するこの法律については、*Reichsarbeitsblatt*, 20. Jg., 1940, Nr. 7.

（25）Sofortbedarf, a. a. O.

（26）Richtlinien für die Umsetzung von Arbeitskräften in die Schwerpunktfertigung, BArch Berlin, R13/I, 659.

（27）Auftragslenkung auf dem Gebiet der Waffen, Fahrzeuge und Geräte に関するトットの指令。一九四二年三月二三日付の中央委員会IV（ツァンゲン）の同特別委員会宛文書に添付されたもの。

（28）Milward, *op. cit.*, p. 69; Eichholtz, *a. a. O.*, Bd. II, S. 514ff. 本書、後出第1部第6章。アイヒホルツは一九四一、四二年の合理化が、それ以前（とくにワイマール期）のそれと全く異なると述べ、同時代的見解を引用しつつ、それを「競争問題を考えない合理化」としているが、これは適切ではない。固定価格制は競争原理を含んでいるからである。cf. Eichholtz *a. a. O.*, S. 295.

(29) Hans Dichgans/Anton Roesen, *Die Einheits - und Gruppenpreise*, Stuttgart 1943, Vorwort, S. 14. 本書、次章も参照。

(30) Richtlinien des Beauftragten für den Vierjahresplan für die Preis - und Gewinnbemessung bei Rüstungsaufträgen vom 6. November 1941, in: *a. a. O.*, Anhang.

(31) Anordnung über Einheits - oder Gruppenpreise vom 19. Mai 1942, in: *a. a. O.* 政府はこの後、均一・グループ価格の一律的引き下げの措置を取っている。それは軍需工業の大コンツェルンにも適用されており、当局と独占資本との関係が決して一義的でないことを示している。両者の関係を融合的側面でのみ把えるアイヒホルツの理解は一面的といってよいだろう。cf. Eichholtz, *a. a. O.*, Bd. II, S. 171.

(32) Preise für MG-Lauf-Rohlinge に関するライヒ価格形成監理官の問い合せ。BArch Berlin, R/13/I, 658.

(33) Rheinmetall-Borsig/Fried. Krupp 宛の経済集団事務長の文書、a. a. O. ライヒ工業集団は、均一価格・グループ価格に関して、ライヒ価格形成監理局との間で打合せを行い、提案も行っている。Reichsgruppe Industrie, a. a. O., 1/42, 3/42. 軍参謀本部の作業班との交渉については、a. a. O., 12/42. 本書、次章も参照。

(34) Wagenführ, *a. a. O.*, Kap. III; Janssen, *a. a. O.*, S. 43ff.; Boelcke (Hg.), *a. a. O.*, S. 9ff.; Zumpe, *a. a. O.*, S. 334.; Eichholtz, *a. a. O.*, Kap. V. とくに S. 298; Karl Drechsler/Wolfgang Schumann u. a., *a. a. O.*, Bd. 2, Berlin 1975, 9; Volkmann, a. a. O. 工藤、前掲書、第２章３節３、ほか。

(35) 軍需顧問会長・軍需委員会・特別委員会責任者および国防地区全権委員宛トットの文書（一九四一年一二月二二日付）および検査委員会会長宛トットの文書（一九四二年二月四日付）II（Vereinfachung und Leistungssteigerung der Rustüngsproduktion), BArch Berlin, R/13/I, 658. Eichholtz, *a. a. O.*, S. 298.

(36) *Nachrichten*, Nr. 3 (6. Mai 1942). Milward, *op. cit.*, IV. とくに八二頁以下。シュペア体制期の戦時経済については注（1）に記した文献とともに、Hans-Joachim Weyres-v. Levetzow, *Die deutsche Rüstungswirtschaft von 1942 bis zum Ende des Krieges*, München 1975; Rolf-Dieter Müller, Albert Speer und die Rüstungspolitik im totalen Krieg, in: *Das deutsche Reich und der Zweite Weltkrieg*, 5/2, Stuttgart 1999.

（37） *Nachrichten*, Nr. 7, Anlage（Gliederung der Ringe und Ausschüße. Stand vom Juli 1942）.

（38） Erlass des Reichsministers für Bewaffnung und Munition und Generalbevollmächtigten für die Rüstungsaufgaben im Vierjahresplan über den Verantwortungsbereich und die Geschäftsordnung für die Selbstverantwortungsorgane（Ausschüße und Ringe）in der Rüstungswirtschaft, in: *Nachrichten*, Nr. 3, 6. Mai 1942.

（39） BArch Berlin, R 3101/9084.

（40） Milward, *op. cit.*, p. 90; Eichholtz, *a. a. O.*, Bd. II, Kap. II.

（41） Fritz Haussmann, *Konzerne und Kartelle im Zeichen der „Wirtschaftslenkung"*, Zürich/Leipzig 1938; *Handbuch der Deutschen Aktien-Gesellschaften*（Reprint）（*HDAG* と略す）. 加藤栄一著『ワイマル体制の経済構造』東京大学出版会、一九七三年、第三章Ⅳ、工藤、前掲書、第4章2節。ブリューニング政権による同社の国有化に関する最新の研究、伊東林蔵「ブリューニング政権の経済政策と合同製鋼の国有化」東京大学『経済学研究』五四、二〇一二年三月、も参照。

（42） Haussmann, *a. a. O.*, S. 122.

（43） Eichholtz, *a. a. O.*, S. 86, S. 93. ほか。

（44） *Die deutsche Eisen-und Stahlindustrie 1933*, S. 170f. また *HDAG*, 1941, S. 5531. Initiative Völklinger Hütte（Hg.）, *Die Reihe Arbeitswelten. Die Völklinger Hütte*, Erfurt 2006. レヒリング社は、戦後も営業を続けるが、高炉経営は一九八六年に活動を停止し、現在、同社の工場施設は、ユネスコ文化遺産として保存されている。

（45） Rudolf Vierhaus（Hg.）, *Deutsche biographische Enzyklopädie*（*DBE* と略す）, Bd. 7, 10, München 2008; *HDAG*, 1941, Bd. 4. 参照。

（46） *DBE*, Bd. 8, München 2007.

（47） *DBE*, Bd. 6, München 2006. Wilfried Feldenkirchen, *Siemens 1918–1945*, München/Zürich 1995, S. 207, S. 213f.

（48） *HDAG*, また *75 Jahre Mannesmann. Geschichte einer Erfindung und eines Unternehmens*, Düsseldorf 1965; Horst A. Wessel, *Kontinuität im Wandel. 100 Jahre Mannesmann 1890–1990*,［Düsseldorf］1990, S. 210f.

（49） 一九三四年末に同社のこれまでの総支配人 Heinrich Brewes が六七歳をもって退任した後、ツァンゲンと他のひとりがその地位に就き、一九三五年からツァンゲンひとりの職となった。*75 Jahre Mannesmann*, S. 115f. ナチス党員であったツァンゲンの招聘の事情や同社とナチス体制との関係については上記二つの社史は何も触れていない。第二次大戦直後一九四五年七月にツァンゲンは逮捕され、さらにそのあと重役メンバーの収監が相次いで、一九四五年末には旧役員はわずか二人だけになった（*a. a. O.*, S. 135f.）ことから、この時期のマンネスマン社の重役会のナチス化が推測される。なお、ツァンゲンは一九四八年一一月に再び同社総支配人に選ばれる。

(50) *DBE*, Bd. 7, München 2007.

(51) ビュッヒャーはナチス党と距離を保ち、戦後はＩＧファルベン解組委員会のメンバーに任命された。Astrid Zipfel, *Public Relations in der Elektroindustrie. Die Firmen Siemens und AEG 1847 bis 1939*, Köln/Weimar/Wien 1997, S. 230. しかし通常は委員会の責任者になるためにはナチス党事務局の承認が条件となっており、「政治的に信頼のおける人物」、つまりナチス党員に近い人物でなければならなかった。Feldenkirchen, *a. a. O.*, S. 501.

(52) *Nachrichten*, Nr. 1, 1942.

(53) Werner Mansfeld, *Die Ordnung der nationalen Arbeit*, 12., wesentlich ergänzte Auflage, Berlin 1941. とくにS. 1f. ほか。日満財政経済研究会編『ナチス経済法』一九三七年、一三二頁以下（同時代日本での受容に関しては、拙著『戦前・戦時日本の経済思想とナチズム』岩波書店、二〇〇八年、Ⅵ、参照）。Tim Mason, *Social Policy in the Third Reich. The working class and "national community"*, transl. by John Broadwin/Jane Caplan, Oxford/New York 1993. 戸原四郎著『ドイツ資本主義』桜井書店、二〇〇六年、第4章2節、とくに二一一頁以下。また Paul Gerstner, *Vom Unternehmer zum Betriebsführer. Wesen der Persönlichkeit im Lichte der Rechte und Pflichten des Gesetzes zur Ordnung der nationalen Arbeit*, Berlin 1935, Einführung をも参照。経営指導者の「責任」と「イニシャチヴ」に対する重視は、一九三七年から始まった経営能力コンテストと「ナチス模範経営」の称号の賦与に示される。一九三六年八月にヒトラーは、それをナチス的経営共同体の思想の現実化とした。Artur Axmann, *Der Reichsberufswettkampf*, Berlin 1938, S. 367f. 一部邦訳、波多野貞夫『独逸職業競争——海外中小工業研究——』有斐閣、一九四一年。

(54) *Nachrichten*, Nr. 8, 1942, S. 94. Janssen, *a. a. O.*, S. 44.

(55) Franz Schlegelberger u. a. (Hg.), *Aktiengesetz von 30. Januar 1937*, Berlin 1937. 正井章筰「ナチス商法学の日本への影響」倉沢康一郎・奥島孝康編『昭和商法学史』日本評論社、一九九六年、前掲拙著、Ⅱ。

（56） Schlegelberger, u. a.（Hg.）, *a. a. O.*, S. 305f.

（57） 本書、第一部第1章。ナチス期においては権力者に公然と反抗する企業は存続できなかった、というフェルデンキルヘンの指摘は重要である。Feldenkirchen, *a. a. O.*, S. 214. なお注（51）も参照。

（58） Hans Pohl u. a., *Die Daimler-Benz AG in den Jahren 1933 bis 1945*, Stuttgart 1986, S. 16–23.

（59） Constanze Werner, *Kriegswirtschaft und Zwangsarbeit bei BMW*, München 2006.

（60） *75 Jahre Mannesmann*, S. 135f.; Wessel, *a. a. O.*, S. 210, S. 266f. ヴィンクハウスは、ライヒ石炭連合の効率向上委員会の責任者として活躍した。Eichholtz, *a. a. O.*, S. 306.

（61） Jeffrey R. Fear, *Organizing Control. August Thyssen and the construction of German corporate management*, Cambridge, Massachusetts/London, 2005, pp. 664, 687; Gustav-Hermann Seebold, *Ein Stahlkonzern im Dritten Reich. Der Bochumer Verein 1927–1945*, Wuppertal 1981, S. 239f.

（62） 同社の正式の名称は、Deutsche Gold-und Silber-Scheideanstalt vormals Roessler. 同社についてはPeter Hayes, *Die Degussa im Dritten Reich*, München 2004, 2における役員の個々のケースに関する詳細な叙述参照。とくにS. 54ff.

（63） Joseph Borkin, *The Crime and Punishment of I. G. Farben*, New York, 1978, p. 72. 佐藤正弥訳『巨悪の同盟』原書房、二〇一一年、一〇九頁以下。一九四三年のＨＤＡＧでは、同会の中に七名からなる中央委員会が設けられていたが、そのうち六名がナチ党加入者だった。ＩＧファルベンの形成に関しては、加藤、前掲書、第二章Ⅳ。

（64） ニュルンベルク裁判では取締役二四人が戦争・侵略の計画・準備・実施、略奪・破壊、大量虐殺ほかで告発された。最終的にはクラウホら一二人が有罪判決を受けた。詳しくは、Borkin, *op. cit.*, 8; *ders.*, *Die unheilige Allianz der I. G. Farben*, Frankfurt/New York 1978, S. 126ff. 訳二二一頁以下。

（65） Stephan H. Lindner, *Inside IG Farben. Hoechst during the Third Reich*, New York, 2008. とくにp. 190. その他の分野でも経営陣のナチス化が進んだ。たとえば精密光学のカール／ツァイス社については、Ralf Walter, *Zeiss 1905–1945*, Köln/Weimar/Wien 2000, Kap. 4. また電機工業のジーメンス社については、Feldenkirchen, *a. a. O.*, S. 212ff.

（66） Wolfgang Benz/Hermann Graml/Hermann Weiß（Hg.）, *Enzyklopädie des Nationalsozialismus*, Stuttgart 1997, S. 604.

（67） Adolf v. Schell, Nationalsozialistische Wirtschaftsformen und Kraftfahrzeugindustrie, in: *Der Vierjahresplan*, 17/1939, S.

1010.

(68) もとよりこのことは彼らの軍事的侵略、ユダヤ人弾圧・殺戮、強制労働等への関与を排除するものではない。

(69) BArch Berlin, R/13/1658.

(70) Ibid.

(71) Eichholtz, *a. a. O.*, Bd. Ⅲ, S. 178.

(72) アイヒホルツはこの時点で同社を Rheinmetall-Borsig の子会社としているが、ＨＤＡＧにはそのような記載がない。

(73) *HDAG*, 1943, Bd. 6.

(74) *Ibid.*, 1943, Bd. 2.

(75) *Ibid.*, 1943, Bd. 6; BArch Berlin, R/13/1658.

(76) BArch, a. a. O.

(77) Fritz Büchner, *Hundert Jahre Geschichte der Maschinenfabrik Augsburg-Nürnberg*, o. J. [1940] Frankfurt a. M.; *HDAG*, 1943, Bd. I.

(78) *HDAG*, 1943, Bd. 6; BArch, a. a. O.; Pohl u. a., *a. a. O.*, S. 104ff. 西牟田祐二著『ナチズムとドイツ自動車工業』有斐閣、一九九九年、二四九頁。

(79) Eichholtz, *a. a. O.*, S. 178. ニーベルンゲン社は、オーストリアの会社で、一九四〇年に戦車の修理、一九四一年にクルップ（グルゾン）社に対する戦車脚輪製造を行い、一九四二年から戦車本体の生産を開始、一九四二年に急拡大した。労働者は一九四一年に二六八人であったが、一九四四年には四〇二〇人になった。Nobert Schauberger, *Rüstung in Österreich 1938–1945*, Wien 1975, S. 107, S. 118, S. 196, Anlage 10.

(80) BArch, a. a. O.

(81) F. M. von Senger und Etterlin, *Die deutschen Panzer 1926–1945*, München 1959, S. 224f. 附表、参照。

(82) 西牟田、前掲書、二四九頁、付表、参照。また Overall Economic Effects Division, *The Effects of Strategic Bombing on the German War Economy*. The United States Strategic Bombing Survey, October 31, 1945, pp. 162–167.（以下、Effects と略す）、航空自衛隊幹部学校教育部訳『米国戦略爆撃調査団報告・独逸戦争経済に対する戦略爆撃の効果』一九五八年、そ

の2、六二頁以下。Janssen, *a. a. O.*, S. 334f.; Eichholtz, *a. a. O.*, S. 175ff.

(83) *Nachrichten*, Nr. 24, 1943. Eichholtz, *a. a. O.*, S. 309f. も参照。

(84) *Nachrichten*, Nr. 3, 1942. 工作機械以外の一三の特別委員会は次のとおりである。木工機、機械・精密工具、合理化用一般機械、動力機、建設用機械、鉱業用機械・装置、化学工業用機械・装置、パルプ・製紙機械、繊維・被服業用機械、農業・食品加工用機械、鉄・金属熱処理用機械、ポンプ・圧縮機・空調設備、輸送装置。その後さらに六つの特別委員会が追加された。Eichholtz, *a. a. O.* 添付付表、も参照。

(85) BArch, a. a. O.

(86) *HDAG*, 1943, Bd. 5, Ⅱ.

(87) BArch, a. a. O. ベーリンガー社については、Astrid Gehrig, *Nationalsozialistische Rüstungspolitik und unternehmerischer Entscheidungsspielraum*, München 1996.

(88) BArch, R13/Ⅲ, 379. 工作機械の工業の全体的な状況については、Tilla Siegel/Thomas von Freyberg, *Industrielle Rationalisierung unter dem Nationalsozialismus*, Frankfurt a. M. /New York 1991. 幸田亮一著『ドイツ工作機械工業の20世紀』多賀出版、二〇一一年。

(89) *Effects*, p. 49, Tab. 21. 訳その1、九三頁、第21表。

(90) Anordnung Ⅱ/43 des Bevollmächtigten für die Maschinenproduktion als Reichestelle Maschinenbau betreffend Herstellungsverbot nicht kriegswichtiger Maschinenbauerzeugnisse von 22. Dezember 1942, in: BArch, R13/Ⅲ, 141. 但し多くの例外項目を伴った。

(91) Ibid., R13/Ⅲ, 123.

(92) Ibid., R 13/Ⅲ, 379. Maschinenbaubetriebe, die 1939 einen Bestand an Tieflochbohrmaschinen und-bohrbänken gemeldet haben.

(93) *HDAG*, 1943, Bd. 2. 一九三七年から始まった経営能力コンテストは一九三七年度は三〇の経営が「模範経営」に選ばれた。一九三八年に参加した経営の数は八万四〇〇〇に昇った。Axmann, *a. a. O.*, S. 367.

(94) *HDAG*, 1943, Bd. 4, T. 2.

(95) *Ibid.*, Bd. 5, T. 1.
(96) *Ibid.*, Bd. 5, T. 1；幸田、九二頁。
(97) *Ibid.*, Bd. 4, T. Ⅱ.
(98) *Ibid.*, Bd. 6.
(99) *Ibid.*, Bd. 3, T. Ⅱ.
(100) *Ibid.*, Bd. 6.
(101) *Ibid.*, Bd. 4, T. Ⅱ.
(102) *Effects*, p. 229, Tab. 34. 訳その２、一六三頁、付表三四；Eichholtz. *a. a. O.*, S. 372.; Siegel/Freyberg, *a. a. O.*, S. 201f.
(103) Gehrig, *a. a. O.*; Roland Peter, *Rüstungspolitik in Baden*, München 1995; Michael C. Schneider, *Unternehmensstrategien zwischen Weltwirtschaftskrise und Kriegswirtschaft*, Essen 2005, とくに４。
(104) Schneider, *a. a. O.*, 3. 2, 4. 2. また、*HDAG*, 1943, Bd. 5, S. 4517-4520. 幸田、前掲書も参照。
(105) 一九四二年一月に技術面を指揮していたＷ・クニーハーン（Kniehahn）は、経済集団の専門下部集団・フライス盤の指導者に、また同三月には中央委員会・軍事装備の国防地区Ⅳの地区全権委員に任命されたが、タイプライター・ロッホ式計算機の製造を重視する実力者クレー（Klee）との対立から会社を離れた。Schneider, *a. a. O.*, S. 360ff.
(106) *Ibid.*, S. 386f.
(107) *Ibid.*, 3. 4, 4. 4.
(108) *Nachrichten*, Nr. 2, 25. April 1942.
(109) Wagenführ, *a. a. O.*, S. 45f.; Milward, *op. cit.*, p. 178f.
(110) *Nachrichten*, Nr. 8, 1942.
(111) *Ibid.*, Nr. 1, Nr. 3.
(112) *Ibid.*, Nr. 24, 1943.
(113) *Nachrichten des Reichsministers für Rüstung und Kriegsproduktion*（省名変更により一九四三年九月一五日第29号より改名。しかし号数は連続しており、以下、略号も同じとする。）、Nr. 31, 26. Oktober 1943.

(114) Bernhard R. Kroener, Menschenbewirtschaftung; Bevölkerungsverteilung und personelle Rüstung in der zweiten Kriegshälfte (1942–1944), in: *Das Deutsche Reich und der Zweite Weltkrieg*, Stuttgart 1988, 5/2, S. 855.

(115) *Nachrichten*, Nr. 24, 1943. 一九四三・四四年には一部の事務労働、企業医務室補助はじめ特定工業への男子労働力・捕虜・東部女子労働の就業を禁止し、ドイツ人女性を採用するよう指令している。化学工業、石鹸製造、爆薬工業はじめ多数の工業にも適用可能とした。*A. a. O.*, Nr. 47, 18. Oktober 1944.

(116) *Ibid.*, Nr. 8, 1942.

(117) *Ibid.*, Nr. 1, 1942. ナチス体制下のユダヤ人の処遇とホロコーストについては、永岑、前掲書、参照。

(118) *Ibid.*, Nr. 46, 1944. 矢野、前掲論文。

(119) Barbara Hopmann u. a., *Zwangsarbeit bei Daimler-Benz*, Stuttgart 1994, 3. 3. 2 (Spoerer).

(120) M. Schneider, *a. a. O.*, S. 240ff.

(121) 有沢広巳「戦争と経済」『改造』第17巻3号、一九三五年一〇月。本書、第二部第4章参照。

(122) Levetzow, *a. a. O.*, S. 204.

(123) Wagenführ, *a. a. O.*, S. 49; Janssen, *a. a. O.*, S. 133; Eichholtz, *a. a. O.*, S. 384f. なお、ヴァーゲンフェールの見解に対して批判的なオヴァリーは、消費財の減少が、四カ年計画期から始まっていたと推定する。Overy, *op. cit.*, IV・9.

(124) Reichsgruppe Industrie, a. a. O., 1943–1945. とくに Nr. 1/43, 1/44, 2・3/44, 7/44. 1/45. cf Kroener, a. a. O., S. 854.

第6章　ナチス・ドイツの価格・利潤原則

はじめに

経済過程の諸局面に対する国家の介入は、第一次大戦期以降の資本主義史の最も重要な特質の一つである。市場経済は資本主義経済の本質的な条件をなしているが、この市場における商品（サービスを含む）の取引と価格メカニズムへの国家的な干渉は、労働市場に対する政策的な規制とともに、そのような国家的経済介入の特徴的な側面をなしている。その背景には一方での巨大資本やカルテル等独占体による市場支配、他方での広範な中小資本の過剰な競争状況と経営的圧迫、また恐慌や不況の長期化などの事実が存在した。一九二九年の世界恐慌と、さらに一九三九年勃発の第二次世界大戦が、資本主義諸国における国家の経済介入を加速し、強化させたことは周知のとおりである。本章はナチス期（一九三三～四五年）ドイツにおいて、ヒトラー・ナチス党による全体主義的な体制が市場競争・価格メカニズムに対してどのような政策を展開し、それが資本主義の本質的な原理である価格・利潤原則を如何に修正ないし変更しようとしたかを考察する。

世界恐慌を背景とする国家的な市場政策は、アメリカにおいては一九三三年の全国産業復興法（National Industrieal Recovery Act：ＮＩＲＡ）の公正競争規約（Code of Fair Competion）として具体化した。ローズベルト大統領のニューディール政策の一環をなすこの立法は、値下げ競争をはじめ企業間の過当な競争を防止するために、最低価格など同業組合が決定した産業部門・業種ごとの競争条件を公的に認定するもので、市場競争の調整政策としての特徴を有していた。しかしこの法律は、一九三五年に違憲判決を受けて、アメリカではこのような形での国家的な市場規制は後退した。これに対してナチス期のドイツにおいては、市場機構への介入は包括的かつ詳細に計画され、強制的な形で実施された。本章の課題は、世界恐慌以降資本主義国が試みた市場機構への介入政策において、最も代表的なこのナチス・ドイツの市場競争調整・価格政策の展開を跡づけることにある。

それは同時にファシズムないし全体主義としてのナチス体制の歴史的特質の考察と不可分の関係にある。周知のようにナチズムと資本主義経済との関連は現代史研究の最大の問題の一つである。その資本主義を特徴づける市場経済の価格メカニズムをナチスはいかに包摂し、編成しようとしたか。資本主義経済の本質をなす利潤は、商品の市場価格に含まれており、価格政策はこの利潤原理に影響を与える。ナチスは価格政策を通じて資本主義的営利原則をいかに修正しようとしたか。本章の目的は、全体主義的なナチス体制と資本主義との関連におけるこの核心の問題を明らかにすることである。

1　論点の整理

市場関係に対するナチスの政策的介入は次のように展開した(1)。

⑴　一九三三〜三六年。この時期の政策は、カルテル問題と過剰競争問題という二つの市場問題に対する競争調整政策や企業組織化政策として展開する。まずカルテル価格等の価格状況を監視する価格監視監理官にＣ・ゲル

デラー（Carl Goerdeler）が再任され、価格監視体制が整備された。またあたかもアメリカの全国産業復興法による同業組合の組織化やいわゆる公正競争コードにもとづく競争調整政策に対応するかのように、カルテル規制令の改正や強制カルテル法の立法措置が行われるとともに、企業の組織化、とくに集団化（経済集団）が進められた。

(2)　一九三六年四カ年計画から一九三九年大戦勃発までの時期。アウタルキー計画・戦争準備体制構築をめざす四カ年計画の重要な柱として、ライヒ価格形成監理官J・ヴァグナー（Josef Wagner）を頂点とする価格監理官体制が成立する。一九三六年一一月二六日に価格停止令（価格引き上げ禁止令）が布告され、また価格の国家的規制＝「価格形成」の前提になる企業の原価計算のための原価計算原則や会計原則が整備された。兵器・軍需関連を中心とする公的発注が拡大し、公的納入価格の算定基準が法的に確定した。

(3)　大戦勃発から総力戦期へ。一九三九年九月第二次大戦勃発とともに戦時経済令が布告され、それにもとづいて価格引下令が出された。軍需相F・トット、次いでA・シュペアの下で総力戦体制が構築され、軍需関連の公的発注における画一価格・グループ価格制（一九四二年）が実施された。

以上の経緯に関しては、すでにたくさんの先行研究が存在し、その中でいくつか重要な指摘が行われてきた。そのうち本章の課題に関連する論点を整理すると次のようになる。

(a)　国家的経済介入の間接的な方式およびその全体主義的性格

ナチスによる経済過程への国家的介入の基本は、社会主義的な国有化や直接的な国営方式ではなく、資本主義経済を前提にして、企業の経済活動に対する「上から」ないし「外から」の「規制」（regulation）として展開した。そのような国家的干渉は、さまざまな局面で具体化されるが、なかでも価格機構を中心とする市場メカニズムの統制は、市場経済を土台にして営利活動を営む資本主義的企業にとってとりわけ重要な位置を占めた。ナチス的市場規制は、しかし、市場経済そのものの否定ではなく、企業の営利活動と取引の機構を認め、その上で、それに対して外部から間接的な形で介入する方式に立っていた。その意味でそれはナチス的統制を特徴づける間接的な国家介入様式を最も典型的に示す形態といえた。L・ハンバーガーやO・ナーサンなど、同時代のナチス分析[2]をはじめとして、ほとんどすべての研究が共通して認識してきた点といってよいだろう[3]。

ナチス期ドイツの経済介入は、この点において、英米ほか他の資本主義国の場合と同じような形を取っていた。しかしナチス体制の下での市場価格機構への政策的介入は、その方法と実行において、その他の国に比してはるかに包括的・徹底的かつ強圧的であった。たとえば価格停止令は、特定の商品に限定されず、すべての商品・サービスを対象に包括的に実施された。また企業に対して統一的な原価計算方式や会計様式の導入が強行され、それにもとづく価格・利潤設定が強要された。

それらは価格形成監理官と当局の監視体制、死刑を含む厳しい罰則など、強圧的な統制機構によって支えられた。それを可能にしたのは、総統ヒトラーを頂点とするナチス党の独裁的な政治体制であり、公益優先原則と指導者原理を軸とするナチス的イデオロギーの支配であった。

ナチス的市場統制のこのような特質については、同時代的分析をはじめ多くの先行研究が明らかにしてきたことがらであり、ナチスの政策上・体制上の欠落、例外的事例の多さ、また政策的効果の不十分さなどを指摘する研究も、またナチス価格政策の親資本主義的な性格を重視する成果もこの事実を否定することはないといってよいだろう[4]。本章はこの認識を継承する。

（b）資本主義的営利活動の可能性の問題

ナチス体制の全体主義的な市場規制は、企業活動の自由を制約した。このことは否定できない事実である。しかしそれはどの程度までであったか。ハンバーガーは、ナチスの市場統制によってドイツの企業は次第に自らの決定権を奪われ、企業としての本質を失ったと指摘する。[5] 市場価格メカニズムへの介入過程を詳細に跡づけた最新の研究、M・A・ディールの研究が示すように、ナチスによる国家的介入は、その経過とともに強化され、企業活動を大きく制約するにいたったことは疑うことができない事実である。[6]

しかし名著『ビヒモス』（一九四二年）の著者F・ノイマンは、そのような国家的な価格支配体制の下で、市場メカニズムが別の形を取って再現される可能性を問題にしていた。[7] 彼は、価格停止令の例外規定にもとづく「停止」の「免除」とそのルール化、カルテルないし類似団体による協定価格の特別扱い、有力企業に対する効率プレミアム（差額利潤）の承認などの事実を指摘するとともに、適正価格や適正利潤に関する企業家集団（経済集団）の決定権を重視した。ノイマンは述べる。「［ナチスの］価格政策は、それゆえ、明らかに合理化（rationalizing）と独占化（monopolizing）の働きをもっている[8]」。

市場関係に対するナチス的介入が営利原則を否定せず、むしろ逆に独占資本の利害と密接に結合していたと主張するのは、L・ツンペやD・アイヒホルツら旧東ドイツの歴史家である。ツンペは結論する。「資本の集中過程、独占利潤の形成は、価格規制によっても促進された[9]」。ナチス体制と大企業との関連重視する認識は旧東ドイツの学者だけに限られない。D・スヴァテク、H・-E・フォルクマン、D・カーンらの研究も同じような見解に立っている。[10] 全体主義的な価格政策の下での企業の営利活動の事実は、個別企業に関する最近の企業史的研究が明らかにしており、とりわけ戦時の軍需関連の公的発注が、大企業に巨大な利益をもたらした事実は多くの研究が示すところである。[11] 市場機構のナチス的統制における営利原則のあり方は、「私的イニシャチヴ」の重視や「経済の自治」などのナチズムのイデオロギー[12]とも関連づけられて、ナチス研究の最も重要な問題の一つとなっている。

ナチス経済に関するこのような研究の経過から結論されることは次の二点である。①価格政策を中心とするナチスの市場統制は戦時経済に向けて拡大・強化され、企業活動を大きく制約した。②資本主義的企業は、そのような介入的政策に対応しつつ営利活動を継続し、大企業を中心に蓄積過程が進展した。

それでは上の②の事実は①といかに関連するか。②の局面を重視するこれまでの研究の多くは、①の事実にもとづいてナチスの価格政策を全体として営利活動への「規制」として捉えた上で、そのような規制からの「例外」規定の活用（価格引き上げの認定）、あるいは規制の不徹底さ、回避・逸脱（品質低下・取引条件変更による対応や闇取引）、また公的発注における特殊な契約条件、あるいは戦時経済体制による特別利潤などに注目し、それらを②の事実に結びつけてきた。しかし先行研究は、この「規制」が利潤の否定ではなく、一定の観点に立った営利抑制であって、その中にナチス特有の利潤原理を包摂していた事実に注意を向けなかった。本章はこのナチス的な利潤原理に注目し、それが商品価格の独自な観念、コスト＋利潤の規範と一体となっていたことを重視した。ナチス的価格政策が市場規制の基準として核心の部分に組み入れていたこの価格形成・利潤原理は、資本主義的営利を否定するのではなく、一方では、過大な営利追求を抑制し、他方で価格切下げによる利潤の著しい縮小を防止するという目的と結びついていた。ツンペらが明らかにしたようにナチスの価格政策において独占資本の優位性が貫かれたことは事実である。しかし彼らはナチスの価格原理・利潤原理が、コンツェルン的企業の無制限な営利活動を制約する要素を含んでいたことを認識しなかっただけでなく、この原理が独占的でない、中小規模の資本主義的経営に対して、一定の利潤を確保する方向を有していたことを見逃した。国家独占資本主義の観点に立ったツンペらの研究は、独占資本が中心で、厖大な数の中小資本の営利活動にはあまり注意を払わないできたからである。

中小の資本主義的な企業は、広範な加工・組立工業部門において支配的であり、重化学工業の巨大資本と並んで、社会的総資本の本質的な部分を構成していた。資本の中小規模性と分散性、企業数の顕著な多さの故に強力なカルテルや利害結合体をつくり出すことがないこれらの企業は世界恐慌の中で深刻な競争状態におかれ(13)、それはなによりも価格引き下げ競争、コストギリギリの捨値的な販売に集約的に示されていた。コンツェルン的企業のカルテル的価格と同様に、中小資本の過当競争と低価格も市場価格の問題であった。ナチス価格政策における価格・利潤原理は、中小資本にとって重大な関心事であった(14)。

ナチスの価格政策は、このような状況に対する市場・競争調整政策、カルテル規制と強制カルテル立法として始まり、次いで四カ年計画とともに価格引き上げ禁止令、公的発注に関わる価格設定規制、さらに戦時経済令による価格引き下げ政策、画一・グループ価格政策として展開する。コスト＋利潤を基準とする価格・利潤原理は、その中で具体化してくるのであるが、それは商品生産・流通の担い手としての企業それ自体における価格設定のあり方に密接に関連した。こうして企業におけるコスト計算や利潤計算の方法が価格政策と結びつく。国家的な原価計算基準の作成、個別企業における統一的な原価計算基準にもとづく価格算定の強制、産業・業種ごとの価格算定基準と簿記様式の決定など一連の過程は、価格政策と一体となって展開した(15)。本章はこのことを重視している。

この一連の政策は、「経済集団」・「ライヒ工業集団」・商工会議所などの企業側団体の協働によって支えられた。全体主義的な「上から」の価格政策は企業側の「下から」の協力を不可欠としたのである。そのためには企業の強制的な組織化と企業組織の指導者のナチス化が必要であった。そのような企業集団側の協力については、本書の諸章ですでに叙述したので参照願いたい。

2　競争規制政策と企業の協力体制の整備——ナチス体制成立期——

ナチス政権成立期の経済政策の最大の目標は、世界恐慌の影響の下、深刻な不況と失業問題に直面していたドイツ経済を改善し、雇用の拡大と経済活動の回復をはかることであった。市場における広範な小経営や中小規模の資本主義的企業の相互間の激しい競争、とりわけ値下げ競争（Preisschleuderei）は、他方におけるカルテルを中心とする大規模企業の独占的結合とともに、この時期の最大の市場問題であった。中小経営者間の過剰な競争状況の改善と、カルテル的結合等による価格引き上げに対する監視の強化は、政権掌握期のナチス政権が試みた市場関係に対する重要な政策的対応であった(16)。

重化学工業を軸とする資本集中の進展、カルテル等企業結合の展開は、第一次大戦期以降のドイツ資本主義発展を特徴づけており(17)、その問題性は、他方での加工業・組立業を基盤とする中小規模の資本主義的企業や小経営（いわゆる「手工業」）の過剰な競争状況とともに、すでにワイマール期において認識されていた(18)。ナチスはカルテルを容認すると同時に、国家的な監視を強化・拡大し、強制加入の企業団体である経済集団など公式の企業組織と併存させて、市場政策の実現機構の中に編成しようとした。一九三三年七月のカルテル規制令改正は既存カルテルの法令違反に対するライヒ経済大臣の権限を強化した。同時にいわゆる強制カルテル法が制定され（一九三三年七月）、数の多さと中小規模性や分散性のためにこれまで企業結合が困難であった中小企業にカルテル的結合への道を拓いた。それとともに政府は一九三四年夏にはすべてのカルテルに対して、価格変更について申請の義務を課し、当局の許可がないカルテル価格引き上げを規制した。カルテルないしカルテル類似的企業結合は、その後、ナチス価格統制政策の重要な対象となるが、その方向性は、この時期に始まっていた(19)。

価格規制のためにナチスは、市場価格の動向を監視する機構を整備した。まず一九三一年末に設置された価格監視監理官（Reichskommissar für die Preisüberwachung）を存続させ、監理官にライプチヒ市長C・ゲルデラー（1884-1944）を再任するとともに、その権限を強化し、生活用品はじめ商品・サービスの価格抑制のための監視体制の土台を確定した。ゲルテラーは、一方では過当な価格競争の防止の観点に立ちながら、しかし同時に協定による価格の固定化の拡大を抑止するため、協定価格に関する当局への報告を義務づけた。価格協定は当局の許可をえてはじめて認められた。彼は企業におけるコスト計算の実施とその引き下げを奨励し、それを価格の安定化に結びつけようとした。適正なコスト計算制とそれにもとづく競争関係（競争価格）の制度化の構想は、その後の展開の中で現実化するようになる。[20]

価格監視監理官の制度は、後述するように一九三六年四カ年計画とともにより強力な価格形成監理官（Reichskommissar für die Preisbildung）体制に移行する。この体制の下で構想された価格政策は、企業側の団体によって支えられることになるが、そのような企業団体の国家的な組織化が実施されたのもこの時期であった。すなわち一九三四年二月の経済有機的構成準備法と同年一一月の同施行令によって経済集団が組織され、各企業の加入が強制された。工業の場合は、ライヒ工業集団を頂点とする産業部門・業種ごとの全国的ならびに地域的な組織化が強力に進められた。[21]

ライヒ工業集団・経済集団は、工業分野の資本主義的な企業を総括・統合する公式の組織としてナチス経済機構を支え、各種の政策に協力するが、市場政策への支援は、その中でとりわけ重要な位置を占めた。その際市場関係のあるべき姿として目標とされたのがいわゆる「市場秩序」（Marktordnung）であった。ライヒ工業集団の中に市場秩序・経営経済委員会（Ausschuß Marktordnung und Betriebswirtschaft）なる委員会が設置された。委員会は企業経営の立場を考慮しつつ、市場関係のナチス的な適正化と合理化を推進する役割を担った。市場秩序なる言葉は、旧来の市場関係の改造、その適正化・合理化と結びつけられた。

委員会の事務局長となるE・ユングハンス（Erwin Junghans：シュラムベルク［Schramberg］の企業家）は、ライヒ工業集団の前身、「ドイツ工業全国身分」の事務長の地位にあったが、一九三三年一〇月にすでに「市場秩序」について講演を行っていた。彼はその中でこれまでのカルテル規制が資本主義的な集中を促進し、完成品工業の窮状を招いたこと、その改正が市場秩序のために不可欠となることを指摘し、強制カルテル法を支持するとともに、商品価格の基準として自己原価（Selbstkosten）の重要性を強調した[22]。

ライヒ工業集団の刊行物『市場秩序原則』が示すように、ナチスの公式の企業組織は、「不要な価格引き上げ」と「価格引き下げ」の両方向の防止を市場秩序の原理とした[23]。それは企業の原価計算制の導入とそれにもとづく適正な価格算定（「価格形成」）の目標に結びつけられた。

中小の企業家を中心とする原価以下での捨値的販売の抑制、そのためのカルテル的ないし同業組合的団体の組織化の助成、カルテル価格の監視と適正価格の策定という政策構想は、アメリカにおいては、前述したように一九三三年の全国産業復興法のなかで示された。同法は、大統領の認定により、企業の結合体である同業組合（trade association）が、公正な取引のための競争規約「コード」を作成し、原価以下の販売の禁止など競争規制を行うことを可能にし、六七七の規約が正式に認可された。この法律は、一九三五年に違憲とされるが、中小企業の過当競争を抑制し、「公正な取引」（fair trade）をめざす方向は、各州における立法によって継承された[24]。ナチスの競争規制政策はこうした動向と軌を一にしていたのである。

3　四カ年計画（一九三六年）と価格統制機関の発足——価格形成監理官組織——

ドイツの価格政策は、軍備の拡張、戦争準備体制をめざす一九三六年の四カ年計画以降本格化する。中心的な推進機関となったのが、四カ年計画庁につくられたライヒ価格形成監理官[25]（以下、価格形成監理官と略す）とそれを支える価格形成監理局（Preisbildungskommisssar）であった。この機関は、一九三六年一〇月二九日の四カ年計画の執行令（ライヒ価格形成監理官設置令）によって発足し[26]、ライヒ経済省はじめ各省庁、軍、ナチス党などの支配機構と提携しながら、四カ年計画を「価格形成の分野」で遂行することを目的としていた[27]。四カ年計画全権委任H・ゲーリングによってナチス党有力者ヴァグナーがライヒ価格形成監理官に任命された[28]。監理官に就任したヴァグナーは、一九二二年入党の古参のナチス党員で、一九二八年にライヒ議会の議員、一九三三年以降はプロイセン枢密院顧問官となり、翌三四年にはシュレージエンの地区指導者、さらに同長官の地位に就いていた。ヴァグナーは価格形成監理官として絶大な力を行使するが、一九四一年にその地位を追われた[29]。後任にはオーストリアの経済人H・フィッシュベック（Hans Fischböck）が任命された。

わずかなメンバーで発足したこの組織は、その後急速に拡大し、戦争末期の一九四四年にはベルリンの中央事務局は六部局、四〇〇人（技官・タイプライター係を加えると五〇〇人）に達した。監理官代理に内閣局長E・フロットマン[30]（Erich Flottmann）が就任し、また基本問題担当局長として経済省出身のW・レントロップ（Wilhelm Rentrop）が活躍した[31]。後にヒトラー暗殺未遂事件に関与して処刑されるフォン・ヴァルテンブルク（Grafen Yorck von Wartenburg）は、シュレージエン（ブレスラウ）から呼ばれてヴァグナーの相談役となった。学識専門家も多く、ブレスラウ大学教授G・シュメルダース（Günter Schmölders）とケルン大学教授H・リッタースハウゼン（Heinrich Rittershausen）もその一員であった[32]。

ベルリンの本部事務局と並んで重要な機能を果たしたのが各地の価格形成所とゲルデラー以来の価格監視所（Preisüberwachungsstellen）およびそれらの下部機関であった[33]。ラントの最高機関（プロイセンでは長官、ベルリンは市長）が兼ねる各地の価格形成所は、地域ごとの価格措置を実施し、一九四四年には三六を数えた。食糧分野での地域的な価格を決定したり、また価格規定に関わる例外事例を認定するなど、重要な機能がそれらに含まれた。規定違反に対する価格監視所の罰則判定について企業家側の苦情の受け皿になったり、軽度の秩序刑罰に対する恩赦を行うこともその権限の範囲内にあった。

価格監視所は管轄地域の価格動向を監視し、統計調査や在庫調査を行って、定期的にベルリンの本部に報告したり、また規則違反に関して「秩序罰」（Ordnungsstrafen：限度なし）や経営閉鎖・営業禁止など、罰則を与えるなど大きな権限を有した。

上記の二機関はそれぞれ郡長や市長などを責任者とする支部組織をもち、その数は合計すると一一〇〇を超えた。支部組織は上記上級機関から権限を一部委譲され、たとえば一〇〇〇ＲＭまでの罰金刑罰、一四日間までの経営閉鎖令の決定、さらに家賃・借地料等の確定などを実施することができた。地方の諸機関はこうして各地の地域経済と密接な関係を有することになった。

ドイツ経済はそれぞれ特色を備えた地域経済によって構成されており、再軍備・戦争経済体制は、これら地域経済を土台にしつつ、しかもそれらを全体として国民経済的に編成する必要があった。とくに各種の加工業・組立業は地域に分散しており、その多くは中小規模の経営によって構成されていた。各企業は、その地域の商工会議所や経済集団に統合されており[34]、価格統制に関わる各地域機関は、ライヒ価格形成監理官の全国的な体制の下で、中央の指令に従いつつ、これらの地域的経済団体と連絡を取りながら実務を遂行した。

以上のようにナチス期の価格政策は、ライヒ価格形成監理官（本部）と地方機関（価格形成所・価格監視所）との関連、ベルリンにおける中央価格形成監理局とライヒ工業集団など企業集団最上部組織との連携、また地方価格当局とその地域の商工会議所や経済集団との協働関係という複合的な機構の中で実施された。

4　価格引き上げ禁止令と原価計算原則

(1) 価格引き上げ禁止令（一九三六年一一月）

価格形成監理官ヴァグナーは、一九三六年一一月二六日に価格引き上げ禁止令（いわゆる価格停止令）を布告し、いくつかの例外を除くすべての商品・サービスについて、前月の一〇月一七日時点での高さ以上に価格を引き上げることを禁じた[35]。

この禁止令は、第二次大戦を経て、西ドイツでは一九四八年通貨改革で廃止されるまで、価格政策の基本となるのであるが、この時点においては、民間設備投資の回復・増加や原料供給不足による物価上昇の傾向を背景にして、価格の安定化をはかり、「国民経済的」な観点から見て「適正」な位置に設定するためにとられた措置であって、同時に「賃金ストップ」（一九三四年）への政治的な対応という意味をも有していた[36]。

価格停止令は、第一次大戦中に実施された個別的な商品価格引き上げ停止とは異なり、わずかな例外を除いてすべての商品・サービスを包括的に対象とした点においてこれまでにない措置であって、当事者によってもまさに「革命的」として受け止められた[37]。それは最終商品の価格だけでなく、各生産段階の商品にもおよび、製造業―卸売業―小売業など諸段階の価格をすべて規制した。カルテルの協定価格に関しては、それが協定した最低価格を最高価格とし、それ以上の引き上げは禁止された。

商品・サービスの価格はこのように、一九三六年一〇月一七日現在の状態に据え置かれた。つまり上限が固定した市場価格となったのであるが、この基準日に存在しなかった新規の商品や新しい様式のサービスをはじめとして、布告は価格引き上げ禁止規定の例外的取り扱いを条文の中に含めた。企業は例外認可の申請を行い価格形成監理官当局の許可が下りれば価格の引き上げを行うことができた。企業の申請書は地域の商工会議所や経済集団（支所）に提出され、これらの機関は、各申請について事前の審査を実施した。カルテルの申請は管轄の経済集団の審査を経て、経済集団の最上級機関であるライヒ経済会議所を通じて価格形成監理官に提出された。例外認可の申請は、鉄道等の公共事業体や経済集団それ自体も行うことができた(38)。

価格形成監理官の認可は、半月ごとに発行される同局の公報（Mitteilungsblatt）にも公示され、たとえば一九三八年三月七日号（同第1号）には、この間（一五日間）の例外認可として、工業諸部門（鉱山業を除く）の事例（個別企業、経済集団・専門集団・カルテル）が一五二、石炭業（シンジケート）二三、その他鉱山業三が掲載されている(39)。認可の数は、各号大体七〇〜八〇で、一年間に一五〇〇以上が認められた計算になる。

例外申請には適正な理由が必要であり、商工会議所や経済集団の事前審査と当局の本審査を経て認可に至る道程は決して容易ではなかった。たとえば、ヴェストファーレン・リッペ商工会議所の場合(40)、一九三七年一月から一九四一年の四年間の管轄地区から提出された価格引き上げ申請は、ハーゲンから五二〇あり、うち同会議所が推薦したのは半数以下の二四七で、最終的に価格形成所が認可した数は二一七（変更一一を含む）であった。ドルトムントの申請数は二一五で、会議所はそのうちの一三九を推薦した。最終的に認可されたのは九七（内修正六）であった。値上げの例外的措置は二段階のかなり厳しい審査を経てはじめて承認されたのである。

市場価格はこれまでは市場での取引を通じて上下に変動した。価格引き上げ禁止令は、このような価格決定システムを修正し、価格全体の上限を国家的に統制するもので、市場経済への権力的介入としてこれまでにない特徴を有していた。しかしそれは利潤原則を排除するものでは決してなかった。価格引き上げ禁止の基準となった一九三六年一〇月の価格は、これまでどおり利潤部分を含んでいたからである。

価格形成監理局は、価格の基準として「国民経済的」なる観点を採用した。この基準は概ね価格が過大な利潤を含んではならず、また逆に利益を排除するほどに過度に低廉であってもならないというものであった[41]。価格当局は「例外」規定による価格引き上げ申請の審査にあたって、そのような適当と思われる価格を商品ごとに確定する必要に迫られた。それはカルテルや同業組合の価格の適正性の判定のためにも必要であった。それが基準価格（Richtpreis）や適正価格（gerechter Preis）と呼ばれる価格であるが、その策定のためには、まずもって企業での商品の原価計算の実施とそれにもとづく経営間の原価計算の比較が不可欠であった。それは産業部門や業種ごとの標準的な原価計算の様式の確定と個別企業での原価計算におけるその採用を必要とした。価格政策上のこの要請は、四カ年計画が求める経済効率性の向上という課題と結びついた。

（2）経済効率性の向上と原価計算制度の統一

四カ年計画は軍需生産とそれに関連する経済的諸力の生産性の上昇を重要な課題としていた。一九三六年一一月一二日にライヒ経済大臣は、公式の企業者団体である商工会議所や経済集団に対して企業における経済効率性（Wirtschaftlichkeit）と業績（Leistung）の向上のために、全力をあげるように要請した。それは技術面においてばかりでなく、経営面での会計・簿記制度の合理化を含んでいた[42]。

四カ年計画のこの課題に先の価格形成政策が結びつけられた。経営における適切な原価計算の実施は、企業の経済性を向上させるばかりではない。価格当局にとっては、企業の価格引き上げ申請の審査に際して、原価計算にもとづく諸企業の価格を比較することが可能になり、またそのつど価格が設定される公的発注の場合には、企業の自己原価計算価格について公的機関が諸価格を査定し、同種の発注に関しては、平均的ないし基準的な価格を目安にして、発注を調整して企業間の競争を刺激することが可能となる。当局はこの競争を独占的利潤や原価以下の販売を伴う従来型のそれではなく、経済性・生産性の上昇に結びつく「健全」な競争として捉えた。

価格形成監理局随一の理論家レントロップは述べる。「健全な競争の前提は正しい計算（Kalkulieren）と会計（Rechnen）である。経済［＝企業］は費用（コスト）を熟知して競争を行うべきである」[43]。

個別企業やカルテルにおける適切な原価計算のためには、統一的ないし標準的な原価計算制度を作成しなければならない。それは産業別・業種別の企業団体としての経済集団の協力を必要とした。統一的な原価計算方式は、ワイマール期以来、ドイツ経済効率性委員会（Reichskuratorium für Wirtschaftlichkeit：RKW）を中心に検討されていたが、一九三七年、この組織の中に経営経済委員会（Reichsausschuß für Betriebswirtschaft）が設けられた。委員会には関連官庁代表や学識者とともに経済集団が参加し、そこにおいて標準的な簿記原則が策定された。それは一九三七年一一月一一日にライヒ経済大臣と価格形成監理官の名で発表された[44]。

翌一九三八年には軍需部門をはじめとする国家的ないし公的な発注の分野で原価計算にもとづく価格設定の基準が導入された。一九三八年一一月一五日の「公的発注品価格形成準則」（RPÖ）と同日の「公的発注者への諸給付の際の原価にもとづく価格算定に関する条令・同要綱」（LSÖ：公用発注品原価価格算定要綱と略す）がそれである[45]。

二カ月後の一九三九年一月一六日には原価計算総則（Allgemeine Grundsätze der Kostenrechnung）が、ライヒ経済相、四カ年計画全権委任ゲーリングおよびライヒ価格形成監理官三者の布告によって公にされた[46]。

布告は、まず一九三六年一一月のライヒ経済相布告の趣旨によって、簿記・原価計算制度が経済性増進の土台であることを確認した上で、経済効率性委員会の提言と一九三七年一一月の上記の委員会案を土台として原価計算総則が作成された経緯を述べ、原価計算が経営能力の向上に結びつくこと、それはとくに「企業の価格決定」にとっても重要であると強調する。またその目的が、部門ごとの統一的な原価計算方式（経済集団による経営規模に対する配慮を含む）、それによる経営比較、経営交流による効率向上にあることも表明された。

これら原価計算諸規則は、ライヒ経済会議所、ライヒ工業集団、ライヒ商業集団およびライヒ手工業集団に対して指令され、ドイツ工業集団では直ちに経済集団の指導者・事務長が召集され、その徹底がはかられた(47)。ライヒ工業集団・経済集団は、一九三六年一一月の指令に従って、部門・業種ごとの原価計算・会計原則の原案の作成に力を注いできた。原価計算総則をはじめとする政府の諸規則は、それらの進捗状況を踏まえながら、経済団体の意向を組み込んで具体化されたのである。今や経済集団は、これらの規則に従った部門ごとの様式の作成と、さらに個別企業やカルテルにおけるその採用・普及の徹底を急ぐことが求められた。

もともと標準的な原価計算様式は、企業経営の合理化のために、ナチスが政権を掌握する以前から準備されていた。それは企業や企業家組織が自身の経済活動のために必要としていた。ナチス政府は、そのような動きを「上から」汲み取りつつ、それを単なる個別企業の経営合理化としてだけでなく、産業部門ごとの原価計算様式の基準化と諸企業の算定価格の比較、それにもとづく適正価格の基準作成の方策として活用しようとした。政府は、価格停止令が適用されない公的発注に際して、企業の自己原価計算価格を査定し、企業が基準的な価格を目安に競争し、特別利潤に結びつく経営効率の改善と生産性の向上に努めることを期待した。四カ年計画期の価格政策は、価格安定化政策であると同時に生産力拡充政策の一つでもあったのである(48)。

個別企業にとっては、統一基準にもとづく原価計算の採用は、ナチス体制の下で経営活動を続けるために必要な条件であり、事実上の国家的強制であった。それは公的発注の場合だけでなく、「例外」的な価格引き上げの申請にも該当した。一九三九年六月二九日の価格形成監理官の布告は、価格引き上げ禁止令の例外規定による値上げの申請に際して、当該商品・サービスの価格計算と、過去三年の収益状況、労働監理官の審査結果などを添付することを義務づけた。価格計算は、公的発注に対する納入と同じ様式により、原価計算総則等の基準によって行われなければならなかった(49)。

原価計算は、原価種類（賃金・材料費・減価償却等）、原価場所（部門・業種）、原価負担者（外部販売・経営内部給付）により行われる。注目すべき点は、企業者報酬（Unternehmerlohn）を原価に含め、さらに計算上の危険補償料（Wagniszuschläge：たとえば債務補償に対するもの）を認めていることである。企業者報酬は、個人商店や人的会社における経営企業者とその協働的家族に対するもので、同等の業務に従う使用人の平均給与に相応する金額を計上することができた。

それでは利潤計算はいかにしてなされるか。それは原価計算総則の直前に布告された公的注文品価格形成準則の中に示されていた。

（3）原価計算と利潤原理——基準としての官公庁発注——

ナチスの価格形成政策において、利潤計算や適正価格の算定の基準として重要な役割を果たしたのは、公用注文品の価格の決定方式であった(50)。官公庁・国防軍や公営企業が必要とする各種商品・サービスの民間企業への発注は、第一次大戦前から増加傾向にあった。ナチス期に入り、とくに一九三六年の四カ年計画による軍需拡大やアウトバーンなど土木・建設工事の急増によって、その規模は一挙に拡大し、それに伴って企業の受注・納入における価格のあり方が、公的資金の適正支出の観点から重大な問題となるにいたった。

公的発注は、一般的な消費財（事務用品・備品・印刷物・照明・食糧等々）や小規模ないし日常的な土木・建築の場合には、価格停止令による通常の仕方で取引が行われたが、武器・弾薬・軍用車輛・装備、自動車・オートバイ、あるいは軌条設備、機関車、軍・警察・党の建物等建設など大規模な公的な発注では、たいていは企業の自己計算価格が用いられ、その際公的資金の支出がそれぞれ適正であったか否かが問題となる。

とくに軍需品や軍需関連の品目の工事は、需要が硬直的であるため価格を特定しにくく、また製造方法も変動的なために価格停止令の対象から除外されることが多く、軍需関連企業に高利潤が発生する可能性が高かった。それは財政的な観点のみならず、政治的に見ても適当でなかったことはいうまでもない[51]。一九三八年一一月一五日の公用注文品価格形成準則（RPÖ）と公用品発注品原価価格算定要綱（LSÖ）の布告はそのような背景をもっていた。

公的注文のうち工事関係については、一九二六年以降、工事給付請負条令（Verdingungsordnung für Bauleistungen）、また一般諸給付に関しては給付請負規制があり、入札値を業者の用意した原価計算の資料により検証し、適正な価格を採用する制度を実施していた。しかしこの制度は拘束性が弱く、また発注者たる公的機関の間でそれらの条件が不統一であった。一九三八年一一月の布告はそれらの欠陥を改善し、あらゆる公的納入・給付が対象となると同時に、下請業者を含む受注者のすべてを拘束することになった。この布告により官公庁納入品・給付の価格は、基本的に市価ではなく、原価にもとづいて算出される原則となった点も重要である。

それではそのような公用品の場合、原価にもとづく価格計算はいかにしてなされたか。その基準は次のようであった[52]。

受注企業の個別価格（すなわち自己原価価格：Selbstkostenpreis）は、現実の原価と付加利潤によって構成され、そのうち原価は原料費・製造賃金・製造共通費・管理費・販売費・特別費からなる。付加利潤としては、経営必要資本（自己・他人）に対する適正利子・私経済的（企業家）危険補償・収益税・輸出振興掛金・適正公共献納金が含まれた。適正な利子収益とは、長期国債の実際利子相当の大きさに該当し、また私経済的危険補償は、通常、この長期国債利率を超える株式利回り率の部分が相当するものと考えられた。こうして算定された価格に対して、生産能率の向上により原価が低下した場合は、この付加利潤のほかに、業績報酬（Leistungszuschlag）が認められた。同一の給付・サービスについては、個別企業の異なった経営条件に対応した異なった原価価格を平均して、平均的な価格が計算され、適正価格の基準となった[53]。

以上のように公的発注に対する受注ないし納入価格は、原価＋付加利潤＋特別利潤（業績付加金）として計算された。企業利潤は認められたばかりでなく、原価と並んで価格の構成要素をなした。それは経営必要資本に相当する慣行的（国債利回り相当）な「利子」と、資本投資に対する危険補償、すなわち一定の計算利潤から構成され、さらに生産性向上に相応した業績的な特別利潤も適正なものとして承認された。これがカルテル的な高利潤と、投げ売り的な低利潤に対して、適当な大きさの利潤とみなされたのである。利潤原理は決して否定されず、最低限一定の慣行的な利潤率にもとづく付加利潤としてむしろ確実に保証されていた。

原価＋計算利潤にもとづく価格を原価計算価格と呼ぶとすると、この原価計算価格は、経営の規模や条件が異なれば、企業間で異なるはずであった。企業は自己の原価に、上記のような一定の付加利潤率を掛け合わせて利潤を算定し、それを原価に加算して納入価格を設定するのであるが、その場合利潤は、原価が高いほど大きくなるため、企業はコストの引き下げに結びつく効率の向上や生産性の上昇ではなく、現状維持の方向を選択する傾向があった。これに対して発注側の公的機関は、それらから平均的な原価計算価格を算定し、この平均的価格を基準に企業への発注の大きさや仕方を調整し、この基準的な価格をめぐる業者間の競争を刺激して、企業における経済効率向上を促進する手段とした。当局は経営改善・生産性上昇による特別利潤（業績付加金）を価格原則の中に組み込み、それを奨励した。一定の付加利潤率を前提として、平均的な原価計算価格を事実上の基準的な市場価格とするこの原価計算価格のしくみは、あたかも古典的な資本主義における生産費（＝原価）にもとづく生産価格（費用価格＋平均利潤）の価格システムに近似したものということができる。

周知のようにA・スミスは賃金・利潤について「自然に規制」される「自然率」が存在すること、ある商品の価格が「それを産出し、調整し、市場にもたらすために使われた土地の地代と、労働の賃金と、資源の利潤とを、それらの自然率に従って支払うのに十分で過不足がない場合（neither more nor less）」それを「自然価格」（natural price）と呼んだ。[54] このような通常の利潤をのこしてくれる価格は「かなりの期間」売ることになると思われる「最低」の価格であった。K・マルクスは、スミスの自然価格を「生産価格」（Produktionspreis）と呼び、この生産価格は「長い期間について見れば供給の条件となり、それぞれの特殊な生産部面の商品の再生産の条件」となること、それは「商品価値のすでに全く表面化した、明白に無概念的な形態」であって、「競争のなかに現れているとおりの、したがってごくありきたりの資本家の意識のなかに、したがってまた卑俗な経済学者の意識のなかにあるとおりの形態」にほかならないと述べた。[55]

資本家の意識を規定する自然価格ないし生産価格（費用価格＋均等利潤）は、市場における需要によって現実に成立する市場価格の背後にあってそれによりどころを与える中心価格とされた。生産価格を成り立たせる条件は少なくとも第一次大戦前までは存続していた。A・マーシャルは次のように指摘する。[56]

「それぞれの業種別に、さらに各業種の部門ごとにそれぞれの「適正」（fair）なあるいは正常な（normal）利率とみなされるところの、多かれ少なかれ決まった回転利潤率といったものがあってもよいし、また事実存在している。勿論これらの利率は経営方法の変化の結果、それに応じて変動している。つまりそれは従来の慣行的な水準より低い回転率でより大きな取引を行い、その資本に対して年利潤率を上昇させようとする個人によって始められる。しかしこういう種類の大きな変化が起こらない場合は、ある特定の種類の仕事に対してはある回転率をかけるべきだという取引の慣行が、その業種に携わっている者にとって大きな実際的な役割を果すことになる。この慣行は数多くの経験の所産であり、その回転利潤率がかけられるとその特定の目的のためにかけられた（主要費用のほかに補足費用も含めて）すべての費用に対する正当な手当がなされる上、その種類の事業における正常な年利潤率も確保されることが次第に明らかになるのである」。

つまり、「これこそが、『適正』な回転利潤率であり、正直な人なら前もって価格が決められていないような注文の財貨をつくるのに当然かけられるものと予測するものである。それはまた買い手と売り手の間に争議が起った際には法廷が認めるような利潤率である」。

しかしそのような自然価格や生産価格、平均利潤率や「適正」な利潤率を支えていた条件は解体し、一方では巨大資本によるカルテル的独占価格が、他方では中小資本・小経営の過剰な競争と捨値的販売の状況が到来した。その中で中小経営者の間からかつての慣行的な「正常な」利潤率への記憶を背景にして、「適正な」利潤の復活の要望が高まっていた。原価計算を土台とする原価＋計算利潤＋特別業績利潤による価格の算定はそのような状況への対応という面を有していた(57)。

5　戦時経済体制と価格政策――原価計算・価格引き下げ・経済効率向上――

(1)　戦時経済令（一九三九年九月）

一九三九年九月一日、ドイツ軍のポーランド侵攻とともに第二次世界大戦が開始された。最高国防会議は、三日後の九月四日に戦時経済令（Kriegswirtschaftsverordnung）を布告し、経済生活の戦時経済体制への転換を強く求めた。戦時経済令は、戦争に有害な行動、戦時課税、戦時賃金、戦時価格、結び、から構成されていた(58)。

冒頭第一章で、国民の必需品に属する原料・製品の減却隠匿・売り惜しみ、それによる軍需充足を妨害する行為は、禁錮または懲役、重罪の場合は死刑の極刑を課すことが規定された。また正当な理由なくして貨幣を退蔵するものは、禁錮刑、罪状重い場合は、懲役が科せられることになった。価格政策に関しては第22条から第28条が該当し、とくに第22条において戦時の商品・サービスの価格が「戦時（義務的な国民）経済」（kriegsverpflichtete Volkswirtschaft）の原則に従うべきことが規定された。

この原則によって、価格形成監理官は、企業やカルテルが価格引き上げ禁止令の枠内で維持できた旧水準（一九三六年）の価格（最高価格）やカルテル価格に関して、「戦時義務」を理由に効率向上や節約による価格の「引き下げ」を求めることが可能になった。ナチスは当初から戦争と結びついた高い利潤を戦時利得として排撃し、その排除をスローガンに掲げてきた。戦争開始に伴う需要の急激な拡大は、価格停止の条件の下でも売上げ急増による利潤の量的な増大をもたらした。当局はそれを戦時特別利潤、すなわち戦時利得とみなし、これまでの価格ストップ指令からさらに一歩進めて、そのような戦時特別利潤の国庫への納入を求め、また原価計算による適正価格に相応する基準まで現行価格を引き下げる措置をとるようになる。

開戦後物価は確かに大きく上昇した。卸売物価指数（一九二八＝一〇〇）は、一九三六年七四・七、一九三七年七五・六、一九三八年七五・五、一九三九年七六・四であったが、一九四〇年には七八・六、一九四一年には八〇・二と増大した。とくに消費財価格の上昇が著しく、一九三六年七七・七であったが、一九四〇年に八一・〇、一九四一年に八四・〇と急騰した。(59)

価格形成監理官は、一九四〇年四月、回章の中でまず価格停止令の遵守を警告した。(60)「戦争開始以降、業者の中に自分のところで生じた原価の上昇を買手に転嫁したり、仕事の質を落とすことによって利益減少分を埋め合わせようとするものがいるが、それは規則違反である」。とくに目立つのは――監理官は警告する――支払い条件や納入条件を買手に不利なように変更することである。それは経済状況の変化を利用して価格上の利益を引き出そうとする行為である。このような方法による価格規定違反はいかなる場合といえども認めるわけにいかない。価格は無条件に戦前水準の高さに維持される必要がある。原価の上昇分は原則としてそれが生じた経営自身が負担すべきであり、コスト増分の転嫁は、特別規定で明示された場合か例外認可が与えられた場合に限る。この例外認可は申請者の経営がこの認可なしには存在が脅かされる場合に限られる、と。

上の回章が示すように、企業の多くは、一九三六年一〇月一六日基準の上限固定的な市場価格を表面的には維持しつつ、しかし品質やサービスの引き下げによって、また取引条件を自らの側に有利する形で対応しようとした。顧客による特別の注文、個別的な相対取引や新規の顧客との取引においては価格の引き上げも行われた。それら個々の取引に対する当局の監視には限度があり、また買手の方も、価格の高さよりも不足がちな原材料の入手を優先し、売手とのトラブルを避けて違反の事例を届け出ないことが多かった。[61]

ストップ価格が存在せず、その価格が個々の企業ごとの原価計算によって算定される場合（自己原価計算価格）には価格引き上げはより容易に行われた。一九四〇年一一月八日の回章は「価格停止令の下でいわゆる［自己原価］計算価格が採用されているが、その際に、経済界は私［価格形成監理官＝ヴァグナー］の承認しがたい方向に進んでしまったようだ」と記し、価格停止日の類似価格との正確な原価計算にもとづく比較を強く要請し、原価増加分・利益追加分の基礎に関しては基準日のそれを変更させないこと、コスト上昇に相応した増加分については増加の割合を抑制し、その大きさが基準日の水準を上回ることがないよう求めるとともに、個々のケースについて詳細な指示を与えた。[62]

戦時経済令にもとづく当局の指令は、企業に対して適正な原価計算や利潤計算、そのための会計・簿記の一層の徹底を迫ることになった。ライヒ工業集団と経済集団・専門集団は、各部門・業種ごとの会計様式とチャート、すなわちコンテンラーメン（Kontenrahmen）の完成のために全力を注ぐことになった。経済大臣等の認可を得たチャートは、傘下の企業に伝達され、それに従った会計・簿記の実践が強要された。[63]

（2）価格引き下げ令と適正利潤、戦時超過利潤の国庫納入

一九四一年三月五日付の価格形成監理官のライヒ工業集団に対する指令は、さらに進んで、価格引き下げと戦争経済に伴う利益増加分の国庫への納付を指示した。

戦争経済令第二二条実施に関わるこの指令[64]は、戦時の価格規制が戦争勝利に結びつく最高度の活動と通貨の安定のために不可欠であり、そのために①ドイツ経済の関係者は、自らの責任において合理的な生産と効果的な分配をめざし、戦時国民共同体経済にふさわしい価格を実現すべく心がけなければならない。②したがって戦時下においては、戦争経済による増加利益相当部分は、それを放棄することが必要である。そのため戦争経済的に見て適正でないと思われ価格については以下のようにすべきである。

（1）民間需要向ならびに公的需要向の商品の価格は引き下げなければならない。

（2）過去において価格引き下げがなされなかった場合、あるいは将来それを実施しない場合は、利益を返上しなければならない。ただし、追加投資された超過利潤部分については、当局が個別的に審査し、それが認められる。また原価の高い劣等経営の企業の利益は、低コストの優良企業より小さくなければならない。優良企業に生ずる差額利益は基本的に是認される。ただしそれは平時の競争下のそれの数年の平均値とする。資本投下の増大と経営努力の前進が立証される場合は、売り上げ増加による利益拡大が是認される。利潤率の上昇は例外を除いて売上げ増と関連づけることはできない。

各部門・業種の適正な利潤を確定するために、ライヒ工業集団とその下部機関（経済集団・専門集団）は、企業規模を考慮しつつ「基準点」（Richtpunkt）を作成し、それを価格形成監理官に提出することが要請された。戦時の適正原価で経営する企業は、この基準点に従って、それに相応する利潤を取得することができる。その基準点は、戦時の条件下で相対的に良好とされる複数の経営から算定される。

各企業は、基準点を参考にして自己の商品の価格と利潤が戦争経済の観点から見て適当であるか否か、を自身の責任で判断して申告しなければならない。従前の価格で得られた利潤が戦時には適当な大きさでないと判断された場合は、自らその価格を引き下げる責任をもつ。後者の場合、企業は①自己の価格を即時引き下げて、②これまで得た超過利潤を国庫に納入しなければならない。企業は直ちに地域の価格監視所に書類を作成して提出しなければならない。

ライヒ工業集団に対する一九四一年三月五日の価格形成監理官の指令は以上のような内容であった。利潤原則は「適正利潤」(der angemessene Gewinn)の形を取って貫かれた。適正利潤を超える部分が「超過利潤」(Übergewinn)とされ、それに相当する大きさを国庫に返上すること、また価格は、適正利潤+原価=原価価格に引き下げられねばならなかった。工業分野において適正利潤は、経済集団が定める「基準点」にもとづいて計算されるのであるが、基準点の利潤は「中位経営」(mittelguter Betrieb)に相応する標準的利潤であり、必要資本への利子的な部分と売上げに関する企業家リスク、企業家活動への報酬が含まれた。

基準点利潤―適正利潤―超過利潤という複雑な規則を企業経営者(とりわけ中小企業者)が適確に理解することは容易なことではなかった。価格形成監理局とライヒ工業集団が中心になって作成した『利潤申告便覧』は、この規則を解説する企業家のための手引き書であった。その中に示されている事例を二つ紹介し、ナチス的な利潤原則の具体的なあり方を見ることにしよう。(65)

超過利潤の算定見本［A］(基準点利潤による算定)

戦前複数年次の平均利潤率が売上高の六%であった経営の利潤率が、一九三九年に七%、一九四〇年に八%に上昇したとする。当該経営が所属する経済部門の利潤基準点にもとづく標準利潤率が、販売高の九%だったとする。この場合には、当該企業の利潤率は利潤基準点を下廻っており、適正な自己原価で経営を行ったことになる。この場合には上記の超過利潤の国庫納入義務は生じない。

超過利潤の算定見本［B］（基準点が未確定で、戦前一九三六〜一九三八年の平均利潤額との利潤比較にもとづく算定）

一九三六年・一九三七年・一九三八年・一九三九年・一九四〇年の販売高（単位：一〇〇〇RM）が、各一〇〇〇、一二〇〇、一五〇〇、一六〇〇、一八〇〇で、利潤額（一〇〇〇RM）は各八〇、一〇〇、一五〇、一七五、二〇〇であるとする。この場合、売上利潤率（%）は八、八・三、一〇、一〇・九、一一・一となり、一九三六〜三八年の平均売上高利潤率は八・九%である。したがって一九三九〜四〇年の超過利潤率計算に対する比較利潤率は八・九%で、超過利潤は次のような計算になる。

一九三九年

経営利潤（一〇〇〇RM）		一七五
適正利潤	一六〇〇×八・九%	一四二
超過利潤（一〇〇〇RM）		三三

一九四〇年

経営利潤（同前）		二〇〇
適正利潤	一八〇〇×八・九%	一六〇
超過利潤（同前）		四〇

上記の数値は単なる見本でしかないが、『便覧』の作成者の所属機関や地位、また手引きの趣旨を考慮にいれると、その数字は現実に近い形で選ばれたものとみることができる。［A］・［B］ともに開戦以降について利潤率の上昇が前提とされ、また販売高の増大による利潤総額の増加（［B］）が算定されている。基準点が確定していない場合は、適正な利潤の基準は大戦開始前の年次（一九三六〜三八年）に求められ、見本例［B］はその利潤率として八・九%

を提示し、それを超える分を超過利潤とした。利潤原則はこのような形で確保された。基準点となる標準的利潤は、中位の経営から算定された。見本例［A］は、経済集団の確定した数値例として九％を示し、その枠内での戦時利潤率の上昇を認めている。［A］は、基準点にもとづかない見本例［B］の八・九％の利潤率より緩やかな超過利潤計算方式となっている(66)。

価格引き下げ令は、基準点にもとづく原価＋適正利潤を適正価格とし、企業が自己の原価計算によりそれを超える価格を算定した場合は、それ以下に引き下げることを求めた。また自己の商品の原価が平均的経営よりも低く計算できる効率的な優良経営は、適正価格との差を特別利潤として取得することができた。このような差額利潤を生む効率性・生産性の向上は、まさに四カ年計画以来ナチスがめざしてきたところであり、戦争経済への移行によってそれは最重要課題となっていた。価格引き下げ令が意図した目標は、戦時超過利潤の抑制、その国家的吸収と同時に、価格引き下げの実現、および較差利潤をめざす企業の生産力・経済効率の向上であったのである(67)。

こうして価格政策は、経済能率・生産力向上の政策に結びつけられた。その基礎にあったのが、企業における製品の原価計算と利潤計算の実行であり、原価計算価格の経営間比較を可能にする簿記・会計制度の標準化であった。企業にとって基準的な原価計算制度の遂行は、価格当局の指示するコスト＋適正利潤＝適正価格の規範に対応し、戦時超過利潤の自己申告を行うために、回避できない国家的な義務になった。こうして価格政策・原価計算制度・経済性向上の三つの方向性が相互に関連し合いながら、一つに統合されたのである。ナチス的戦時国家のことのような「上から」の指令に対して、企業利害の立場に立ちつつ、「下から」対応しかつ協力したのはライヒ工業集団・経済集団などのナチス的な企業家組織であった(68)。

そのような官民協力体制の下で価格メカニズムは、あたかも古典的な〈費用価格＋平均利潤＝生産価格〉を擬制するかのように、〈原価（経費）＋適正利潤＝適正価格〉を基準として構成された。また自由な競争条件の下で、市場価格関係をめぐる個別資本の特別利潤追求の営みが、生産諸条件の改善を不可避的に伴った経緯に対応させるかのように、ナチス的価格政策は、平均的経営に照応する適正利潤ないし適正価格という人為的な市場価格を基準にして、高能率企業に差額利潤を保証し、それを通じて企業の経営能率・生産力を向上させようと試みた。自由主義的な市場経済を前提とする古典的な資本主義の論理が、全体主義国家の強制的体制の下で、政策的ないし規則的な価格メカニズムの形を取って再現されたということもできよう。

この価格機構において経営諸条件をより容易に改善し、特別利潤を取得できたのは、いうまでもなく経済力を備えた大規模企業であった。しかし適正価格のシステムは、それぞれの部門・業種に対応させて実施されており、巨大企業の支配する重化学工業と同時に、中小経営が優勢な完成品工業など各種の加工・組立業も、各々の製品に相応する適正価格を有した。つまり中小規模の資本主義的な企業にも、大企業と同様の条件が与えられており、部門の平均的経営条件に対応した適正価格をめぐる較差利潤追求は可能であり、むしろ奨励されさえした。それは巨大企業のカルテル的独占体制の下で平均利潤はもとより、ときには原価ギリギリの安値販売を余儀なくされていたかつての状況とは大きく異なるものであった。ナチス的価格メカニズムは、このように広範な中小資本を含めた社会的総資本の拡大再生産の観点に立って構築されていた。

6　軍需生産・関連部門生産の拡大と画一価格・グループ価格——トット－シュペア体制——

戦争の拡大・激化に伴って、軍需部門・関連諸分野の国家的発注は急速に増加した。一九四一年独ソ戦の開始と前後して、軍需相F・トット、次いでA・シュペアの下で、戦時経済体制の編成替が行われ、委員会・リング機構を軸にして総力戦体制の構築が進められた（前出第5章参照）。軍需品の規格化・型化、それにもとづく大量生産化と併行して、軍需関連の公的注文に対する民間企業の納品や工事の価格に関して、新しい方式が導入された。いわゆる画一価格（Einheitspreis）・グループ価格（Gruppenpreis）制度がそれである。(69)

公的発注においては、これまで公用発注品価格形成準則とその関連規則により、各企業が個別的な原価計算（自己原価計算）にもとづく原価計算価格を算定するか、確定した基準値にもとづく適正価格によって価格を定め、それを事後計算で調整する仕方が採用されていた。その場合の利益計算はたとえば次の事例（一九四二年一月一日〜三月三一日の場合）のようになされた。

経営必要資本	五〇万ＲＭ
経営必要資産	六〇万ＲＭ
自己経費（一九四二年一月一日〜三月三一日）	二二万五〇〇〇ＲＭ
自己資本率　九〇％	
計算利潤：	
経営必要資本利子（経営必要資本の四・五％）〔一二カ月〕	二万二五〇〇ＲＭ
企業家危険補償（経営必要資産の一・五％）〔一二カ月〕	九〇〇〇ＲＭ
計　三万一五〇〇ＲＭ〔同前〕	

控除される法人税・公共寄付の合計二万三九〇〇ＲＭを加えると、年間計算利潤は、五万五四〇〇ＲＭで、三カ月間は一万三八五〇ＲＭとなり、この事例の計算利潤は、自己経費の六・一五％と算定される。(70)

計算利潤は通常自己経費の六・五％以内に抑制されていたが、コストへのパーセントで利潤が算定されるこの方式は、コスト引き下げへの関心を弱めかねない問題点を含んでいた。コストの減少は利潤の絶対額の縮少に帰結するからである。そこで同一の給付に関しては、企業ごとの個別的原価価格ではなく、それから独立した一般的な標準価格を確定することにより、コスト引き下げを行った高能率企業へは特別利潤を確保させ、それを通じて企業の経営効率の向上を刺激する方向が計画された。

その第一歩は兵器・軍需省における高射砲弾の納入製造業者との協議から始まった。次いでその他の品目に関して検討が進められ、価格形成監理局が協力して価格をグループ化し、比較可能な経費構成を有する製造業者は、同一の価格グループ（一～三種類の価格ランク）で納入させるようにした。価格グループのなかの最小ランク価格で納入する企業には、租税上その他の優遇措置を講じた。以上の経緯を踏まえて、軍最高指令部に特別作業班が設置され、一九四二年六月までに軍需品の三分の一に該当する一六〇〇以上の品目について画一的な価格（グループ）が決定された。特別作業班には、軍最高司令部、価格形成監理局、兵器・軍需相の各代表が参加し、全会一致により決定が行われた。細目は一九四二年一二月一七日に第一回施行令によって定められた。[71]

（1）　特定品目の価格は価格当局の指令で決定される（官庁固定価格）。それは二つに分けられる。すなわち（a）画一価格・グループ価格と、（b）その他の官庁固定価格・最高価格（たとえば軍調達の農産物）である。

（2）　価格が固定されておらず、同種類の契約ないし比較可能な契約により定める価格で、比較価格が特定の期日に関連づけて確定できる生産物については、価格停止令（一九三六年一一月二六日、同関連布告）が適用される。また一九三九年九月の戦時経済令22条によりストップ価格以下への引き下げもありうる。

（3）　価格が予め確定できず、比較価格も査定できない場合は、計算（Kalkulation）による適正価格（zulässiger Preis）が算定される。これには一九三八年の公用発注品価格形成準則（ＲＰÖ）と同自己計算による価格査定原則（ＬＳÖ）が適用される（つまり原価計算価格 Kostenpreis）。

画一価格・グループ価格の場合、最廉価価格（ランクⅠ）で納入できない企業は、より高い価格のランクⅡ以下の価格を選ぶことができた。この場合は戦時特別収益の一部を国庫に納入する義務は引き続き残った。これに対して最廉価価格のランクIにより納入する企業は、課税上の優遇措置に加えて、戦時利得の国庫納入を免除された。ランクIへの移行がそれによって奨励された。

問題は、主品目の一部となる部品とそのメーカーの取り扱いであった。価格形成監理局のディクガンスは次のように指摘する。多くの軍需品は部分品の組み立てから成っており、この部品はたいてい帳簿様式を異にする中小経営によって生産された。主製品の組立企業は、部品製造業者の商品価格をそのまま自己の原価計算の中に計上するのが通常であり、彼らが部品価格の低位化に特別の関心を向けることは稀であった。部品メーカーは当該製品を専門としており、コストの低廉化は比較的容易であった。そして「この価格はしばしば下請業者（Unterlieferer）に過大な利潤をもたらすことになった」。したがって生産向上のためには、モーターなど特別作業班が確定できる比較的大きな重要部品についても、同一価格制を採用することが必要である。作業班が把握できない小型部品については、業者に対して主製品価格の引き下げを求め、それを通じて主製品業者が下請メーカーに価格を引き下げさせるのが適当である。ディクガンスはさらに次のように述べる。重要武器調達のために兵器・軍需相が組織したリングの内部で、主製品業者が相互に重要部品の目標価格値を交換し、作業班に固定価格の提案をすることも意味がある。また部品メーカーの価格申告を精査して超過利潤を調べる方法も重要である、と(72)。

特別作業班は、主要な武器部品やプロペラなどの部品についても画一・グループ価格を定めた。小型部品に関しては、価格形成監理官が一九四二年四月二〇日の下請業者価格形成令でその措置を決定していた。この布告は、主製品業者が部品生産者に対して「適度な価格引き下げ」を要求することを義務づけており、完成品製造企業は部品生産企業の価格を切り下げることが可能となった。何が「適度」かは当事者の協定に任せ、そうでない場合は一〇％の引き下げを義務づけた(73)。

画一・グループ価格は当初一年ごとに、後に半年ごとに改訂され、しばしば引き下げられた。たとえば一九四二年一二月には、鉄・金属関連の規格型回旋鋼鉄ねじについて価格ランクⅢを一〇％下げることが決定され[74]、また一九四三年二月一一日の軍最高司令部の布告は、コスト計算の書類が十分でない場合には、一律五％引き下げる旨宣言した[75]。

画一・グループ価格がモーターや各種小型部品など、兵器・軍需品生産以外にも用いられる一般的な商品をも包摂するようになると、公用品価格に対する企業家の関心は高まり、経済界はその公開を希望した。そのためか納品価格リストの一部が一九四三年一〇月一一日付の価格形成管理局公報に発表された[76]。電池（一〇点）、消火器（二点）、防空具（ガスマスクなど一一点）、保健用品（薬品など九点）、その他装備品（湯沸し器など二八点）、工具（鉋台ほか二四点）のグループ価格についてである。

たとえば酸素電池（八〇×八〇×一八〇）のランクⅠは一・六〇（RM、以下同じ）、同Ⅱは一・七五、Ⅲはなし、フィルターガスマスク七四一薄膜ケース付（一〇〇個）は、Ⅰが一三〇、Ⅱは一五〇、Ⅲは一七〇、鉋爪型手斧（柄つき、ブナ製）は、Ⅰ二・二七、Ⅱ二・四二、Ⅲなし、というように決められていた。

画一・グループ価格の決定できない軍需関連品目は、従来どおり自己原価計算方式が適用された。たとえば新式の製品、大中の軍艦、工場装置などである。

画一・グループ価格の決定は、前述したように、軍最高司令部内の特別作業班が行ったが、そこには重要部局の代表が参加した。ライヒ工業集団もそれに加わっていた。各産業部門・業種の企業組織としての経済集団・専門集団を統括する工業集団の位置は大きかったのである[77]。ライヒ工業集団の活動記録によれば、深刻な戦況の下、画一・グループ価格令やグループ価格制度の拡延、グループ価格の引き下げなど軍需品価格の問題が最後まで検討対象となった。

おわりに

以上のようにナチス体制の下で企業の営利活動は、国家的に規制されたが、利潤原則は維持され、民需品の場合は平均的経営の売上げ高の九パーセント相当の利潤率が、公用品の場合は、経費の六〜六・五%が「適正」とされ、さらに特別利潤も公式に認められた。そのような中でコンツェルン的大企業やその結合体が利潤の獲得に際して優越的な位置を確保したことは、研究史の指摘するとおりであり、否定することはできない。まず第一に軍需関連部門の多くがそれらの大資本によって掌握されていた。価格政策の面でも、画一・グループ価格制の下で経営諸条件、とくに生産設備を改善し、より多く特別利潤（差額利潤）を取得することができたのは、大企業であった。軍事的な新製品・新装備の開拓、価格が予測しにくい建設・工事など、画一・グループ価格の適用されない分野の多くも、これらの大規模資本によって掌握されており、いわゆる自己原価計算や事後の清算を通じて「適正」基準以上の巨額な利潤がそこに流入したことも疑うことができない(78)。

しかし同時にわれわれは、それらの公用品納入価格が法律で定めれた原価計算・利潤計算方式に従って算定され、適正利潤を基準とする当局の厳しい監視下におかれていたことにも留意しなければならない。カルテル的な独占価格についても同様であった。大資本の営利取得は無制限ではなく、一定の枠内においてのみ可能であった。他方、各種の加工・組立業に支配的な中小規模の資本主義的企業は、かつてのような投げ売りを余儀なくされた市場価格関係ではなく、平均的経営条件に対応した原価計算と適正利潤とを基準とする価格機構の中に組み込まれており、そこにおいては経営条件の改善による特別利潤の取得も政策的に保証された。このようにナチス的価格政策の利潤原理は、単純に独占資本によって規定されたシステムとしてではなく、広範な中小資本の再生産・拡大再生産をも視野においた、その意味で社会的総資本の観点に立って展開されていたことがわかる。この立場はナチス政権初期以来変わることがなかった。

適正な利潤や価格の観念は、アメリカにおけるニューディール政策、全国産業復興法（ＮＩＲＡ）の fair trade の立場と共通する。だがアメリカのＮＩＲＡは違憲とされ、適正価格は挫折した。これに対してドイツではこの観念は、ナチス経済体制の原理として、より明確な形で具体化され、戦時経済体制への移行の中で強力に実施された。それはカルテル的価格抑制・投げ売り的価格の防止、そして物価安定のための価格政策として、さらに整備された原価計算と適正利潤・適正価格をめざす価格形成政策として展開した。当局はその中で企業にコスト削減による特別利潤ないし差額利潤の拡大の可能性を提供し、それを通じて軍需関連部門を中心に経営の合理化を促進しようとした。ナチスは、戦時経済にとって不可欠の条件である軍需品の価格引き下げと経営効率・生産力の向上という二つの課題をこのような形で結合させた。事実軍需品の生産力はこの間明らかに上昇した。

このような価格政策を可能にした条件の一つは、中小経営を含めた企業家層のナチス的組織、ライヒ工業集団を頂点とする経済集団（およびリング・委員会体制）の国家への「協力」であった。だがそれらの背後にあって価格政策の現実化を支えた決定的な条件は全体主義的な権力体制そのものであった。

価格政策は常に民族共同体と「公益は私益に優先する」というナチズムの中心的イデオロギーに結びつけられた。それはまた無数の布告と命令、違反行為に対する監視と厳しい罰則、それを実行する行政・司法の権力機構に支えられていた。

価格形成監理局スタッフが協力して編纂した『ドイツ価格法』は正しく指摘する。「価格形成監理局の任務は、彼［ライヒ価格形成監理官］が布告した諸規則への違反は迅速に、また必要なら厳しく罰せられるという罰則規定の準備がなかったら実現できないだろう。営利欲が協同精神にまさる人間はいつも存在するからである[79]」。

価格形成管理局が、法律違反抑止のために威しとして掲載したと思われる公報の特別裁判所の重罪判決記事は、価格政策の全体主義的特質を象徴的に示す事例であった。一九四三年になると毎月のように掲載される「死刑判決」の一つを紹介（抄訳）して結びとしよう。(80)

「一九四二年九月にミュールハウゼン市モーター・装置組立業の株式会社ケプラーは、全般的な価格形成とその価格計算に関して、エアフルトの価格監視所経済専門官によって査察を受けた。その際、同社の店舗業務と経営の双方において価格規制の違反が存在することが判明した。価格形成は全くいいかげんで、価格は勝手に決められていた。停止価格と原価計算規則は留意されず、商品表示は根拠がなく、各作業の労賃は実際の支払額より高い金額が記載されていた。

裁判所の命令で家宅捜査が行われた結果、店舗は空であったが、物置や居間・寝室、そのほかの部屋で異様なほど大量の鉛・銅・針金・錫・設備材料および加工品が見つかった。被告たちは永年にわたり戦時重要物資を買い集め、戦争が終ったら直ちに経営をフル活動させようとしていた。被告たちが実施する取り付け工事業や品物の販売は、通常、食糧やその他の手に入りにくいもの、あるいは不足物資が彼らに提供された場合だけであった。家宅捜査によって、ベーコン・ソーセージ・えんどう豆・油・巻タバコ・紳士用靴下・婦人用靴下・革製外套・靴・石鹸・そのほか色々のものが大量に貯蔵されているのがわかった。交換されて取得した商品の大部分は、ものを持ってきた人たちにさらに手渡された。彼らはこのようなやり方で取引上の便宜をえていた。

以上の事実にもとづいてミュールハウゼン特別裁判所は、一九四三年二月二六日に戦時経済令第1条により、電気技師アウグスト・ケプラーに死罪ならびに生存期間中の市民権喪失および財産没収を、電気技師アルベルト・ケプラーに対して四年の強制労働、五年の市民権没収と二万ＲＭの罰金、寡婦アマリー・ケプラーに対して三年の強制労働、五年の市民権没収および一万ＲＭの罰金の判決を下した。被告たちが経済から収奪した原料と製品とはライヒのために没収された」。

注

（1）価格政策が国家的規模で実施されたのは、第一次大戦期であり、そのときの政策のあり方が後の参考材料となった。ドイツに関する同時代文献としては、Johannes Mayer, *Preisbildung und Preisprüfung in der Kriegswirtschaft*, Hamburg 1937. イギリスについては、Arthur C. Pigou, *The Political Economy of War*, London, 1921, Chapter XI, 1940, Chapter X. 内山脩作訳、一五二頁以下。価格規制に関する同時代アメリカでの認識として、たとえば Jules Backman, *Government Price-Fixing*, New York/Chicago, 1938, Chapter Ⅲ.

（2）L. Hamburger, *How Nazi Germany Has Controlled Business*, Washington, D. C., 1943; Otto Nathan, *The Nazi Economic System*, Durham, 1944, New York, 1971 (Reprint).（本書はUSA国防省の依頼による分析）。また Robert A. Brady, *The Spirit and Structure of German Fascism*, London, 1937, New York, 1967 (Reprint). さらに Franz Neumann, *Behemoth*, New York, 1942, London, 1967 (Reprint)（岡本友孝・小野英祐・加藤栄一訳、みすず書房）。

（3）同時代日本でのナチス価格政策研究としては、松本雅男著『統制価格論』森山書店、一九三九年、が先駆的である（なお、戦前日本におけるナチス認識については、拙著『戦前・戦時日本の経済思想とナチズム』岩波書店、二〇〇八年、第Ⅲ章、参照）。戦後の研究としては、塚本健著『ナチス経済』東京大学出版会、一九六四年。

（4）たとえば、Wolfgang Bopp, The evolution of the pricing policy for public orders during the Third Reich, in: Christoph Buchheim/Redvers Garside (eds.), *After the Slump. Industry and politics in 1930s Britain and Germany*, Frankfurt a. M. et al. 2000; Andre Steiner, Reichskommissar für die Preisbildung — » eine Art wirtschaftlicher Reichskanzler «?, in: Rüdiger Hachtmann/Winfried Süss (Hg.), *Hitlers Kommissare. Sondergewalten in der nationalsozialistischen Diktatur*, Göttingen 2006; ders., Industry and administrative price regulation 1933–1938/39, in: Christoph Buchheim (ed.), *German Industry in the Nazi Period*, Stuttgart 2008 (VSWG, Beihefte 174, Ⅲ). また Lotte Zumpe, *Wirtschaft und Staat in Deutschland 1933 bis 1945*, Berlin 1979; Dietrich Eichholtz, *Geschichte der deutschen Kriegswirtschaft 1939–1945*, Bd. Ⅰ/Ⅱ, Berlin 1969–1996,

3. Aufl. München 1984, 2003.

（5） Hamburger, *op. cit.*, pp. 99f. ナーサンは資料の不十分さを理由に政策の効果については結論を留保している。

（6） Markus A. Diehl, *Von der Marktwirtschaft zur nationalsozialistischen Kriegswirtschaft*, Stuttgart 2005. 同様にJürgen Schneider/Wolfgang Harbrecht（Hg.）, *Wirtschaftsordnung und Wirtschaftspolitik in Deutschland*（*1933-1993*）, Stuttgart 1996. 日本の歴史研究においても、とくに日本経済史の研究者の間ではナチズムの「反資本主義的」な要素を重視する見解がこれまで有力であった。その場合は結果的には上記と同じように、営利活動に対する抑圧性を重視する理解がとられることになる。これに対して塚本健氏はじめ、ナチス経済研究者の多くは、ナチス経済政策の親資本主義的な性格を強調してきた。なお後出注（11）。

（7） Neumann, *op. cit.*, p. 305. 訳、二六八頁。また Keith Tribe, *Strategies of Economic Order. German economic discourse, 1750-1950*, Cambridge/New York, 1995, 7. 小林純・手塚真・枡田大知彦訳『経済秩序のストラテジー――ドイツ経済思想史一七五〇‐一九五〇――』ミネルヴァ書房、一九九八年、第7章。フランクフルト学派に属し、アメリカに亡命したノイマンのナチス体制分析が合衆国の戦略サービス局（Office of Strategic Services, OSS）の活動と密接な関係したことについては、Alfons Söllner（Hg.）, *Zur Archäologie der Demokratie in Deutschland. Analysen politischer Emigranten im amerikanischen Geheimdienst*, Bd I: 1943-1945, Frankfurt a. M. 1982. 参照。

（8） Neumann, *op. cit.*, p. 320. 訳、二七二頁。ブラディーやナーサンもナチス的規制の下での私的利益の存続を認めている。

（9） Zumpe, *a. a. O.*, S. 270. また Eichholtz, *a. a. O.*, Bd. I, S. 516ff.

（10） Dieter Swatek, *Unternehmenskonzentration als Ergebnis und Mittel nationalsozialistischer Wirtschaftspolitik*, Berlin 1972. 最近の研究としては、Hans-Erich Volkmann, Zum Verhältnis von Großwirtschaft und NS-Regime im Zweiten Weltkrieg, in: ders., *Ökonomie und Expansion*, hg. von B. Chiari, München 2003; Daniela Kahn, *Die Steuerung der Wirtschaft durch Recht im nationalsozialistischen Deutschland*, Frankfurt a. M. 2006. ほか。井上茂子ほか著『１９３９』同文舘、一九八九年、序章二（永岑三千輝）をも参照。

（11） 本書序論参照。また Mark Spoerer, *Von Scheingewinnen zum Rüstungsboom. Die Eigenkapitalrentabilität der deutschen Industrieaktiengesellschaften 1925-1941*（VSWG, Beihefte 123）, Stuttgart 1996. Bopp. op. cit. ヨッヘン・シュトレープ／マ

ルク・シュペーラー「ナチス経済像の革新――研究のパラダイムチェンジ」雨宮昭彦・J・シュトレープ編著『管理された市場経済の生成』日本経済評論社、二〇〇九年、なお、同書所収の雨宮昭彦「1930年代ドイツにおける〈経済的自由〉の法的再構築――ナチス経済法と競争秩序のシステム」をも参照。

(12) Avraham Barkai, *Das Wirtschaftssystem des Nationalsozialismus*, Köln 1977. また前掲拙著、第V章、一六五頁以下。

(13) 拙著『ドイツ中小ブルジョアジーの史的分析』岩波書店、一九八九年、とくにⅣ。アメリカの事情については、Edwin R. A. Seligman/Robert A. Love, *Price Cutting and Price Maintenance*, New York/London, 1932; Arthur Robert Burns, *The Decline of Competition. A study of the evolution of American industry*, New York, 1936; Ewald T. Grether, *Price Control under Fair Trade Legislation*, New York, 1939; Ellis W. Hawley, *The New Deal and the Problem of Monopoly. A study in economic ambivalence*, Princeton, 1966.

(14) Rudolf Görnandt, *Das Ende der deutschen Fertigindustrie*, Berlin 1932, S. 29, S. 61; Nathan, *op. cit.*, p. 70; Arthur Schweitzer, *Big Business in the Third Reich*, Bloomington, 1964, II; Petra Bräutigam/Andrea Schuster/Astrid Welck, Drei württembergische Unternehmer während des Nationalsozialismus: Rolf Boehringer, Ernst Stütz, Richard Schweizer, in: Cornelia Rauh-Kühne/Michael Ruck (Hg.), *Regionale Eliten zwischen Diktatur und Demokratie: Baden und Würtemberg 1930–1952*, München 1993. など最近の地方史的研究も参照。

(15) 一九三七年一一月の統一会計・簿記総則や一九四二年三月の金属関連原価計算原則はじめ原価計算原則の多くは、戦後西ドイツに継承された。一九四七年六月の経済行政庁の見解、一九五三年のそれに対する連邦経済省の否定的見解を経て、一九五二年に連邦ドイツ工業連盟は、一九三七年の会計原則と三九年の原価計算総則を統合した会計原則を作成する。その経緯については、Julius Greifzu (Hg.), *Das neuzeitliche Rechnungswesen*, 11. Aufl., Hamburg 1950, S. 13f. なおドイツにおけるこのような展開に対して同時代の日本人は大きな関心を向けていた。日本での価格停止令や工業原価総則の決定に対するドイツの影響が問題となるが、ここでは立ち入らない。日本での状況については、千葉準一著『日本近代会計制度――企業会計体制の変遷――』中央経済社、一九九八年、とくに第3章参照。

(16) Nathan, *op. cit.*, pp. 218f. Schweitzer, *op. cit.*, pp. 184f. Diehl, *a. a. O.*, S. 68ff. ヒトラー暗殺計画への関与によって一九四四年に処刑されたゲルデラーについては、Gerhard Ritter, *Carl Goerdeler und die deutsche Widerstandsbewegung*, Stuttgart

1956, 1984 (4. Aufl.),（この時期に関しては、S. 71ff.）。シュタイナーは一九三六年まではナチスは明確な形での価格政策を実施することはなかったとする（Steiner, Industry and administrative price regulation 1933-1938/39, p. 86. 参照）。しかし、市場の競争関係は、市場価格成立の基本的な条件である。それに対する政策は、一方でのカルテル的協定価格や他方での極端な低価格という市場価格の独自な状況への対応であったのであり、広い意味で市場価格に対する政策的対応であったといえる。

（17） 本書、第一部第2章参照。

（18） 前掲拙著『ドイツ中小ブルジョアジーの史的分析』Ⅳ、参照。

（19） 本書、第一部第2章参照。

（20） Schweitzer, *op. cit.*, pp. 187f. 価格監視体制については、Dietrich Dickert, *Die Preisüberwachung 1931-1936*, Berlin 1937. 参照。

（21） 本書、第一部第1章参照。

（22） Erwin Junghans, Marktordnung, in: *Arbeitsbeschaffung und Marktordnung*. Tagung des Ausschußes für Allgemeine Wirtschafts-und Sozialpolitik des Reichsstandes der Deutschen Industrie, 18. Oktober 1933.

（23） Reichsgruppe Industrie, *Marktordnungsgrundsätze der Reichsgruppe Industrie*,（Berlin）o. J. また Heinz Müllensiefen, *Von der Kartellpolitik zur Marktordnung und Preisüberwachung*, Berlin 1935; Brady, *op. cit.*, p. 333. 参照。

（24） 認定された公正競争規約六七七のうち、五六〇が最低価格かコスト価格についての条項を備え、コスト以下の販売を禁止する規約は、四〇三にのぼった。Burns, *op. cit.*, pp. 471f. 前出注（13）参照。また James L. Dohr/Howell A. Inghram, *Cost Accounting. Principles and practice*, 3. ed., New York, 1946, pp 571f. ライヒ価格形成監理官として実力をふるうことになるJ・ヴァグナーもローズベルトの価格統制政策に関心を抱いていた。Josef Wagner, Geleitwort zu Wilhelm Rentrop/Hans-georg Kayser, *Preispolitik und Preisüberwachung in Europa*, München/Berlin 1941.

（25） 日本語訳はさまざまである。たとえばドイツ価格形成管理官、全国価格形成委員、価格形成官、価格形成委任官など。

（26） Gesetz zur Durchführung des Vierjahresplans. Bestellung eines Reichskommissars für die Preisbildung vom 29. Oktober 1936, in: Martin Sellmann/Ernst Ferber（Bearb.）, *Preisrecht. Die wichtigsten allgemeinen Preisvorschriften*, Berllin/Wien/

Leipzig 1944, S. 17f.

(27)　この組織に関しては、その一員であったH・ディクガンスによる戦後書かれた回顧的なタイプ印刷の文書、Hans Dichgans, *Zur Geschichte des Reichskommissars für Preisbildung* があり、一九七七年にデュセルドルフで刊行された。この組織の中立性を強調する上記文書の多分に自己弁護的な記述を批判するのが、A. Steiner の前掲論文、Der Reichskommissar für die Preisbildung である。また同機関の中心にあったW・レントロップらの同時代叙述も参考になる。Wilhelm Rentrop, *Preisbildung und Preisüberwachung in der gewerblichen Wirtschaft*, Hamburg 1937（東京商工会議所訳『ナチス独逸の新物価政策』東京商工会議所、一九三八年）。同時代日本人の叙述としては、松本、前掲書。

(28)　シュタイナーは前出論文でヴァグナーの価格安定化政策が現実の状況に十分対応できなかった面を指摘し、その原因としてヴァグナーの権限の弱さと限界を重視しているが、価格形成監理官を支える統制的機構や経済団体との協働関係の重要性を見落としている。

(29)　彼は一九四一年にはすべての地位を剥奪された上、翌四二年には党を除名されて隠退する。一九四四年にゲシュタポに逮捕されて、四五年四月に銃殺された。

(30)　編著として Erich Flottmann（Hg.）, *Das Deutsche Preisrecht. Eine systematische Darstellung der Grundsätze der Preispolitik und des Preisrechts*, Berlin 1943. がある。

(31)　前出注（27）記載の書物のほか、W. Rentrop/H. H. Bormann, *Wegweiser durch das Preisrecht*, Hamburg（1944.）ほかがある。

(32)　Dichgans, *a. a. O.*, S. 8-S. 19; Steiner, op. cit., p. 100. リッタースハウゼンはブレスラウ大学助教授、ＳＳ指導者友の会会員、戦後ケルン大学教授。同時代の論文 H. Rittershausen, Die staatliche Preispolitik auf den deutschen Hauptmärkten der Gegenwart, in: *Weltwirtschaftliches Archiv*, Bd. 52（1940 Ⅱ）, 1940 は重要である。シュメルダースはナチス党員。なおシュメルダースとフォン・ヴァルテンブルクとの共著 *§. 22. Die Preisbildung nach der Kriegswirtschaftsordnung*, Stuttgart/Berlin, 1941 は後述のように、この時期の政策の理論づけとして興味深い。共編者ヴァルテンブルクが上記事件に関わったこともありシュメルダースの身辺は困難な状況を迎える。Günter Schmölders, *Lebenserinnerungen*: *"gut durchgekommen?"*, Berlin 1988. 参照。なおシュメルダースとヴァルテンブルクの理論的立場とドイツ法律アカデミーとの関連については、雨宮昭彦著『競争秩序のポリティクス』東京大学出版会、二〇〇五年、第6章。ナチス期の経済学者に関しては、Hauke Janssen, Nationalökonomie und Nationalsozialismus, Marburg 1998, 2009 (3. Aufl.), 参照。

(33) Rentrop, *a. a. O.*, S. 21ff. 訳、一四頁以下；Rentrop/Bormann, *a. a. O.*, S. 15ff.; Flottmann (Hg.), *a. a. O.* S., 99ff.; Dichgans, *a. a. O.*, S. 21; Steiner, op. cit., p. 101.

(34) 本書、第一部第3章参照。

(35) Die Verordnung über das Verbot von Preiserhöhungen vom 26. November 1936. Preisstop-Verordnung（価格停止令）と略称された。この布告については Rentrop, *a. a. O.*, S. 89ff.（訳、第5章）；Nathan, *op. cit.*, pp. 222f.; Diehl, *a. a. O.*, S. 69ff.; Steiner, op. cit., pp. 97f. 同時代日本での叙述として、松本、前掲書、八九頁以下、大蔵省「独逸の戦時物価政策」『調査月報』第31巻7号、一九四一年七月、七頁以下。なお、塚本、前掲書、三〇二頁以下、をも参照。

(36) 塚本、前掲書、三〇二頁以下。Steiner, op. cit., Diehl, *a. a. O.*, S. 69f. も参照。

(37) Flottmann (Hg.), *a. a. O.*, S. 107. 同様の措置がヨーロッパ諸国でも採用された（たとえばフランスでは一九四〇年一〇月二一日法）。日本では一九三九年一〇月に国家総動員法一九条により価格停止令（価格等統制令）が布告された。前月の一九三九年九月一八日を指定期日としてその日の価格を超えることを禁じたいわゆる9・18ストップ令がそれである。J・B・コーエンは、中央物価委員会の中央物価統制実施要綱答申が作成された平沼騏一郎内閣の拓務相・商工相八田嘉明（一八七九～一九六四年）の証言に注目し、この価格停止令が一九三六年のドイツのそれをモデルにした旨の言葉を引用している。Jerome B. Cohen, *Japan's Economy in War and Reconstruction*, 1. ed., 1949, London, 2000 (Reprint), pp. 358f. 大内兵衛訳『戦時戦後の日本経済』下巻、岩波書店、一九五一年、三三頁。原朗著『日本戦時経済研究』東京大学出版会、二〇一三年、一九九頁以下。

(38) Rentrop, *a. a. O.*, S. 104ff. 訳、一二〇頁以下。

(39) *Mitteilungsblatt des Reichskommissars für die Preisbildung*, Teil II, Nr. 1, 7. März 1938.（以下 *Mitteilungsblatt* と略す）。ただし例外認可には、数は少ないが価格引き下げも含まれている。なお、同布告の適用を除外された製品もあった。卑金属・非鉄金属とその製品、化学、ゴム製品等である。

(40) Ralf Stremmel, *Kammern der gewerblichen Wirtschaft im "Dritten Reich"*, Dortmund 2005, S. 512ff. 本書、第一部第3章

も参照。

（41）Rentrop, *a. a. O.*, S. 58, S. 65f. 訳、六〇頁以下、七〇頁以下。

（42）Flottmann, *a. a. O.*, S. 191. 本書、第一部第4章も参照。

（43）Rentrop, *a. a. O.*, S. 63. 訳、六七頁。

（44）Flottmann, *a. a. O.*, S. 191ff. この中にシュマーレンバッハのいわゆるコンテンラーメン（会計チャート）が含まれていた。

（45）それぞれ Richtlinien für die Preisbildung bei öffentlichen Auftragen（RPÖ）と Verordnung über die Preismittlung auf Grund der Selbstkosten bei Leistungen für öffentliche Auftraggeber nebst zugehörige Leitsätze（LSÖ）である。

（46）Erwin Junghans/Elmar Michel/Otto Heß, *Kostenrechnung und Preisbildung*（*Schriftenreihe zur industriellen Leistungssteigerung*, Reihe A, Heft 1）, Stuttgart 1939. Junghans は、ライヒ工業集団市場秩序・経営経済委員会委員長、Michel はライヒ経済省内閣管理官、Heß はライヒ価格形成監理局部長、Sellmann/Ferber（Bearb.）, *a. a. O.*, S. 381ff. ナチス期ドイツにおける原価計算・会計制度の合理化と価格統制との関連に関する同時代日本人の関心は著しく高かった。山下勝治著『原価価格計算』（会計学大系、第16巻）千倉書房、一九四二年、第2章、第6章、補論三（ドイツ原価計算総則ほかの訳文）；青木大吉著『原価計算』同、一九四三年、第2章2節、付録（青木は海軍主計大佐。海軍で軍需品原価計算の企画・実施に関与した）；久保田音二郎著『工業原価計算論』巌松堂、一九四四年、第2章2節、第12章1節。山下は次のように記している（同前、三四八頁）「独逸の原価計算総則は独逸に於ける統一原価計算の基本法典であること我が国の原価計算要綱と相対するものである。独逸の原価計算総則は或る意味に於て日本の原価計算要綱の手本であるとも言へる」。

（47）Junghans らの上記書物はその説明会の報告であった。Junghans, u. a., *a. a. O.*, S. 1.

（48）公正な価格の設定（コード）とそのための原価計算方式の統一は、ローズベルトの全国産業復興法において先駆的な形で示されていたが、その場合の主体は trade association にあり、国家ではなかった。しかも同法はその後一九三五年に違憲とされ、原価計算の統一的な方式が政策として具体化されることにはならなかった。ナチスの統一的原価計算方式に関しては、イギリスのH・W・シンガーがこれを「上からの統制」として注目し、それが「共通の経済用語」として民主主義国においても参考になるものとして評価した。Hans W. Singer, *Standardized Accountancy in Germany*, Cambridge/New York, 1943. また同書への書評の中で、アメリカの経営学者A・マッツ（Adolph Matz）もＮＩＲＡの試みは不幸にして実を結ばなかったが、会計制度の統一化への必要性は一層増していると指摘し、シンガーの評価に同調している（*Accounting Review*, Vol XIX, No. 3, July 1944. Singer, *op. cit.*, New York/London, 1982（Reprint）, Appendix に再録。なお、マッツは、同誌、Vol. XV, No. 2, No. 3, 1940. でナチス・ドイツの原価計算制度について論文を発表している）。

（49）　多くの企業が必ずしも集団の定めた様式を用いているとは限らなかったため、従来どおりの様式も認められた。H. Dichgans/H. Burkart, *Die Preisbildung in der Gießerei-Industrie*, 2. Aufl., Düsseldorf 1941, S. 97.

（50）　山下、前掲書、三三頁以下、久保田、前掲書、四二頁。最近ではたとえば、Diehl, *a. a. O.*, S. 73f.

（51）　Flottmann, *a. a. O.*, S. 163ff.

（52）　Junghans, *a. a. O.*, S. 28ff. 山下、前掲書、四一八頁以下、同「ナチス原価計算統制の発展」『原価計算』第2巻8号、一九四二年八月、八頁。

（53）　日本においても原価計算・会計制度の制度化と価格政策とは密接な関係にあった。山下らの上記の同時代文献とともに、とくに千葉、前掲書、第3章、通産産業省編『商工政策史』第11巻、商工政策史刊行会、一九六四年、三〇一頁以下、五七七頁以下。日本の価格政策に関する最近の研究として、岡崎哲二「戦時計画経済と価格統制」『年報・近代日本研究9・1987　戦時経済』山川出版社、一九八七年、一八四頁以下、山崎澄江「価格統制と企業動員」原朗・山崎志郎編著『戦時日本の経済再編成』日本経済評論社、二〇〇六年、をも参照。

（54）　Adam Smith, *The Wealth of Nations*（Everymans Library）, pp. 48ff. 大内兵衛・松川七郎訳『諸国民の富』岩波書店、I、第1編第7章。

（55）　Karl Marx, *Das Kapital*, Bd. 3, Kap. 48. また Bd. 1, Kap. 10, S. 208. 邦訳、第3巻48章、第1巻10章。

（56）　Alfred Marschall, *Principles of Economics*, 8. ed., London, 1952, pp. 512f. 馬場啓之助訳『経済学原理』東洋経済新報社、第6編8章。

（57）　拙著『資本主義史の連続と断絶』日本経済評論社、二〇〇六年、第3章、参照。

（58）　同令の署名者はゲーリング（最高国防会議長）、R・ヘス（総統代理）、W・フリック（ライヒ行政全権委任）、W・フンク（経済全権委任）、W・カイテル（国防軍最高司令長官）。*Mitteilungsblatt*, Teil I, 1939, Nr. 37.（11. September 1939）. なお Schmölders/Wartenburg, *a. a. O.*, S. 25ff, Anhang 1; Dichgans/Roesen, *Kriegspreise und Gewinnabschöpfung*（Sonderschrift des Reichswirtschaftsführers für Industrie/Handel und Gewerbe, H. 3), Berlin 1941; Flottmann, *a. a. O.*, IX; Sellmann/Ferber（Bearb.）, *a. a. O.* 同時代日本の文献として、大蔵省『調査月報』第31巻7号、一四頁以下；世界経済調査会編著『ナチス戦時経済法の展開』財団法人世界経済調査会、一九四二年、第2篇第1章ほか、参照。一九四〇年四月に、*Der deutsche Volkswirt* 誌は報じている。イギリスでは価格政策の原理は、市民の生命と財産に対する戦争の影響を軽くすることにあり、したがって社会政策の一環をなしているが、「ドイツでは価格政策は、国家の経済指導の最も中心的な手段となっている」。それゆえイギリスの価格政策は、「経済政策の特定部分」に限られるが、ドイツのそれは「全体的」（total）で、「国民的経済過程の総体」を包括している、と。*A. a. O.*, Nr. 27/14. Jg., 5. April 1940.

(59) Zumpe, *a. a. O.*, 266ff.

(60) Runderlass des Reichskommissars für die Preisbildung Nr. 37/40（3. April 1940）, in: Sellmann/Ferber（Bearb.）, *a. a. O.*, S. 138ff.

(61) 鋳鉄工業の状況については、Dichgans/Burkart, *a. a. O.*, S. 5f. を参照。

(62) Runderlass des Reichskommissars für die Preisbildung Nr. 137/40（8. November 1940）. Betr. Anwendung der Preisstopverordnung bei sogenannten kalkulierten Preisen, in: Sellmann/Ferber（Bearb.）, *a. a. O.*, S. 144ff.

(63) Reichsgruppe Industrie, Tätigkeitsbericht 1939-1940.

(64) Anwesiung zur Durchführung der §§ 22ff. Der Kriegswirtschaftsverordnung im Bereich der Reichsgruppe Industrie, in: *Mitteilungsblatt*, Teil I, 1941, Nr. 12（24. März 1941）, S. 160f. Schmölders/Wartenburg, *a. a. O.* 日本人の分析としては久保田、前掲『統一原価計算制度論』補論、が興味深い。

(65) W. Rentrop/Heinrich Issel/Paul Riffel/Heinz Müller/Arno Schulze-Brachmann/W. Wehe, *Leitfaden zur Gewinnerklärung*, Stuttgart 1941, S. 154f. レントロップらはじめの三人は価格形成監理局、次のミュラーら二人はライヒ工業集団事務局、各所属、最後のヴェヘは経済検査官。監理官ヴァグナーの代理のフロットマンが序文を執筆している。同じころ上記筆者の二人が類似の手引書を刊行している。H. Issel/P. Riffel（Bearb.）, *Kriegspreise und Gewinnabführung. Kommentar zu §§ 22 KWVD und sämmtlichen Durchführungsbestimmungen*, München/Berlin 1941. この刊行物は、Fritz Wohlhaupt/Wilhelm Rentrop/Martin Bertelsmann, *Die gesamten Preisbildungsvorschriften* の別刷で、J・ヴァグナーが序言を寄せている。な

お本書は、バンベルク大学名誉教授J・シュナイダー教授の配慮で閲覧することができた。

(66) 経済部門・業種によって経済集団による基準点の確定の時期が異なった。標準利潤の確定以前に戦前利潤率によって申告・納付した企業が、基準点が出た後、両者の差額をどのように還付するかが問題となる。*Mitteilungsblatt*, Teil II, 1941, Nr. 20 (29. September 1941). 基準点の事例として、アルミニウム・マグネシウム精錬業の場合（一九四一年一二月一一日決定）、以下のとおりである。利潤として一九三九年度は、必要経営資本の七・五%と、売上げ利潤率として、資本回転一～二回は五%、三回目は四・五%、三・五回以上は四%。一九四〇年は、必要経営資本の六%と、資本回転については、売上げの同前各、四%、三・六%、三・二%。*Mitteilungsblatt*, Teil I, 1941, Mr. 26 (22. Dezember 1941).

(67) それは同時代の経済学者が認める点であった。とくに Schmölders/Wartenburg, *a. a. O.* なお、雨宮、前掲書、参照。

(68) Reichsgruppe Industrie, a. a. O. はその経過を記録に残している。この組織に関しては前出第1章参照。

(69) Anordnung über Einheits-oder Gruppenpreise (19. Mai 1942). この制度に関してはとくに価格形成監理局の二人の刊行物、Dichgans/Roesen, *Die Einheits-und Gruppenpreise*, Stuttgart 1943. また Sellmann/Ferber (Bearb.), *a. a. O.*, S. 287ff. 固定価格制導入をめぐる軍需省トットと工業との関連についてはAlan S. Milward, *Die deutsche Kriegswirtschaft 1939-1945*, Stuttgart 1966, S. 65f.；とくに Eichholtz, *a. a. O.*, Bd. II, Teil 2, S. 514ff. 戦争経済の具体的な状況については、Rolf Wagenführ, *Die deutsche Industrie im Kriege 1939–1945*, Berlin 1963 (1. Aufl. 1955); Fritz Blaich, *Wirtschaft und Rüstung im Dritten Reich*, Düsseldorf 1987；工藤章著『20世紀ドイツ資本主義』東京大学出版会、一九九九年、第II部第3章2部。本書、上出第5章参照。

(70) Erlass des Reichskommissars für die Preisbildung (6. Oktober 1942), in: Sellmann/Ferber (Bearb.), *a. a. O.*, S. 282f.; Dichgans/Roesen, *a. a. O.*, S. 11ff.

(71) Dichgans/Roesen, *a. a. O.*, S. 11ff. また Dichgans, Die Festsetzung von Einheits - und Gruppenpreisen für Rüstungsbedarf, in: *Mitteilungsblatt*, Teil I, Nr. 8 (23. Feb. 1943), S. 111ff. また *Die deutsche Wirtschaftszeitung*, Nr. 21, 1. Juni 1942. 協議にはライヒ工業集団も加わった。Reichsgruppe Industrie, a. a. O., 1942.

(72) Dichgans, a. a. O., S. 113. 軍需関連の部品生産については、Wagenführ, *a. a. O.*, S. 60ff.

(73) Dichgans, Die Anordnung über Einheits-oder Gruppenpreise, in: *Mitteilungsblatt*, Teil I, 1942, Nr. 21 (26. Mai 1942), S.

340; Dichgans/Roesen, *a. a. O.*, S. 47.

(74) *Mitteilungsblatt*, Teil I, 1943, Nr. 1 (11. Januar 1943).

(75) Dichgans/Roesen, *a. a. O.*, S. 58 (Anhang).

(76) *Mitteilungsblatt*, Teil I, 1943, Nr. 39 (11. Oktober 1943).

(77) 戦争による人員の削減により、価格当局の事務を簡素化することが必要となり、国家的機能を経済集団に移譲する方向が強まった。Rentrop, Preisverwaltung durch Selbstverwaltung in der gewerblichen Wirtschaft, in: *Mitteilungsblatt*, Teil II, 1943, Nr. 6 (15. Februar 1943), 参照。

(78) Eichholtz, *a. a. O.*, Bd. II, Teil 2, Kap. VII. とくに S. 516ff.

(79) Flottmann (Hg.), *a. a. O.*, S. 223.

(80) *Mitteillungsblatt*, Teil I, 1943, Nr. 14 (12. April 1943).

第二部　日本の経済新体制とナチズム

第1章　日本における経済組織化の構想とナチズム

はじめに

第一部において私たちは、全体主義的なナチス権力が資本主義経済をいかに包摂し、自らの体制に編成したかを見た。第二部は、このナチス・ドイツの経済機構の再編政策を、全体主義的な体制に傾斜する同時代の日本がいかに受け止め、受容したかを検討し、戦前・戦時日本における国家的な経済統制体制の形成過程を世界史的な関連の中に位置づけることを目的としている。

経済活動への国家的な介入と規制は、戦前・戦時の日本にのみ限られず、形態や程度のちがいはあれ、第一次大戦期以降の各国資本主義に共通してみられる現象であった。自由主義の祖国イギリスにおいてJ・M・ケインズ（Keynes）が自由放任主義を批判し、その終焉と政府の積極的な役割を強調したのは一九二四年であった。その書物『自由放任主義の終焉』（*The End of Laissez-faire*, 1926）は、イギリスにおいてだけでなく、ドイツや日本でも人々の注目を集めた(1)。国家的な経済介入は一九二九年世界恐慌以降、アメリカ合衆国のニューディール政策（一九三三年開始）をはじめとして、各国において拡大され、さらに再軍備と総力戦・総動員の準備体制（Wehrwirtschaft, Preparedness：国防経済＝準戦経済）、第二次大戦の勃発（一九三九年）と戦争経済体制・総動員体制への本格的移行の中で全面的に強化された。国家的な経済統制は今や戦時統制経済として展開する。

戦前・戦時の国家的な経済統制は、このように第一次大戦後の資本主義の一般的傾向としての国家的経済介入という側面と、一九三〇年代中頃以後の総力戦準備＝国防体制および総力戦と一体となった特殊的な戦時統制経済という二つの局面を有し、その重なり合いとして理解することができる(2)。

国家的な経済規制は、貿易・通貨・金融・流通・生産・労働・消費等、経済のさまざまな分野で実施された。企業活動への国家的介入は、多くの場合間接的な形態を取って実施された。もちろん、顕著な公益性あるいは国家性のある分野については、国家は国営的ないし国策的な企業を設立し、自らが経済活動を担当した。イギリスにおける電力業への介入と管理はその事例である。しかしこのような直接的な介入は、一部の分野に限られ、それ以外の経済活動は資本主義的・私的企業を前提とし、それらに対する「上から」・「外から」の統制という間接的な形態をとるのが普通であった。

国家は、その場合、規制的政策の現実化のために、それに対応した企業側の組織ないし機構を必要とした。それは経済統制の国家的な指示や命令の受け皿となり、一方では個別企業に対してそれを伝達するとともに、他方では企業の利害を代表し、それを調整しつつ政府に伝達・反映させる役割をもった。日本においてこのような民間企業の組織化と全国的統合、いわゆる民間経済機構の整備ないし再編が最重要課題となるのは、一九三〇年代中頃から、太平洋戦争にいたる時期においてであった。本書第二部の第1章では、まずこの問題を取り上げることにする(3)。

資本主義的企業の組織化には、二つの型が存在した。一つは民主主義的体制を土台にして、民間企業の同業者的な結合体である trade association の主体的結合を重視するアメリカ型（ＮＩＲＡ）と、民主制を排除し、強制加入制にもとづく「全体主義的」ないし「ファッショ的」なドイツ型（経済集団体制）とである。日本における経済機構の組織化は、とくに日中戦争（一九三七年勃発）前後から「経済新体制」（一九四〇年一二月の経済新体制確立要綱の閣議決定）にかけて重大な政治問題となり、一九四一年八月の重要産業団体令による統制会として具体化するが。[4] その際にモデルとして検討されたのは、後者のナチス・ドイツ型であった。

通商産業省編『商工政策史』第11巻（一九六四年、編纂担当者前田靖幸）は次のように記している。[5]「重要産業における統制団体は、統制会と統制組合に分かれる。前者は全国的産業の統制組織であり、後者は地方的基盤をもつ中小企業の組織である。このうちとくに重要なのはナチスのヴィルトシャフツ・グルッペにならつた統制会であり、その主たる事業は当該産業における生産・配給等に関する政府の計画に対する参画、および当該産業における生産・配給・事業に関する統制指導等である」（傍点は引用者）。

近衛内閣の革新官僚の経済新体制論が「経済統治のドイツ的システム」によって刺激されたと見るG・レームブルフ（Lehmbruch）も、一九四一年の重要産業団体令が「ナチス・ドイツの効率的な経済組織化のモデルから強く影響を受けた」こと、統制会はドイツの「ライヒスグルッペ」にならったものである、と指摘する。[6]

しかし先行研究の叙述はこの程度の指摘に止まり、それを裏付ける実証にまで立ち入ることはなかった。[7] 本章は、日中戦争勃発前後の時期にこのような経済機構の編成の計画がいかにして生まれ、それが経済新体制確立要綱としてどのように集約されていったか、その際ナチス的な経済統制の原理がいかに認識され、受容されていったかを検討することにする。[8]

1　電力国家管理におけるイギリス型とナチス型

（1）電力国家管理を「全体主義的」とする見方

経済過程への国家的介入は、日本においては一九三六年（昭和一一年）頃から急速に進展する。一九三六年に広田内閣の下で内閣調査局が構想した電力の国家的管理は、企業活動への国家の直接的介入の計画として大きな反響を呼び、重大な政治問題となった。革新官僚奥村喜和男（1900-1969）らによって提起され、逓信相頼母木桂吉（1867-1940）によって法案化された電力国家管理は、財界の反対論を抑えて一九三八年に電力管理法・日本発送電株式会社法として立法化した。

いわゆる「民有国営」の方式に立つこの電力国家管理法は、安藤良雄氏によって「ファシズム的経済統制イデオロギー」の背景に関連づけられていたが、[9]最近の研究はその関係をより直接的なものと理解している。日本電力業史研究の第一人者橘川武郎氏は指摘する。[10]「それでは、このように経済的にみて非合理な側面をもつ電力国家管理が実行に移されたのは、なぜだろうか。／その基本的な理由は、さきに紹介した出弟二郎の言動からも明らかなように、国家主義的、全体主義的イデオロギーの台頭という、経済外的要因が大きく作用したことに求めることができよう。電力国家管理問題は、単なる経済問題の枠を超越して、「庶政一新を具現する一つの政治問題」となったのである」。

橘川氏は電力国家管理をこのように「国家主義的、全体主義的イデオロギーの台頭」と密接に結びつけた。この時代の日本における全体主義的ないしファシズム的イデオロギーの広がりは事実であり、電力国家管理の提唱者奥村喜和男らがドイツ・イタリアの「全体主義」に強い親近感を抱いたこと、また彼らが日本の電力の電力問題の処理を「フ

本当に「全体主義的」であったのであろうか。「全体主義」の典型であるナチス・ドイツの国家的経済統制とその「イデオロギー」に留意しつつこの問題から検討していくこととしたい[11]。

（2）電力国家管理のイギリス型とナチス・ドイツ型

電気照明の一般化、動力機としての電動モーターの普及、化学工業や鉄鋼業（電気炉など）への適用、等々、電気の普及は、電気革命とか第二次産業革命と呼称されるほど、経済発展と人々の日常生活のあり方に大きな変化をもたらした。今や各国において電気の利用は、国民経済の発展と国民の生活一般を支え、規定する基本的条件となった。だが電力の生産と供給は自然的独占に結びつく傾向を有しており、第一次大戦後は電力のもつ公共性と経済的重要性の観点に立って、電力生産（発電）・供給（配電）に関わる企業活動を、国家的に規制しようとする動きが各国で生じた。電力の国家規制は日本だけの問題ではなく、世界の主要各国に多かれ少かれ共通する課題となっていた。

それでは「全体主義的イデオロギー」を代表するナチス・ドイツではどのような国家的統制が実施されたか。ドイツでは第一次大戦期から電力業への国家的な介入が始まっていた。ライヒによるエレクトロヴェルケ社の買収をはじめライヒや州による電力業の取得、また半官半民の混合企業の展開がそれである。ナチス政権の下で、電力・ガスを中心とするエネルギー産業は、まず一九三四年のドイツ経済有機的構成準備法と同施行令により、経済集団電力供給業（Wirtschaftsgruppe Elektrizitätsversorgung）として全国的かつ地域的に組織された。電力供給関連企業は、経済集団への加入が強制されたが、企業としての存続と活動は従来どおり確保された。経済集団は当該産業の利害を代表する組織となり、その活動の「自治」が承認された。

一九三五年一二月には動力業法（エネルギー産業法：Energiewirtschaftsgesetz）が制定され、電力・ガスの供給はライヒ（中央政府）の監督下に置かれた。しかしその方式は決して官僚的行政的な管理方式＝国営方式ではなかった。むしろライヒ経済大臣は、動力業のライヒ経済集団の指導者に決定・命令権を委任し、企業側がその任務を自力で解決するようにした。ライヒ経済大臣は「経済が自らの任務を制御しえない場合」にのみ干渉するに止まったのである。(12)

ナチス・ドイツのこの方式は同時代の日本でも注目された、当時の有力な経済評論家・小島精一は指摘する。(13)「現にドイツのナチスの最近の動力経済法に於いても、明白に表現せられてゐるやうに、統制経済は飽く迄も官僚的企業管理を排斥するものであり、営利と公益との適当な調節を眼目とするものである」。小島はさらに次のようにも述べる。(14)「ナチスでは基本産業の国営などは全く問題としてゐないし、殊に電力事業でも民営を立派に承認してゐるのである。（中略）ナチスは飽く迄民間企業の自発的諸効力を尊重しており、或程度迄営利心を利用して、之を国家公共の福祉のために役立たせやうと考へてゐるからである」。

これに対して自由主義的なイギリスの電力国家管理方式はより直接的であった。米独に比して電力業の発展が遅れたイギリスは、一九二六年の法律によって電力生産に関与する中央電力局（Central Electricity Board）を設置した。中央電力局は、電気業における発電分野の整理・統合、有力発電所への電力生産の集中と、高圧送電網の構築および既存の地域的システムの全国的統合を目的とした。同局はそれを通じて特定企業への電力の大量販売（卸売）を行った（小口販売は特定企業者が担当）。これがいわゆるグリッド・システム（National Grid System）と呼ばれる方式であった。つまりそれは部分的な国有（送電網）を伴う民有国営方式であった。(15)

イギリスのグリッド・システムも日本で広く紹介された。一九三七年に社団法人電気協会は、J・ルグウ（Legoux）の書物の邦訳『英吉利に於ける電力の国家統制』を刊行するとともに、その内容を『電気協会雑誌』に連載した。(16)

電力国家管理は以上のようにドイツとイギリスでは大きく異なっていた。全体主義的ドイツでは、電力企業の従来どおりの存続と活動が承認され、その組織＝集団は電力産業の利益を代表する組織としてその「自治」が認められ、国家的管理は企業集団を通じて間接的に実施されるに止まった。これに対して自由主義的なイギリスの方式＝ナショナル・グリッド方式は、電力業への国家の直接的な介入、部分的な国有化を伴う国営方式であったのである。

（3） 革新官僚の電力国家管理論における世界認識

日本の電力国家管理を企画した奥村喜和男らもこのような世界的状況を看過することはなかった。否、むしろそれを著しく重視した。奥村は「電力国策の目標と理念」（一九三六年一一月）でまず最初に「列国の電力政策」を取り上げる。その中で彼が最も注目したのはイギリスのグリッド・システムであった。彼は指摘する。[17]

「我国でこそ電力政策は、政府の一部局で処理されて居るに過ぎないが、欧州大戦後世界の列強は産業上にも国防上にも電力問題を国家的最〔重〕要事項として、国を挙げてこれが解決に当たつたのである。かの自由主義経済政策の祖国ともいふべき英国に於てすら、一九二六年所謂グリツド・システムを採用して、送電線の国有と重要発電所の国家管理とを断行した。英国に於て、しかも一〇年前、かゝる強力政策が遂行せられた所以は大戦中電力飢饉に悩んで、軍需工業動員に重大な支障を生じた苦き経験に鑑みたのと、動力原価の低下を図つて英国産業の復活を策せんとした国防上及び産業上の要求に基くものである。英国はこの電力国家管理方策により、従来の小発電単位孤立的供電組織の不合理不経済より離脱し得て、ある程度の電力確保と原価低下に成功を収めたのである」。彼はイギリスに続いて米・独・北欧・ソ連の状況を概観した後、結論としてこう述べる。[18]「斯様に世界の列強は皆、国を挙げて電力問題の根本的解決方策に邁進しつゝあるとき、我国ひとり晏如として私営事業の自主的発展のままに委して顧みないといふことがあらうか。（中略）現下我国の国是たる国防の充実、産業の発展、国民生活の安定の基礎を為す電力事業の時代適応的匡革方策こそ、正に断行すべき国策中の国策であると確信する」。

電力管理の頼母木案の作成者頼母木桂吉も、電力国家管理を「世界的電気時代」の視点から捉え、イギリスの事例を最初に掲げて、「英国は既に十年前に送電線の国営を実行してゐる国である」と述べてその経緯に注目した[19]。また橘川氏が重視した出弟二郎も、民有民営の「衰微」の「世界的傾向」を指摘し、イギリスのグリッド・システムに大きな関心を示した[20]。「自由主義の本家である英国に於て、既に卸売事業が国営であり、配電事業の統制に、国家の強制条項を設けけんとすることは、如何に電気事業が特種の性質を持つて居るものであるか、と云ふことを示すものであります」。

以上からわかるように電力の国家統制とその「民有国営」を計画した奥村らは、電力国家管理を主要国の世界的な傾向として認識していた。彼らは諸外国の中からとりわけ自由主義の国イギリスとそのグリッド・システムに注目して、彼らの構想の基本としたのである。

こうした世界的認識を前提にして彼らは、国家統制の根拠を説明する。それは電気の国民生活上（照明等）・産業上・国防上の一般的必要性と公共性、電力事業の自然的独占性の特質、国家的管理による合理性と公益性などがそれである。彼らはこれを日本の具体的な現実に関連づけた。軍需工業を含めた電力を不可欠とする各種工業の発展、また日本経済を支える中小企業（電動モーター使用）の必要性、さらに農村工業・地方工業の促進、などである。電力国家管理は、橘川氏の述べるような、全体主義的な「イデオロギー」に立脚していたり、また「非合理的」なものではなく、それなりの一般的な論拠を背景にもっていたのである。もちろん「国防上」の理由も重視された。これも多かれ少かれ各国に共通していたが、日本の場合、それが戦争準備の生産力的基礎の強化・拡大により直接的に関係づけられた点に特徴があるといえるだろう。その背景に日中戦争の勃発があった。

（4）国営方式とナチス・ドイツ方式

日本の電力国家管理は、前述のように、企業の経済集団への編成と経済集団の自律性を土台とした間接的な国家的監督というナチス・ドイツ方式ではなく、イギリスのグリッド・システムに近い民有国営というより直接的な介入の形態をとった。日本発送電株式会社は、既存会社の送電設備と火力発電設備とを強制的に出資させてつくられた国策会社であり、このような経済機構への直接的な国家介入は、日本の統制的経済体制の一つの形態をなすものであった(21)。公益性・国家性と結合した直接的国家介入は、しかし、イギリスをはじめ資本主義各国に多かれ少なかれ見られる現象でもあった。したがって日本の電力国家管理を全体主義的イデオロギーに一面的に関連づけることは適当ではないのである。

電力国家管理の構想と立法化に対しては、経済界を中心に激しい反対の声があがった。小島精一はその代表的なイデオローグであった。その反対論が重要な論拠としたのが、企業の自主性を容認し、間接的な国家的介入方式をとるナチス・ドイツの統制様式であった(22)。電力業界の有力な反対論者である松永安左ェ門もヒトラー・ナチスの方法に注目した(23)。統制経済のナチス的方式の特質は、逆説的ながら電力国家管理反対論者によって指摘され、そして支持されたのである。

もちろん革新官僚もナチス・ドイツの統制経済に注意を怠らなかった。奥村はファシズムの「思想の諸要素」と「我国の国柄」との共通性に注目していたし、出弟二郎もドイツの動力経済の「軍事化」に大きな関心を注いだ。しかし出は「独逸の如きファッシズムの徹底した国」ではそのような間接的方式で目的を達することができても、その条件のない日本にその仕方を適用することは困難であり、したがって「電気事業の組織を根本的に改組」しなければならないと説いた(24)。ファシズム体制の遅れが国家的介入の強化を必要とするという認識がここに示されている。電力管理の国営的方式の採用は、そのような事例の一つであったのである。

2 ナチス・ドイツの民間経済再編成への注目——日満財政経済研究会と昭和研究会——

(1) 日満財政経済研究会とナチス的機構再編方式

日中戦争開始前後から経済新体制にいたる時期における生産力拡充・経済動員計画の策定にあたって、その構想の重要な原型を提供したのは、陸軍・石原莞爾により結成され、満鉄の宮崎正義により主宰された日満財政経済研究会(以下日満財経研と略す)であった。(25)

同会は一九三六年から三七年にかけて、総力戦を想定した重要産業拡充計画を作成するが、同会代表宮崎正義の著書『東亜連盟論』(一九三八年)は、その経緯と計画作成の基本的観点を知る上で重要な資料である。それによると宮崎はこの時期に会が作成した日満重要産業拡充五カ年計画を重視して、それを戦争準備的な段階=「準戦体制」・「国防体制」における国家による計画的な「経済指導」の「方法論」の開拓として位置づけた。(26)

その「方法論」における計画策定の基本的な観点はおおよそこうであった。総力戦準備段階としての準戦経済において必要なのは、経済諸部門の計画化である。その方法としてはソ連型と独・伊・英・仏型があるが、日本の場合、「企業の国営を伴ふ」ソ連型の計画経済は採用されるべきではない。(27) 宮崎らは日本の「経済機構の計画的再編成」の方式としてまず「国営主義」を排除した。

これに対して彼らが採用した方式は、ブルジョア経済機構を前提にした後者の型であり、中でもナチス・ドイツの様式であった。宮崎はA・ヒトラーの演説とナチス党財政綱領を引用して説明する。「国家は単に国家政策的に必要な方向に経済を導くことを自らに要求するだけであつて、他方では国家は個々の経済方針の遂行と経済的イニシアテイヴを個人の自由な判断力と自由な私経済に一任してゐるのである」。

国営や特殊会社は――宮崎によれば――満州においては適当な形態であるが、日本の場合は「私経済」を認め、これに対して「計画的な経済指導」を行う方式が必要である、と。宮崎の重視する「経済指導」なる用語はまさにナチス的な Wirtschaftslenkung に相応する訳語であった。

宮崎は次のように主張する。(28)「差当り我国に於ては、国民経済の重要なる形態としては依然として私経済の存続を認め、国家が之に対し計画的な経済指導を与ふることが、準戦経済形態として最も適してゐることを認めざるを得ない。国営又は特殊会社経営形態は、新しい経済建設に於てはより多く採用し易い形態であるから、今後の新建設に於ては、満州国の経済建設方針が踏襲されることは望ましい。これらの点、識者間には既に意見の一致あるものと見て宜いであらう。斯くして国民経済に対する目的意識的な、計画的な、国家の経済指導が、我国現下の国防経済の本質的な構成部分であると言ひ得る。即ち私経済諸企業の運営は能率的な企業者の自発的努力に委ねるが、経済機構の全領域に亘つて強力なる国家権力によつて計画性を付与し、一個の有機体としての経済体制の機能を、戦争目的遂行のために最高限に発揮させることを目標とするのである。これが我現下の国防経済の形態である」。

しかしブルジョア的経済機構を前提とし、民間企業に対して国家的な指導を遂行するためには経済機構の再編成と組織化が不可欠であった。宮崎らはその際にナチス・ドイツの一九三四年のドイツ経済有機的構成法に注目した。

宮崎は述べる。「我国防経済の組織に於ては、例へば独逸の一般法たる『独逸経済有機的構成準備法』(Gesetz zur Vorbereitung des organischen Aufbaues der deutschen Wirtschaft. 34. 2. 27) の趣旨は相当取り入れられてよいと考へる」。

この法律は前述のようにドイツの企業を経済部門・業種別に「集団」(グルッペ) に組織したもので、宮崎は次の点に注目していた。①農業を除く国民経済の部門ごとの編成にもとづく経済団体の形成。それにより経済団体が当該部門の唯一の代表者となったこと。②組織成員の活動については指導者原則が基本原理とされ、各部門で主導的な企業家が指導者（フューラー）として任命されるにいたったこと。③企業家・企業の経済的要求が原則的に保証されたこと、である。

日満財経研は一九三七年二月に「国策要綱」を作成したが、そこでは「全国産業の団体化・組織化」が提唱され、各産業分野における部門別組合の結成と、地域ごとのピラミッド型連繫、そして中央での全国的な組合連合会の形成が計画された[29]。宮崎の上の指摘を考慮すると、その検討過程でナチスの経済編成替が重要なモデルとして利用された事情が推測される。

その背景にはナチス・ドイツの経済機構の転換に対する日満財経研の分析の深まりがあった。中でもW. Hoche (Hg.), Die Gesetzgebung des Kabinetts Hitler, Berlin 1933-39から経済関係の法律を抜粋し、それを日本語へ訳出した活動はとくに重要であった。それは同会での「研究」に使われたばかりでなく、「各方面」からの求めに応じて書物『ナチス経済法』として刊行された[30]。ドイツ経済有機的構成準備法は、この訳書の冒頭におかれ、「原子的な階級国家」から「有機的な団体国家」（Ständestaat）への転換という「ナチス統制経済の基本思想」を現実化した、最も根本的な組織法として位置づけられた[31]。「経済領域の団体的自治制」とそれらに対する政府の「指導管理」というナチス的方式に対する日満財経研の関心の大きさが示されているといえよう。日満財経研の構想は企画院等に伝えられ、経済新体制の企画の中に継承されていったものと考えられる。

（2）昭和研究会の民間経済機構改革案——ナチス的方式の批判的検討——

①民間経済中枢機関の構想

日本経済の機構の組織化に関する具体的な構想を最も早く作成したのは、一九三六年に正式に発足した昭和研究会であった。新進の学者・評論家・ジャーナリスト・官僚など知識人からなるこの会の活動は、よく知られているように、近衛内閣（第二次）における経済新体制構想に大きな影響を与えた。会に設置された産業部会は、経済政策の樹立と運営のために「官民の緊密な連絡と提携」が必要と考え、「民間経済等」の「綜合組織」となる「機関」の創設を計画し、一九三七年一二月に『民間経済中枢機関試案』（以下、『試案』と略す）を作成した(32)。

民間経済中枢機関（日本産業連盟（仮称））は――『試案』によると――産業別利益の代表から成る、産業界の創意と自治にもとづく組織で、法律によってつくられる。それは既存の経済団体を利用しながら、(i)法人企業・経済団体を強制加入させ、それを業種別・産業別に統合する。(ii)地方産業発展のため地方産業統合機関を新設し、本中枢機関へ強制加入させ、地方的利害と国民経済的利害との連繫と調整をはかる（なお労資関係団体と農林関係団体は含まれない）。

その機能は(a)産業界の見解の代表、政府の国策樹立・運用への協力（政府への諮問・建議等）、(b)主要産業相互の連絡・協調（紛争の自治的裁定等）、(c)対外的な日本経済界代表、などである。カルテルには関与しない（したがってカルテルは存続する）。

同会産業部会は『試案』作成に際して、英・米・独の類似組織を調査し、それを「参考資料」として本文に付した。英・米・独のうち同会が自案作成の基準としたのが、ナチス・ドイツの方式であった。『試案』本文の最後に付せられた下記の文章は、同会がナチス・ドイツ方式を比較の対象としていかに重視していたかを表現している。

「独逸経済有機的構成法により組織された独逸商工業の統合組織は、表面的には自治機関であるが、その実質に於ては、ナチスが此の組織を通じて独逸全産業に号令し、ナチスの産業政策を全産業に滲透せしめんとする目的の下に、所謂ナチス・イデオロギーたる「下への強権上への責任」を至上命令とする指導者原則に基き、上から全産業を組織化せるものである。従つて、この組織の性質は、民間の産業団体と云ふよりは、寧ろ国家機関の延長と見らるべきものである。／之に反して、本会の組織は、我国重要産業をそれ自らの力によつて、自治的に下から組織せんとするものである。従つて本会は国家機関とは全く独立し、その機能に於ても、行政官庁とは相補ひ、相輔くる関係に立つものである」。

研究会はナチスの指導者原理を「下への強権上への責任」という全体主義的な原理として捉え、それにもとづくドイツの経済団体再編を民間の「自治」を排除するものと考えた。同会『試案』は、このような指導者原理を否定し、「自治的に下から組織」する立場を採用した。『試案』は明らかにナチス的なそれと区別さるべき観点に立っていた。だがそれは英米型の trade association による自主的方式の採用を意味しなかった。経済部門・専門的業種にもとづく法制的な団体編成と、組織への会員の加入強制、さらに団体組織とカルテルとの両立、などの原則は、『試案』がナチス・ドイツの企業編成の方式を取り入れたことを示していた。[33]

②「日本経済再編成試案」（昭和研究会事務局）と経済新体制問題

昭和研究会事務局は、一九四〇年八月一二日付で「日本経済再編成試案――建設期経済体制編成のために――」（以下「再編成試案」と略す）を作成した。合計四九頁（枚）のこの文書は、革新官僚美濃部洋次に関係する「国策研究会文書」の中にも残されている。傍線が書き込まれたこの文書は、美濃部ら企画院官僚が経済新体制構想の検討に際して、それを参照した事情をうかがわせるものであり、昭和研究会と企画院・官僚とを関連づける資料として重要である。[34]

「再編成試案」の内容は五項目に分けられているが、その中心は「改革案要綱」にある。[35] 改革案の内容は大きく二つに分かれる。一つは企業経営の内部機構の改革であり、もう一つは諸企業の国民経済的編成＝統制機構の創出である。具体的に見てみよう。

A　企業の内部機構の改革

①改革案は「生産経済」の基礎的単位として、企業経営における「経営」の側面を重視する。その「経営」とは「現存の企業経営」のそれであり、改革は私的企業の存続を前提として構想された。これに対して国家が企業活動に直接関与する「国有化」や「半官半民会社」の方式は排除された。経営機能の発揮は「単に資本の私的所有を否定したものではありえない」のである。[36]「再編成試案」の第一の特徴は、資本主義的・私的企業とその「経営」を土台とした改革にあった。

②だが現代的な企業形態（=株式会社）は、矛盾をそのうちに有している。すなわちこうである。企業は私的利益の追求をめざす資本所有の機能と、経営活動がもつ「公的（社会的）機能」という二重の性質を有している。前者は資本所有・資本所有者=出資者・株主の観点に対応し、後者は企業の経営機能=経営担当者の活動と結びついている。そして両者は分離し、矛盾している。今日必要なことは、前者における私的利益の「専恣的な追求」を「統制」し、後者の経営機能を十分に発揮させることである。それはいかにして可能か。

③「再編成試案」は、経営機能の「自力発揮」のためには、新しい要因が必要であると指摘する。同案は経営機能を発揮させるこの「新な動因」が、ドイツの場合には、ナチスの指導者原理にあると考えた。指導者原理は民族社会主義の「精神」と不可分の関係にあり、ドイツではそれを備えた「産業指導者」による「ナチス的原理」にもとづく経営指導が、経営機能の発現の「新な動因」を形づくっている。「再編成試案」はこのように指導者原理を、ナチス的な経済指導者によるナチス的世界観・ナチス的原理の実現のための本質的な原理として認識し、それがナチス・ドイツの経営的発展を推進する決定的な要因となっているとみなした。だが「再編成試案」は、ナチス的なこの指導者原理を日本に適用することは不可能と判断し、「わが国情に即した新な方式」の必要性を説くのである。[37]

「ナチはかゝる動因として指導者原理を取り入れてゐる。ナチ的精神を体得した産業指導者がナチ的原理に準拠して経営機能を指導し、その機能を発揮せしめんとする体制である。併し、この指導者体制を採用することは我国では不可能であり、又決して適当でもない。我々はわが国情に即した新な方式を工夫すべきであり、またかかる方式を創造することも出来ないではないのである」。

④指導者原理にかわる日本的方式として考えられた原理が独自な「給料方式」であった。すなわち企業の経営機能の担当者に公的人格を賦与し、職能的活動に対応した給料制度を設けることである。具体的には会社の社長・常務取締役の公共人化、資本所有者に対する「統制利潤」の確保と生産的経営の向上、経営者の能力と創意とその競争、国家的責任の下での協調、全従業員の職能化・公共的立場の自覚、技術の解放、などの構想である。ナチス的指導者原理＝ナチ的精神に対して日本的方式として計画されたこの企業経営改革案は、一見これまで例のない、奇抜な思いつきのような印象を与える。しかし、経営者の職能的活動を重視し、資本所有者に対してその位置を強化したり、半ば公法人化するという考え方は、Ｊ・Ｍ・ケインズの public corporation 論やＲ・Ｈ・トーニーらのギルド社会主義、あるいはドイツのＷ・ラーテナウの株式会社論中ですでに展開されており、日本でも上田貞次郎や向井鹿松ら、有力な論者によって紹介され、主張されてきた思想的立場であった。研究会の改革構想は、このような思想史的な系譜を背景にもっていたのである。(38)

Ｂ　統制機構の創出

経済活動の基礎的単位としての企業経営の内的機構に関する改革構想は、諸企業が構成する国民経済全体の再編成の考えと一体となっていた。産業別・職業別の企業グループ化・シンジケート化とそれらに対する国家的監督という共同経済的構想がそれであり、それが「再編成試案」の改革案の後半部分をなす「統制機構」の内容であった。

「統制機構」の単位団体は、産業部門別につくられた部門所属企業の代表者からなる「全体組合」であり、その上部に各「全体組合」の代表が構成する「最高経済会議」が置かれ、国民経済計画の編成や物価統制を企画する。「全体組合」は「最高経済会議」と個々の企業との間を媒介的に結びつけ、また統制会社として当該部門の生産力水準の向上、適正価格の決定、統一的配給などの活動を行う。「全体組合」は「最高経済会議」での計画数値の編成への協力、計画に対応する生産・配給の共同引受、各企業に対する分担量の決定、原料資材等の共同購入、生産品の統一的配給、企業・経営の分離・統合、統制価格の決定などの仕事を行う。

組合の形態は、産業部門によってカルテル形態（紡績業等）、シンジケート形態（石炭業等）、トラスト形態（機械工業等）とする。「全体組合」は、国防経済の強化と生産増強の観点から、「準備的」にキー産業から創設する。キー産業とは鉱業・基礎原料工業・主要生産手段工業・輸出工業・基本的生活必需品工業である。

昭和研究会の経済機構再編成案は、以上のように、企業の内的機構に関わる改革と諸企業の組織化と国民経済的編成に関する改革との二つの柱からなっていた。そのうち後者は、一九三六年の『民間経済中枢機関試案』を部分的に修正した内容となっている。だが前者の企業の内部機構に関する改革案は、一九三六年の『試案』になかった新たな構想である。一九四〇年の「再編成試案」は、「日本経済」の国民経済的な「再編成」のために、企業の内部機構改革を不可欠と考えたのである。

一九三六年の『試案』は、前述のように、民間企業の組織化と中枢機関の構想に際してナチス・ドイツの有機的経済編成に注目し、それを基準としたが、しかし全体主義的な特質と結びつく指導者原理は採用せず、これを批判し排除した。一九四〇年の「再編成試案」も同じようにドイツ方式に注目していた。ナチス的世界観＝原理とそれを現実化する指導者原理は、企業の内部機構を支える要因として、すなわち企業経営における経営機能を発現させ推進する要因として捉えられた。しかし昭和研究会は企業経営の機構改革の構想においてこのナチス的方式を排除した。所有・経営分離論を前提にした経営担当者の公共人化とその創意の発現、それによる経営機能の展開という構想は、ナチス的指導者原理に対置される日本的な方式として認識された。ナチス的指導者原則は一九三六年の「試案」においてばかりでなく、一九四〇年の「再編成試案」においても否定された。昭和研究会の構想はナチス的方式とこの点で明確に異なる立場に立っていた。

しかし昭和研究会はナチス・ドイツの機構再編の様式からいくつかの重要の要素を吸収した。私的所有と現行の企業活動の是認、国有化の排除、それを前提とした上での私的利益の「専恣的な追求」の「統制」、その方式として株式配当制限、また国民経済の編成に関する産業部門別の企業組織化と全国的統合の方式、などであり、それらの構想にあたって研究会は英米型ではなく、ナチス・ドイツ方式を基準にしたことは間違いないといってよいだろう。

「日本経済再編成試案」の内容は、先行研究が指摘したように、一九三九年に刊行され大きな反響を呼んだ、研究会の有力メンバー笠信太郎の書物『日本経済の再編成』（中央公論社）の論旨と全面的に重なる。そして企画院における経済新体制の構想はそれから大きな影響を受けた。「経済再編成試案」の二つの柱は、内容的に修正されはしたが、「経済新体制確立要綱」における「企業体制」と「経済団体」の二つの構成となって継承された。

昭和研究会案から大きな影響を受けて作成された当初の企画院の経済新体制構想は、周知のように経済界の激しい反発に直面した。反対論の最大の論点は、企画院案におけるいわゆる所有と経営の分離論とそれにもとづく企業機構の改革案であった。それは研究会の「再編成案」の第一の柱に対応する企業経営の機構改革の方式にほかならなかった。経営的機能の「発揮」のために、ナチス的な指導者原理に代わる日本的な「動因」として構想された資本・経営分離論は、財界によって、あたかも利潤否定、資本主義否定として受け止められた。

最近の研究も、所有・経営分離論と経営者公共人化の構想を、あたかも資本主義を否定したソ連型の計画経済に著しく接近したものと理解している[39]。しかし上の構想は、財界が考えたように社会主義的でも、最近の研究者が解釈するようにソ連型でもなかった。その原型は先にも述べたように、ケインズやトーニーらのイギリスの改革思想、またW・ラーテナウの株式会社改造論にあり、日本においても有力な論者によって主張されてきた理念であった。とりわけ『日本統制経済全集』（全10巻、改造社、一九三三／三四年）の第一巻向井鹿松『統制経済原理』の統制経済体制構想は、その直接の先駆をなすものであった。著者向井は、慶応義塾大学教授で、政府の臨時産業合理局（一九三〇年発足）の統制委員会の委員として、また内閣調査局（一九三五年設置）の専門委員として活躍した有力な経営学者であった。その向井があるべき統制経済の姿として構想したのが、この資本・経営分離論であった。その際彼が自論の根拠としたのは、ドイツの電機工業コンツェルン、AEGのW・ラーテナウ（Rathenau）の考えであった。株式会社の機構とその転換を重視したラーテナウの「自律的企業」「事業としての事業」、「株主なき株式会社論」こそ、向井の統制経済体制論の中核をなす「超株式会社論」の基礎を形成するものであった。所有・経営分離論的に立脚して経営者とその専門的な機能を重視する昭和研究会やその有力メンバー笠信太郎の構想は、このような修正資本主義的な思想的系譜の中で理解されねばならないのである[40]。

3　企画院における経済機構再編成の構想とナチズム

日中戦争勃発から三年、一九四〇年六月に第二次近衛内閣が発足し、美濃部洋次・毛里英於莵・迫水久常ら革新官僚を中心にして、いわゆる経済新体制が企画された。それは日中戦争の長期化に対応し、さらに総力戦を準備する戦時経済＝国防経済体制の確立をめざして構想された。それは単に戦時的ないし時局的な状況に対する一時的な対応としてばかりでなく、同時に世界恐慌・ブロック経済・再軍備という世界経済的な転換、また自由主義的な資本主義経済の行詰りと国家的経済統制への移行という段階的ないし世界史的な認識を背景に有していた。

経済新体制問題の経過は、前述のように中村隆英・原朗両氏のすぐれた研究[41]によって詳細に解明されている。両氏が分析したように、その経緯は日本経済の再編成を構想する企画院・革新官僚と軍部、それに対する財界の反撥、そして両者の妥協、経済新体制確立要綱の閣議決定（一九四〇年一二月）をもって要約される。こうして計画された体制は、一年後の一九四一年一二月に勃発した太平洋戦争の総力戦経済体制へと展開していく。

(1) 経済機構再編成としての経済新体制構想

政府・企画院における経済新体制の企画は、一九四〇年の夏に着手された。企画院（第一部）作成の「経済機構整備要綱（案）」（一九四〇年八月八日）はその最初の成果であった[42]。つまり経済新体制構想は何よりも「経済機構の整備」として始まったのである。経済機構の編成は、日満支を根幹とする「大東亜協同圏」の建設のための国防国家体制＝高度国防経済の確立の条件であるとみなされ、この観点は最後まで変わることはなかった。その目標は①個人主義・自由主義の克服と「国民一体国家奉仕」の自立的経済体制（すなわち全体主義的国家主義的広域アウタルキー経済）、②「利潤本位」から「生産本位」への移行、③「官民一体」の「協力体制」の樹立、にあった。

企業の組織原理の特徴は次のとおりであった。

①大規模産業では企業の「自律性」が確認され（「国営」・「国策会社」方式ではない）、「その指導者」（＝企業経営者）に公的人格を与える。「指導者」は「創意」と「責任」にもとづいて国家的見地により生産活動を推進する（指導者原理の採用）。

②中小産業は全業者を包摂する系統的組織＝物資別協同組織を行政区画により組織し、農村では部落共同体にもと

づく農村協同化と農業報国運動が進められる。

③企業経営においては「指導者」（＝企業経営者）と「労務者」とを一体とした経済協同体の原理を確立し、職能に応じた産業報国運動を展開させる。

企業の組織原理は以上のとおりである。それを土台にして諸企業・諸協同組合の産業部門別統制団体の組織化＝系統的統制機構が構想された。統制団体は地域的にも編成され、さらに全産業を統括する最高産業団体が設けられる。それらはいずれも産業行政の一部を分担する。

産業団体は公法人とし、それへの加入が強制される。首脳部は政府による選任またはその認可にもとづく。その事業は生産・配給・消費・貿易に関する統制連絡、産業の指導施設、産業関連の仲介・調停、労働者福利施設、産業報国運動等に関与する。また最高経済会議（経済協議会）には、官公吏だけでなく各界代表も参加し、経済計画について調査し審議する。

なお経済機構の整備の順序として、重工業・化学工業・農業・生活必需品産業について重点的に着手し、また鉄・石炭等の基本物資の場合は企業の合併等を行い、統制化を完成させる。

以上のように企画院の経済機構整備要綱（案）は、その内容と方向の基本線において、日満財経研や昭和研究会などの戦時経済体制の構築に関する諸構想の流れの中に位置づけられることは明らかである。

まずそこでは国有化や国策会社化を基本とする方式は除かれ、私的所有にもとづく現行の企業体制が前提とされている。その上で「国家的目的達成」の「見地」＝「計画経済の遂行」が設定され、「利潤本位」から「生産本位」への転換が求められる。「官民一体」の「協力体制」が要請される所以である。「利潤本位」から「生産本位」への転換の主張は、笠信太郎ら昭和研究会の構想を受容したものと考えられるが、しかしそれは利潤原理の否定ではなく、自由放任主義的な営利第一主義の排除を意味した。(43) 営利原則を前提にし、民間企業の「協力」を土台として、しかも国家的な「見地」を実現するその「機構」が問題となるのである。既存の日本資本主義の部分的な修正であるとしても、「既存の経済システムの根本的改革」を主張するものでは決してなかった。

ナチス的思想の影響は、個人主義・自由主義の克服（＝全体主義）と自律的経済（アウタルキー）の目標や「利潤本位」（＝自由放任主義的営利追求）の排除の主張にまず看取される。企業組織における指導者の創意と責任、企業経営者＝指導者と労働者（労務者）との一体化、すなわち経営協同体の観念は、まさにナチス的な指導者原理と経営協同体観の適用であるといえる。これらの方針は、全体主義的な指導者原理を終始排除した昭和研究会の機構改革構想の立場と異なる特質をなしている。

後者の経営協同体の理念は、企業と労働者の関係を階級的対立関係とする社会観を否定し、信頼にもとづく共同的な関係として捉えようとする観点で、それはナチス・ドイツの労働立法の根幹をなす「民族労働秩序法」（一九三四年一月）の基本理念と一致する。経営協同体の観念は、この後勤労新体制の構想の中に継承され、一九四〇年一一月八日に閣議決定された勤労新体制確立要綱に採用された。この観点は、経済新体制確立要綱の冒頭において、企業を「資本、経営、労務の有機的一体」とする規定の中に吸収されることになる。(44)

また「整備要綱（案）」の国民経済的統制機構の考えは、産業部門を軸とした団体編成を原理としていた。それはドイツの経済有機的構成法によるナチス的な経済編成の原理と共通していた。

(2) 経済新体制確立要綱（一九四〇年一二月）へ

①一九四〇年秋の構想

上記の中村・原論文は、一九四〇年九月と一〇月に作成された企画院「経済新体制確立要綱」（案）を詳しく紹介し分析している。企画院の構想は「経済機構整備」の名称に代わって「経済新体制」が用いられるようになったが、企画の中心問題が経済機構の再編、すなわち企業体制と企業の国民的編成とにあった点は変わりがなかった。

上記論文によれば「『新体制』熱が頂点に達した時期」の九月二八日案は「内容、表現ともにもっとも激越」であった[45]。それではそれはナチス的思想とどのような関係にあったか。

機構整備の第一の柱である企業体制の改革は「自由主義企業体制」の改革を意味する。「私益の追求」＝営利第一主義の排除と「投機的及独占的利潤」の防止、「適正利潤」の確保、「配当の統制」、などで、この観点は、ナチス・ドイツの経済政策思想と一致する。企業経営における経営重視もドイツの場合と同じである。ナチスの場合には株式（会社）法の改正による取締役会の権限の拡大という形をとったが、この要綱ではより抽象的・原理的に「資本の支配」からの離脱や企業経営の「公共性」の強調、「企業担当者」への「公的性格」の賦与、などと表現されている点が独自的である。笠信太郎・昭和研究会の考えの強い影響をそこに見ることができる。

機構整備の第二の柱である企業の組織化＝団体化と国民的統合＝「国民経済組織」は、詳細かつ具体的で、この部分が経済新体制問題の基本的な内容であることを示している。産業部門・業種（物資）別の「経済団体」の強制的設立、その全国的・地域的組織化、全産業を統括する「最高経済団体」、「最高経済団体」に対する政府の監督、「経済団体」における指導者原理等は、ナチス・ドイツの経済有機的構成法の方式と一致している。

九月二八日案の注目すべき特徴は、上の企業体制・経済団体編成の機構改革と並べて、「経済精神」をもう一つの柱として構想したことである。すなわち機構を支える国民とその個別的経済の「精神」の重要性が認識され、「国防国家」の完成のための「公益的地位」・「公益的責任」が強調された点である。この観念は一二月の経済新体制確立要綱では公益優先・職分奉公の原則として表現されることになるが、そのような「国防国家」と結びつく「公益」の「精神」の強調は、まさにナチス的であった。

ナチスは、民族社会主義の「世界観」を決定的に重視し、「精神」や「倫理」の強調はナチズムの本質的要素をなしていた。ナチス党は綱領第24条で世界観の変革を謳い、そしてその中でマルクス主義と唯物論を排斥し、また営利至上主義を「ユダヤ的」として攻撃した。それに対置して強調されたのが民族共同体の理念であり、「公益は私益に優先する」の原則は、それを端的に表現する標語として至上命令の位置を与えられた。経済団体と企業経営を特徴づける指導者原理は、指導者にこのナチス的世界観の信奉を条件づけており、その活動はナチズムの世界観＝「精神」によって支えられ、推進されねばならなかった。

昭和研究会はこのことを適確に認識し、その上で全体主義的精神主義的な指導者原理を排除した。所有・経営分離論にもとづく経営者公人化による企業形態の機構的改革はそれに代置される構想であった。これに対して企画院の一九四〇年秋の構想は、指導者原理を根幹にすえており、この点で昭和研究会の観点と大きく異なっていた。企画院のこの計画は、経済機構を支える指導的主体の「精神」、「経済精神」の役割を不可欠とみなし、国民とその経済活動に対する「皇国」・「国防国家」のための公益的精神の信奉を構想の第一の柱として組み入れたのである。企画院官僚は昭和研究会とは逆の意味でナチス的な方式における「世界観」の重要性を的確に理解していたといえよう。

②経済新体制確立要綱と経済機構再編成——ナチス的経済思想との関連——

経済新体制に関する企画院の構想は、経済界の激しい反対に直面した。財界は資本・経営分離論を営利原則の否定として解釈した。一九四〇年一二月七日に閣議決定された経済新体制確立要綱（以下確立要綱と略す）は、先行研究が強調したように、企画院革新官僚と財界主脳部の両者の「妥協」の産物として理解することができる。企画院当初案にあった経営機能の資本支配からの自立、経営担当者の公人化の考えは除かれ、企業の「民営」・「自主的経営」と「適正なる企業利潤」が確認された。しかし国防・戦時経済体制の構築は、日本の場合ソ連と異なり、資本主義的私的企業体制を土台にしてはじめて可能となる。それは企画院の構想の前提にある認識であった。そして上の企業の

「民営」・「自主的経営」と「適正な利潤」は、財界の主張に止まらず、企画院の構想の根底にある原則でもあった。両者はこの点において共通していたのである。

経済的総動員体制の確立のためには政府は、資本主義的な企業家団体、つまり財界・経済界の体制への協力を必要とした。「確立要綱」の決定を通じて、政府と、国家的経済統制の強化にこれまで抵抗してきた財界とは、ともかくも「妥協」に到達したのである。その「妥協」は、確かに革新官僚の当初の構想の後退を物語るとしても、他方では財界側の立場の抵抗から協力への転換という政府にとって積極的な側面を含んでいた。経済界主導のいわゆる「自治統制」と官僚的な「官治統制」との対立は、両者の妥協としての「協力統制」・「協働統制」へと移行したのである。その意味で政府・軍部にとって戦時体制の最も基本的な条件は確保された。「妥協」は積極的な意義を有していたのである。

このことを留意しつつ経済新体制確立要綱の特徴を見ることにしよう。①まず官民協力体制が確認された。日満支・大東亜の自給自足的共栄圏の確立（＝広域アウタルキー体制）と国防国家体制の完成のために「官民協力」によって綜合的計画経済を遂行する。そのために、②「企業体制」の確立と、③「公益優先・職分奉公」の趣旨による国民経済の国家的「指導」と「経済団体の編成」、国民経済の有機的編成の必要性が強調された。

②の「企業体制」は、(a)「民営」を本位とし、国営・国策会社は特別必要とされる場合に限定された。(b)企業は「資本」・「経営」・「労務」（労働）の「有機的一体」（＝経営協同体）として編成される。国家的計画・国家的目的のために「企業担当者」は、「創意」と「責任」により「自主的経営」を推進し、「生産力」の「増強」に努める。国家的統制は企業への直接的な介入ではなく、「適当なる指導統制」の形をとる。(c)しかし国は一定の条件の下で、企業の設立を制限し、分離や結合を促進する権限を留保した。(d)営利活動については投機的利潤・独占的利潤は排除され、適正な企業利潤が認められた。しかし国家的な生産増強に結びつく利潤の増大は承認された。(e)企業利益の配分（＝配当）には「適当なる制限」が加えられた。

③の「経済団体」の組織化は、「企業体制」とともに、「確立要綱」の核心部分をなしていた。企業の団体的編成は、高度国防のための国家的な「指導」に緊密に結びつけられる。経済団体は個々の企業と国家との間に介在し、前者の「自主的経営」と後者による指導的統制とを関連づける組織となるべきものであった。それは「政府の協力機関」として、一方では企業者的立場に立って政府の政策立案に協力するとともに、他方ではその実施計画立案と計画実行を担当し、下部団体と所属企業を指導するという任務を与えられた。

経済団体の運営は「自主的」であり、国の「指導監督」は大綱に止められた。しかし経済団体の運営は「理事者指導」の下におかれ、「理事者」は業者の推薦にもとづき政府が認可することとした。「経済団体」に対する国の「指導監督」→「経済団体」における「理事者」の指導的運営→「経済団体」による下部団体・企業の「指導」という上から下への指導的体制が示されている。新体制を特徴づけるいわゆる指導者原理である。そして「重要産業部門」の「経済団体」は、企業・組合を単位として、業種別・物資別に組織される。その他の産業も同様の形を取り、必要に応じて業種別または地域別に編成された。

②の「企業体制」を特徴づける経営重視、経営協同体的観点、また配当制限や投機的独占的利潤の否定など自由放任的な営利主義の排除と「適正な利潤」の原則、国家的目的と合致した場合の高利潤の承認は、先に見たようにナチス的経済思想と全面的に共通し、また③の「経済団体」における部門別・業種別編成方式と国家―経済団体―企業の指導・監督の組織原理は、指導者原則にもとづくナチス・ドイツの経済有機的構成法の編成原理と一致していた。

「確立要綱」におけるこの機構面での改革は、同時に国民に対する精神的ないし経済倫理的な国家的強要と一体となっていた。公益優先の原理とそれに対応した職分奉公の観念がそれである。それはナチズムにおける「世界観」の重視に対応した。そしてナチス的「世界観」における最重要原則は「公益は私益に優先する」(Gemeinnutz geht vor Eigennutz)であった。「確立要綱」の中で「国民経済」に対する国家的な指導者理念として提示された「公益優先」

は、ナチス的な原理の模倣にほかならなかった(46)。

木下半治編の『新体制辞典』（朝日新聞社、一九四一年）はこの用語をこう説明する。「ナチス綱領二十四条より出づ。唯物的利己主義に対して民族共同体を強調するナチズムの一原則。近来日本の新体制に関する指導原則にも同じ言葉が用ひられてゐる」（同前、五六頁）。

「経済新体制確立要綱」の作成過程で、資本・経営分離論と資本（株主）の企業支配の排除など企画院・革新官僚の主張は否定された。しかし「要綱」における経済機構再編成の内容とその原理の基本線は、企画院の当初案以来新体制構想の主要な部分を構成し続けてきたものであった。「確立要綱」の決定を通じて政府・企画院は、当初の経済機構再編構想の主要な部分を確定し、戦時経済＝動員体制にとって不可欠な企業家層の「協力」を確保することに成功した。

この経済機構の再編の基本的な方向性は、それに先立ってすでに日満財政経済研究会において準備されており、また昭和研究会や笠信太郎はそれを別の形で提起していた。それらの先行的な展開の中で機構改革のモデルないし基準として常に最も重要な位置を占めたのが、ナチス・ドイツの事例であった。「確立要綱」は、このようなナチス的経済再編成方式の受容過程の帰結点をなすのである。

「確立要綱」の「企業団体」は、「統制会」として具体化されるが、その経緯について企画院の中心的官僚の一人、美濃部洋次は次のように述べている(47)。「統制会の組織といふものが、独逸の模倣であり、日本の国民性に適合するかどうかといふ点はいろ〳〵議論があります。しかし統制会の性格といふものは、必ずしも独逸の直接の模倣ではない。その点は相当はつきり考へなければならぬと思ひます」。経済新体制における経済団体の組織化は、このようにナチス・ドイツの直接的ではないが、しかし間違いなく一つの「模倣」であったのである。

おわりに

われわれは、日中戦争勃発前後から近衛内閣（第二次）の経済新体制にいたる時期における日本経済の機構再編に関する政策構想の展開過程を考察し、その中でナチス・ドイツの政策や経済思想がいかに重要な役割を果たしたかを見てきた。

生産力拡充と経済総動員体制の準備（＝国防経済体制）ないし戦時経済体制の構築と結合した経済機構の有機的編成は、経済過程に対する国家的な統制の拡大を意味した。それは企業の営利活動への規制を伴っていた。このような行政的統制の強化（＝「官治統制」）に対して、これまでカルテル的・組合的な結合による「自治統制」を求めてきた経済界は、強く抵抗してきたが、今や経済新体制の「官民協力」体制へと立場を転換させた。それでは経済界はこの構想の重要なモデルを提供したナチス的方式をどのように捉えていたのだろうか(48)。

経済界のリーダーは、「社会主義」と「労働者」の名称を党名に有し、利子隷属制打破・不労所得排除などの「反資本主義的」な主張を綱領に含むナチス党（「民族社会主義ドイツ労働者党」）に対して、当初から強い警戒心を抱いていた。しかし権力掌握後のヒトラーと党の具体的な政策において「反資本主義的」主張の後退が明確になるにつれて、財界のナチス観も変化していった。

ナチス体制への経済界の積極的な関心は、本論でみたように、電力国営問題における経済人松永安左ェ門や財界イデオローグ小島精一のヒトラー・ナチス認識の中に現われていた。彼らは、ナチスが企業の営利活動を認め、経済団体の「自治」を重視して、国家の介入を経済への指導・監督に限定したことに注目し、それを積極的に評価した。

財界のナチス観は、一九四〇年春以降重大な転換を迎える。それは経済界の主導的地位にあった日本経済連盟会の別働隊・重要産業団体懇談会の「民間経済新体制要綱（参考案）」（一九四〇年九月一三日。以下「要綱（参考案）」と記す）の中に表明された[49]。日本経済連盟会は、一九四〇年六月、「産業統制機構」に関する意見書を作成し、総理大臣・商工大臣等関係大臣・企画院総裁・両院議員に対して、国民経済の全領域をカバーする「民間経済中枢機関」を建議していた。上記の「要綱（参考案）」はそれを受けて産業別・業種別団体の組織化と諸経済団体の全国組織（「全日本産業連盟」）を計画した。それは集団（グルッペ）組織を軸とするナチス・ドイツ経済機構に酷似していた。「要綱（参考案）」は、民間団体の「創意と責任」を強調しながらも、経済統制における政府の指導と監督の役割を認め、さらに営利偏重主義をも批判して、「公益優先の原則」に立つ「官民一体」の「精神」を求め、また経済団体の編成についても「指導者原理」の採用を提案した。「要綱（参考案）」は、企画院に先だってナチス的な公益優先原則を重視し、指導者原理を軸とするナチス的機構改造の方式を吸収していた。

日本経済連盟はじめ日本の財界七団体は、経済新体制問題が大詰めを迎えた一九四〇年一二月初めに、「経済新体制に関する意見書」を作成し、近衛首相に建議した。その中でもナチス・ドイツは「国家的目的に合致する範囲内」における「営利心」を是認する積極的な事例として特別に引き合いに出された。営利原則を土台とし、「私的イニシヤチヴ」を重視したナチス的統制方式に関心を向けたのは企画院官僚だけではなかった。資本主義的企業家たちも同様であったのである[50]。

日本経済の機構再編に関わる具体的な企業組織化計画に関して、企画院と財界の両者の考えは多くの点で一致した。それは単に集団化・組織化の方式に関してだけでなかった。企画院官僚も財界首脳部も、ナチスの経済機構がそれを担う指導的な経済人とそのナチス的世界観によって支えられていること、その基礎に全体主義的な組織原理＝指導者原理が存在することに注目した。営利原則を認めつつ、しかし民族的利益を優先し、自由放任主義的な営利追求を抑制する世界観がそれである。それは「公益は私益に優先する」という言葉に集約的に表現されていた。

日本経済の機構改革は、それゆえ単なる機構上の改革に止まるのではなく、「精神」の転換を不可欠の要素としなければならない。経済新体制確立要綱の中心的な指導原理として編み込まれた「公益優先」と「指導者原理」は、経済界によっても賛同される理念となった。

こうしてナチス・ドイツの経済機構と日本の経済再編成とは重要な特質を共有することになった。もとより日本の経済新体制＝経済再編は、いくつかの点でナチス・ドイツとは異なる特徴を示した。ドイツでは経済団体は、全経済部門で集団化され、かつ全国的な統合的組織＝ライヒ経済会議所が設置された。日本の場合、経済団体の組織化は、重要産業部門に限られ、また最高経済会議所も計画はされたが、具体化しなかった。しかし両国の最大の相違は次の点にあった。ドイツでは総統（Führer）ヒトラーとナチス党による強力な独裁的体制が存在し、広範なナチス党員やナチス的経済人が経済組織の中枢部を掌握した。彼らはナチス的「世界観」と指導者原理にもとづいて、経済団体を通じて国家的な政策を企業活動に関連づけることができた。日本はヒトラー・ナチス党のような「下から」の運動に支えられた権力手段を欠如していた。それは指導者・指導体制の弱さを意味していた。革新官僚は日独のこの違いを適確に認識していた。しかし彼らはそれに代替する日本的な原理を知っていた。それが「ナポレオン」的観念＝天皇制的イデオロギーであり、伝統的な家族主義であった。それは日本の財界の立場と一致する。経済新体制のあるべき姿として経済界の意見書が最も重視したのが、まさに「日本精神」であり、日本的な家族主義の「経済道」「美風」であったのである(51)。

日本の経済新体制が大きく問題化する一九四〇年の前年に、ドイツはポーランドに侵略し、ヨーロッパでは第二次大戦が勃発した。ドイツでは一九四〇年に兵器・軍需省が設けられ、F・トットとその急死後はその後任、A・シュペアの下で軍需関連企業が組織化され、委員会・リング体制がつくられた。それによって一九三四年に発足した経済集団体制は大きな転換を迫られることになった（本書第一部第4・5章参照）。

日本においてこのナチス的な経済集団体制が経済新体制の機構として計画され、重要産業団体令として立法化されたのは、ドイツではトットーシュペア体制の下ですでに経済機構の新たな転換が進行し始めた一九四一年においてであった。そしてドイツの経済集団にならった統制会が発足したかしないうちに、日本は一九四一年一二月、太平洋戦争に突入し、今や本格的な総力戦体制に対応した経済機構の再編を余儀なくされた。一九四三年に軍需省が発足するとともに、軍需会社法によって軍需関連企業の集団的な編成が計画され、企業（軍需会社）の生産責任制が採用された(52)。それは、企業の積極的な経営活動を重視しつつ、軍需生産力拡充の国家的な要請を現実化しようとする点で、ドイツのシュペア方式と共通する面を有したが、しかし日本の場合、企業の「国家性」や「国家的責任」が強調され、国家的介入の度合いは著しく大きかった。軍需会社法による日本の軍需関連企業の編成と、シュペア体制の下での委員会・リング制とはどのように共通し、どこが違っていたか、それは今後の課題に属する。

注

（1）　日本での反響については、拙著『戦前・戦時日本の経済思想とナチズム』岩波書店、二〇〇八年、Ⅰ章参照。

（2）　同時代人の認識に関しては、たとえば実方正雄著『統制機構と企業形態――戦時経済立法の課題――』ダイヤモンド社、一九四四年。また、前掲拙著、参照。日本経済史研究においては、安藤良雄「戦時経済統制の系譜」同編『日本経済政策史論』下巻、東京大学出版会、一九七六年、中村政則「国家独占資本主義の成立」『体系・日本現代史』第4巻（中村政則編・戦争と国家独占資本主義）、日本評論社、一九七九年、二三頁以下。したがって戦時経済の終結は国家的経済規制の終了を意味しない。戦前・戦時・戦後の連続と断絶が問題となる所以である。

（3）　企業家・営業者の組織化は、第一次大戦前からさまざまな形で展開していた。椎名重明編『団体主義――その組織と原理――』東京大学出版会、一九八五年。またその全国的な団体化も進んだ。権上康男・廣田明・大森弘喜編『20世紀資本主義の生成――自由と組織化――』東京大学出版会、一九九六年、とくに「はじめに」（権上康男）および第2章「フランスにおける経済社会の組織化とコルポラティスム」（同）、を参照。同じ頃アメリカでは大統領ローズベルトのニューディール政策の一環として全国産業復興法（ＮＩＲＡ）により「産業の組織化」が促進された（ただし同法は一九三五年違憲判決）。Wyn Grant/Jan Nekkers/Frans van Waaden (ed.), *Organising Business for War*, New York/Oxford, 1991. をも参照。

（4）中村隆英・原朗「『経済新体制』」『年報政治学一九七二年・「近衛新体制」の研究』岩波書店、一九七三年、および近代日本研究会『年報近代日本研究9　戦時研究』山川出版社、一九八七年、原朗編『日本の戦時経済』東京大学出版会、一九九五年の所収諸研究、また柴垣和夫「『経済新体制』と統制会」東京大学社会科学研究所編『ファシズム期の国家と社会2　戦時日本経済』東京大学出版会、一九七九年。

（5）通商産業省編『商工政策史』第11巻、商工政策史刊行会、一九六四年、四六五頁。安藤良雄著『現代日本経済史入門』日本評論社、一九六三年、一九八〇年（一二刷）、二五五頁ほかも参照。

（6）Gerhard Lehmbruch, The institutional embedding of market economies. The German"model"und its impact on Japan, in: Wolfgang Streeck/Kozo Yamamura (ed.), *The Origins of Nonliberal Capitalism*, Ithaca/London, 2001, pp. 74-76. なお彼の見解は Bai Gao, *Economic Ideology and Japanese Industrial Policy*, Cambridge, 1997. に依拠している。

（7）戦時統制経済をもっぱらソ連型計画経済に結びつける理解もある。たとえば、小林英夫著『「日本株式会社」を創った男・宮崎正義の生涯』小学館、一九九五年、「はじめに」。また岡崎哲二氏もそれに近い考えを取っている。岡崎哲二「戦時計画経済と企業」東京大学社会科学研究所編『現代日本社会4』東京大学出版会、一九九一年、三七八頁以下。

（8）岡崎哲二「戦時計画経済と価格統制」前掲『年報近代日本研究』（一九三頁）は指摘する。「政府において有力化した「経済新体制」論は既存の経済システムの根本的改革を主張するものであった。そこで構想されたのは、利潤ではなく「公益」＝生産を目的とする企業を下層、企業の利害調整機関ではなく「国家代行機関」としての産業団体を中層、政府を上層とする三階層の組織構造を持ち、価格ではなく上層から下層に向って流される数量的指令によって運行する新しい経済システムであり、重要産業団体令・統制会設立によって、この構想の制度的な面は実現された」。本章はこのような理解に疑問を提示するものである。

（9）安藤、前掲書、二二〇頁。

（10）橘川武郎著『日本電力業の発展と松永安左ヱ門』名古屋大学出版会、一九九五年、三八七頁。また同著『日本電力業発展のダイナミズム』同、二〇〇四年、一九八頁。

(11) ドイツにおける電力業の発展については、田野慶子著『ドイツ資本主義とエネルギー産業――工業化過程における石炭業・電力業――』東京大学出版会、二〇〇三年、第Ⅱ部、および同「ドイツ電力業における市場規制の展開――1935年のエネルギー産業法の成立過程を中心に――」雨宮昭彦・J・シュトレープ編著『管理された市場経済の生成――介入的自由主義の比較経済史――』日本経済評論社、二〇〇九年、を参照されたい。また電力と都市経済との関係については、森宜人著『ドイツ近代都市社会経済史』同、二〇〇九年、を見よ。

(12) 日満財政経済研究会編『ナチス経済法』日本評論社、一九三七年、六七頁以下、同法「理由」。田野氏は指摘する。ナチス政権の政策は、「電力業の中央集権化をある程度進展させたが、所有形態が多様で分散的だというドイツ電力業のあり方を根本的に改変することはできなかった」田野、前掲書、一六八頁。

(13) 小島精一「電力国営に於ける奥村氏の思想的背景を駁す」『経済情報』一九三六年七月二一日、二二頁。

(14) 同雑誌、一九三六年八月一日、二二頁。小島のこの理解は多分に一面的であり、電力業の所有形態は公営や半官半民企業が優勢であった。しかしそれらはナチス期ではなく、ワイマール期にすでに形成されていた。田野、前掲書、一六六頁以下。なお、日本では、一九三七年に上記『ナチス経済法』で関連立法が邦訳され、また電力供給業経済団体については逓信省電気局技術課員だった大来佐武郎の紹介が発表されている。同「独逸電気供給業経済団体の構成並びに使命」『電気協会雑誌』第191号、一九三七年。

(15) Derek H. Aldcroft, *The Inter-War Economy: Britain, 1919-1939*, London, 1970, p. 171f.; Leslie Hannah, *Electricity before Nationalisation. A Study of the development of the electricity supply industry in Britain to 1948*, London, 1979, 4：坂本倬志「イギリス電力産業の組織化」権上康男他編、前掲書、所収。なお、大沢真理「両大戦間イギリスにおける『独占』・『団結』と産業『計画化』」広田功・奥田央・大沢真理編『転換期の国家・資本・労働――両大戦間の比較史的研究――』東京大学出版会、一九八八年、参照。第二次大戦後、イギリスでは一九四五年から五一年にかけて、電力の国有化だけでなく、中央銀行・航空・石炭・運輸・ガス・鉄鋼等が国有化された。国有化は資本主義国における一つの政策なのである。

(16) 原本は Jean Legoux, *L'etat et l'industrie electrique en Grande-Bretagne*, Paris 1936. 訳者は大西忠雄で、同協会『電気事業資料』43号として出版された。また訳文が連載された『電気協会雑誌』は188・189号、一九三七年。

(17) 奥村喜和男「電力国策の目標と理念」（一九三六年五月付）同著『変革期日本の政治経済』ささき書房、一九四〇年、一四頁以下。彼は電力国家管理案を構想する際に、G・D・H・コール著『今後十年間の英国の産業』を熟読したという。吉田啓著『電力管理案の側面史』交通経済社出版部、一九三八年、四四頁以下、田村謙次郎著『戦時経済と電力国策』東亜政経社、一九四二年、三五〇頁。堀真清「電力国家管理の思想と政策」(早稲田大学社会科学研究所ファシズム研究部会編『日本ファシズムⅢ』早稲田大学出版部、一九七八年)はこの書物が *Next Ten Years in British Social and Economic Policy*, 1929. であることを明らかにしている。この書物は清水元壽訳『経済の国家統制』千倉書房、一九三一年、として邦訳されている。奥村の思想にコールのようなギルド社会主義の要素が含まれているとしたら興味深いことである。

(18) 奥村、前掲書、一七頁。もとより奥村の独伊の「ファッショ思想」への接近を否定するものではない。ただし以下の文章にみられるようにその意味はかなり広くとられている。「私は、今度、ヨーロッパから米国へかけて、一通り世界各国の統制経済の状況を見て廻つて来た。その見て廻つた所の感想を一言にして言ふならば、今後の人類の政治と文明の指導精神は、ファッショ思想であるといふ確信である。ファッショ思想の骨子は全体的国家観に立脚する公益尊重の世界観であるが、経済部面に於ては所謂自由主義に対して統制主義経済である。而して統制経済の傾向は「民有国営」の方向にあると思ふ」。同書、五五頁。

(19) 頼母木桂吉「電力国営断行の機」天野富太郎編『庶政一新と電力国営』電力国営期成同盟会、一九三六年、三頁以下。

(20) 出弟二郎「電力統制の強化策に就て」大和田悌二・出弟二郎・高橋三郎著『電力国営の目標』電界情報社、一九三六年、六九頁以下。橘川氏も出がグリッド・システムをモデルにした事実を指摘するのであるが(同、前掲書、三八五頁)、その意味を問うことなく、彼を一面的に「国家主義的、全体主義的イデオロギー」に結びつけている。

(21) 国策的な特殊会社や営団や金庫などの企業形態もこの系列に含まれるのではないだろうか。実方、前掲書、参照。

(22) 前出注(13)(14)のほかに小島精一「電力国営の批判と統制私案の提唱」『商工経済』第2巻1号、一九三六年七月。

(23) 橘川『日本電力業発展のダイナミズム』三八〇頁。また松永安左エ門「電気問題と我が邦統制の性格」東洋経済新報社『経済倶楽部講演』第4輯、一九四一年、二八頁以下。

(24) 出弟二郎「戦争と電力動員」『科学主義工業』一九三七年一〇月。

(25) 日本近代史料研究会編『日満財政経済研究会資料』第1~3巻、一九七〇年。中村隆英・原朗「解題」、同前、また山崎志郎「生産力拡充計画の展開過程」前掲『年報近代日本研究9』、同「生産力拡充計画資料」原朗・山崎志郎『戦時経済総動員関係資料集・解説と目録』現代史料出版、二〇〇二年、同著『戦時経済総動員体制の研究』日本経済評論社、二〇一一年、第3章。

（26）宮崎正義著『東亜連盟論』改造社、一九三八年、九三頁以下、一〇一頁。なお前掲拙著、Ⅳ章。

（27）宮崎、同、一〇一頁以下。したがって注（7）の見解は適当とはいえない。

（28）宮崎、同、一〇二頁以下。

（29）上記『日満財政経済研究会資料』第1巻、三一八頁以下。

（30）前出『ナチス経済法』「例言」。前掲拙著も参照。

（31）同『ナチス経済法』「序説」および二五頁の解説。

（32）昭和研究会『民間経済中枢機関試案』（昭和一二年一二月）、「例言」。この印刷物は本文（二二頁）、参考資料（附録）一・二（五六頁）、同三統計資料（1）～（9）から成っている。なお、同会の経済問題の取り組みについては、松島春海「経済『国策』の構想とその展開過程――『昭和研究会』を中心として――」逆井孝仁・保志恂・関口尚志・石井寛治編『日本資本主義・展開と論理』東京大学出版会、一九七八年、また上記『試案』の特質に関してはW. M. Fletcher III, *The Search for a New Order*, North Calorina, 1982, pp. 121f. この『試案』は発表直後色々な分野で注目された。たとえば『商工経済』第5巻2号（一九三八年二月）「経済統制中枢機関問題」とくに一八八頁、一九五頁以下。

（33）「戦時体制の発展と商工会議所の機構改革（下）」『エコノミスト』第16巻32号、一九三八年一一月一一日、三八頁。またFletcher, *op. cit.* 『試案』の附録「参考資料」におけるドイツに関する説明は詳細である。その中に明示された文献は次のとおりである。東京商工会議所「各国統制経済に関する調査～第三巻独逸商工経済の団体機構統制」（『商工調査』第65号・第3巻、一九三六年九月。調査担当者は東京商工会議所調査課小穴毅）、長守善著『ファッショ的統制経済』（日本評論社、一九三四年）、美濃部亮吉著『独裁下のドイツ経済』（福田書房、一九三五年）、エフ・エルマート著『ナチス準戦時国家体制』(F. Ermarth, *The New Germany. National Socialist government in theory and practice*, Washington, D. C. 1936. 具島兼三郎訳、千倉書房、一九三七年）および日満財政経済研究会編『ナチス経済法』など当時第一級のナチス経済関係文献であった。ドイツ経済有機的構成準備法と同施行令の全文も上記『ナチス経済法』から転載されている。

（34）酒井三郎著『昭和研究会』（ティービーエス・ブリタニカ、一九七九年）所収「資料」に全文が収められている。「国策研究会文書」（マイクロフィルム）では同目録6209。中村・原、前掲「『経済新体制』」はこの文書が一九三九年八月頃に作成されたと推測した上で、次のように指摘している（同八四頁以下）。「……ひとしく書生論と片づけてしまうのは容易である。しかし、この書生論の原型の上にのちの「経済新体制」論が構築されたこともまたいなめない事実であった」。

(35)「国策研究会文書」（マイクロフィルム）の資料のこの部分には各所に傍線やチェック印が残されている。この項目の前に「建設期経済体制編成の必要」・「現行経済統制の根本的欠陥」があり、その後に「農業の再編成」・「本案に対する若干の注意事項」が叙述されている。

(36)「半官半民」方式は久原房之助の名前と結びつけられている。久原房之助「日本産業革新論」『科学主義工業』（一九四〇年一月）の「半官半民出資に依る民営主義」がそれに該当するものと思われる。久原は資本主義の根本的な欠陥として「分配問題」を掲げ、その是正の仕方としてソ連式の共産主義に対置して政府による半額出資、経営は民間株主、という方式を提唱した。

(37) 昭和研究会事務局「日本経済再編成試案」（一九四〇年八月一〇日）、一六頁。

(38) 前掲拙著、Ⅱ章参照。

(39) たとえば中村隆英著『昭和史Ⅰ』東洋経済新報社、一九九三年、二九四頁：Nakamura Takafusa, The Japanese war economy as a "planned economy", in: Erich Pauer (ed.), *Japan's War Economy*, London/New York, 1999, p. 16.

(40) ラーテナウは右翼に暗殺された。ラーテナウの考えを排斥したナチスは、一九三七年株式法によって経営機能を重視するラーテナウ的な観点を事実上導入し、株主総会に対する取締役会の権限を拡大し、それを指導者原理に結びつけた。詳しくは前掲拙著、Ⅰ・Ⅱ章、参照。

(41) 中村・原、前掲論文。

(42) 前掲『国策研究会文書』6196。中村・原、前掲論文によるとこの文書はすでに七月一九日に作成されていた。その内容については、同前、八八頁以下。

(43) これをあたかも利潤の否定、「資本主義とは原理的に異なる経済システム」と理解するとしたら、それは誤解である。たとえば岡崎「戦時計画経済と価格統制」一九三頁、一九七頁、大石嘉一郎著『日本資本主義の構造と展開』東京大学出版会、一九九八年、二八頁。

(44)　前掲拙著、V章。
(45)　中村・原、前掲論文、九一頁。
(46)　公益優先原理が利潤原則を否定するものではないことについてはすでに繰り返し説明し、この概念についての先行研究の誤解を指摘してきた。利潤原理を認めるからこそ、利潤第一主義に結びつくことがないように「公益」が強調されねばならなかったのである。
(47)　美濃部洋次著『戦時経済体制講話』橘書店、一九四二年、九一頁。
(48)　本書後述参照。
(49)　財界の新しい動向に関しては長島修著『日本戦時鉄鋼統制成立史』法律文化社、一九八六年、第6章2節ほかを参照。
(50)　本書後述参照。
(51)　日本経済連盟会ほか八経済団体「経済新体制実施に関する意見書」（一九四〇年一月二八日）『経済連盟』第11巻2号、一九四一年四月、をも参照。
(52)　中村・原、前掲論文、一二二頁。企業に対する国家管理を強調する中村・原論文に対して、岡崎哲二「戦時計画経済と企業」（三九二頁以下）は経営者の「フリーハンド」の確保の側面を重視している。なお、戦時期の経済再編の全体的な動向については、原朗・山崎志郎編著『戦時日本の経済再編成』日本経済評論社、二〇〇六年、とくに序（原・山崎）と第一章（山崎）、山崎、前掲書、参照。

第2章　経済界のナチス政策思想の受容とドイツ使節団

はじめに

日中戦争の勃発（一九三七年七月）とその長期戦化は、日本経済の戦時経済体制への全面的な転換を不可避にした。軍需品の充足と国民生活必要品の確保のために、経済諸力の国家的な動員と統制が要請され、経済体制の編成替えが重大な課題となった。「潜在的戦争力」としての経済は、日本の場合、独自な構造を備えた資本主義の形態をとっており、戦争経済への転換は、基本的にはこの特殊日本的な資本制を土台にしてなされなければならなかった。(1) こうして戦時体制と結びついた統制経済体制の形成過程の中で、国家権力と経済諸力の資本主義的な担い手との関係のあり方が、これまでになく大きな問題となるにいたった。いわゆる経済新体制や勤労新体制の問題は、それを集中的に表現するものであった。この新体制の確立が、日中戦争への対応という面を超えて、すぐそれに続く太平洋戦争（一九四一年一二月開始）の前提ともなったことを考慮すると、新体制をめぐる両者の関係が、一層重要となることはいうまでもない。

本章は、この重大な転換点である新体制問題に対して、経済力の担い手たる経済界が示した対応の中に、ナチス的政策思想がいかに作用したか、またその際、日独伊三国同盟締結（一九四〇年九月）の前後の時期にナチス・ドイツが派遣した使節団が、それにどのように関わったか、を明らかにするものである。

経済新体制の構想がとくに企画院を中心とするいわゆる革新官僚によって策定されたこと、これに対して財界が激しく対抗し、一九四〇年一二月に閣議決定された経済新体制確立要綱は、この対立する両者の妥協の産物にほかならなかったことについては先行研究が示すところである。(2) しかしその過程で、国家的経済統制に対する日本の資本家的企業家団体の立場が、これまでのカルテルや組合などによる経済界主体の自主的な統制方式（いわゆる自治統制）から、企業家や経済人の自主性を土台にしつつ、しかも国家統制に協力する立場（いわゆる協働統制）へと転換したことは、戦時経済体制の前提を確定するものとして、本質的に重要な意味を有した。

私たちは、前章（第二部第1章）において、企画院を中心とする経済新体制の構想が、同時代のナチス・ドイツから大きな影響を受けたことを見たが、そのような新体制の形成に関して、経済界のリーダーはナチズムをどのように捉えていたのだろうか。自治統制から官民協力の協働統制への財界の立場の転換は、彼らのナチズム認識と何らかの関係があったのではないか。

戦前日本の政策構想に対するナチス的思想の影響の事実は、これまでも多くの歴史家が言及してきたことがらであるが、しかしこの問題に関する立ち入った検討は意外なことにほとんど行われないままできた。(3) その乏しい研究状況の中で、これまで指摘されてきた企画院を中心とする革新官僚の思想とナチズムとの関連について思想史的な考察を試みた、古川隆久やO・ケルデらの研究(4)は、ほとんど例外的な成果ということができる。しかしその革新官僚と対立した財界とナチス思想との関連は、そこでは問題とされることはなかった。それは当然のことであった。ナチズムとの結びつきが問われる革新官僚と対立関係にあった経済界の立場は、自由主義的とされることはあっても、およそナチス的思想との関連やましてやその受容を問題にすること自体が考えられないことであったからである。しかし現実はそうでなかったのである。本章が第一に問題とするのはこの点である。

ナチス経済思想に対する財界首脳部の注目とその受容は、日独伊同盟締結より半年ほど前の一九四〇年春に、日独関係改善の任務を密かに与えられて来日した、E・ヘルフェリヒ（Emil Helfferich）を団長とするドイツ経済使節団によって重要なきっかけを与えられた。ナチスの政策思想は、彼らとの接触を通じて、経済新体制問題に対する経済界の対応と、その構想の方向性の中に間違いなく影響を与えた。それから六カ月、三国同盟締結直後の同年秋に、厚生運動のアジア大会出席のために、ドイツ労働戦線指導者R・ライ（Robert Ley）の代理、C・ゼルツナー（Claus Selzner）らのナチス厚生使節団が来日する。彼らは、余暇・リクレーションによる労働促進をめざすナチスの歓喜力行団（Kraft durch Freude）に対する日本での関心とその受容を促進したばかりではなかった。彼らは、経済新体制・労働新体制の論議に関わる日本の政・労・財界の中心的人物と接触し、それを通じて最終局面にあるこの問題の経過に深く関与することになった。財界におけるナチス的思想の受容は、彼らとの関係の中で、最終的に確定することになったといってもよいだろう。新体制問題が大詰めを迎えた一二月五日に作成された、経済界の代表の「意見書」の内容は、そのことをはっきりと示していた。

両使節団は日独伊三国同盟をはさんで相前後して来日した。周知のように、三国同盟の形成史については、外交史の分野ですぐれた研究が多く存在する。(5) しかし日独間の外交的関係がはからずも新体制問題という日本の重大な内政的転換に重なり、それと交錯することになった、上の二つのドイツ使節団とその行動に関しては、ごく断片的な言及は存在しはするが、(6) その具体的な事実はほとんど知られないままできた。本章の第二の課題はこのことについて、訪日した人物のナチス・ドイツ内部における動向をも考慮に入れつつ、立ち入って検討し、転換期における日独間の関係史と日本の重大な内政的転化との内的関連を解明することにある。

1　財界の経済新体制構想

(1) 重要産業統制団体懇談会の発足と経済新体制

戦前日本の経済界・そのリーダーがナチス経済をいかに捉え、それを日本と関連づけたかという問題に関しては、上に述べたようにこれまでほとんど全く研究が行われてこなかった。しかしいくつかの示唆は存在した。当時の企業統制をめぐる政府と財界の対抗に関する研究の中で宮島英昭氏は、日中戦争開始期における商工省（商相・吉野信次）の提案が、ナチスの経済有機的構成準備法の原則にもとづいていたこと、その提案は自主統制論の立場に立つ財界の反対に会い実現しなかった事実を指摘していた。だが財界の中にも新しい潮流が形成されつつあった。長島修氏は、経済新体制が問題となる時期には、鉄鋼・石炭・海運等のリーダーを中心とする重要産業統制団体懇談会（重産懇と略す）を軸に、財界内部の新しい流れが「公益優先」の立場から政府に協力する方針を提示したことを明らかにした(7)。

経済界の新しい動きを代表するこの重産懇は――先行研究が示すように(8)――財界の最重要団体たる日本経済連盟会（会長・郷誠之助）の「別働隊」として一九四〇年八月に発足するが、日本経済連盟会における経済新体制問題への積極的な対応は、すでにこの年の三月に始まっていた。すなわち同会の時局対策委員会における産業統制の改善に関する検討がそれであり、五月末には「産業統制機構改善に関する緊急対策意見案」を作成し、内閣総理大臣をはじめ政府関係当局に建議していた。同委員会は中野金次郎が主査となり、連盟会会長郷誠之助の腹心・井坂孝、平生釟三郎（鉄鋼連盟会長）、郷古潔（三重重工業会長）、伍堂卓雄（日本商工会議所会頭）、など財界有力者によって構成されていた。「緊急対策意見案」は、有能な人材の創意と責任の下に、民間経済統制機構を整備・統合すること、その自治能力を活用した「主要産業統制団体協議会」の組織化を提案した。こうして日本経済連盟会は国家的な経済統制に対して、「官との協力」の方向を打ち出すとともに、「官」の役割は統制の大綱決定と監督に止め、統制の運用は経済人の「創意と責任」に委ねるべきである、という基本的な立場を明確にした。財界の見解の転換は三月に始まっていたのである。

重要産業統制団体懇談会（重産懇）は、以上のような経緯を経て八月に結成された。この会は、日本経済連盟会会長郷誠之助を会長、平生釟三郎を副会長とし、鉄鋼・石炭・電気・海運・造船・セメントの六基幹産業の代表から構成された。重産懇は、発足直後の九月一三日に、経済新体制に関して「民間経済新体制要綱（参考案）」なる見解を決定した[9]。「要綱（参考案）」は、まず第一に「経済新体制の基本原則」を示し、その冒頭に日本経済の目標として「高度国防経済」の建設を掲げ、「公益優先の原則」にもとづき、「官民一体」となって、経済体制を整備すべきことを謳った。われわれはその中で「公益優先の原則」なるものが提示されていたことに注意しなければならない。なぜならこの言葉はナチスの最重要原理である「公益は私益に優先する」（Gemeinnutz geht vor Eigennutz）に由来するものであったからである。

ナチスは、私的利益＝営利の追求が社会的公的な利益に結びつく、とみなすこれまでの自由主義的な原則が、過剰な営利主義と金融資本の支配に帰結したことから、私益イコール公益という見方に立った自由放任主義・個人主義を排除し、私的な営利追及（Eigennutz）に対して民族共同体の利益（Gemeinnutz）を優先させ、それを「至上命令」に設定していた。日本経済連盟会の別働隊としての重産懇は、ナチスが至上命題としたこの原則を経済新体制に関する自らの「原則」の中に採用したのである。

「要綱（参考案）」は、同時に「行政官庁の干渉」の強化を警戒し、公益的性格を備えた産業別・業種別の団体の組織化を提案した。その趣旨は、政府はただ国民経済の向かうべき道を明示し、産業計画の大綱の決定と監督を行うだけに止まるべきであること、そして「民間経済団体」が、それに「協力」しつつ、「創意」と「責任」の下で行動する、というものであった。だが民間経済団体の産業別・業種別組織化とその自主的ないし自治的な活動にもとづく「行政官庁」への「協力」というこの方式は、一九三四年のドイツ経済有機的構成準備法とその施行法によるナチス・ドイツの経済団体組織化に酷似していた。

経済団体の強化・再編制の問題については、経済界の新しい動向を示すもう一つの組織、「中央物価統制協力会議」が、同じ八月に、「経済団体整備要綱参考案」を作成していた。それは「公益優先を第一義とする指導者原理」によって貫かれ、それを具現する「経済組織」の確立を提案した(10)。そこで示された「公益優先」と「指導者原理」とは、まさにナチスの経済組織化の最も重要な基本原則であった。同会議の構想は、そのナチス的原理を自らの「主旨」に採用した。事実中央物価統制協力会議は、当時、「ナチス経済組織法」を翻訳し、検討を開始していたのである。この組織は、郷誠之助を会議長とし、財閥系商社と並んで、重要産業部門の企業家を成員としており（理事は東京帝国大学経済学部教授であった本位田祥男）、日本経済連盟会との関係は密接であった。重産懇の「要綱（参考案）」の民間経済団体組織化構想がナチス的方式によく似ていたのは決して偶然ではなかった。

では重産懇のこの「要綱（参考案）」の原案を作成したのは誰か。それは同会の書記長であり、また重産懇の後続団体、重要産業統制団体協議会の書記長に就くことになる帆足計であった。財界の「革新派の思想的立場」を表現するこの帆足計(11)は、日本経済界の重鎮、日本経済連盟会会長の郷誠之助の服心の部下で、この年の一一月から一二月初め、経済新体制問題が重大な最終局面を迎える中で、日本財界の見解の取りまとめに奔走するこの郷を全面的に補佐した人物であった(12)。このように財界の核心にあってその方向に影響を与えることができた帆足はナチズムをどのように認識していたのだろうか。

（２）帆足計とナチス的「経済指導」方式

帆足の見解は自著『統制会の理論と実際』（一九四一年）の中に集約されていた。彼はその中で「組織機構」の重要性について次のように述べた。(13)「今このやうな観点から経済新体制下におけるわが国民経済機構の再編成について考察すると、われ〳〵はナチス・ドイツの統制経済機構に学ぶべき多くのものをもつのであるが、同時に又わが国民経済には、ナチス・ドイツのそれと異り、わが国固有の経済諸条件があることを痛感せざるを得ない。（中略）それ故わが国民経済の特殊性、並びに後進性を十分に考慮に入れて、その中からわが国の実情に適した統制様式を産み出さなくては、戦時経済統制の有効なる運営は到底望み得ないことが痛感されるのである」。

帆足はこのように日本経済の特殊性＝後進性を考慮しつつ、しかも「ナチス・ドイツの統制経済機構」から学ぼうとした。彼は「経済統制の二つの方式」として、①国策会社の設立や統制団体の役員官選、細部にわたる官庁干渉等がみられる民有官営方式と、②国家は統制の大綱を握るだけで、その実行は極力民間の創意を活用し、業者の自律的な責任に訴え、その組織的な協力を得て、戦時統制経済の道を切り拓いてゆく方法、とを区別する。

帆足は、後者の方式をナチス・ドイツはじめ欧米の大工業国の方式であるとして、その欧米方式の中でとくにナチス・ドイツの実態に注目する。(14)「殊にナチスはこの統制方式を、もつとも巧妙に駆使活用し、また〻くまに世界を震駭すべき戦時産業動員をなし遂げた。ナチスはこの統制方式を所謂『計画経済』と区別して『経済指導』といふ名をもつて呼んでゐる」。

彼はナチス的方式が「計画経済」ではなく、「経済指導」と呼ばれていることに注目する。「このナチスのいふ『経済指導』といふ意味は、自由経済の長所であるところの、溢る〻ばかりの個人の創意、そして如何なる困難をも突破してゆかうとする実業家の工夫心、発明心といつたやうなものを極度に活用し、みだりに官庁がこれに干渉を加へることなく、政府は大局的見地から国民経済を合理的な軌道に向つて指導してゆかうとするものである」。ナチス的な「経済指導」とは、個人の創意、実業家の工夫・発明意欲を否定せず、むしろそれらを活用する。政府は経済の直接的な干渉を控え、大局的な見地から国民経済を指導するに止める方式であった。帆足は、ナチス的な「経済指導」方式をこのように捉え、それを積極的に評価して、財界の「経済新体制要綱（参考案）」の中に組み入れたのである。(15)

このナチス的方式は、一九三四年二月のドイツ経済有機的構成準備法にもとづいていた。この立法は企業家・経済人の自主を前提としつつ、企業家・企業の経済的要求の保護を目的として、既存の諸団体を再編成し、部門別・地域別に構成したものであった。ナチスの経済統制はこれを土台にして、まさに経済的指導（Wirtschaftslenkung）として展開されたのである。この法律は一九三七年に日満財政経済研究会によって日本語に訳され、同会の書物『ナチス経済法』に編集されて広く知られていた。また前述したように中央物価統制協力会議によっても訳出され、帆足は同会議のその訳を上記の自著の中に附録として収めていた。ナチス的統制方式に関する彼の認識の基礎にこの立法があったことがわかる。しかし、帆足が重視したナチス的な「経済指導」に関する認識は、次に述べる一九四〇年三月のドイツ経済使節団の講演によって確定的となるのである。

2　財界のナチス認識の転換とナチス・ドイツ経済使節団

(1)　ナチス認識の転換

日本経済連盟会をはじめとする財界主流は、当初国家的統制に対して強く抵抗し、公益優先を至上命令とするナチス的方式に対しても距離を置いてきた。しかし上述したように一九四〇年を画期に財界の立場は、自主的統制から民官協力にもとづく統制経済、協働統制へと転換した。それは、公益は私益に優先するという至上命令を前提にしつつ、個人・企業の自主的創造的活動を重視する、ナチス的統制経済方式の受容と密接に関連していた。

この転換は財界人によるドイツ人関係者との接触、とくにドイツ経済人との積極的な交流の中で進められた。その重要なきっかけとなったのが一九四〇年三月のドイツ経済使節団との交流と、団長E・ヘルフェリヒの日本経済連盟会における講演であった。

雑誌『統制経済』（創刊号・一九四〇年九月）は、そのいきさつについて記事「新政治体制と経済界」で次のように記していた。少々長いが引用しよう。(16)

「〔一九四〇年〕六月四日、日本経済連盟会は工業倶楽部に全委員会を開催し、かねて、研究中の産業統制機構改善に関する緊急対策意見なるもの、成案を得て建議するところがあつた。この対策意見書について同会内に組成せられた重要産業代表者から成る小委員会が協議研究を開始した頃と相前後する〔一九四〇年〕三月中旬に、当時来朝中の独逸全国商業集団対外貿易部指導者シユターツラート・エ・ヘルフリツヒが同会主催の下に一場の講演を試みてゐる。『独逸における経済指導と能率増進』といふ題の下に述べたところは、民族社会主義に立脚する協同的個人の創意即ち能力をその内在的活力とするところの独逸経済体制の構造と、そこに遂行されつゝある、独逸戦時経済の回顧と展望とであつたが、従来、我が国統制経済における官僚化の傾向を指摘して『統制施設並にその運用上欠陥甚だ少からず』として来た同会諸公に或る種の感銘と示唆を与へたもの、如くである」。（傍点は引用者）

「この緊急対策意見書なるものは、一　産業統制の原則、二　民間経済統制機構の整備、三　国策会社の改善並に濫立防止、四　経済行政の統一並に改善の四項目よりなつてをり何よりもまず強力なる民間経済中枢機関を設置して、統制の運用は挙げて当業者の創意と責任に委ねるべきを主張するものである。そのための最も実行可能なるべき民間経済統制機構の整備については、主要産業別に強制カルテルの如き組織を確立し、進んでこれを国家職能機関へ転化、育成せしめよといふのである。いはゞ、独逸新経済秩序の第三原理たる『産業経済組織』の精神と長所とを採用し企業家創意の活用をまつて行き詰つた官僚統制の現状打破を果さんと念ふものである。それについて、六月二十五日同会は常任委員会を開催し、それが月二回の継続的開催を決定して早くも実質的活動に出でんとしてゐる。日本経済連盟会の最近におけるかような態度は、財界一般の趨勢と照応して、一応我が国経済上層部に新政治体制運動に即応した指導精神の形成を斎すものと見られ得るのである」。(傍点は引用者)

この記事は、日本経済連盟会の統制経済に対する態度に最近変化が生じてきていることに注目し、それが新体制運動に対する経済界上層部の対応として生じていると指摘する。この動きは同会の作成した産業統制機構改善に関する緊急対策意見(一九四〇年六月)に示されており、その構想はナチス・ドイツの新経済秩序に関わる産業経済組織の精神を採用している。この意見書は、同会内部の小委員会で準備されたものであるが、それはその検討が開始された時期と前後する三月中旬(三月一二日)に行われた同会主催の講演会における「独逸全国商業集団貿易部指導者シュターツラート・エ・ヘルフリツヒ」の講演「独逸における経済指導と能率増進」が与えたと思われる「感銘と示唆」によるのではないか、というのである。

この推測はあたっていた。この意見書の原案の作成に携わった重産懇書記長の帆足の先の書物がそれを示していた。彼は自らの見解に関連づけて、「ナチス・ドイツにおける経済団の有力な指導者であり、先般来朝したシュターツラート・エ・ヘルフエリツヒ氏」の名前を特別に記し、また「ヘルフエリツヒ氏は次のやうな示唆に富む説明を与へて居る」として、上記講演「ドイツにおける経済指導と能率増進」をあげて、そこからわざわざ一文を引用していたからである。(17) 帆足は前述のようにナチス・ドイツがその統制方式として「計画経済」ではなく「経済指導」という言葉を用いていることに注目した。彼は、これを企業的創意を生かした統制方式として「魅力あり、且つ含蓄のある表現」

であるとし、その「経済指導」を日本のあるべき方式として主張した。「経済指導」なるキーワードは、まさに「ヘルフエリツヒ」の演題の日本語訳そのものであったのである。

(2) ドイツ経済使節団・ヘルフェリヒの講演

「シユターツラート・エ・ヘルフリツヒ（あるいは「ヘルフエリツヒ」）」なる人物は、一九四〇年二月一二日から四月一一日まで日本に滞在したドイツ経済使節団団長のハンブルクの財界人エミール・ヘルフェリヒであった（シュターツラート Staatsrat は参議の地位）。日本経済連盟会主催によるヘルフェリヒの講演は三月一二日に行われ、その演題は“Lenkung und Leistung der deutschen Wirtschaft”（「ドイツ経済の指導と能力」）で、それは上記のように主催者側によって「独逸に於ける経済指導と能率増進」と訳出された。講演会の司会は、主催者の同会会長郷誠之助が自ら行った(18)。『男爵郷誠之助君伝』に登場し、外国人を私邸に招くことがあまりない郷に特別に招待され、歓待された「エンリル・ヘルフエリツヒ」なる人物はこのヘルフェリヒであったのである(19)。それでは郷誠之助はじめ財界首脳に「感銘と示唆」を与え、財界の「意見書」の原案作成者、帆足計の考えを決定的に方向づけたヘルフェリヒの講演とはどのようなものであったか。

三月一二日のヘルフェリヒの講演はその後、別の雑誌にその全訳文が掲載された。演題はそこでは「戦時統制と企業創意――ドイツ統制経済の現状――」と邦訳された。その要旨は次のようであった。

ヘルフェリヒはまずナチス・ドイツの「革新」はなお途上にあり、新しい問題が不断に生じていると断った上で、民族の共同利益のために、現在、各社会層・階級が総統ヒトラー指導の下で団結し、新しい世界観・秩序のために努力していること、それが自由主義的な調和の解体後の段階における窮乏状態からの脱出に不可避であった、と述べ、ナチス的な統制経済の特徴をこう説明する。

(1) 統制と創意。ナチス的世界観は「労働」の観念を重視し、「資本が労働を創るのではなく、労働が資本を創る」というヒトラーの言葉は人々を活気づけた。ドイツ再建に採用された自主的な統制的な経済方式の呼称は「計画経済」ではなく、「経済指導」(= Wirtschaftslenkung)が正しい。「計画経済」は非個性的で官僚的であるが、民族社会主義・ナチズムは経済分野でも人間の個性を尊重し、個人の所有権を全面的に承認する。ただその無制限な使用と収益追求が認められないのである。「公益は私益に先んず」の言葉がそれを表している。協同体思想に立脚する民族社会主義は個人主義を否定するが、しかし個人のイニシャチヴ、個人の責任・意思、つまり「能力」はむしろこれを要請する。こうして経済指導と能力の増進の調和・統合が重要となる。経済指導は自由の否定ではなく、その秩序はより高き自由の原則なのである。そのために国家と経済界との協力の問題の解決が不可欠であった。

(2) 労働共同体・労働戦線。労働者と資本家の間の階級的対立関係に代わって、全体的共同体の観念が提示された。それは一九三四年一月公布の「民族的労働の秩序に関する法律」(国民労働秩序法)によって現実化された。この法律は、事業経営に指導者原理を導入し、一方では経営指導者に対し、労働者福祉に努力すべき責任を課し、他方労働者に対しては、経営指導者に対する忠誠の義務を規定した。また同法は労働生活に社会的名誉の観念を移入し、社会政策の重点を工場経営・手工業的仕事場に移した。それはドイツ経済の労働平和の基礎となった。かつて闘争の場であった工場・作業場が、今は共同体の観念にもとづく人間相互の融和の場に変化した。

　同法と並んで重要なのはドイツ労働戦線である。それは国民の能力を発揮し、国民協同体のための精神的肉体的素養をつくり出すことを目的としている。ドイツ労働戦線は経営協同体・会員のために各種の活動を行い、また生活向上のために職業教育や「勧喜力行団」等の制度がある。

(3)自主的産業団体の組織化。ドイツ労働戦線と密接に関連するのが企業家の経済的利害の保護・促進を目的とする経済的組織である。企業が強制的に加入されるこの組織は、一九三四年の法律によって産業部門別・地域別に編成され、ライヒ工業集団ほか、手工業・商業・銀行・保険・エネルギーなど六つの全国集団によって構成されている。それらはそれぞれ特別の経済集団に区分され、さらにまた業種別・地方別組織に編成されている。約三〇〇万の産業経営がこれに属している。この組織は公法人と私法団体の各特質を統合したナチス独自の協同体的団体である。

この経済的な団体組織は二つの側面を備えている。一つはそれぞれ産業経済の自治機関である点と、他は国策遂行のための制度であるという面であり、それぞれについて国家と経済、経済と国家との間の橋渡しを行う機能を有している。経済に関する国家的な法律・命令の実行者であり、経済の自治範囲内では自己のイニシャチヴを発展させる。このような二元性がこの組織の強味なのであり、それによって官僚的干渉の範囲から脱離して、自己の責任で生活活動を行うことが可能となっている。この組織はドイツにとって著しく重要で、経済指導・能率増進両面で大事な役割を果たしている。

ヘルフェリヒは続いて、ナチス体制における経済人と大学卒の業務担当者との間の協力、官僚化の防止、経済を担う三つの柱（民族的労働秩序法・ドイツ労働戦線・産業経済組織）、政府とナチス党との関係、さらに金本位制度・輸出振興政策・財政など具体的な事項について説明を加えた。そしてヒトラーの「天才的指導者」としての働き、ドイツの経済的実力を示す数値、四カ年計画、価格問題への対策などを明らかにした上で、戦争がその結果を与えるだろうと述べ、さらに日本とドイツとの間の事物の関係の相違、心理的事情なども十分考慮した上で、上の説明を日本が利用してほしいと結んだ。

（3）ドイツ経済使節団とナチス・ドイツ

それではドイツ経済使節団・ヘルフェリヒの来日目的とその行動はいかなるものであったか。彼の自伝的な書物、"Ein Leben"[20]によりながらまとめてみよう。

ヘルフェリヒは一八七八年にプファルツで生まれ、ハンブルクに出て商人としての見習を経験した後、一八九九年から一九二八年まで約三〇年、東南アジア、当時のオランダ領インドネシア・ジャヴァを中心に貿易・郵船・プランテーション経営に携わった。一九〇九年から二八年まで旧バタヴィア（現ジャカルタ）の大プランテーション企業、Straits & Sunda Syndikat の総支配人として活動するとともに、当地のいくつかの会社の監査役を務めた。一九三〇年にストレイツ・サンダ社の監査役会長（一九四五年まで）の地位に就いたヘルフェリヒは、ナチス期には一九三三年から四一年まで、ハンブルク・アメリカ郵船（Hamburg Amerika Linie）、一九三九年から四五年までドイツ・アメリカ石油会社（後出）の監査役・同会長としてハンブルクを中心に活動した。同市ではさらにハンブルク・ブレーメン東アジア協会（Ostasiatischer Verein Hamburg Bremen）、海外ドイツ商業会議所連盟（Verband Deutschen Handelskammern in Übersee）、独満経済関係推進協会（Verein zur Förderung der Deutsch-Mandschurischen Wirtschaftsbeziehung）などに携わった。彼は全国レベルでは、経済集団「商業」の外国貿易部の有力な地位を占めた（一九四一年に退任）。ハンブルクでは参議（Staatsrat）に任ぜられ、以後公式称号として名前に付せられた。なお経済学者でドイッチェバンク重役、第一次大戦期に大蔵省長官を経験し、戦後ドイツ国家国民党（Deutschnationale Volkspartei）を主導した帝国議会右派のカール・ヘルフェリヒ（Karl Theodor Helfferich, 1872-1924）はその兄である。カール・ヘルフェリヒの名前はレンテンマルクの創設と結びつけられる財政学者・専門家として当時の日本ではよく知られており、そのことが弟エミールの来日時における財界有力者との交流に役立つことになった。

ヘルフェリヒとナチスとの結びつきはヒトラーの経済問題に関する顧問、W・ケプラー（Wilhelm Keppler, 1882–1960）が、ヒトラーの命を受けてハンザ都市経済界と接触するために一九三二年春にハンブルクを訪れ、互いに面識を得たときに始まった。かねてから経済不況からの脱出のためには世界経済的均衡の新しい秩序が必要だと考えていたヘルフェリヒは、ケプラーとの意見交換の後、彼の薦めによりミュンヘンでヒトラーとR・ヘス（Rudolf Hess）に会う。その際、経済問題に関して彼らを補佐できる経済委員会をケプラー中心に結成する計画が話し合われ、ヘルフェリヒはシャハトをそのメンバーとして提案したという。ケプラークライスの始まりであった。

ケプラーを中心にして一九三二年六月に発足した経済問題委員会（Studienausschuß für Wirtschaftsfragen）には、ライヒスバンク頭取シャハト（Hjalmar Schacht）やJ・H・シュタイン銀行（Bankhaus J. H. Stein）の共同所有者K・シュレーダー（Kurt Schröder）、合同製鋼社長A・フェーグラー（Albert Vögler）等の財界大物をはじめとして一一人が参加し、ヘルフェリヒはその一員として名を連ねた。ケプラークライスは、一九三二年秋に大統領ヒンデンブルク（Paul von Hindenburg）に対して、ヒトラーの首相任命を求める請願書を提出するが、ヘルフェリヒはその中心メンバーの一人であった。[21]

ケプラークライスは、以後ナチ党首脳部と重工業・銀行業・貿易等の経済界有力者とを結びつけるパイプとなった。ヘルフェリヒはその立役者ケプラーの財界における助力者として重要な役割を演じた。ケプラーがその後実権から遠ざかり、やがてオーストリアの大使館に移ると、ケプラークライスはH・ヒムラー（Heinrich Himmler）の影響下に入り、SSライヒ指導者の会（Freundkreis Reichsführer SS）として経済人と親衛隊（Schutzstafel：SS）との間を結びつけるクラブに転化した。それを通じてSSライヒスフューラーのヒムラーの手許には年々約一〇〇万ライヒスターラーが流れ込んだという。[22] ヘルフェリヒはその中心メンバーの一人であった。それでは彼の日本との関係はどのようなものであったか。

ヘルフェリヒは一九二四年に日本を訪れた。オランダ領東インドでの滞在中に彼は、製糖業関係者をはじめ日本人経済人との交流関係を有するようになっていた。その中には三井財閥系大日本精糖社長の藤山雷太（藤山愛一郎の父親）や台湾精糖・山本悌二郎（有田八郎の兄）などが含まれていた。藤山の招きで上京した彼は、このような有力者を通じて政財界に交友の輪を広げることに成功した。

一九三三年にナチスが政権を掌握する前後の時期には、彼はハンブルクの経済人として当地の企業活動に携わるとともに、前述したようにケプラークライス、次いでヒムラークライス（SSライヒ指導者の会）に属したばかりでなく、さらにライヒ経済集団商業の貿易部門において有力な地位に就任していた。彼はこの間、ハンブルク・ブレーメン東アジア協会の会長として、一九三六年の独中協定に関わって表面化した対中国貿易の国家的独占の動きに対して抵抗し、国防相ブロムベルク（Werner von Blomberg）や経済相シャハトらと鋭い緊張関係の中に置かれた。「ハプロ」（Hapro）事件と呼ばれるこの出来事は、ゲーリングの介入により結着するが、ナチス体制の中にあって、このように微妙な状況に置かれていたヘルフェリヒに再度の日本訪問の機会が訪れたのは一九四〇年初めであった(23)。

当時の日本の対独関係は、ヒトラーが一九三九年八月、日本への事前の通告なしに独ソ不可侵条約を締結したことにより、冷却状態に転じていた。ドイツ通の駐独日本大使大島浩は辞任し、日米関係を重視する来栖三郎がそれに代わった。在日ドイツ大使館（大使オット：Eugen Ott）と日本外務省の関係はかってないほど冷え切っており、その修復を望む外相のJ・リッベントロップ（Joachim von Ribbentrop）がヘルフェリヒを呼び、日本訪問を要請したのは一九三九年晩秋のことであった。彼は二つの課題を与えられた。一つは英米側に傾いているという日本の経済界をドイツ側に取り込むこと、もう一つは満州産の大豆のシベリア経由でのドイツへの輸送と東南アジア産物資の日本経由でのドイツ輸送を日本に認めさせること、であった。これらの任務は非公式なものとされ、彼はドイツの正式使節としてではなく、ハンブルク・ブレーメン東アジア協会（日本名ではドイツ東亜協会）会長として、協会事務長リヒター（Otto Richter）を伴って日本を訪問することになった[24]。日本側はこの一行四名を訪日独逸経済使節団として、ヘルフェリヒは「独逸東亜協会総裁参議ヘルフリッヒ（またはフエルフエリック）」の身分で受け容れた[25]。

一九四〇年一月二一日にベルリンを発ち、モスクワで東郷茂徳駐ソ大使と会談、シベリア・満州国経由で二月一二日に東京に着いたヘルフェリヒらは、大使オットはじめドイツ側関係者と会合を行う一方、二月二〇日には日銀に頭取結城豊太郎を訪ね、同二八日にはその会食に招かれる機会に恵まれた。そこで郷誠之助・伍堂卓雄・八田嘉明・井坂孝らの財界有力者と面識をえることができたことは彼にとって幸運だった。同人に付き添い通訳の労をとったのは在ベルリン外務省商務官長井亜歴山（Dr. Alexander Nagai：のち総領事）であった。ヘルフェリヒはまた、ハパグ（Hapag）監査役会長として、日本郵船・国際郵船・大阪商船を次々に訪問した。三月に入って藤山雷太の息子・藤山愛一郎邸の会食に招かれ、再度、郷・八田・井坂・結城・大谷登（日本郵船）らと懇談したことは重要だった。その懇談は深夜に及んだという。さらに三菱財閥の岩崎小弥太による岩崎邸への招待、三井財閥三井高公との再度の会食など、財界要人との多忙な交流のなかで、日本工業倶楽部を会場とした日本経済連盟会の講演会が開かれたのが三月一二日であった。この会がヘルフェリヒにとってばかりでなく、出席した日本の財界有力者のナチス経済認識を修正する意味で重要な集まりとなったことは前述したとおりである。だがそれを準備したのは、来日以来、とりわけ日銀結城との懇談以降にヘルフェリヒらに開かれた財界人有力者との接触の広がりと深さであった。わけても日本財界の重鎮・日本経済連盟会会長郷誠之助との関係は決定的であった。藤山愛一郎のきもいりで開かれた夕食会での郷ら経済人との懇談について、ヘルフェリヒは次のように回顧している[26]。

「日本のこの種の催しは、遅くても二一時には終わるのが通例であったが、この夜の私たちは夜が更けるまで話し込み、経済と政治、ドイツと日本について、また民族社会主義について議論し、最後は幸福論にまで及んだ。日本人はヒトラーの信仰との関係を知りたがった。私はこの機会を利用して、講演や報告やスピーチのときと同じように、ドイツの強さとまとまりについて語った。国民と社会の調和を図り、民族共同体をめざすナチズムの理念は日本人によく理解された。指導者原理もそうだった。彼らはそれが天皇の中に貴族的な形で姿を現していると見た。日本のサムライを彼らはＳＳと比較した。その標語である「わが栄誉は忠誠にあり」は武士道（騎士の道）を想起させるからである。ただヒトラーその人だけは彼らにはわからなかった。それは彼らにはいつまでたっても謎の人間離れした現象だった」。

三月一二日のヘルフェリヒの講演「独逸における経済指導と能率増進」について雑誌『統制経済』が日本経済連盟会会員に「或る種の感銘と示唆を与へた」と記し、またヘルフェリヒも自分の講演が「明らかに感銘を与えた(27)」と自らその手応えを感じとった背景には、すでにこのような受け入れの準備過程があったと考えるべきであろう。

ヘルフェリヒらドイツ経済使節団の第一の課題は、日本財界有力者の間にあるヒトラー・ナチズムやナチス的ドイツへの不信あるいは反感を取り除き、ナチス・ドイツに関する彼らの見方を親和的な方向に転じさせることであった。二月二八日の日銀結城豊太郎招待の会食の後、郷誠之助ら財界有力者との懇談に臨んだ次の日の三月一日、ヘルフェリヒは、ドイツ大使館から本国外務省宛にすでに次のように打電していた。「私の使命はこれまでのところ順調に進んでいます。われわれは申し分なく歓待されています(28)」。この後の進展は彼にとっては予想以上の成果だったということができよう。

だがもう一つの課題、満州国産大豆のシベリア経由でのドイツへの輸送あるいは東南アジア産物資の移送の問題の解決は困難を極めた。三月一三日にヘルフェリヒは国際汽船黒川社長の招待を受け、そこで岸信介通産次官に紹介され、次の日にこの件で逗留先の帝国ホテルで個人的に岸と懇談することに成功した。岸は日本側の困難な状況を説明するとともに、ドイツ向け大豆輸送について可能な限りの善処を約束したという。この問題について大使オットから日本側との非公式折衝を依頼されたヘルフェリヒは、外務次官谷正之、欧亜局長西春彦らと会談し、ドイツ商社による東南アジア産物資の日本・シベリア経由対ドイツ中継取引の再開に尽力した。

経済問題は政治問題と密接に関連していた。日独間の政治問題に関しては彼は当初は大島元ドイツ大使とのみ話す機会があったが、三月末には外相有田と単独面会し、その午後さらに首相近衛文麿との面談に成功した。有田の後任外相、三国同盟を締結する松岡洋右には、すでに三月一四日に会い、長時間面談し、ドイツに対して松岡が友好的であるとの印象を得ていた(29)。

ドイツ使節団は一九四〇年四月一一日に帰国の途につくが、その直前に彼は「日独親善関係増進に寄与した功績」を認められ、勲二等瑞宝章を授与された。『東京朝日』(四月九日)は「独逸経済使節送別会」の見出しの下で次のような記事を掲載した。

「滞日二ケ月余にわたつて日独経済親交の促進に尽力した訪日経済使節エミール・ヘルヘリツヒ参議、オットー・リヒター博士の両氏は来る十三日夜退京するので八日午後六時半からドイツ大使館でオット大使主催の送別宴が開かれた、有田外相、大島前駐独大使、伍堂日商会頭、三井高陽男、藤山愛一郎氏等日独両国の諸名士百五十余名出席、大広間で和やかな立食の後オット大使の挨拶に続いて銀髯美しいヘルヘリツヒ使節は、新しい世界経済は各々の国家を富ますことでなくして世界人類が広く富むことである、この目標を同じうする日本とドイツは先づ力強く手を握り合はねばならない（中略）と語」った。

満州・シベリア・モスクワ経由でベルリンに到着したヘルフェリヒには出迎えもなく、外務省に連絡せよとの指示だけが待っていた。東京を発つときには、結城豊太郎ら財界人、武者小路公共ら外務省要人、そしてなじみの芸者まで七〇人余が見送った盛況さとはうって変わった寂しさであった。外務省に出向いたヘルフェリヒは直ちに報告書をリッベントロップ宛に提出するが、外相との面談は三週間も経ってからであった（ヒムラー同席）。関係省庁合同の会議は開かれず、報告書は外務省・ライヒ経済省・四カ年計画庁・その他にそれぞれ別々に提出された。「政治報告書」(politischer Bericht)(五月三日)に続いて、彼は六月一八日に「経済報告書」(Wirtschaftsbericht)を作成し、外相に提出し、それらにおいて彼は三つの提案を行ったという。

一つはドイツの対日関係の改善のために経済政策と政治路線を一致させ、経済問題については日本を友好国として扱うべきこと。第二に日本・満州国・北部中部中国の円ブロックの経済問題に対するドイツ側の対応を一元化すること。これまでは在日ドイツ大使館(東京)、満州国の同公使館、上海の同総領事館の出先機関、ドイツ国内では外務省、ライヒ経済省、四カ年計画庁、などに分かれていたが、それをやめて円ブロック経済に関する一つの経済代表部を設置し広い権限を与えるべきこと。第三は日独の諸団体のあり方に関して独日経済委員会を設置し、両国の有力企業・コンツェルンの代表がそれに関与すべきこと、以上の三点であった(30)。

第二点の対円ブロックドイツ中央代表部の設置に関しては九月に事態が進展し、極東経済問題ドイツ代表団(Deutsche Delegation für Wirtschaftsverhandlungen im Fernen Osten)の代表部長にヘルフェリヒが推薦した四カ年計画庁局長ヴォールタート(Helmuth Wohlthat)が選ばれて、翌一九四一年春に赴任することになった(彼らは日本に到着すると日本経済連盟会とも緊密な連絡を取り、「独逸の統制経済一般事情」に関する懇談会が五月から八月にかけて数回にわたって開催された(31))。

ヘルフェリヒは、一九四一年一〇月に地方長官に、ハパグはじめ一切の役職からの辞任を申し出て認められた。ただしドイツ・アメリカ石油会社(Die Deutsch-Amerikanische Petroleum Gesellschaft, D. A. P. G:後のESSO A. G.)については監査役会長への就任を依頼され、終戦までのその地位に留まった。この間彼は一九四二年二月にヒトラー側近の内閣官房長官H・ラムマース(Hans Heinrich Lammers)に「東アジアの状況」なる文書を送り、ヒトラーへの手交を依頼した(32)。それが役職辞任後の彼と党との関連を示す残された痕跡であった。敗戦の翌一九四六年一月にヘルフェリヒはイギリス占領軍によって逮捕され、収監されたが、同年六月に釈放された。彼が非ナチ化の対象からはずされたのは一九四九年四月だった。

3　日独伊同盟直後のドイツ労働戦線使節団と日本の厚生運動

（1）ナチス党・ドイツ労働戦線使節団の日本訪問

日独伊三国同盟は一九四〇年九月二七日にベルリンで締結された。その直後にナチス党・ドイツ労働戦線（Deutsche Arbeitsfront：DAF）はナチス党本部の組織部長であるC・ゼルツナー（Claus Selzner〔ただしClausは呼称で、正式にはNikolaus〕、当時の日本語呼称ではゼルツネル）と同訓練部長O・ゴーデス（Otto Gohdes）を労働戦線の指導者R・ライの代理として日本に派遣した。彼らの日本訪問の公式目的は、同年一〇月一六日から五日間の予定で大阪において開催されるアジア厚生大会（正式には興亜厚生大会、ドイツ側では余暇会議：Freizeittagung）への出席にあった。彼らは会議出席の後、上京し、ドイツ大使館や在日ナチス党関係者と連絡をとるとともに、松岡洋右や東条英機ら政界・軍の要人や有馬頼寧・後藤（文夫または隆之助）ら近衛文麿のブレーンと会談し、また日本経済連盟会会長郷誠之助ら財界有力者、河原田稼吉ら産業報国連盟指導者とも会合をもつなど幅広く行動した。帰国の途についた彼らは、満州国・シベリア・モスクワ経由で同年一二月二〇日にベルリンに帰った。年が明けた一九四一年一月三〇日に両名は二カ月に及ぶアジア出張の報告書をライに提出したが、その文書は、二月一一日にライによってヒトラー宛に送付された(33)。

彼らの日本訪問は、日独伊同盟後における両国の友好的関係の具体化の一環をなすものであったが、その時期は、日本の戦時経済体制の確立に関わる経済新体制や労働新体制の問題が大詰めを迎え、まさに国内の緊張関係が最高潮に達したときに重なった。彼らが参加する大会の開催直前に大政翼賛会が結成され（一〇月一二日）、また大会期間中には会社経理統制令が公布された（一〇月一七日）。そして一一月に入ってすぐに勤労新体制要綱が決定され、同月二三日には大日本産業報国会が結成された。経済新体制確立要綱は一二月七日に閣議決定されるが、企画院革新官僚を中心とする経済新体制構想に対する経済界の対立はまさにこの時期に最も深刻な局面を迎えていた。

ライの代理としてのゼルツナーらナチス党・労働戦線事務局指導者の来日と滞在はこのような状況と交錯し、経済界のナチス政策思想の認識と受容に深く関係することになる。それは以下の二つの局面においてであった。一つは彼らの出席した興亜厚生大会と日本厚生協会の厚生運動における関連であり、もう一つは日本経済連盟会会長郷誠之助らとの交流においてである。

（2）ゼルツナーとゴーデスの略歴

ナチス・ドイツが派遣したゼルツナーとゴーデスの略歴をまず紹介しよう。ゼルツナーは、一八九九年にヘッセンのグロスメーフェルン（Großmövern）で生まれ、国民学校とメッツ（Metz）のライヒ教員養成所の実習校で学んだ後、錠前工となり、第一次大戦兵役の後、一九二五年一二月にナチス党に加わった。一九二八年ヴォルムスの市会議員、次いでラインヘッセンの州会議員、またラインプファルツ大管区の経営細胞責任者として活動する。ヘッセン地方ではナチス党の拡大に全力を挙げるとともに、激しい党内闘争にも勝って地歩を固め[34]、ナチスが政権を掌握すると中央に呼ばれ、ナチス党の全国組織部の中央組織局の責任者、ナチス経営細胞の長として、また労働戦線および歓喜力行団の組織部長として活動した。一九三四年七月、労働戦線が発足した直後に、彼は同機関誌“Der Deutsch”に「ドイツ労働戦線の課題」を連載し、さらに一九三五年には書物、『ドイツ労働戦線の理念と実像』を公にしている[35]。日本から帰国後はＳＳのオーバー・フューラー（Oberführer）、ナチス党中央訓練局の総指揮責任者に、次いでドイツ占領地ドニエプロペトロフスク（Dnjepropetrowsk）の総兵站部の総責任者（Generalkommissar）に転任し、一九四四年六月に病死した。一九四一年末におきた同地ユダヤ人墓地付近でのユダヤ人殺戮に関与したといわれる。[36]

ゼルツナーの同行者、ゴーデスは、一八九六年ポンメルンのファルケンブルクで農業労働者の息子として生まれた。国民学校を卒業してから、やがて第一次大戦に加わり、重傷を負って仏軍の捕虜となった。戦後はプロイセン上級営林局の職員となるが、後にナチス党員であることがわかって解任された。一九二三年にナチス党に加わり（一九二九年一〇月に再加入登録、つまり正式登録）、故郷の地元リーダーとして活動し、ポンメルン大管区の組織部長になる。ヒトラー政権掌握後は党およびドイツ労働戦線の訓練部長に昇進し、ポンメルン選出のライヒ議会議員の地位をえた。一九四四年にはポンメルン地方の総力戦遂行の全権委任者に指名され、ドイツ敗北直前に死んだ。[37]

（3）興亜厚生大会とドイツ使節団

ゼルツナーとゴーデスはモスクワ経由で、同じように興亜厚生大会に出席するイタリア代表二名とともに満州に入り、さらに釜山、下関を通って一〇月一五日に大会開催地大阪に到着した。このときのゼルツナーの肩書は、ナチス党組織部長・世界厚生会議国際評議員で、ゴーデスはナチス党訓練部長・ナチス党指導者養成大学長であった。大会は「日満支三国」を中心に「南方共栄圏六カ国」（タイ・印度・蘭領印度・ビルマ・フィリピン・アフガニスタン）の代表を招聘し、また三国同盟締結後初めて迎える「盟邦親善使節」たる独伊代表を「准国賓」として待遇し、一一カ国約二〇〇〇人が参加して開催された。招待状を送った合衆国からは派遣されず、大会は文字どおり日独伊三国同盟下の大東亜共栄圏形成と結びつく集会となった。[38]

この大会は大阪市と日本厚生協会および大阪市厚生協会の三者の主催になるもので、その趣旨は、東亜新秩序の建設と総力戦体制の徹底のために、その根底にある人的資源の憂うべき傾向に対して、とりわけ「銃後産業」の推進力である労働力の低下の状況に対して、人的資源の培養強化をはかることにあり、生活の刷新、心身の鍛練、適当な休養、健全な娯楽を通じ、旺盛な精神と強健な身体を育成することを目的としていた。五日間にわたる大会は、式典と各種会議のほか展覧会・運動会・観劇・工場見学や市民行進・親睦会など多彩な催しが計画され、「紀元二千六百年」の行事としてかつてない規模と盛大さを示すものとなった。

ゼルツナーは、ドイツ代表、ドイツ労働戦線指導者ライの代理として、大会総会で挨拶するとともに、日独伊厚生大講演会の会場で「『歓喜力行団』の活動」について演説した。「歓喜力行団」(Kraft durch Freude：KdF）は、工業化の進行に伴い労働が一面化する状況の中で、労働者と文化との結びつきをつくり出すために、ヒトラーの命を受けてライが一九三三年一一月に創設したものであり、それはナチス党労働戦線の一部を構成している。この組織は、旅行・休暇、労働時間、スポーツ、教養、娯楽等を担当し、ドイツ労働戦線の各地域・各経営の細胞組織と密接な関連を有している。精神力の養成のための祭典、仕事・能力・知識の向上のための職業能力競技会、身体鍛錬のための体操・スポーツ、また工場スポーツ、年次大会（ハンブルク）などさまざまな催しが実施されている。積立貯金による外国旅行、劇団・音楽隊の組織、劇場・音楽会への廉価入場、さらに労働美化のための社会衛生的な観点に立った工場改造、工場内福利施設、また労働者住宅の改良、新しい交通機関、道路の建設、国民車、等々もこの歓喜力行団の仕事になっている。その恩恵の享受者は、ドイツ労働戦線の加入者三一〇〇万人とその家族であり、一九三八年の予算は二〇億ライヒスマルクを超える巨額に達した、と。(39)

日本においては、“Kraft durch Freude”は「クラフト・ド（ゥ）ルヒ・フロイデ」の片仮名で、一九二五年結成のイタリアの「ドポラボロ」（または「ドーポラヴォーロ」[Dopolavoro]）とともに、厚生運動を担う日本厚生協会（後述）の第一回大会（一九三八年一一月）において注目されていた。この協会の結成に深く関与した磯村英一（厚生省）は、その著書において上のドイツ語に「厚生運動協会」・「独逸厚生運動協会」の名称をつけ、頭文字を取ってK・d・

Fと略し、直訳的には「喜びを通じて力へ」または「歓喜力行団」とするのが適当、としていた(40)。この興亜厚生大会では、「クラフト・ドゥルヒ・フロイデ」の日本語名としてそれらの中から「歓喜力行団」が採用された（後に厚生団、休養団、愉悦による力団、歓喜増強団などとも訳される）。イタリアの「ドポラボロ」はこの大会において「労働の後事業団」（あるいは「労働後事業団」）と呼称された。

さて五日間の大会の閉式にあたり三つの決議が採択された(41)。

(1)　大東亜共栄圏の確立のためには、東亜各国の「国民勤労力の増強」と「国民相互の親和協力」が必須の条件である。「国民勤労力増強」の基礎は厚生運動にあり、国民生活の刷新と健全化のために、各国の厚生運動を組織し、かつ相互に協力する。

(2)　厚生運動の先駆者である独伊両国の使節派遣・大会参加に対し謝意を示し、三国同盟締結のこの機会に同盟国の厚生運動に関して恒常的な提携・協働関係を樹立し、これを大東亜共栄圏諸国に拡大する。

(3)　国民生活の健全化と国民活動力の養成のために緊切な次の三点について厚生運動の発展を促す。(a)政府は厚生運動を重要国策とし、その普及・厚生施設の促進のために、積極的な指導・助成を行うこと。(b)大政翼賛会は、国民生活指導に関する指導精神として、厚生運動の精神を採用し、国民に対し「歓喜力行」によって奉公の誠を示させる途を講ずること。(c)市町村・業者・各種団体は、時局下の急務の事業として、厚生的施設の整備拡充に努めること。

以上のように大会開催者（大阪市・日本厚生協会）は、大東亜共栄圏確立のために労働力の増強＝人的資源の培養は必須の条件であり、余暇とその活用を柱とする厚生と施設はこの人的資源の培養・強化の手段となる、という基本的な認識の上に立っていた。国民が「歓び」を通じて勤労し、それを国家への奉公に結びつけること、これが最大の目的であった。それを大会は「歓喜力行」と表現した。だがこの言葉は、まさにドイツ労働戦線のクラフト・ドルヒ・

フロイデの日本語訳そのものであった。興亜厚生大会はナチス・ドイツのこの観念を採用し、それを日本的な「奉公」の観念に結びつけ、大東亜共栄圏の理念に関係づけたのである。

大会にはドイツ労働戦線代表とともに、ファシスト・イタリアの代表、「労働の後事業団」理事長フランチェスコ・グロッシィも参加した。上記決議は、第二項として厚生運動の日独伊の国家間協力を決定した。ゼルツナーによれば、この決議にもとづいて日独間、日伊間にそれぞれ協定が準備されたという。ドイツ・ＫｄＦと日本厚生協会間のそれは「ライ・伍堂協定」として、また日本の同協会とイタリア・ドーポラヴォーロ間のそれは「カポフェリ・伍堂協定」(Capoferri Godo Abkommen) と呼ばれることになっていた。[42] 伍堂は後述するように日本厚生協会の会長であり、日本商工会議所会頭・日本経済連盟会理事であった。

興亜厚生大会は、このように厚生運動の三国間の協力（さらに大東亜共栄圏へのその拡大）を謳った。しかし大会は、その決議の中にイタリアのドーポラヴォーロではなく、まさにドイツの「クラフト・ドルヒ・フロイデ」（ＫｄＦ）の観念、「歓喜力行」を日本の厚生運動の理念として掲げたのであった。[43] それは事実上ナチス・ドイツの厚生政策思想の受容を意味していた。だがこのことはすでに大会開催にいたる日本の厚生運動のはじまりの中で準備されていた。

（４）日本の厚生運動と経済界

興亜厚生大会は、一九三八年に厚生省が設置した日本厚生協会の第三回年次大会の特別企画として開催された。同協会の第一回大会は、同年に東京で東京市と共同主催により、また第二回大会は翌三九年、名古屋市と共催で同市においてそれぞれ開かれていた。第三回大会は、一九四〇年に大阪で同市と共催で開催される予定となっていたが、その年が「皇紀二千六百年」にあたること、また「東亜新秩序建設」の課題が問題となっていたことなどを考慮し、それを国際的規模に拡大・強化して特別大会の形を取って開催されたのである。[44] つまり興亜厚生大会はこのように日本厚生協会による厚生運動の展開を背景にし、日独伊同盟と結びついた東亜共栄圏の厚生運動への拡大をめざして開かれたのであった。

一九三八年に厚生省が設立したこの日本厚生協会は「国民生活」の刷新をめざし、とくに余暇の「善用」による心身鍛錬と情操の陶冶を目的としていた。それは長期的な戦争体制のための「人的資源」の「培養・養成」という基本的な認識と結びついており、興亜厚生大会に参加したナチス使節団が指摘したように、ドイツの厚生運動の担い手、歓喜力行団に相応する日本の厚生運動の中心になるべき存在であった(45)。

日本厚生協会には経済界の有力者が関与していた。協会の会長に就任したのは日本商工会議所会頭伍堂卓雄であった。伍堂は海軍出身で一九二八年退役後、満州の昭和製鋼所社長を経て商工大臣を二度（一九三七年林内閣、三九年阿部内閣）経験した実力者で、この後一九四〇年には日本経済連盟会常務理事に就くことになる。協会の理事には商工組合中央金庫理事（後に理事長）吉阪俊蔵が加わり幹事を兼任した。また、評議員として全国産業団体連合会会長藤原銀次郎と同会書記長森田良雄が参加した(46)。厚生運動の中心的課題である「余暇」・「リクレーション」の拡大は、労働時間の短縮と結びつく可能性があることから、雇用者たる個々の企業家の利害関係に直接関連する問題であった。そして企業での労働時間・労働場所の外側で営まれる労働主体の生活様式は、労働力の再生産や労働過程における労働意欲・持続力等に関連し、企業にとっても関心事となっていた。工場内の教養・娯楽・運動の施設の創設、その奨励、そのための担当者の養成等が企業経営の独自な問題となったのはその故である。厚生問題は経済界にとって大きな課題であったのである。

第一回大会の席上協会の理事吉阪俊蔵は厚生問題の推移を「スピード」・「能率」の時代、人口の都市集中の到来と結びつけて次のように述べている(47)。「昔は厚生運動と云ふものは、主として個人の家庭に限られたところの問題であつたのであります。併しながら進んでそれが工場の問題、企業の問題として取扱はれ、或は市町村の問題として、社会問題として取扱はれ、進んでは国家自身が直接間接大いに関係することを要する問題になつて来た訳であります」。上の指摘は重要である。厚生運動は単なる戦時経済のための「人的資源」の培養に止まるのではなく、経済的発展のある段階に広く見られる政策的対応にほかならない、という認識がここに表現されているからである。そしてその背景に労働時間の短縮傾向という事情があった。講演者の一人白山源三郎は述べる。[48]「もう一つは厚生運動と離すべからざるものは、労働時間短縮との関係の問題でございます。労働条件が段々よくなりまして労働時間と云ふものが短縮されますと云ふと、厚生問題と云ふものは之に正比例致しまして重大化するものであると云ふことは厚生運動について忘るべからざることであらうと思ひます」。

その際重要なのは、経営数において圧倒的な数を占める中小企業とその労働者の厚生問題であった。大企業は、労働者の雇用条件の改善や福利対策に関して、ある程度まで対応することができた。だが中小・零細な工場・商店は、自らの力で福利施設を備えることは困難であった。中小企業の労働者の余暇は、したがって経営内ではなく、外部の状況に依存しており、地元の娯楽等施設に委された。[49]厚生問題はこうして中小企業・その労働者の存在する地域・市町村の問題となり、市町村当局のこの問題への対応が不可避となったのである。中小経営の労働者の余暇は、「上から」のコントロールの対象となり、その「善導」や「健全な娯楽」が国家の、そして地域の政策的な問題となったのである。商店で働く従業員の労働条件を規制する商店法が、一九三八年一〇月に施行され、それに関わって、休日・閉店後（午後一〇時）の店員の余暇利用（善用）の問題が、日本の厚生運動と関連づけられたというのは決して偶然ではなかった。[50]

厚生運動は、このように戦時経済体制の樹立の国家的な要請としての「人的資源」の育成・培養を第一の課題としたが、経済界にとってそれは、労働時間や労働力の再生産、また労務管理に、したがって企業経営と労使関係に関係する重大問題であったのである。経済界は、こうして厚生省（政府）および大都市・市町村などの地域や各種団体とともに、厚生協会の運動の中心的な推進者となった。日本商工会議所会頭の伍堂卓雄と、厚生省社会局から商工組合中央金庫理事に転じた（一九三九年）吉阪俊蔵は、その経済界と関連をもつ有力な構成メンバーであった。伍堂が関係した商工会議所は、大都市をはじめとする地域的な経済活動と結合し、中小の商工業経営を有力な基礎としており[51]、また吉阪が理事に就いた商工組合中央金庫も、中小商工業に対する金融を目的としており、地域的経済活動と密接な関連を有していた[52]。つまり日本厚生協会に関与した経済界有力者は、財閥や大企業というよりは、むしろ地域的な経済活動や中小商工業に基礎をおいた組織と結びついていた。

（5）日本厚生運動とナチス歓喜力行団モデル――伍堂卓雄を中心に――

日本厚生協会はドイツ労働戦線の歓喜力行団とイタリアの労働後の事業団に重大な関心を示した。第一回大会で会長伍堂はこう述べた[53]。

「惟に厚生運動の目標は、国民の日常生活を刷新し、環境を整備し、特に余暇の善用に意を注ぎ、不経済不道徳的な華美を排撃し、健全なる慰楽を勧奨し、心身を鍛練陶冶し情操を醇化し国民親和の実を挙げんとするにありと存じます。厚生運動は世界大戦後期せずして各国に勃興して参りましたが、最も目覚しい活動を致して居りますのは御存知の通り伊太利と独逸であります。伊太利に於きましては、「ドポラボロ」と言はれまして、ムッソリニーの指導の下に、余暇問題解決に大衆の心身両方面に亘る改善を図り労働に従事して居る者を統一せる新伊太利国民を確立せんといたして居ります。又独逸に於きましては所謂、「クラフト、ドルヒ、フロイデ」を中心と致しまして行はれて居りますが、労働本来の意義を昂揚し、労働は不愉快な卑しい仕事であると言ふ偏見を打破し労働者の生活を意義あらしめる様にこれに愉楽を生ずる文化的価値を与へ、労働の喜び、労働貴族の誇りを感ずるナチスの社会形態を完成せんと努力して居るのであります。我国に於きましても近時漸くこの方面の関心がもたれまして、今春日本厚生協会の設立を見まして、茲に第一回日本厚生大会を開くことになりましたことは誠に御同慶に堪へないところであります」。

伍堂はなかでもナチスのドイツ労働戦線とその下部組織、「クラフト・ドルヒ・フロイデ」に注目していた。彼は協会結成の直前の一九三七年秋から三八年六月までドイツを中心に欧米を訪問したが、その折にドイツ労働戦線を訪れ、責任者ライと会見して強い感銘を受けて帰国した。伍堂はその年公にした視察旅行に関する書物の中で、ナチス経済の現状を詳しく紹介し、「国内資源の厚生利用」と「経済機構の改革」の点で「独逸こそはこの方面に新しき地歩を築きつゝある世界唯一の国」であって、「我国は嫌応なしに其の轍を踏まなければならぬ国」であると強調した。[54]彼は同書の中でナチスの第一次・第二次の四カ年計画を詳細に報告するとともに、「ドイッチェ・アルバイト・フロント」(=ドイツ労働戦線)と「クラフト・ドゥルヒ・フロイデ」に大きな関心を示していた。[55]

労働戦線とKdFへの伍堂の注目は、ナチス体制に関する彼の全体的な認識と結びついていた。前述した「資源の厚生利用」に関する四カ年計画の評価はその一つであるが、「経済機構の改造」に関係するナチス的な商工会議所への関心は、彼の当時の日本の商工会議所の改革構想とそれを柱とした経済団体の再編成案と一体となっていた。また同じ頃企画されたナチス・ドイツの国家的な出版・宣伝事業である厖大な印刷物『ナチス国家の基礎・構成・経済秩序』の日本語訳(『新独逸国家大系』全12巻)の刊行事業へ後援会長として関与したことも、伍堂のナチス・ドイツへの積極的評価を示すものであった。[56]

ナチス・ドイツの歓喜力行団への関心は伍堂を会長とする協会についてもいえた。それは一九三八年六月に開かれたドイツK・d・Fのハンブルク大会への協会員・厚生省体育課長村田五郎らの派遣(協会第一回大会で報告)[57]や、ナチス厚生運動に詳しい保科胤の協会主事としての採用などにも示されていた。[58]興亜厚生大会に出席したドイツ代表ゼルツナーらがこう記したのも不思議でなかった。「(興亜厚生)大会はその一つ一つがK・d・Fのハンブルク年次大会のコピーであり、その議題も基本的に、ライ博士によって決められた国際中央局の精神的内容に従って整えられている」と。[59]

もとより日本はドイツとはさまざまな点で異なっていた。ナチス的厚生運動の受容にあたって、このことは常に認識されていたことがらであった。理事吉阪俊蔵は第一回大会で強調する。[60]「『ドイツ』のK・d・Fや『イタリー』の『ドポ、ラボロ』の運動が我国に紹介せられまして遽かにこの厚生運動が世間の注意を惹くに至りましたことは御承知の通りであります。私もこの二国に於きまして、特に厚生運動につきまして、参考とすべきものが多いことは認めるのでありますが、そのまゝの翻訳であつてはならないのであります」。

いうまでもなく「そのままの翻訳」の否定は、「翻訳」そのものの排除ではない。ナチス・ドイツの政策思想に注目し、日本へのその受容に積極だった伍堂も、先の引用に続けて「厚生運動は夫れ〳〵国情によつて自ら形態に差がありまして我国には我国独自の国情と国民性に合致したものでなくてはならない」と述べ、その根本に国民精神総動員を置くべきだと主張した。

こうして日本の厚生運動は「日本精神を基本」とし、「君国に対する奉仕を全うする」ことを目的としなければならない。興亜厚生大会の記念講演において大会名誉会長・伍堂は「皇道厚生運動」なるものを提唱し、それをドイツ労働戦線責任者・ライの日本認識に結びつけた。[61]「私が国民使節として二年前にドイツに参りました時に、それをドイツのアルバイト・フロント、即ち勤労戦線の総指揮官でありますライ博士を訪問致しました時に、博士は『あなたは今日、我が国のアルバイト・フロントの組織についてお調べになりに来られたやうであるが、日本には何でさういふ必要があるのか、日本といふ国は皇室を中心として、事あれば直ちに全国民が一丸となつて結成し得る尊い国民性を持つて居ると聞いて居る。ドイツは民族が世界にばらばらに分れて居り、それが為に悲惨な運命に陥つたのであるから、今日我々の努力しつつあるのは、この民族を集結して、新しいドイツの国民精神を植付けんとする為であつて、それがアルバイト・フロントの使命とするところである。実は自分は、日本の二千六百年記念のオリムピック競技に、自ら多数の会員を率ゐて日本へ参ることを考へて居るが、その際にこの尊き日本の国民精神を研究して見たい。かういふ念願を持つて居るんだ。』と心から話されたのであります。正にライ博士の言はるる通りでありまして、建国の大精神は二千六百年に亘つて、我々の血汐の中に生き生きとして溢れて居るのであります。併しながら、今や我が国が有史以来の大業を果さんとするに当りまして、（中略）一億一心、堅忍持久、断乎としてこの難関を突破しまするには、山の如く動かざる精神力、鋼の如く強靭なる体力を保持しなければならないのであります。これ即ち我が国と雖も、今日厚生運動を必要とする所以であります」。

こうして天皇を中心として「萬民斉しく天皇に帰一し奉り、分を尽して翼賛する」というあの天皇制的観念が強調され、日本の厚生運動の特質に結びつけられた。興亜厚生会議の決議は、ナチス的な「歓喜力行」を国家的な「奉公」に結びつけたが、それは皇運扶翼の天皇制国家的な観念と一体となっていた。それはやがて「歓喜」抜きの「力行」の強要、「体位向上」と日本主義的な「情操陶冶」の強制へと展開した。

会長・伍堂は一九四〇年秋には日本経済連盟会の理事をも兼任し、また有力理事吉阪は一九四二年に商工組合中央金庫の理事長に昇進した。日本の厚生運動の主導的な位置にあったこの二人の経済界の有力者の立場はまさに以上のような特質を示していたのである。

4　ナチス使節団と経済新体制問題

（1）ナチス使節団と政財界要人との関係――ゼルッナー・ゴーデスの「報告書」による――

前述したようにゼルツナーら訪日使節団は、帰国後、ドイツ労働戦線責任者ライに報告書を提出し、その文書はヒトラーの許に送られた。この報告にもとづいて使節団の日本でのその後の行動を辿ってみよう[62]。

ナチス使節団は大会に出席した後、同一九四〇年一〇月二七日に上京し、政界・財界等の要人・有力者と会い、「民族社会主義によるドイツの革新」をめぐって突っ込んだ意見交換を行った。それは三つのグループに分けられた。①総理大臣・近衛文麿と閣僚（とくに外相松岡洋右）、②「日本の新体制運動」（japanische Erneuerungsbewegung）について近衛から依頼された人々、すなわち有馬（頼寧）とその助力者後藤（文夫または隆之助）、③経済界・労働界の代表（郷誠之助と河原田稼吉）がそれである。

近衛は、三国同盟の趣旨にもとづき国民生活のあらゆる分野で日独関係が具体化する必要があるとし、また社会政策分野に関しては元大臣河原田（産業報国連盟）のドイツ招聘を求めた。外相松岡との会談は二度におよび、主として松岡が質問し代表団が答えた。松岡の質問の核心は「日本の新体制運動の形態と内容をどう思うか」にあった。これに対して代表団は将来の日本の革新運動の理念と形について自らの見解を述べ、理念に関して一二項目をあげ、また組織の形についてはドイツの党細胞構成の働きについて説明した。松岡との二度目の会談でもこの問題が話し合われ、その中で彼は日本の世界観の基礎を強調し、代表団が日本的哲学の本質を認識しているかどうかを知りたがった。松岡が新体制運動に深く関与し、自らの見解を固めたことは明らかで、「自分はイタリア的モデルをとらず、ただドイツ的システムからのみ成果を期待している」と明言した。「全体的印象：松岡大臣はこの上なく刺激的かつ大胆であり、積極的に責任を負う人物である。軍・国内での若い世代との関係を誇り、全体として自意識が強烈である」。

陸相東条英機との会談は、大使オットとドイツ陸軍武官マツキー（参謀本部陸軍大佐）が臨席し、予定時間を大幅に延長して行われた。東条からの質問は、ドイツの後継者育成、ドイツ軍ヨーロッパ占領地域と人種的観点に立った安全に関してであった。

新体制運動の組織化を委任された有馬伯の課題は、ドイツ組織局のそれに該当する。有馬はその任に耐えられそうもないが、後藤は精力的との印象を与えた。第一回会談で提示された質問は、ナチス党と国家との関係、管轄の区分、ナチス党の党員の問題、とくにナチス党における国家吏員の党員問題と、党員吏員の党籍から生ずる人的地位的な権利・義務であった。第二回会談は教育問題と後継者育成問題が論ぜられた。両協議とも実り豊かで、日本側は継続的な意見交換を希望した。

第三のグループのうち日本経済界のリーダで長老・郷誠之助との会合は講演会の形で行われ、そこには大臣六人が招かれた（うち三人は次官が出席）。最重要人物は、企画院総裁星野（直樹）で、彼は、ドイツの四カ年計画のゲーリングに近い役割を占める予定である。自分の講演に対しては、質疑応答が行われ、経済政策・社会政策、ドイツの賃金・価格決定が問題とされた。論議は実に興味深く、ここでも予定の時間の枠をはるかに超えることになった。

他方、産業報国連盟（National-Industriefront）の水野（錬太郎）・河原田（稼吉）とも会談がもたれた。同連盟は約四〇〇万の成員を擁する工業労働者の最大組織である。彼らはドイツ労働戦線の構成と本質に通暁しており、議論はドイツ労働戦線の最新の課題と将来の問題が中心になった。彼らはドイツとの永続的かつ緊密な意見交換を切望した。代表団のゼルツナーはかつてその組織部長、ゴーデスは教育部長であったことから、会合は著しく満足すべきものとなった。

以上の「報告書」の内容からわかるように、ゼルツナーらナチス使節団は、厚生運動の日独伊連携と大東亜共栄圏的な体制をめざす興亜厚生大会に関わったばかりでなく、日本が直面していた最大の問題である新体制問題の核心部分に接触することになった。新体制を推進する近衛らの政界・軍と、それに対抗する財界、また労使関係の新体制をめざす要人との関係がそれである。新体制問題はまさに大詰めを迎えていた。その中でナチス的「革新」に関わった当事者の口からナチス的新体制について説明がなされ、また逆に、日本的な「革新」の現況がその直接の関係者たちによって語られたのである。「報告書」が指摘するように、それは「新体制」をこれから創出しようとする日本の当事者のナチス的「新体制」への強い関心を示すものであり、そこでの「新体制」の日独比較は日本側にとって盟邦ドイツへの儀礼的ないし単なる外交的な応対を超えて、自国の切実な問題と結びつく現実的な意味をもっていた。ゼルツナーらの行動は、日独間の外交的関係の枠から出て、日本の内政的問題の核心に関係し、痕跡をそこに残すことになった。それは財界との関係においてはっきりと示された。

(2) ナチス使節団と財界——日本経済連盟会の記録に即して——

日本経済連盟会をはじめとする日本の八経済団体は、日独伊三国同盟成立を記念して、一〇月三一日にゼルツナーら、ナチス・ドイツとファシスト・イタリアの両使節団を招いて祝賀会を開催した。続いて一一月七日、日本経済連盟会は日本工業倶楽部で常務理事会を開き、ゼルツナー、ゴーデスらを招請して「独逸に於ける統制経済の実情」に関して説明を聴取した。その内容が「時局柄我国にとり意義深き示唆を含む」ことから、同会は筆記録を印刷し、会員に配布した。(63) 以下、一九四〇年一二月付のその冊子、「独逸に於ける統制経済の実情」によりながら財界のトップがナチス経済のいかなる点に関心をもっていたかを見ることにしよう。(64)

会合にはドイツ側はゼルツナーとゴーデスおよび大使オット、商務担当官らが、また同会から郷誠之助（会長）・井坂孝（常務理事）・伍堂卓雄（同）・有吉忠一（同）・明石照男（同）・宮島清次郎（同）・高島誠一（理事）らが出席した。またゼルツナーらが記したように政府要人も招かれ参加した。鉄道大臣小川郷太郎・厚生大臣金光庸夫・企画院総裁星野直樹が出席し、また大使館商務参事官長井亜歴山が日本側通訳に当った。

会議は、ゼルツナーがドイツ統制経済について短く講演し、それに対する質疑応答の形を取って行われた。ゼルツナーはまず次のように話した。一九三三年のナチス政権掌握時のドイツ最大の問題は雇用問題であり、ナチスは失業者の就業のために全面的に取り組んだ。同時に能率の増進を目標に掲げ、そのための国家的政策の遂行の方法として業種別産業団体を組織し、国家的指導の下で各人の創意が活用される自主的な国内体制を整えた。他方対外的には四カ年計画として原料資材の外国からの自立・代用原料の拡大が企画され、そのために大規模な投資が計画された。それは国内経済全体の調整を必要としたが、そのためにも前記の産業団体が活用された。

産業団体（＝経済集団）は、横断的にはまず工業・商業・手工業等に、しかも地域的に区分され、中間的機関として地方経済会議所が設けられ、最上位のライヒ経済会議所がこれらを取りまとめている。それらは縦断的には業種別団体に区分され、それらがまた細部の業種に区分される。それは会社（個人ではなく）を会員とするいわば経済界の組合といえる。外国からの自立のために四カ年計画庁は、ライヒ経済会議所の責任者を招集し、彼らに政策の方針を指示する。それは産業団体の代表となる上記会議所の参議を通じてそれぞれの横の下位機関＝地方機関に伝えられ、またさらに最下位の団体に指示される。このような政治的指導に対して、企業家は相互の競争を通じて自己の能率を最大限に発揮することにより利益を拡大することができる、と。

ゼルツナーは以上のように、対内対外の経済的な「国策」の実現にとって経済団体の組織化がいかに重要かを強調した。その際彼がナチス経済の特質として指摘した点は、経済活動における「各人の自由な創意」と各業種の「業者間の競争」であり、その中で追求される最も有利な「採算」とそれにもとづく「収入」の増大、事業の「繁栄」であった。

出席者の質問は鋭く、かつ立ち入ったものであった[65]（ゼルツナーは先の報告書で「質問の集中砲火」[lebhafter Kreuzfeuer]と表現している）。まずナチズムと社会主義との関係に関して会長郷が微妙な、しかし日本財界のナチス認識のために本質的に重要な確認の質問を行う。そこには日本経済界トップのナチス認識が見事に示されていた。

「我国の如く現在戦をして居るやうな最中にはそれだけ物が減つて居るから、最も有効にあるものを使つて行かなければならぬ。そこで統制経済が必要であるが、それに二つの流がある。一つの流は仮にこれをソヴイエツト型と申しませうか、詰り政府が全部を管理する。もう一つは個人がイニシヤテイヴを取つて、さうして専ら産業者に仕事をやらせて政府は単に監督に止める。あとは個人の創意に委せる。それをナチス式と申しませうか。ナチスにしても、それからファッシヨにしても略同じことでありまして、私が曾て聞いて居るのに、第一に私有財産といふものを認める。第二に個人のイニシヤテイヴといふものを認める。それから第三にはソヴイエツトの思想に反対する。このやうに聞いて居る。而してドイツに於ても今お話のやうに、一九三三年にナチスが政権を取つてからこれによつて総ての計画を立て、行かれたのであるが、やはり或る時期に於ては社会主義といふものが入り込んで、その為めに大分悩まされたやうに聞いて居るのですが、その時の状況はどうであつたか、それからそれに対してどういふ処置を執られたか」（傍点は引用者）。

暗にシュトラッサー（Gregor Strasser）らナチス党内左派グループの活動を示唆させるこの質問に対して、ゼルツナーはそれに気づかないかの如く平然と反論する。「実は非常に意外なことを承るやうであります。吾々の今までの関係に於きましては、社会主義、殊にソヴイエットのやうな運動、私有財産を没収するといふやうな種類の運動は少しもありません。若しさういふことをお聞きでありましたならばそれは誤つて居ります。或は利潤の統制とか政府の租税政策といふことが、恰も自由主義経済的に考へられる方々にはさういふやうに感じられたかも知れませんが、社会主義的といふやうな傾向は少しも執つたことはありません。例へば、十萬馬克〔マルク〕以上の収入に対して五割以上の所得税を課するとか、或は八分以上の配当に対して公債に振替へる、或は利潤の一部を公債に投下せしめるとか、或は利益の一部分を工場設備改良費に向けしめるとかいふやうな政府の方策は、公益の為めにする利潤の自由処分の制限でありますが、これは社会主義的運動とは違ふのであります。これらの利潤は何れも資材として又財産としてそれがちやんと残つて居るのであります」。この点に関する両者の議論は結局のところかみ合わず、すれ違いに終わった。

ナチスの価格政策に関する郷の第二の問いに対して、ゼルツナーは平時での規律の重要性、物価停止令・賃金停止令による調整、労働戦線や物価管理機関等の役割について説明した。この問題に関連して伍堂・高島・明石から賃金・物価の安定化、とくに適正価格について立ち入った質問が相次ぎ、これに対して原価計算方式による適正価格などの措置が具体的に説明された。また適正な利潤の観念、配当制限令、重役の報酬・賞与等に関して小川・伍堂から鋭い質問が出された。重役報酬に対する制限が個人の創意を抑制することにならないかという小川鉄道大臣の問いに対して、ゼルツナーは重役収入が営利次第で上昇すること、しかし高い所得税がそれに対して課せられると述べた上で、ナチスが「企業家の企業的方面の働き」、「建設的な企業者の創意」を高く評価すること、しかし金融資本や商業における投機的な利益、ぼろ儲けは排撃していることを強調した。そのほか、四カ年計画、経済建設の多元性の問題点、減価償却等をめぐって議論が交わされた。

ゼルツナーは企業家の創意の活用・企業的活動の意義を強調した上で述べた。「政府が事業の目的を国策として示して、事業家はこれを利用して事業を起す。但しその起す事業は国策を促進させる事業であつて、それによつて利益を挙げるならば差支ない。即ち換言すれば私益が実は総て公益になつて居れば、幾ら私益を擅にしても宜いことになります」（傍点は引用者）。ゼルツナーのこの説明は、それから一カ月もしない一二月初めに作成された、日本経済連盟会他七団体の「経済新体制に関する意見書」の第二項に明白な形で採用された。

おわりに――ナチズムの受容と日本的伝統主義との結合――

日本経済連盟会・常務理事会がナチス党使節団からドイツ統制経済に関する実情を聴取した一一月初旬は、まさに経済新体制問題が最終的な局面を迎える時期に該当した。企画院において作成された政府原案は、一一月一二日に経済閣僚懇談会で審議されており、数次の会議を経て一二月一日に修正原案が決定された。これに対して一二月四日、日本経済連盟会会長郷誠之助の主催による財界有力者の会合で財界の基本的立場が決定され、それにもとづいて作成された日本経済連盟会他七団体の「意見書」が二日後、近衛首相に手交された。井坂孝・伍堂卓雄・宮島清次郎がその代表となった。

「意見書」の作成にあたり郷は、重産懇の帆足計の補佐を受けつつ予め作成した自らの案の原則を提示していた(66)。それは以下のようなものであった。

「一、新経済体制は日本固有の美点に適応するものたることを要し、苟くも国体観念に遠ざかり家族制度を破壊するが如き傾向ある可らざること。二、新経済体制は時局突破及び生産拡充を目標とし、濫りに其の限度外に逸脱し却つて生産拡充を阻害するが如きことを厳に警むべきこと。三、新経済体制は、民間が其の創意、責任及び熱意を以て企業経営を為すことを本体とし、官庁は原則として直接経営に触手せず、専ら大局的指導及び監督に当るべきこと」(傍点は引用者)。

民間の創意・責任・熱意による企業経営を原則とし、官庁は大局的指導・監督のみに止まらねばならない、という第三項は、ゼルツナーの講演に対する郷の質問の中に示された彼の「ナチス式」の認識に一致する。このナチス認識は同年春来日したドイツ経済使節団ヘルフェリヒからすでに与えられたものであった。その「ナチス式」に第一項の「国体観念」と「家族制度」が結びつくのである。

近衛首相に手交された財界七団体の「意見書」は、第二項として「国家目的に合致する範囲内に於て利潤思想を是認すること」を求め、次のように強調した。「独逸の如く営利心を排撃せずして之が純化を唱道し企業経営の目標が国家目的に背馳せざる正当の利潤あるに於ては如何なる高率の利潤ならむも国家とて寧ろ之を奨励すべきものに非ずやと信ず」。ゼルツナーの先の答弁はこの中に見事なほどに生かされている。

経済新体制確立要綱は一二月七日に閣議決定された。企画院を中心とする革新官僚の構想と財界の立場とはこれまでの研究が明らかにしたように確かに大きく異なってはいた。(67) しかし、にもかかわらずその両者が対立関係から「妥協」的な関係に移ったことはより重要であった。資本主義経済を前提とする限り、政府は戦時経済体制の確立のために経済界の協力を不可欠としていたからである。経済新体制は戦争遂行のための経済的動員とその国家的経済統制に不可欠な経済界の「協力」を取りつけ、官民の「協力統制」をつくり出した。昭和恐慌期にはじまるカルテル的・組合的な結合を土台にした経済界の自主的な対応、すなわち「自治統制」は、日中戦争開始期の国家的統制＝「官治統制」との対立過程を経て、民営自主、企業経営の創意・能力・責任を前提にした「協働統制」へと移行したのである。

ナチス・ドイツの統制的経済体制の原理は、経済界のこのような転換に際して大きな役割を果たした。財界が採用した「公益優先の原則」はナチスの最上位の理念「公益は私益に優先する」に由来するものであった。個人の利益追求は社会的利益に帰結するという自由放任主義をナチスは否定し、個人の恣意的な利潤追求を抑制した。私的な営利追求は民族共同体の観念に結びつけられ、その枠の中で容認された。日本の経済界は、戦時経済体制の確立という「公益」の優位を認め、自由放任主義的な営利追及の考えを転換した。

公益優先原則は私益の追求＝営利原則を排除しない。むしろナチスは民族共同体のための企業の自主性（イニシャチヴ）と創造的な経済活動を奨励しつつ、それを「上から」包摂しようとした。民間の創意・責任にもとづく企業経営を本体とし、国家は経営には介入せず、「大局的指導」・「監督」に限るべきであるという日本の経済界の立場は、ナチス的方式＝「経済指導」（Wirtschaftslenkung）の観点と大きく重なった。

「公益優先」の観点に立った国家的統制と、民営自主の原則に立った企業家の私的な営利活動との関係は、経済団体の組織化によって結合され、調整される。財界の「民間経済機構の育成強化」の主張は、経済界の利害に立った、そのような経済団体の組織化を意図しており、それはやがて統制会構想の形で具体化された。そこでもナチス・ドイツの経済有機的構成法とそれによる経済団体の全国的な組織化の方式が十分に考慮され、吸収された。

経済界の立場のこのような転換は、ナチス・ドイツが日本に派遣した使節団との交流のなかで進められた。とくにハンブルクの財界人ヘルフェリヒは日本の財界のナチス経済認識に重大な影響を与えた。一九四〇年三月のドイツ経済使節団が日本の経済界に残した方向性は、同年九月の日独伊三国同盟の直後に来日したナチス党・ドイツ労働戦線の使節団によって継承された。ゼルツナーらナチス使節団の来日は、厚生運動の日独伊三国間連携を目的としていたが、しかし一層重要なことは、彼らが最終局面を迎えた経済新体制問題に対する経済界の対応に影響を与えたことであった。彼らの財界人との接触は、ヘルフェリヒらドイツ経済使節団によって与えられた、ナチス経済体制に関する財界の独自な認識とその原則の受容をいわば補強する作用を果たしたのである。

しかし財界のナチス受容は日本的伝統主義・天皇制的観念の強調と一体となって行われた。それは「日本固有の美点」・「国体観念」・「家族制度」を最大限に重視する日本経済連盟会会長郷誠之助の経済新体制観に、また日本独特の「経済道の美点」、「良習美風」、「職分奉公」を経済新体制の実施原則第一に掲げた財界の「経済新体制実施に関する意見書」（一九四一年一月）の中に示されていた。ナチス的経済思想はこのように伝統的な日本的観念に接木されたのである。しかしこの日本的観念はナチズムにおける民族共同体の観念に対応するものであり、「世界観」の強調と強要という点でナチス・ドイツとこの点においても共通したのである。

注

（1）　戦時経済については近代日本研究会『戦時経済』（年報・近代日本研究・９・１９８７）山川出版社、一九八七年、の諸論文、とくに最近刊行された二つの大著、山崎志郎著『戦時経済総動員体制の研究』日本経済評論社、二〇一一年、原朗著『日本戦時経済研究』東京大学出版会、二〇一三年、参照。

（2）中村隆英・原朗「『経済新体制』」日本政治学会編『「近衛新体制」の研究（年報政治学１９７２）』岩波書店、一九七二年。

（3）拙著『戦前・戦時日本の経済思想とナチズム』岩波書店、二〇〇八年、Ｖ章、参照。

（4）古川隆久著『昭和戦中期の総合国策機関』吉川弘文館、一九九二年、Otrud Kerde, The ideological background of the Japanese war economy: visions of the „reformist bureaucrats", in: Erich Pauer (ed.), *Japan's War Economy*, London/New York, 1999. 前掲拙著、Ⅴ章参照。さらに Bai Gao, *Economic Ideology and Japanese Industrial Policy*, Cambridge, 1997, Chapter 3. とくに pp. 69-71, pp. 107f. ほか。また Janis Mimura, *Planning for Empire*, Ithaca/London, 2011, Chapter 4, 5. なお、昭和研究会とナチズムとの関連については William Miles Fletcher Ⅲ, The Search for a New Order, North Carolina, 1982. 本書序論注（30）も参照。

（5）最近の研究成果として、工藤章・田嶋信雄編『日独関係史１８９０-１９４５』東京大学出版会、二〇〇八年、第Ⅱ巻がある。

（6）二つの使節団のうち、ヘルフェリヒが団長を務めたドイツ経済使節団については、Gerhard Krebs, *Japans Deutschlandpolitik 1935-1941. (Mitteilung der Gesellschaft für Natur-und Völkerkunde Ostasiens e. V.*, Bd. 91), Hamburg 1984, S. 395. に言及があるが、前掲拙著、二〇三頁以下の叙述が立ち入った研究の最初のものとなる。附記：本章は、二〇〇八年刊行の上記拙著のこの叙述をさらにより詳しく展開したもので、その原文は工藤・田嶋編、前掲書、第Ⅲ巻（体制変動の社会的衝撃）、二〇〇八年三月に発表された。その際、両編者から貴重な教示を得ることができたので、ここに記して感謝申し上げたい。その後、工藤・田嶋両編者と上記書物の執筆者の一人E. Pauer氏によって、上記書物全三巻に編集された複数の論文（私の研究は含まれていない）の英訳本、Kudo Akira/Tajima Nobuo/Erich Pauer (ed.), *Japan and Germany: two latecomers to the world stage, 1890-1945*, Kent, 2009. が出版され、その Vol. Ⅱ に、日本語版にはない下記の論文が新たに追加されていることが判明した。F. Knauss, Unwilling cooperation: German-Japanese economic relations in the Second World War exemplified by the Helfferich-Mission and the Ostasien-Ausschuss. この論文は、文書館史料の渉猟にもとづく研究ではなく、本書のテーマにとっては内容的にはとくに新しい知見を提供するものではない。ところで筆者の Knauss 氏は、自身の論文をヘルフェリヒ使節団に関するあたかも最初の研究であるかのように記しているが、上に述べたような経緯からわかるように、このことは事実に反するのでここに附記する次第である。上記のように工藤・田嶋編の前掲書は、「翻訳」本の一年前に刊行されており、ヘルフェリヒ使節団については、私の論文だけでなく、関連する論文も掲載されていた。氏は、そのテーマからして最少限上記の書物を参照すべきであったが、それがなされなかったことは日独研究交流のためにも残念なことであった。この英訳版の編者諸氏は、何のアドバイスもなさらなかったのだろうか、理解に苦しむところである。

(7) 宮島英昭「戦時経済下の自由主義経済論と統制経済論」『日本近現代史3』岩波書店、一九九三年、同著『産業政策と企業統治の経済史』有斐閣、二〇〇四年、三三〇頁以下。また長島修著『日本戦時鉄鋼統制成立史』法律文化社、一九八六年、第6章、中村・原、前掲論文、参照。

(8) この間の経緯については、注（7）の文献中とくに中村・原、前掲論文、九五頁以下、また『経済連盟』第10巻3号、一九四〇年七月、参照。

(9) 『経済連盟』第10巻4号、一九四〇年一〇月、一二六頁以下。中村・原、前掲論文および長島、前掲書、一八二頁以下。

(10) 『経済連盟』同前、一三三頁以下、中村・原、同前。

(11) 岡崎哲二・菅山真次・西沢保・米倉誠一郎著『戦後日本経済と経済同友会』岩波書店、一九九六年、第1章1「企業民主化」（菅山真次）、参照。

(12) 財団法人郷男爵記念会編『男爵郷誠之助君伝』一九四三年、七六二頁以下。

(13) 帆足計著『統制経済の理論と実際』新経済社、一九四一年、五頁以下。

(14) 同前、三八頁以下。

(15) 帆足はこのような観点から経済新体制を評価する。同前、三九頁以下。

(16) 『統制経済』第1巻1号、一四〇頁以下。

(17) 帆足、前掲書、11頁、33頁。

(18) 『経済連盟』第10巻3号、一九四〇年七月、一〇九頁。当日講演要旨がパンフレットとして配布された。原文は、Emil Helfferich, *Ein Leben*, Bd. 5, Jever 1965, Vorträge in Japan März-April 1940, S. 33ff. 講演速記録の全文は『経済情報政経篇』一九四〇年六月号に「戦時統制と企業創意」として掲載された。後述参照。

(19) 『男爵郷誠之助君伝』七二六頁以下。

(20) 注（18）参照。

（21）Helfferich, *a, a, O.*, Bd. 4, S. 10ff. ケプラーグループについては、栗原優著『ナチズムの成立』ミネルヴァ書房、一九八一年、四〇五頁以下、四六五頁以下。また Arthur Schweizer, *Big Business in the Third Reich*, Bloomington, 1964, pp. 101f.

（22）Helfferich, *a. a. O.*, S. 26ff.

（23）*Ibid.*, S. 115ff. ナチス・ドイツの対中国外交関係とその中での東アジア協会の対応については、田嶋信雄著『ナチズム外交と「満州国」』千倉書房、一九九二年、第二部第四章、同著『ナチス・ドイツと中国国民政府一九三三－一九三七年』東京大学出版会、二〇一三年、第七章。

（24）Helfferich, *a. a. O.*, Bd. 5, S. 138ff.

（25）外務省外交史料館史料・外国人渡来関係雑件視察団一部（K2. 1. 0. 5-1）。ヘルフェリヒは一九三七年に日本から外国人叙勲を受けている。同外国人叙勲雑件独国人一部（Lz. 2. 2. 1-25）、1巻、参照。なお、ドイツ外務省の関連史料として以下参照。*Akten zur Deutschen Auswärtigen Politik 1918-1945*, Serie D: 1937-1945, Bd. VIII: Die Kriegsjahre, 1. Bd.（4. September 1939 bis 18. März 1940), Baden-Baden/Frankfurt. a. M. 1961, 639, 646. 一九四〇年九月二七日日独伊同盟の締結にいたる日本外交の展開過程とその背景にある日独関係の状況、とりわけ一九三九年七月の日独貿易協定の試みと挫折、満州の大豆対独輸送等の問題をめぐる両国間の利害関係については、井上寿一「国際協調・地域主義・新秩序」『日本近現代史3』岩波書店、一九九三年。また田嶋信雄「親日路線と親中路線の暗闘——1935～36年のドイツ——」工藤・田嶋編、前掲書、第Ⅱ巻、工藤章「戦時経済協力の実態——ドイツの電撃戦勝利から独ソ開戦まで——」同前、田嶋、前掲『ナチス・ドイツと中国国民政府一九三三－一九三七年』をも参照。

（26）Helfferich, a. a. O., Bd. 4, S. 166.

（27）*Ibid.*, S. 175.

（28）*Akten zur Deutschen Auswärtigen Politik*, Series D, Bd. VIII, 639, 646.

（29）Helfferich, *a. a. O.*, S. 178f. なお松岡洋右伝記刊行会編『松岡洋右・その人と生涯』講談社、一九七四年、七六〇頁。

（30）*Ibid.*, S. 188ff. 第一の提案は彼が東京滞在中に本国外務省宛に送った電文の中ですでに強調されていた。前出注（28）参照。

（31）『経済連盟』第11巻3号、一九四一年七月、一四一頁以下、同4号、一九四一年一〇月、一八九頁以下。ヴォルタートらは「訪日独逸国経済使節団」と呼称された。五月一三日の会合では日本側は経済計画の立て方、統制経済の運用、産業機構、利潤統制・配当制限、物価政策、貿易為替政策、四カ年計画等について合計二九項目の質問事項を提示した。その具体的な内容は、同前、3号、一四四頁以下、参照。

(32) Bundesarchiv Berlin, R43, II/1456a Reichskanzlei 1456a, 67-79. 文書はラムマースによりヒトラーに手渡された。ラムマースのヘルフェリヒ宛公式文書、ebenda, 80, 81. 参照。

(33) Bericht über die Japanreise der Parteigenossen Reishshauptamtsleiter Claus Selzner und Reichshauptamtsleiter Otto Gohdes, 30. Januar 1941. およびヒトラー宛のR・ライの書簡（一九四一年二月一一日付）、Bundesarchiv Berlin, R43, II/1456a（以下Bericht と略す）。両人に関する日・独歴史家による研究ないし言及は管見の限りでは存在しない。以下は、Ernst Klee, *Das Personenlexikon zum Dritten Reich. Wer war was vor und nach 1945*, Frankfurt a. M. 2003. およびベルリンのBundesarchivでの著者の調査にもとづいている。

(34) 一九二八年のナチス党ヘッセン区での党内闘争については、Bundesarchiv Berlin, NSSIV, 12, Artikelreihen von Claus Selzner.

(35) C. Selzner, Die Aufgaben der Deutschen Arbeitsfront, in: *Der Deutsche*, Juli bis Nov. 1934. また ders., *Die Deutsche Arbeitsfront. Idee und Gestalt.* Kurzer Abriss des Wollens des Reichsorganisationsleiters der NSDAP., Dr. Robert Ley, M. d. R., Leiter der Deutschen Arbeitsfront (*Schriften der deutschen Hochschule für Politik*), Berlin 1935. さらに一九四〇年には、ナチス党出版局から、ナチス党叢書の「ドイツ労働」シリーズとして、*Der deutsche Rüstungsarbeiter* を発表している。

(36) *Biographisches Archiv*, Claus Selzner; E. Klee, *a. a. O.*, S. 578. なおゼルツナーの死亡は魚の中毒によるものと推定されている。

(37) *Biographisches Archiv*, Otto Gohdes. ゴーデスの死は自殺による。

(38) 『興亜厚生大会誌・紀元二千六百年』一九四一年、二〇頁以下、Selzner/Gohdes, Bericht. また石川弘義「『厚生の日本』にみる厚生運動の歩み」成城大学『コミュニケーション紀要』第1輯、一九八三年三月、六七頁。

(39) 上掲『興亜厚生大会誌』五〇頁以下、四六九頁以下。

(40) 磯村英一著『厚生運動概説』常磐書房、一九三九年、二二八頁。

(41) 前掲『興亜厚生大会誌』、冒頭。

(42) Selzner/Goldes, Bericht. 五点からなる協定の内容も同前。
(43) 大会の行事として一〇月一二日より二〇日まで「興亜厚生展覧会」がデパートで開かれ、入場者は四〇万人に達したという。その一部に「独伊の厚生運動」が含まれ、一四項目が展示されたが、うち八項目が「K・d・F」(歓喜力行団)関係で占められた。同前、九四頁以下。歓喜力行団への関心の強さがここにも示されている。なお、イタリアのドーポラヴォーロに関しては、柏熊達生編『イタリアの厚生運動——ドーポラヴォーロ——』(泰文堂、一九四三年)〔石川弘義監修『余暇・娯楽研究基礎文献集』第27巻、大空社、一九九〇年〕参照。
(44) 『興亜厚生大会誌』二頁。なおその背景には、一九四〇年に予定されていた東京オリンピックに合わせて、世界リクレーション会議の第四回世界会議を大阪に招致・開催するという方針が決まっていたところ、オリンピック東京大会が中止となり、同世界会議の開催も消滅したという事情があった。ナチスは歓喜力行団所有の大型船を使って大阪に大勢のドイツ人を送り込む計画であったという。日本厚生協会『第一回日本厚生大会報告書』(一九三九年)(前掲『余暇・娯楽研究基礎文献集』第16巻)における「第三回世界厚生会議代表報告」、とくに二六頁以下。
(45) 協会の設立のいきさつについては、藤野豊「日本ファシズムと厚生省の設置」『年報・日本現代史』第3号(『総力戦・ファシズムと現代史』)、一九九七年、とくに一〇〇頁以下、石川、前掲論文、五四頁以下。なお、丸山真男著『現代政治の思想と行動』未来社、一九六四年、五六頁、参照。
(46) 石川、同前、五五頁以下。
(47) 『第一回日本厚生大会報告書』五四頁。
(48) 同、六五頁。白山源三郎の肩書は関東学院教授。
(49) 同、一七四頁以下。
(50) 同、一二頁以下、一四五頁以下、藤野、前掲論文、一〇〇頁。なお、上泉秀信はこの間の事情を興味深く記している。上泉秀信「健全娯楽論」大河内一男編『国民生活の課題』日本評論社、一九四三年、三九二頁以下。
(51) 商工会議所の活動については須永徳武「商工会議所の機構改革と商工経済会の活動」柳沢遊・木村健二編著『戦時下アジアの日本経済団体』日本経済評論社、二〇〇四年、参照。日本厚生協会の第一回大会では大阪商工会議所副会頭中山太一と東京府商店会連盟山﨑亀吉が、商店法実施に伴う閉店後の時間利用について説明している。

(52)『商工組合中央金庫20年史』一九六〇年、参照。
(53)『第一回日本厚生大会報告書』四頁以下。
(54)伍堂卓雄著『伸びゆく独逸――ナチス経済の実相を視る――』日本評論社、一九三八年、序。
(55)同前、第九、第十、また七五頁以下。
(56)この点に関しては前掲拙著、V章参照。
(57)『第一回日本厚生大会報告書』一七頁以下。村田らの本来の目的はローマで開催される第三回世界リクレーション会議に参加することにあった。
(58)保科胤（一九〇三年生まれ、京都帝大経済学部卒・一九三二年から三八年までドイツで研究）は協会主事として興亜厚生大会開催に尽力するが、一九四一年に急逝する。遺著は『国民厚生運動』栗田書店、一九四二年（前掲『余暇・娯楽研究基礎文献集』第21巻）。同書、序言（吉阪俊蔵）、編輯後記（高山洋吉）をも参照。
(59)Selzner/Gohdes, Bericht.
(60)『第一回日本厚生大会報告書』五四頁。
(61)『興亜厚生大会誌』一一二頁。同様の文章が伍堂、前掲書、七七頁にある。また、同「時局と産業人」文部省教学局編『教学叢書』第5輯、一九三九年六月、一九四四年五月（五刷）、一八八頁。伍堂はライが話したというこの一文がよほど気に入っていたようである。前掲拙著をも参照。
(62)Selzner/Gohdes, Bericht 参照。
(63)『経済連盟』第11巻1号、一九四一年一月、一四八頁以下。
(64)日本経済連盟会『独逸に於ける統制経済の実情』一九四〇年一二月。
(65)同前、九～二七頁。
(66)前掲『男爵郷誠之助君伝』七六二頁以下。
(67)中村・原、前掲論文、一〇二頁。長島、前掲書、第6章、の指摘も参照。

第3章　経済人の機構改革構想とナチズム

はじめに

日本資本主義と戦時経済ないし戦争準備的経済体制との関連の問題は、現代日本経済史研究の重要な課題である。経済的諸力の全体的な動員を不可避とする総力戦ないし総力戦準備の体制の下で資本主義的企業は、その立場の如何を問わず、国家的な「協力」を求められる。企業活動に対する「動員」や「統制」は、多くの場合、関連企業の組織体＝経済団体・企業集団を通じて行われる。したがって戦時経済は、国家的統制と企業の経済活動との間を媒介し結合させる経済機構の何らかの組織化を不可避とした(1)。

戦時経済＝総力戦体制の構築のためには、このように企業の組織化と経済団体の編成が重要な課題となるが、その企画と具体化は、日本の場合、官僚・軍部を中心とする勢力によって国家的に「上から」進められた。第二次近衛内閣の「経済新体制」がその大きな画期となったことはすでに見たとおりである。

しかし経済団体の編成は、単に国家側からのみ要請され、企画されたのではなかった。それは同時に経済界自体が必要としていた。経済界は、自由放任主義的な経済制度が破綻し、国家的な政策の役割が増大する中で、それに対応する経済団体の組織化を企業活動にとっても不可欠と考えた。経済新体制の「官民協力」を支える経済機構の組織化は、このような国家側と経済界との共通の方向性を背景にしてはじめて現実化する。

日本の経済機構の再編構想の中でそのモデルとして注目されたのはナチス・ドイツの方式であった。日本はこのナチスの様式を修正しつつ採用するのであるが、経済団体の組織化に関する経済界の構想についてもそのことが該当した。本章の課題は、当時の日本の経済人が経済団体の再編・組織化に関していかに構想し、またその中でナチス的方式をいかに受け止めたかを検討することにある。

経済機構改革に関する経済人の構想には、当時、おおよそ三つの流れが存在した。一つは東洋経済新報社の三浦銕太郎の新経済体制構想で、それは自由主義的な少数派の立場を代表するものであったが、笠信太郎や風早八十二らの現状批判的な知識人によって注目されることになった。二つ目は、地域経済を土台とし、商工会議所を基軸とする機構改革案であり、日本商工会議所によって構想された。三つ目は、産業諸部門の全国的な組織化をめざす経済界の主流・日本経済連盟会の機構再編案であり、その背景には大企業の諸潮流が存在した。以下、この三つの動向を順に見ることにしよう。

1　東洋経済新報社・三浦銕太郎の機構改革論

日本の経済機構の再編成に関する最初の構想は、昭和研究会が作成した一九三七年一二月の「民間経済中枢機関試案」ということができる。(2)この「試案」の作成に際してどこまで関与したかは不明であるが、東洋経済新報社の創設者三浦銕太郎（1874-1972）は、当初から昭和研究会のメンバーとして活躍していた。(3)彼は石橋湛山とともに自由主義的な立場に立って論陣を張り、また金融・証券業界と中小商工業界の会員を中心とする経済倶楽部（一九三一年設

立）の運営に携わっていた。(4)

この三浦鉄太郎の経済機構改革論は、著書『新経済体制の理論と試案』（東洋経済出版部、一九三九年七月）に示される。その原形は、一九三九年二月の綜合時局研究所（主宰・板橋菊松）・新経済体制協議会で講演された後、大幅修正されて同年六月上記研究所から冊紙として出版された。上記著書はそれに加筆されて自社の刊行物として公にされたものである。(5)三浦の機構改革構想は、昭和研究会の論客笠信太郎が自著『日本経済の再編成』（中央公論社、一九三九年一二月、一九四〇年四月二四刷）で「三浦氏の産業団体統制案」として注目し、また気鋭の論者風早八十二が高く評価するなど、独自な内容を備えていた。

三浦はその中で、まず「自由主義の本質」について語り、それを個人の判断と責任による経済活動、個人の営利心にもとづく生産と競争とが公益と一致する機構として捉える。しかしこの自由主義的機構は、二〇世紀になると科学の進歩、生産組織と資本の大規模化、信用組織の拡大によってその機能を十分に発揮できなくなった。自由主義の欠点は何よりもその無責任性として現われた。「斯うなつて来ると、自由主義経済と云ふものをその儘にして之を継続せしめる訳に行きませぬ。何等かそれに修正を加へなければならぬ」。

こうして「自由主義経済機構に対して合理的な処理を加へて新機構」を樹立しなければならない。それが「統制主義経済」であり「新経済体制」である。

三浦はしかしソ連型の国有国営方式の統制主義経済を排除し、自由主義経済を基調とした部分的な統制の方式を提示する。それは三つの条件を有している。

①営利心は「社会的に有害でない限り」尊重し、発揮させる。②「国民生活の安定」のために必要と思われる価格の統制を行う。③産業従事者に産業行政の任務を分担させる。そのため産業当業者に組合＝産業団体をつくらせ、自治的に産業行政の一部を担当させる。

「私の謂ふ所の産業団体の更新乃至完成とは、法律を以て業種別組合を強制的に作らせ、之に町村、府県、市及び全国に亙りて縦と横に連合する組織を与へ、そしてこれ等の組合を公的機関として之に一定の権限を賦与し、彼等に産業行政の一部を担当せしめる。然うすることに依つて、産業当事者をして一国の経済政策の遂行に協力せしめ、責任の帰著点を透明ならしめようと云ふのであります。即ちこれが前に申した如く、私の考へてゐる新経済体制の中心をなすものであつて、従つて又最も難かしい所であります[6]」。

法律による重要産業部門の制定、各部門における業種別分類＝同業連合会とそれを構成する同業組合の組織、地域（大中小）の区分と産業団体の結成、中央政府―地方政府連絡機関の組織、さらに中分類同業連合会―その代表からなる部門連合会（重要産業連合会）の組織化がそれである。

これらの産業団体と中央政府および地方政府との間に橋を架ける連絡機関が必要となる。

小地域の産業団体に産業協議会を併設し、その産業協議会の成員は、小地域の産業団体から送られる代表委員と、行政庁たる市、区または町村から送られる委員をもって構成される。中地域・大地域の場合も同様で、それぞれ地域の産業団体から送られる代表委員と、市府県および中央政府から送られる委員とをもって構成される、中地域および大地域の産業協議会を設置する。

しかし三浦の組織化構想の最大の特徴は、産業団体と並んで、労働者の組織化をも計画の中に含めた点にある[7]。

「已に産業団体に対して、中央地方の政府と相並んで産業行政を分担する権限を賦与し、それ〴〵の地域内に於て、自治的に或る範囲の賃金統制乃至労資調整を行はしめる以上は、労働者に対しても亦彼等の組合を作らせて、産業団体と協議関係を結び、彼等の利害を正当に、且つ遺憾なく発表し暢達し得る如き仕組を具備せしめる必要がある、然うせねばならぬ」。

つまり小地域・中地域において産業団体の組織と同様に労働組合を組織させ、その代表委員を中小地域の全産業連合会および産業協議会に送って、雇主側と賃金およびその他の労働条件を協議したり、あるいは労働争議がおきた場合には、その調整について協議させることにするのである。さらにこの労働団体には各地域の産業連合会・産業協議会に代表を送らせるようにする。三浦はこのような労働組合・労働団体の組織化の必要性を強く主張した。

さて産業団体の任務として三浦は次の点をあげる。⑴国家の経済政策の要求に順応して協力すること。⑵国家の必要とする生産および配給の調整の任務にあたること。⑶与えられた範囲において労資の調整および賃金の統制を行うこと。そのためにはこれを公的機関とし、これに一定の権限を賦与しなければならない。

三浦は、この構想を「時局」的な「応急的」な措置としてではなく、「根本的な革新」と結びついた「新機構」＝「新経済体制」として提示した。経済機構の組織化は、単なる一時的な措置ではなく、このような自由主義経済の修正＝新経済体制として構想されたのである。三浦のこの考えは昭和研究会の上記「民間経済中枢機関試案」に酷似していた。「試案」は、英米の事例をも参考にし、ナチス・ドイツの経済機構改造を批判的に検討して作成された。昭和研究会は、ナチス的な機構再編方式から、非民主的な指導者原理を排除しつつ、機構編成の機能的な側面だけを取り出して自らの構想に組み入れていた。

三浦も、ドイツとイタリアの事例に注目していた。彼はそれについて「私は殆ど研究して居りま（せ）ぬ」と述べるに止まったが、彼が「試案」と同様にナチス・ドイツの方式の技術的な側面を取り容れたことは間違いないといってよいだろう。それは自由加入の原則に従った英米方式の「下から」の組織化ではなく、法律による全機構的な強制組織化の方式を採用したことに現われている。

三浦は以上のように昭和研究会の「試案」と同様、可能な限り自由主義的な要素を残しつつ、しかし全機構的国家的な形での経済組織化を提案した。彼の構想の特徴は、機構改革の中に、労働組合の結成と組織化を含め、その必要性を強調した点である(8)。昭和研究会の論客笠信太郎は、三浦の機構改革構想を自身の「再編成」プランの中に組み込みつつ（ただし労働組合の組織化は排除！）、しかし三浦案が「結局は外的な整理統合の機関」、つまり単なる経済団体組織化の構想に止まっていると批判し、「新経済体制」のバネは何よりも企業経営それ自体への「内部統制」、つまり利潤統制・経済統制・生産統制にあると主張した。(9) 経済団体の組織化と同時に企業経営の改革、そして両者の結合こそが「新経済体制」の本質をなすと考えたのである。後者を含めた「新経済体制」論が企画院・革新官僚の「経済新体制」論に影響を与えたこと、日本経済連盟会を中心とする財界があげて反対したのは、この企業経営の内部的改革であったことについては前章で触れたとおりである。

2　商工会議所を中心とする機構改革案

(1)　商工会議所を軸とする経済中枢機関の構想

商工会議所は、地域の商工業の発展のために、地域企業の利害を代表しつつ、行政に対してその諮問等に応じて活動する公的な機関である。その商工会議所の機構改革に関する日本商工会議所の検討は、一九三七年秋から始まっており、(10) 一九三八年一一月には、日本経済の発展と国際情勢の変化、とくに日中戦争以降の非常時体化と「長期建設の段階」への移行に対応するという理由から、首相・商工大臣・企画院総裁に対して「商工会議所関係法規の根本的改正に関する建議」を提出した。それは商工会議所を単なる建議諮問機関に止めるのではなく、会議所の権限を強化・拡充し、「綜合経済団体」とすることを求めたものであった。(11)

この改革案は商工会議所をこれまでのような中小規模の企業経営者だけでなく、大企業の多い各種の「重要商工業の代表者を網羅する」機構とすること、また日本商工会議所が各地の商工会議所だけでなく、「業種別全国的商工団体」を加え、「経済中枢団体」として整備されることを提起したものである。つまり日本商工会議所を中心とする民間経済機構の構築をめざしたのである。

(2) ナチス・ドイツ方式の受容

日本商工会議所の上の機構改革案は、会頭伍堂卓雄（1877–1956）の下で作成された。伍堂は海軍出身で、満州・昭和製鋼初代社長、満鉄理事、鉄道兼商工大臣（一九三七年林内閣）、農林兼商工大臣（一九三九年阿部内閣）を歴任した実力者であった[12]。彼は自らの考えを雑誌論文「経済機構改革の中心問題」（一九三九年九月）[13]の中で次のように記していた。

現今の世界的な戦争危機の中で主要国は、軍備拡張と国家的動員体制の確立のために、経済への国家的な統制を進めつつあり、それは不可避的に経済機構の変革を必要としている。そのような改革の仕方には「なるべく在来の機構を保存」しながら行うドイツ型と、それを「根本的に変革」するソ連型とがある。彼は以上のように理解した上で、そのドイツ型について次のように述べる。

「独逸の統制経済は個人の活動を認めることに於ては自由主義経済時代の長所を残すとともに、全体主義的計画の達成に必要なる改革は之を断行してゐるのであつて、即ち指導者原理による在来の経済界の有機的再編成を其の特色とするのである。之を具体的に見るならば、独逸の経済界は各部門別に同業者の職能団体があり、之が各種のカルテルを組織して、主要なる経済市場に対して統制権を有し国家の指導と政策の実現に協力するのである」。

伍堂は、このようにナチス・ドイツの統制経済を、自由主義の長所を残しつつ、全体主義的に改造したものであり、指導者原理による経済界の有機的編成はそれをよく示している、と考えた。日本はそのドイツから学ぶ必要があると、次のように主張する。「差当り我国として学ぶべきものがありとしたならば、これは寧ろ独逸であり伊太利であらねばならないのである。殊にその国状に於て、またその経済状態に於て、最もよく似てゐる独逸の経済統制の如きは大いに参考として学ぶ必要があると思はれる」。

ドイツの場合――伍堂は述べる――商工会議所が民間経済団体の中枢機関として政府の行政事務の一部を担当し、国策の遂行に協力している。それは「統制経済を蘇連の如く徹底して国営制度にすることによつて、個人の創意と責任とを消滅せしむるが如き愚劣なる方法」をとらない。逆に民間の経済団体に対して自由な創意、責任ある活動を行わせてその上で全体的利益のために統制する目的で、民間経済団体もしくは営業者に国家の産業行政に参画させることが最も妥当であり賢明であると考えている。

日本の場合も、必要なことは「あらゆる産業を国営に統一すると云ふこと」ではなく、「民間の経済活動をして国策の線に副はしむるにある」。日本ではこれまで経済的な統制のために各種の組合が利用された。その結果商業組合や工業組合が急激に増加し、その活動範囲も拡張された。しかし国家の総合的経済政策を実行するためには、これらの組合以外に、総合的統制を推進する中枢機関が民間にも確立される必要がある。「幸にして商工会議所なるものは法律第49号に基き全国の都市に公的機関として設置されてをり、既に商工業に関するあらゆる事業を行ふと共に、行政庁の諮問に対して答申し、また進んで建議もしてゐるのであるから、刻下の時局に於て此の公的機関が直ちに民間経済団体の中枢機関として統制経済の遂行に協力すべきは当然でなければならないのである」。

確かにナチス・ドイツにおいては一九三四年に商工会議所（Industrie - und Handelskammer）の機構改革が行われ、商工会議所が全ドイツ的な経済機構の有機的編成を担う組織として位置づけられた(14)。しかしドイツの場合それと並んで、経済有機的構成準備法・同施行令（一九三四年）により経済部門・業種別の経済集団（グルッペ）が編成されており、ナチス経済を支える柱としてそれがより大きな役割を果たしていた。これに対して伍堂案は、部門・業種別の企業編成ではなく、地域経済を土台とする商工会議所中心の経済組織化を構想しており、この点においては、ナチス・ドイツの方式とは異なるユニークな側面を有していたのである。

(3) 商工省「経済会議所法案(未完稿)」と日本商工会議所の対応

このような中で、商工省は「経済会議所法案(未完稿)」を作成し、日本商工会議所にそれを提示した[15]。商工省の構想は、従来の商工会議所に代えて、「経済会議所」を設立しようとするものであり、その名称がドイツのWirtschaftskammerの日本訳と同一であること、また商工会議所以外の団体(部門別・業種別団体)も成員に含まれる可能性を有していたことから、一見「独逸の『有機的な構成』案をそのまま摸倣」したかのような印象を当時の人に与えた[16]。しかし商工省案は地域(市・町・道府県)の経済的組織化(=経済会議所)を土台とする機構編成を基本的な原則としていた。

日本商工会議所は、商工省案に対して一九三九年三月、「日本経済会議所」の構成に商工会議所とともに「全国的性質を有する産業団体」を加えることを求めた。それは従来の商工会議所中心主義を修正したもので、部門専門別団体を重視する後述の日本経済連盟会の立場への配慮を意味していた[17]。

しかし日本商工会議所の観点は、あくまでも地域的な商工会議所が基本にあり、上の修正は、地域的組織重視の商工省案に対する経済界主流の反対を抑え、同案の現実化を容易にするというねらいがあったものと考えられる。そして翌一九四〇年二月、同会議所は「経済会議所法案に関する建議」を作成し、商工省に対して上記法案の議会への提出を要請した。しかしそれは結局実現にはいたらず、この後、政府における経済新体制とその中心問題としての機構再編成の構想の中で、商工会議所=地域的団体を中心とする経済組織化論は、全面的に後退を余儀なくされるのである[18]。

3 財界主流のナチス観——日本工業倶楽部の場合——

商工会議所を基軸とする日本商工会議所の経済機構再編構想に対する反対者は、何よりも日本経済界を主導する日本経済連盟会であり、同会の理事高島誠一の日本商工会議所案への時期尚早論（一九三九年一月）はその具体的な現われであった。[19] だが日本経済連盟会の内部にも状況の変化に対応する動きが始まっていた。長島修氏の研究によれば、同会の時局対策委員会は「産業統制機構改善」に関する緊急意見を決め、「民間経済中央機関」の設置の必要性を提示していた。一九四〇年夏には重要産業統制団体懇談会がつくられ、それに関して構想が作成された。[20] その構想がナチス・ドイツの機構改革の影響を強く受けていたことは前章で見た。しかしもともと日本の経済界は、ナチズムやナチスの体制に対して著しく懐疑的ないし批判的であった。そのナチス観に転換が生じたのである。それでは財界はナチスをこれまでどのように見てきたのだろうか。

（1）ナチス体制に関する経済界の分析

ナチス・ドイツの経済機構の改革に関する経済界の関心は早くから見られた。ここでは日本経済連盟会と表裏一体の関係にあった日本工業倶楽部のナチス観について見ることにしよう。

日本工業倶楽部は、当時財界の親睦団体・社交機関として重要な位置を占め[21]、日本経済連盟会と緊密な関係にあって、後者の理事・井坂孝（東京瓦斯社長）が専務理事、一九四〇年一月以降は理事長として活躍していた。

日本工業倶楽部の調査課は、当初から労働問題はじめ内外の経済問題に関して、資料を蒐集し、調査分析を試みるとともに、「経済研究会」を組織して財界人のための講演会を開催してきた。その結果は講演録や調査報告として印刷され、「調査報告書」や「経済研究叢書」あるいは後者の「号外」として会員に配布された。[22] ナチス・ドイツの状況分析はそれらの中でもとくに数が多く、経済界のナチス体制への関心の大きさを示していた。

同調査課におけるナチス・ドイツ分析は、ナチス批判の急先鋒・ロンドン・エコノミストはじめ英仏を含めた外国の新聞・雑誌・書物に依拠して行われ、その成果は、他の調査報告・講演記録と同様に、「経済研究叢書号外」（以下「号外」）として印刷されて、会員（一九四〇年一三六五、法人会員は一九四二年時三三七会社）に配布された。調査報告の内容は、日本工業倶楽部の内部資料としてばかりでなく、経済人の間に広く共有されたのである。一九四〇年夏までに公にされた「号外」からナチス関係の項目を取り出してみよう。

「独逸の新労働法」（「号外」14、一九三四年四月）、「ナチスドイツの経済的進軍を鳥瞰して」（同16、同年七月）、「独逸の経済独裁とシャハト」（同21、同一一月）、「軍国的経済策の進展――最近に於ける独逸事情――」（同26、一九三五年三月）、「ナチス・ドイツの賢人経済学」（同31、一九三六年五月）、「独裁政治下に於ける独逸資本主義の変質過程」（同44、一九三六年一一月）、「ヒトラかスターリンか」（同49、一九三七年一二月）、「ヒトラ総統の同盟論策と英国の義足外交」（同54、一九三八年二月）、「独墺合邦まで――其の背景となつた独逸経済――」（同56、同四月）、「貯蓄・消費・物価――独逸の体験に就て――」（同57、同五月）、「社会保険・租税と購買力吸収問題――独逸の現状に就て――」（同69、一九三九年八月）、「統制経済下の企業利潤――ナチ独逸の実情調査――」（同70、同一二月）、「信用の切符制度――ヒトラ独逸に失はれた預金の秘密――」（同72、一九四〇年三月）、「英独のインフレ防止戦」（同73、同四月）、「独逸の戦時統制――個人資本の廃棄と社会資本への移行――」（同74、同八月）。

以上のうち「ヒトラかスターリンか」から最後の報告までが一冊の書物にまとめられて、日本工業倶楽部調査課著『ヒトラ政治下独逸資本主義の変貌』（実業之日本社、一九四〇年一一月、以下『独逸資本主義の変貌』）として刊行された。

ナチスの経済機構改革は、一九三四年七月の「ナチスドイツの経済的進軍を鳥瞰して」において検討されている。一一二頁に及ぶこの調査報告の前半は、ナチス・ドイツの農業政策、後半は産業統制の分析にあてられており、商工業の機構改革は一九三四年二月のドイツ経済有機的構成準備法を中心とする後半の叙述において分析されている。

その中で同法（5条）の内容、経済団体（調査課訳では経済連盟）、12部門編成、その指導者、カルテルや商工会議所の併存、第7部門・ビール醸造業の事例、失業救済の目的との関連が説明される。同法は産業団体の設立・解散、団体規約の制定、指導者の任命・解任などを経済大臣の権限としているが、他方で産業団体の自治が認められ、実業家の独立の尊重が謳われていて、ナチスの独裁主義と一致しないとし、その理由として失業問題の解決があるからではないかと推論する。

他方、事業家のイニシャチヴの範囲はほとんどないという『エコノミスト』誌の記事に関連させながら、調査報告は「ドイツ産業指導部」の人的側面について、ナチスの経済観・国家観の強制と指導者原理の役割を重視し、それが企業家の教育（「親爺教育」と「青年教育」）の強化と結びついていると述べる（七四、七五頁）。

「新法の公布」に当って、繰り返された言葉は――同調査報告は指摘する――健全にして秩序ある競争、忠実にして適正なる競争であった。ナチスは祖国第一主義、全体の福祉第一主義であるから、産業組織法の認める自由競争はこれらの主義に照して健全かつ秩序ある競争、忠実にして適正なる競争でなければならない。換言すれば、将来の産業界の競争は、ドイツ全国民の利益のため、祖国ドイツの福祉を目標としなければならないのであるが、この理想を如何にして実現にするかということになると、その力とするところは、産業界の一般的「親爺教育」のほかに指導者の強権である。ナチスの産業革命が成就するかどうかは、彼の信条たる「指導者原理」なるものが実際の運用に堪えるか、あるいは一場の空想に終わるかということにある、と。

ナチスを特徴づける指導者原理は「産業指導者」を同業者の代表機関とすると同時に、それ以上に政府の機関たらしめようとしており、彼らが「政府と同業者との板挟み」になるのではないか、と予想し、また「指導者」は、「国家第一主義」、「社会公共の利益」のために自己の利益をも犠牲にしなければならず、「現代資本主義の実際上からは奇蹟に類することをも実行せねばならぬ」とその実現性に疑問を投げかけている。ライヒスバンク総裁シャハトが指導者原理の資本市場への適用を拒否したり、株式会社におけるこの原理の破綻はその事例だ、と調査報告は記している。

同報告は、『エコノミスト』誌その他によりつつ、ナチス党内の抗争と左派の後退、シャハトの台頭を紹介し、その中でヒトラーがやれることは「株主配当の制限と労働賃金の引き下げ」という「穏健中正」な政策ぐらいだろうと結ぶ。

調査課は、次いで「独逸の経済独裁とシャハト」において、経済相シャハト主導による成果とその矛盾を分析する。報告書の「凡例」は次のように記している。ナチスがドイツの政権を握って満二年、いわゆる国民社会主義綱領にもとづく諸種の経済政策が次々と実施された。これらの諸政策は、経済独裁官といわれる経済相シャハトの指導によるものであるが、ドイツの経済困難が深まれば深まるほど、シャハトの影響力はヒトラーをも凌駕する傾向にある。しかし、シャハトの利己的な機会主義とナチスが包蔵する経済的ロマン主義とは次第にその矛盾を具現化しており、その前途には多くの難問題を引き起こしつつある。

報告者は「ドイツ政府が経済の全機構を已に統制してゐる」という『エコノミスト』誌の認識を紹介しつつ、それがナチス的観念にもとづくものではなく、「原料危機、輸入為替危機に基く必至」によるものと捉えている。経済相シュミットによる産業統制強化、産業部門における新設・拡張の禁止に対する経済界の反撥と、シュミットの後任シャハトへの財界の期待を伝えた後、最後に報告は「ナチス経済政策の矛盾」としてこう述べる。

「元来、ナチスの経済政策はロ－マンチシズムに色どられて居り、其の蔭には矛盾を蔵してゐるとさへ言はれる。

例へば産業資本に対するナチスの態度がそうである。ナチスの国民社会主義的綱領は、産業資本に疑惑の念を起さしめるが、その反共産主義は都市労働者をして不快ならしめ、反動的に大産業に対して好意の眼を向けさせる結果となることがある。／此の如きナチスの自家撞着は、其の経済政策を頗る朦朧なるものにして終ふ」。最後にこの報告書は次のように結論づけている。

「それにしてもドイツの興亡がナチスの手にある時、ナチスの経済政策に上述の如き矛盾あるを考へれば、不幸にもドイツ国民は将来尚苦難を続く可く余儀なくされるのではなからうか」。

一九三五年の春に配布された調査報告「軍国的経済策の進展」は一〇〇頁に及ぶナチス・ドイツの事情分析で、ドイツ経済の軍事化とその矛盾を明らかにしている。

「今日の独逸はナチスの独逸から独逸のナチスへの転化とも言へるし、又ナチスの独逸から独逸人の独逸への転化の苦悩とも見ることが出来る」。この転化運動は経済的に、政治的に、文化的にあるいはさらに武力的方面にまで進展しつつある。もしこの運動が成功するとすれば、これまでナチスを笑いヒトラーを笑うことのできた欧州諸国も、真底からドイツ民族を恐れずにはいられなくなるであろう。否今日すでに欧州諸国は総がかりでドイツの盛り上って来る力を押えている現状である。ドイツ民族は経済方面においてはすでに国内景気の振興策に一応成功はしたが、そのためにとった政府の厖大な支出と、信用インフレーション、また軍国的経済策は、貿易戦線に大破綻を招くにいたった。「独逸は今後如何にして此方面を調整するであらうか」。

報告書は一方では国内経済の回復を指摘しつつ、食料自給政策、政府支出による国内市場振興政策、代用原料政策などによる高物価と輸出不振、物価監督長官ゲルデラーの任命、等を伝え、その中でナチスと旧勢力の抗争と妥協が進展していると述べている。経済組織については一九三四年二月の法律の実施令（同一一月）による経済会議所とライヒ経済会議所について紹介している。

軍需工業の強化と消費財産業＝消費者への圧迫、両者の矛盾、「畸型的経済機構」の問題性は一九三六年五月の分析（「ナチス・ドイツの賢人経済学」）でより具体的に説明されている。

（2）ナチス認識の転換

日本工業倶楽部のナチス・ドイツ分析の観点は、以上のようにナチス的体制の現状とその矛盾や畸型性、内外摩擦などの問題性の解明に重点が置かれていた。経済新体制が問題となる一九四〇年の調査報告も同様であった。「個人資本の廃棄と社会的資本への移行」を掲げた同年八月の調査報告（経済研究叢書号外、74）は、このタイトルが最新のナチス的スローガンであると述べ、『ロンドン・エコノミスト』誌（一九四〇年五月四日）[23]によるドイツ戦時経済下の個人資本主義の解体と国家的統制の強化に関する記事を紹介する。しかしこの時期になるとこれまでの批判的論調に変化が生じるようになった。それは「経済統制の諸機関」に関する説明の中に現われていた。

① 第二次大戦開戦前のナチスは、経済会議所や経済団体（業態別団体）にかなり広汎な自治を認めていた。この産業自治統制は、日本人見学者に日本の官僚統制と異なるプラスのイメージを与えた。

② ナチスは開戦後も民間機関を活用しているが、戦時下の統制強化によってこれら民間団体の自治権限は縮小され、多分に政府の機関化したように見える。これは「統制の中央集権化の数歩前進」を意味する。

③ これまでの貿易・為替管理機関を強化して経済統制局が設置され、計画経済の中枢部としての中央機関「帝国経済局」（Wirtschaftsamt, Reichsstelle）が生産力・労働力・在庫高・受注高等の数字を握り、「地方経済局」（Bezirkswirtschaftsamt）を通じて注文を発する仕組みができた。それとともにナチス創設の経済会議所・経済集団・手工業集団・商工会議所は自治権を失った。

④ 軍需中心の重点主義が強化され、中小工業が不利益を蒙りつつあり、また軍需相トットの下で平和産業部門の

工場閉鎖が進んでいる。

産業統制は原料・為替管理を超えて、生産の調整・禁止、投資の統制、さらに投資等の基金の産業への割当て醵出にまで進んでいる。投資基金の統制は、業界が自ら醵出した基金で、投資資金、物価統制の補償金、輸出補助金、閉鎖企業への補償金をまかなうという「一種変態の産業自治」にもとづいて行われている。

しかしこの報告は、同時に次の点に大きな注意を向けていた。経済局による国家的統制が全産業一律ではなく、産業ごとに団体組織や伝統を考慮して実施されている点である。たとえば生産統制の場合、カルテルや業種別経済集団を通じて行われ、繊維工業では原料配給や工場閉鎖も経済集団を通じて実施されている。

こうして報告者は、ナチス・ドイツにおける国家的統制の強化と同時に経済団体の自治的活動の継続を重視し、次のように結論づけた。(24)「右の如く、統制方法に各種各様の態様はあるが、狙ふ所は国家直接の生産統制である。但、統制の結果民間の企業心を萎縮させぬこと、而して其れに必要な産業人の創意発揮の余地を残すことに意を用ひ、同時に官僚干渉の範囲を減少する点に工夫が凝らされてゐる」。

日本工業倶楽部調査課は、前述したようにこれまでの調査報告を編集して、『独逸資本主義の変貌』として出版した。同書冒頭には「序説」(一九四〇年一一月付)が付せられ、そこではドイツ資本主義の「変貌」が強調され、ドイツの刊行物、一九三九年四月の『経済と統計』(Wirtschaft und Statistik)の最初の文章をわざわざ引用しつつ「ナチスの真骨頂」を説明する。(25)ナチス経済体制は、今や単なる批判の対象としてではなく、財界人の注目すべき事例として描き出された。

『経済と統計』の文章は次のように紹介されている。「我々は自由主義的・個人主義［原文は liberalistischer Individualismus：以下同じ――引用者］に代ふるに国民共同体に対する信念を以てした。経済至上主義［Primat der Wirtschaft］を排して国民生存の必要を強調した。個人の恣意なる利潤追及に対して『公益は私益に先だつ』の大原則を置き、自由競争の代りに『不景気免疫の統制経済』［krisensichere Wirtschaftsführung］を置き換へた。自由主義経済学が自然法則上の必然現象と諦めてゐた失業問題に対して我々は『各人に労働の権利あり』［das Recht auf Arbeit］と宣言した。更に、金融経済に立脚せる経済政策をば、労働と生産を基調とする経済政策に改訂した」。

『独逸資本主義の変貌』の「序説」はこれを次のように要約している。(a)国民共同体の観念（自由主義・個人主義の廃棄）、(b)公益優先（恣意的な利潤追及を許さない）、(c)不景気免疫の統制経済樹立（自由競争を廃棄）、(d)各人に労働の権利ありと宣言（失業を不可避必然の現象と認めない）、(e)金融資本を王座より追う、(f)生産と労働に王座を与える、(g)経済至上主義の否認。

「公益優先」はナチズムの最重要命題であった。同書はそれを日本的な「滅私奉公」に結びつけて次のように解説している。

「みくにぶりとしては、滅私奉公といふもつと力強い良い言葉がある。卒然これをみれば、何の他奇なき、寧ろ東洋道徳の響きさへも漂ふところの『公益優先』である。『公益優先』……二宮尊徳筆とあつても不思議でなく、貝原益軒の××訓に発見されても仔細ない公益優先の文字だ。日本からドイツへ輸入したのではないか、と疑つてみたくなる程の『公益優先』がヒトラ独逸で特異の働きを発揮したのは、公益優先の原理がナチスの一連の指導原理と結合し、従来の自由主義的資本主義の変質過程に大影響を及ぼしたからである。現にわが国の新体制運動に於ても経済統制の指導原理として頻りに反覆されてゐる。二十年前、ナチス綱領第二十四条に於てユダヤ的・唯物的精神を排撃し、党の指導精神として『公益は私益に先立つ』（或は公利は私利に先立つとしてもよからう）と書き記して以来のことであらうが、殊に八年以前ナチスが天下を取つて以来『公益優先』原理の宣伝は実に徹底してゐる。ナチス労働法を始め各種の立法や解説書、ナチ宣伝文献、等々、随所随時にGemeinutz geht vor Eigennutz に衝突する。（中略）今次独仏戦争は公益優先のナチ統制経済と、自由・平等・友愛のフランス経済の決戦でもあ

つた。そして、公益優先が完勝した」。（傍点は原文）

日本工業倶楽部調査課のナチス認識は転換した。彼らが重視してきた『ロンドン・エコノミスト』誌の論調も、今やナチス経済崩壊の必然論からナチス経済模範論へと変わったと認識しつつ、同書の執筆者は当面の問題である「利潤統制」に関して、ナチスの政策を次のように要約し、積極的に評価する。[26]

「初期のナチス政府の政策に以上の傾向が強く現はれ、其後好景気持続し秩序確立すると共に、企業に対しては一定の利潤を保証するが法外の大きな利潤は許さぬとの傾向を強化した。ドイツの統制が（イ）財界を救済する政治として開始されたこと（ロ）投資の危険は国家自ら之を負担、実行し、五年間余財界は投資に苦労することなく、遊休設備の相次ぐ活動によつて多大の利潤を挙げ得たことは特に注意さるべきだ。日本の生産拡充が民間企業の危険と責任に於て実行されることは、ナチスが危険なる投資方面を国家自ら担当した事実（中略）と好対照をなしてゐる。ナチスの公益優先・利益優先・利潤統制にはナチス式万年景気（所謂、不景気免疫の統制経済、E章参照）の危険保証が附いてゐるのであつて、ナチ政府の如き危険保証をしない諸国家〔日本などのこと――引用者〕の利潤統制とはまた異る一面があることを忘れてはならぬ」。

4　日本経済連盟会・重要産業統制団体懇談会の機構改革案

（1）民間経済新体制要綱（参考案）の機構改革構想

親睦団体・社交機関としての日本工業倶楽部は、前述したように、日本経済連盟会と表裏一体の関係にあった。その日本経済連盟会は、日本の経済界を代表する最重要組織であり、その中に設置された時局対策委員会は、一九四〇年になると「民間経済中央機関」の設置の必要性を提示し、これを受けて重要産業統制団体懇談会が作られ（八月）、平生釟三郎や書記長の帆足計らの主導の下で、「民間経済新体制要綱」（参考案）が作成された（九月一三日）ことは前章で見た[27]。

同案は経済新体制の基本原則として、①高度国防経済の建設を目標とし、国家意識をもって「公益優先の原則」に立ち、「自発且つ自律的」に、「官民一体」となって経済国策の樹立・遂行に進む体制を備えること、②国民経済の生産から消費にいたる各過程の組織化・法制化により「上意下達、下意上達」の原則にもとづいて産業計画の樹立・運用を容易にする。③生産を本位とし、営利偏重の弊を除くこと、そのために産業別業種別団体の公益的性格を育成すること、④民間経済団体の創意と責任により、行政官庁と協力すること、をあげた。

一方での公益優先の原則と営利偏重への批判、他方での企業家の自発性・自律性の重視、そしてそれにもとづく国家的協力という観点は、ナチス・ドイツの政策原理と軌を一にするものであり、ナチズムの影響を看取することができる。さらに一方での「高度国防経済の建設」という国家的な産業計画の要請と、他方での企業経営者の自発性・自律性ないし創意・責任との二つの原理を媒介し、公益優先原理にもとづく官民協力を現実化する機構として、民間経済団体の役割に注目し、とくに産業別業種別団体を重視した点は、一九三四年のドイツ経済有機的構成法の趣旨に対応するものである。

こうして民間経済新体制要綱（参考案）の後半で「新体制の民間経済組織要綱」の具体的な構想が展開される。最上位の組織として全日本産業連盟が計画される。それは全国鉱工業中央会はじめ、金融・交通運輸・貿易・商業・農林の六経済部門と中小企業および経済会議所のそれぞれの全国中央会より構成される。鉱工業中央会は産業別・業種別団体に分けられ、全国経済会議所中央会は地区別（ブロック）等の地域的会議所から成る。つまり機構編成の中心は産業別・業種別団体構成をとる鉱工業を柱とする経済部門別の組織であり、地域的組織としての商工会議所（経済会議所）は、中小企業の場合と同様いわば傍流的に位置づけられている。

全国経済団体の理事長・理事は「指導者」とされ、理事は団体の推薦、会長指名で、理事長は理事の中から会長指名、政府認可という形で選ばれる。そして上級団体から下級団体にいたるまで「可及的に指導者原理」が加味された。さらに全日本産業連盟と産業報国団（労働者団体）および消費者団体との間には連絡協議会が設けられた。

ドイツでは、中小企業の一部をなす「手工業」は、ライヒの上部全国組織ライヒ経済会議所を構成するが、しかし他の経済部門とは異なる特別の位置を与えられていた。ところが上記案においては中小企業は、鉱工業を中心とする経済部門の次に置かれた。このようなことを別とすれば、経済部門別産業・業種別団体の編成原理はドイツと共通し、「指導者原理」なる用語の使用から推察して、ナチス・ドイツの経済団体の全国的編成の様式をモデルにしたことは間違いないといってよいだろう。

（2）日本経済連盟会の革新派と主流派

「民間経済新体制要綱（案）」の原案の作成に携わったのは帆足計（書記長）であった。堀越禎三編『経済団体連合会前史』[28]はこの間の事情を次のように記している。

「重要産業統制団体懇談会としては、この目標〔経済新体制――引用者〕を一日も早く具体化する方向で財界の意見統一のために努力しなければならなかった。むしろ、民間経済新体制の樹立こそが会設立の最大の目的であったと言えよう。したがって重産懇〔重要産業統制団体懇談会〕は成立と同時に、いや成立以前から、経済新体制に対する財界の世論を統一して、政府の経済新体制案にそれを反映させる努力を怠らなかった。発会式のあった一五年〔一九四〇年〕八月二九日に開かれた第一回常務委員会の席上に早くも帆足〔計〕書記長起草の『民間経済新体制要綱（案）』が提出された。（中略）かくて、九月三日の第二回常務委員会では小委員会を設けて右帆足書記長案を検討せしめることとした」。

小委員会は、九月四～六日に原案を討議し、その結果を第三回常務委員会に答申し、常務委員会はさらに案文調整を経た『民間経済新体制要綱（参考案）』を九月一三日の第二回総会に提案した。第二回総会はこれを採択したが、取り扱いには慎重を期して、直ちにこれを建議することなく、各委員が分担して経済界の各方面に提示し、その同意と協力とを得たうえで、財界一致の要望として政府に建議することとした。

以上のように財界の民間経済新体制要綱案の作成に際して、重産懇の書記長となった帆足計は著しく重要な役割を果たした。その帆足計が、ナチス・ドイツの国家的な「経済指導」とその方式を積極的に評価し、財界の新体制構想の基本的な原理としたことについてはすでに説明したとおりである。

しかし帆足計は日本経済連盟会の主流派＝守旧派と対立する。彼の考えはより企画院・革新官僚のそれに近かったからである。彼はこの間秘かに企画院の革新官僚と連絡を取っていた。一九四〇年九月一六日付（と推定される）企画院・美濃部洋次宛の書簡[29]がこのことを示しているので紹介しよう。まず「美濃部学兄」と宛名の書かれた表書きはこうである。

「拝啓
同封書面旅行先きにて認めましたので乱文意をつくしませんが、当方の情勢御報告の意味を以て同封申上げます。
何れ万事は御拝眉の上にて
敬具」
十六日朝

本文は以下のような内容である。

「冠省
何かと取紛れ御無沙汰いたし居ります。其後当方の情勢は新聞の報ずる如くでありますが、先般、旧指導者達との間に二、三の摩擦を招来しましたる外は、根本的には重要産業各方面の支持を受け、漸く財界啓蒙の第一歩をふみだしたといふところです。しかして、旧体制の連中は、時運非なりとみるや、数日前より態度を一変し、『重要産業統制団体懇談会原案』を支持に転じ、他方同案の内容、意義は之を検討せずして、原案にもられたる革新の合理的要素は、これをその萌芽において蹂躙し、――その形骸のみを支持し、之を看板として、札附の旧体制連中、(彼等は滑稽にも、新体制とは団体連合会を造つて、集まりさへすればよいと思つてゐるもの、やうです)並時局便乗者を糾合せんとしつゝあります。

之が対策としましては、

①平生副会長に訴へて、「人物刷新」の附帯決議を提出したること

②今後の運動は、当分の間新体制に関する茉(蒙?――引用者)者への啓蒙運動に留め、組織的活動、並、旧体制的人物の結集は之を抑制することに全力を注ぐこと、

③一日も早く、中央政治指導部の結集、並にその強力なる指導後援を要請すること。

以上三つの方針を以て、極力、孤軍奮闘いたし居ります。

然し乍ら、革新的政治指導部の結集に先だち札附旧体制連中の策動は、(その一部は主観的善意を以て、他の一部は、最悪の反動意識を以て)今後いよいよ劇しくなることゝ思ひます。とくに、高島↕井坂氏(↑傍流八田)の線が、一番危険に思ひます。

平生副会長は全く小生等の線を諒解、善意的支持を示され、郷会長も大体同一方向にあるも、高島＝井坂氏等が会長を牽制し、時には、激しい妨害を示し居ります。

右の次第故、何卒一日も早く新体制『中央指導部』を確立し(国民組織(国民運動)としての経済再編成は、中央指導部に花をもたせ、官庁は緊密に之をバックするが適当と考へられます)、革新気鋭の実践者を糾合し、強力に、

経済再編成運動をリードすることが急務だと思ひます。

現下財界の動きを以て、一様に、財界自己防衛運動となすは固より全く公式的見解であります。たゞその中における新しきものへの萌芽と、旧き便乗的分子の妨害と、その中間の動揺→啓蒙の過程、それらを細心に嗅ぎ分け、認識し、強力な指導、組織活動を準備することが急務であると思ひます。

いろいろとりまぎれ、学兄に御目にかゝる機を失し居りますため、深憂のあまり、一筆したゝめました。

敬具

（審議室の諸兄にも右情勢御報告被下れ強き御協力御教導切望申上げます）日曜深更

帆足計

美濃部洋次様」（強調符号は原文――引用者）

この手紙は、経済新体制のあり方をめぐって、日本経済連盟会の中に平生釟三郎（鉄鋼連盟会長）や重要産業の一部の「革新的」な流れとそれに対する、高島誠一（事務局主事）と井坂孝（東京瓦斯社長、日本工業倶楽部理事長）ら主流派の抵抗的勢力が存在したこと、後者の観点は、「革新の合理的要素」を排除して、もっぱら「団体連合会」の結成という組織面の改革に限定すること、そして帆足の原案の革新的部分はすでに「要綱（参考案）」で骨抜きにされ、上記「要綱（参考案）」は帆足にとっては「形骸」に止まるというのである。

それでは帆足の原案にあり、旧体制派により「蹂躙」されたという「革新の合理的要素」とは何であったか。上の書簡で帆足は一日も早い新体制「中央指導部」の確立を要請している。その新体制「中央指導部」について述べその結成を「経済新体制実現の手順」の第一の急務として求めた帆足計の「民間経済新体制組織要綱（私案）」が国策研究会文書に残されている。[30]

この文書は民間人の文書であるにもかかわらず、例外的に「極秘」の印が押されており、当事者（美濃部ら）にはその内容はもちろん、おそらく帆足との関係それ自体を秘す意図があったものと思われる。この文書は日付を欠いているが、上記手紙の文面（新体制「中央指部」の指摘）との関係から先の「参考案」の前後に提出されたものと思われる。この「私案」にあって「参考案」にない文言が「革新の合理的要素」と考えられるが、それは「経済新体制の基本原則」の三にある経営の刷新、株主資本による利潤追求万能の抑制と経営指導者の積極的な役割に関するものであった。株主資本の抑制と経営指導者の役割は、昭和研究会や革新官僚のそれと共通し、それが除外されたのである。その文言を示すと次のとおりである。

「(三) 生産増強を本位とし、その基礎的単位たる経営の刷新に重点を置き、企業の合理化能率の増進に全努力を集中すべき体制を整ふること。この為めには、株主資本の立場よりする利潤追求萬能の弊を抑制し、経営指導者をしてその創意と責任の下に、右眄左顧することなく、敢然と国家的立場よりする生産増強並に経営指導に精進せしめ、又産業界全体として経営能率、生産技術の向上を図るべきの体制を確保すること（〔カッコ内省略〕)」。

おわりに

一九四〇年一一月二一日付の日本経済連盟会の「日本経済新組織に関する意見」はそのような経緯の中で登場する。(31)この「意見」の重要な特徴点は次のとおりである。①「新組織」は単なる自発的な組織でなく、法的基礎を有する民間最高経済会議と、②その下に国民経済の全領域にわたる経済会組織を設けること、③それにより政府の経済計画の立案に協力すること、④下位の産業別、業種別団体に対して政府指導の下に経済統制を実行させること、を認めた点である。まさに「官民一体」・「官民経済新体制」が提起されているのである。

この「意見」は「民間経済新組織」に関する見解であって、「経済新体制」の原則をも謳った九月の「民間経済新体制要綱（参考案）」とは区別され、公益優先や営利偏重批判などの「基本原則」を欠いている。「民間経済機構」（名称は変更）の部分のみが提示されたのである。[32] 連盟会主流はあたかも経済新体制を組織＝機構改革に限定し、それを「官民経済新体制」の中心に置こうとしたかのように見える。法的基礎をもった、国民経済の全領域にわたる経済総合組織が提案され、これまでの「自治統制」に代わって、「官民一体」が強調され、下位の産業別・業種別の団体に対する国家的統制の仲介を実践するという方向性が打ち出された点、また「各経済団体内部の統制」については、指導者原理の言葉は用いられていないが、「会長または理事長の衆議統制」とし、「構成員の多数決制」を排除し、全体主義的な原理が採用されたことなど、ナチス・ドイツの方式がここでもモデルとなっていた。

経済新体制問題が大詰めを迎えた四〇年一二月初め、財界七団体は「経済新体制に関する意見書」を作成し、近衛首相に手交した。[33] この「意見書」の第二項目、「国家目的に合致する範囲内に於て利潤思想を是認すること」においてその主張を支える事例としてナチス・ドイツが明記されていたことは前章で見た通りである。

さらに日本経済連盟会ほか経済九団体は、一九四一年一月に「経済新体制実施に関する意見書」を作成、提出した。そこにおいてもナチス・ドイツの事例が引き合いに出された。すなわち「実施に関する意見書」は「生産拡充」の重要性を指摘して次のように強調する。

「時局突破及高度国防国家建設の為め経済人の尽すべき職分奉公の道は、主として生産拡充の一点に集中すと云ふも過言に非ず。政府に於ても之に対応し特に左記諸点に付十分の考慮あらむことを希望す。一、利潤は国家経済に於ける生々発展の根源にして、濫に之を規制するときは之が為に生産拡充の展開を著しく阻害するの結果に至るを免れず。吾人の今日利潤問題に対して主張を為す所以のものは所謂『利潤の処分』により敢て個人的利益の増大を期せむとするに非ずして、実に利潤そのものが国家生産力構成の要素たることを信ずるを以てなり。此の意味に於て最近独逸が企業利潤に対して施設する所に鑑み、生産拡充資金の自己調達、戦時企業の危険性、大小の新規事業育成に伴ふ冒険性、戦後に於ける対外競争力蓄積等の諸点を考慮し、適正利潤に相当高度の弾力性を有せしめるの必要あり〔以下省略〕」。（傍点は引用者）

「最近独逸が利潤に対して施設せる所」は、前述した日本工業倶楽部の『独逸資本主義の変貌』の「序説」の趣旨に対応している。日本経済連盟会をはじめとする日本の経済界主流による経済機構改造構想は、ナチス・ドイツに対する以上のような評価と結びついていたのである。

注

（1） 欧米の事例については、W. Grant/J. Nekkers/F. van Waarden (ed.), *Organising Business for War*, New York/Oxford, 1991.

（2） 本書、第二部第1章参照。

（3） 酒井三郎著『昭和研究会』（中公文庫）、中央公論社、一九九二年、二〇頁ほか。

（4） 三浦鉄太郎については、松尾尊兊編集・解説『三浦銕太郎論説集・大日本主義か小日本主義か』東洋経済新報社、一九九五年（以下『論説集』）参照。なお『経済倶楽部50年（上・下）』経済倶楽部、一九八一年。

（5） 講演の演題は「支那事変処理の方法と新経済体制に就いて」であった（三浦銕太郎述『新経済体制の理論と試案』（新経済体制研究集成、第1輯）、綜合時局研究所・証券制度調査会、一九三九年六月、として刊行）。上記『論説集』には、この書物は採録されていないが、松尾氏は同「解説・三浦銕太郎小論」（四二三頁）でその論旨の特徴を次のように記している。「『新経済体制の理論と試案』は一見統制経済に便乗しこれを補強するの論のようにみえるが、実は戦争指導者の意図する経済体制とは基本的に相容れぬ構図を描くものであった。第一に、三浦試案は自由主義経済を基調とし、その欠陥部分を統制機構で補強する構想である。営利心は社会的に有害でないかぎり尊重し発揮せしめねばならないとされる。第二に、価格（賃金もふくめ）統制を主義としてみとめるが、それはあくまで国民生活の安定のためである。主要食料の専売と住宅の安価供給が強調される。第三に、統制の主体を産業団体におき官僚統制を排する。彼は自治組織たる産業団体によって、政治上の立憲組織責任内閣制と同様の、産業立憲主義が行われ、これによって自由主義経済の欠陥を救うことを期待する。第四に、労働組合が産業団体と協議関係を結び、労働者の利害を「正当に且つ遺憾なく」代表する仕組みをつくることの必要不可欠性を強調する。自由主義経済の長所を維持しつつ、大胆にこれを修正するという方針は、後述する戦後の経済民主化論に直結、発展する」。

(6)『新経済体制の理論と試案』二七頁以下。

(7)同前、四四頁以下。

(8)経済界が労働組合の結成に反対してきた経緯については、三和良一著『戦間期日本の経済政策史的研究』東京大学出版会、二〇〇三年、二二二頁以下。三浦の主張がいかに革新自由主義的であったかがわかる。このことを高く評価したのが、風早八十二「日本産業機構の再編成」『科学主義工業』第3巻2～5号、一九三九年七月～一〇月、である。

(9)笠信太郎著『日本経済の再編成』中央公論社、一九三九年、一五九頁以下。

(10)須永徳武「商工会議所の機構改革と商工経済会の活動」柳沢遊・木村健二編著『戦時下アジアの日本経済団体』日本経済評論社、二〇〇四年、二七頁以下。

(11)日本商工会議所『経済月報』第10巻12号、一九三八年一二月、一〇頁、九七頁、須永、前掲論文、二七頁以下。

(12)伍堂の商工会議所会頭就任については、松浦正孝著『財界の政治経済史』東京大学出版会、二〇〇二年、一〇六頁以下、二〇七頁。

(13)伍堂卓雄「経済機構改革の中心問題」『経済情報・政経篇』一九三九年九月、七四頁以下。

(14)本書、第一部第3章、参照。

(15)木村増太郎「経済団体の中枢機関問題」『科学主義工業』第2巻11号、一九三九年四月、二九頁以下。『経済月報』第12巻3号、一九四〇年三月、五〇頁。

(16)大野信三「経済団体の再編成と同業組合」『商工経済』第7巻3号、一九三九年三月、須永、前掲論文、二八頁をも参照。

(17)『経済月報』第11巻3号、一九三九年三月。この修正案はナチス・ドイツ的方式への接近を意味するが、ナチス方式に関する商工会議所の検討はすでに早くから試みられていた。東京商工会議所「各国統制経済に関する調査　第3巻独逸商工経済の団体機構統制」『商工調査』第65号、第3巻、一九三六年九月（「序」によると本調査は小穴毅が担当した）。

(18) 須永、前掲論文、三〇頁以下。
(19) 小島精一「経済団体の全面的改組を論ず」『商工経済』第7巻第2号、一九三九年二月。
(20) 長島修著『日本戦時鉄鋼統制成立史』法律文化社、一九八六年、第6章第2節、また本書、第二部第2章参照。
(21) 松浦、前掲書、九二頁以下。
(22) 日本工業倶楽部編『日本工業倶楽部二十五年史』一九四三年、附録五七頁以下。
(23) Germany at War, in: *The Economist*, May 4, 1940.
(24)『号外』七四、八頁以下、『独逸資本主義の変貌』二六頁。同様の趣旨は各一六頁、二七頁以下にも見られる。「民間の経済諸団体が戦時下に於て益々其の自治権限を削減されて行き、政府の命令を執行する機関化したことは事実である。併し、此等経済団体は何れもナチ以前の当該経済部門の使用者団体に相当するものであつて、今日戦時下のナチス統制経済では、此等民間代表機関（言はゞ使用主団体）と政府の当該監督機関との協定の締結に依つて諸々の統制案を実行してゐるといふ実状である」。
(25)『独逸資本主義の変貌』六頁以下。
(26) 同前、一一頁以下。
(27)『経済連盟』第10巻4号、一九四〇年一〇月、また長島、前掲書、二八二頁以下。
(28) 堀越禎三編『経済団体連合会前史――日本経済連盟会史・重要産業協議会史――』経済団体連合会、一九六二年、五二四頁。
(29) 国策研究会文書G-2-55（6250）〔マイクロ・フィルム〕。この手紙には書かれた月日が記されていない。書簡の表書きにある「十六日朝」と書簡本文末尾の「日曜深更」の文言から、表書きの「十六日朝」は、翌朝一六日の月曜日と考えられ、また一九四〇年の一六日で月曜日となる日は、九月と一二月の二回あるが、閣議決定（一二月七日）が行われた後の一二月一六日はありえないので表書きの「十六日」は九月一六日と推定することができる。それは手紙の文面とも符号する。
(30) 同前、G-2-27（6221）。
(31) 日本経済連盟会の内部の諸潮流に関しては長島、前掲書、第6章2節、また宮島英昭著『産業政策と企業統治の経済史』有斐閣、二〇〇四年、三三〇頁以下も参照。
(32) 長島修氏もこの欠落を重視している。同、前掲書、二八五頁。

(33)　その経緯と内容については、中村・原、前掲論文、参照。なお、『経済連盟』第11巻1号、一九四一年一月、同第11巻2号、一九四一年四月。また本書、第二部第1、2章。

第4章　戦争経済の「隘路」——戦前・戦時日本の社会科学的認識——

はじめに

第一次と第二次の二度の世界戦争は、二〇世紀を特徴づける最大の出来事である。二つの大戦は高度な戦力にもとづく軍事的対抗の激烈さと広がり、戦争の長期性と全体性において、それ以前とは全く異なった形で戦われ、人命に対する損傷と物的な破壊が歴史上かつてない規模に達したことは周知のとおりである。

武装した軍隊のみでなく、一般の人々に対しても全面的な関与を強制する戦争のこの現代的形態は、全体戦争とか総力戦（total war）と呼ばれ、そこにおいては軍事力のみならず、それを支える経済諸力が決定的な条件となることが示された。第一次世界大戦（一九一四～一八年）におけるこのような全体戦争の経験は、一方ではそれへの反省として平和主義の動向を生み出すが、しかし他方で、むしろそれ以上に、予想される次の全体戦争に対して平時にそれを用意し、準備する総力戦準備体制の構想を普及させた。国民防衛（日本の場合は、「国民」ではなく「国家防禦」の名の下に、将来的な全体戦争に向けて、通常時に軍事・経済・思想など諸条件を整備し、戦争体制への転換と動員を容易にするという思想である。このような平時の戦争準備的体制は、国防体制・動員体制（Wehrsystem, Preparedness）などと呼称され、第一次大戦後、第二次大戦にいたる時期の列強の主要な政策目標となった。この体制は、自国防衛の名目において遂行される対外的な軍事活動（日本の場合はアジア侵略）と併存・融合し、またその土台になった。

第一次の世界大戦において経済的諸条件が戦争遂行の著しく重要な要素であることが明らかになったため、総力戦を用意する準備的動員体制においても、軍事力の基礎となる軍需・兵器生産の拡大（＝再軍備）、関連重化学工業の整備、国民の生活のための食糧等消費財生産の確保など、経済的諸力の拡充が構想され、計画された。こうして国防経済（Wehrwirtschaft, économie de guerre dès le temps de paix, procurement, economy of the military state）という独自観念がつくり出された。この体制は、本格的な総力戦に先行し、それへの転換を容易にする平時における軍事的な準備経済であり、そのため「平時の戦争経済」と規定されたり、またその持続性を予測して「平時経済の現代的形態」として理解されたりした[1]。

このような展開を背景にして、戦争経済に関する経済学的な関心が高まった。A・C・ピグー（Arthur Cecil Pigou）の『戦争経済学』（*The Political Economy of War*, 1921）はその出発点に位置づけられる[2]。ピグーは述べる。「アダム・スミスの時代からイギリスの経済学者は、正常な状態にある経済過程の動向を研究してきた」のであるが、今から「四半世紀前」に変化が生じた。経済学者は「世界を震撼する戦争の緊迫した経済」の「解剖学」と「生理学」を必要としている、と[3]。

こうして戦争準備構想の広がりとその現実化の中で、これまで通常の経済生活が営まれる平時経済を対象としてきた経済学者は、軍事的な経済の独自な持続性に注目し、戦争を経済過程への単なる一時的混乱として捉える認識から一歩進めて、戦争準備ないし戦時の経済過程それ自体を解明するようになった[4]。日本においても有沢広巳や中山伊知郎はじめ有力な経済学者が、それぞれの仕方で国防・戦争経済の経済学的な解明に取り組んだ[5]。本章はそれらの中から、日中戦争勃発（一九三七年）前後の時期の日本で展開された再生産論的な戦争経済論に注目し、それをめぐる同時代の論争ならびにそれに関わる現実認識を明らかにするものである。

1　再生産論的な戦争経済論

前述したように第一次大戦は、経済的諸力が戦争遂行の決定的条件であり、潜在的な戦力であることを教えた。そのような経済的諸条件のなかで、消費財とその生産手段の再生産は、戦闘力としての兵士の再生産はもとより、軍需生産を含めた経済諸力全体の担い手としての労働者とその家族の生活のために欠かすことができない要件であることが示された。しかし軍需部門・関連部門の拡大は、一定の時点でそれと対立し、国民の生存それ自体を困難にする。いわゆる大砲とバターの問題は、戦争経済が内包する本質的な矛盾であり、多くの論者によって指摘されてきたところである。(6) 本章で取り上げる再生産論に立脚した戦争経済論は、まさに戦争経済に内在するこの特質を最も理論的な形で問題にし、戦争経済の隘路を経済学的に示した点で、著しく重要な意味を有していた。(7) 戦争政策論や統制経済論は、そのような隘路に対して前もっていかに準備し、あるいはその現実化をどのように引き延ばすか、その政策論、体制論にほかならなかった。

再生産論的な考察に際して理論的な基礎となったのは、K・マルクスの『資本論』、とくにその第2巻第3篇「社会的総資本の再生産と流通」についての理論である。マルクス主義の弾圧が強化されつつある当時の状況の下で、マルクスや『資本論』の名前はあまり表だって示されることはなかったが、社会的総資本の総生産物を、価値視点からは不変資本C＋可変資本V＋剰余価値Mの構成として捉え、素材視点からは生産手段と消費資料との二部門に分割するという認識や、それらの各構成部分相互の価値の補填と素材の補填の運動を総括する再生産表式の理解は、論者に共通する認識であった。R・ルクセンブルク（Rosa Luxemburg）やN・ブハーリン（Nikolai Bukharin）の見解が検討され、戦争経済の理論的な考察の中に組み込まれたが、その土台にあったのはこのマルクス的な再生産論であった。(8)

戦争経済を再生産論の視点から考察するこの試みは、外国には見られない日本独特の潮流で、戦争経済学のユニークな展開という点においてばかりでなく、マルクス経済学の発展という面からも世界的にみて画期的な成果ということができる。(9) マルクスの再生産論は、一九三一年に刊行された『経済学全集』（改造社）第11巻、宇野弘蔵・山田盛太郎著『資本論体系』(中)における山田盛太郎（東京帝大）執筆の第3編「再生産過程表式分析序論」において詳細に論ぜられていた。山田は、奢侈品のような資本家的消費財に関するツガン・バラノフスキー（Michael Tugan-Baranowsky）の見解や、貨幣材料の再生産に関するルクセンブルクの第三部門論などをその中で検討し、これを批判した。それは軍需品生産に関連づけられることはなかったが、山田のこの研究は後の論議の貴重な土台を提供した。(10)

それから四年後、再生産論は戦争経済論に結びつけられた。注目すべき点はその経過と論者たちである。議論はまず一九三五年・三六年に軍需産業ないし軍需生産部門と社会的総資本の再生産過程の問題、戦争の経済過程と再生産論との関連の理論的問題をめぐって始まり、さらに一九三七年の日中戦争勃発後、一九三九・四〇年には戦争経済の隘路としての縮小再生産の現実問題へと展開していった。つまり再生産論は、理論的のみならず、戦争経済の隘路に関わる現実分析の手段として使用されたのである。

前者の理論的問題に関係したのは、近衛文麿内閣（第二次）の新体制論に重大な影響を与えることになる『日本経済の再編成』（一九三九年）の著者笠信太郎、講座派マルクス経済学の論客野口八郎（守屋典郎）、東京大学経済学部助教授で一九三八年治安維持法違反により休職、その間陸軍秋丸機関に関与し、戦後はいわゆる傾斜生産方式を推進するマルクス経済学者有沢広巳、海軍との関連の深い慶應義塾大学教授・武村忠雄、などの重要人物であった。

後者の論争には、飯田繁や伊藤好道などの旧マルクス経済学者と並んで、中央物価統制協力会議の田中精一や、戦後その社長となる野村証券の奥村綱雄、日本経済連盟会の理論家・帆足計など経済界の有力な論客が加わっていた。マルクス主義弾圧の下、マルクスの名前は表明されることはなかったが、彼らは事実上、マルクス経済学の概念と理論を用いて、現実を分析した。このようにマルクス的な再生産論は、旧マルクス経済学者ばかりでなく、経済界の人物をも含む幅広い論客によって戦時経済の分析手段として活用され、しかもそれらは戦争経済の隘路の認識を土台にして、経済新体制論や広域経済論に結びつけられることになったのである[11]。

以下、まず前者の日中戦争前の理論的な見解を取り上げ、次に一九四〇年の縮小再生産論と現状分析をめぐる論争を検討することにしよう。

2　軍需生産と再生産論

（1）笠信太郎の「軍需生産と再生産過程」

近衛内閣を支える知的集団・昭和研究会の有力メンバーとして活躍することになる笠信太郎（1900-1967）は、軍需生産の問題を再生産論と関連させて論じた最も早い論者の一人である。大原社会問題研究所に所属していた一九三五年に書かれた二つの論文、「軍需生産と再生産過程――資本蓄積に於ける直接税及び間接税」（『サラリーマン』第8巻第3号、一九三五年三月号、第一論文と略す）と「軍需生産と再生産過程の問題」（『月刊大原社会問題研究所雑誌』第2巻第6号、一九三五年六月、第二論文とする）がそれである[12]。

①第一論文

第一論文は、軍需生産の「総資本的・社会的・意義」に関する複雑な問題の「一端」を検討するもので、笠はまず軍需品の「販路」が、生産手段や消費手段の場合と異なり、国家という特殊な「相手」であること、その購買力は間接税として勤労者階級から国家の手に移されていることに注目する。労働者からの間接税の徴収は、労働者の消費を縮小させ、消費手段とそのための生産手段の生産に必要な労働力と不変資本の再生産過程からの剥離を意味する。それらは需要者＝国家が購入する軍需品の生産に向かうことになる。

笠は指摘する。「さうすると、ここに新らしく生産手段の生産部門（いはゆる第一部門）でもなく、消費手段の生産部門（第二部門）でもないところの謂はば第三部門が成立する。そしてこの部門においても、資本が剰余価値を生産し、それを実現し得ることに変わりはない。いはば新しい資本蓄積の領域がここに発生する」。

笠によれば消費手段の生産の減少は、再生産の規模を縮小せず、労働力の再生産費の減少を意味しただけで、剰余価値は引き続き蓄積され、また第三部門もやはり剰余価値実現の領域となる。しかし笠は、第三部門の生産物、軍需品は第一部門にも第二部門にも回帰しないこと、したがってそれが再生産過程に一つの収縮減少を惹起させていることを強調し、それを「総資本に対する消極性」として捉える。

笠は、自らの議論をローザ・ルクセンブルクの『資本蓄積論』[13]第32章「資本蓄積の領域としての軍国主義」（Der Militarismus als Gebiet der Kapitalakkumulation）の内容に結びつける。ルクセンブルクは、軍国主義を資本主義の歴史的展開における資本蓄積の進行と不可分の関係にあると認識していた。それは二重の仕方においてであった。一つは領域の拡大など対外的条件の拡張によるもので、具体的には、本源的蓄積期以降の非ヨーロッパ地域への地域的拡大・侵略、植民地獲得、さらに後進諸国の鉄道利権や国際的借款、そして領土をめぐる資本主義国間の対抗においてであった。これら対外的な拡大は、資本全体にとって積極的な蓄積条件として働くが、それらは歴史的・社会的・

政治的な、つまり経済外的な諸要因に多く依存している。もう一つは、国内的な経済領域における積極的な蓄積条件に関するもので、具体的にはとくに軍需品部門など特定分野での資本の活動領域における「純経済的」条件である。それは国家を媒介とする間接税による労働者から資本への価値転換を通じて行われ、労働者の消費の削減に帰結する。第二の蓄積条件は、第一の対外的蓄積条件をめぐる国家間の競争によって拡大するが、第一の条件が資本一般の蓄積を促進するのに対して、第二の条件は軍需関連の資本にとってのみ積極的に働く。それらは、しかし、やがて前者の非資本制諸国からの生産諸力の収奪と、後者の本国での労働者の生活水準低下を通じて最終的には資本の滅亡の条件をつくり出すことになる。ルクセンブルクは「資本蓄積の領域」としての軍国主義をこのように理解した。

笠は、ルクセンブルクと同じように、軍国主義と資本主義の発展との関連におけるその歴史性を重視する。しかし彼は、軍国主義をもっぱら資本の蓄積条件の積極的要因として捉えるルクセンブルクの時代的背景に注目する。すなわち彼女のそのような捉え方は、対外的領域の拡大が可能だった第一次大戦期以前の時代、つまり本源的蓄積期から帝国主義時代にのみ対応すること、それに対して第一次大戦期以降＝現代の一般的危機の時代にはそれが困難になり、そのような積極的な条件の拡大は大きく後退したと考えた。笠は前者をローザ的段階とし、後者の時代をローザ以後的段階として区分した。

②第二論文

彼の第二論文は、それを念頭におきつつ第一論文と同じ問題を、ルクセンブルクばかりでなく、N・ブハーリンの見解にも注目しながらより立ち入って理論的に検討する。

彼はまずルクセンブルクの考えの問題点として三点を指摘する。一つは軍需品に対する国家の購買力の源泉を、労働者がV部分（賃金）から支払う間接税のみに求めた点である。笠は述べる（同、一五〜一六頁）。「かうした国家の購買力はつねにただ間接税（V部分）のみから来るであらうか。それで足りるものであらうか。といふのはV部分から汲みとるといふことは労働力の再生産費を切下げることであるが、労働力の再生産費の切下げには明かに限度がある。限度はいふまでもなく労働力の肉体的生活維持のための必要によつて規定されてゐる。従つてこゝから汲みとられ得る間接税の量的な大きさには自ら限度がある。そうすると、軍需品に対する購買力の大きさがこの限度を突破して膨張することを必要とする場合にはどうなるか。この購買力はどこから来るか。かういふ単純な問題が、ともかく彼女においては残つてゐる」。（同、一五～一六頁）

ルクセンブルクの第二の問題は、社会的総資本の次年度以降の継続的な状態が示されていない点である。この問題点について笠は、第三部門の不生産的な性格を指摘して、すでに第一論文で自論を展開していた。

ルクセンブルクに欠けた第三の論点は、軍需品の販売によって第三部門の資本家の手中に帰した貨幣が、次年度の生産と自己の消費のために、第一部門・第二部門の生産物の購入に向けられる場合には（軍需生産の価値排棄的生産の拡張）、再生産に縮小過程が生じるという点の認識である。もし第三部門の資本家がその貨幣を貨幣資本として蓄積する場合にはそれは単なる名目的な蓄積に止まることになる。笠はさらに論じる。

「この、いはゞ名目的な蓄積が、現実的な蓄積に転化するのは、恐らく第一および第二の両部門の再生産過程そのものが新たなる拡張に向ふ条件にある場合であらう。戦勝の結果として資本投資或ひは資本輸出の領域が拡大されるやうな場合は、その顕著な一つであらう。しかしローザ、の場合としては、即ち軍需生産そのものとしては単なる抽象的な貨幣資本の蓄積であつて、それ自体としては軍需部門をして資本蓄積の領域としては成立せしめないであらう。だから、この14.25m〔第三部門の剰余価値――引用者〕を蓄積と見ることの根柢には、単なる軍需生産の経済的意義以外に、戦争の齎らす経済的意義が無意識のうちに横はつてゐはしないであらうか。ここでは、ローザの考へは、第一には、総資本の立場から個別資本の立場に堕ちてゐるし、第二には、軍需生産の純経済過程的意義と経済外過程における意義とが無意識のうちに混同されてゐるやうである。――従つて軍需生産の積極的意義は、その直接の蓄積過程以外の領域に求められねばなるまい」。（同、一八～一九頁）

笠はこの問題点の解決をブハーリン『転換期経済』[14]に求めた。ブハーリンはこの書物の第3章「資本主義体制の解体」において、戦争における再生産過程の「退化」、その否定的性格を述べ、これを縮小再生産の進行（マイナス再生産の拡大）（erweiterte negative Reproduktion：笠の用語では「消極的拡張再生産」）と呼んだ。

笠はこのことに注目し、その展開＝順序に関するブハーリンの定式[15]〔c＋v＋m：c＋v＋(m－x)：c＋v：c＋(v－x)．(c－y)＋(v－nx)……〕を次のように要約する（ただし、cは不変資本、vは可変資本、mは剰余価値、xとyは軍需部門への移行部分。笠の論文では、CとVは大文字）。

c＋v＋m　〔年生産物〕
i……c＋v＋(m－x)　　i……x＜m　〔第1段階〕
ii……c＋v　　ii……x＝m　〔第2段階〕
iii……c＋(v－x)　　iii……x＞m　〔第3段階〕
iv……(c－y)＋(v－x)　　〔第4段階〕

ブハーリンはこの場合、軍需品生産による拡張再生産否定的な過程をまず余剰価値の犠牲として捉えている。笠はそのことから、先に示したルクセンブルグの見解の問題点は異なった仕方ではあるが解決されていると考える。

すなわち、第一の国家の購買力がv部分では不十分な場合の問題に関して笠はこう述べる。「ブハーリンはいきなりm（余剰価値）から始めることによつて答へてゐる。ブハリーンによれば、かういふ国家の需要は先づもつてmを喰ひつくす、そして更にそれがVおよびCに突進してくると見る。さうすると、xがmを越えるだけは拡張再生産は消極的なものとなる」と。(同、二〇頁)

次に第二の問題についても、ブハーリンは「軍需部門の生産品は、消費手段でも、生産手段でもない、従ってそれが生産されることは、単に何ものをも再生産しないばかりでなく、却つてそれだけ再生産規模に対してマイナスになる」とみなし、この点も「ブハーリンにおいては一応解決されてゐる」と指摘する。

しかしブハーリンに欠けている点として笠は次の二点を指摘する。

その第一はv部分(労働力の再生産費)から出て来た購買力に対する分析が欠如している点である。上の式はこの問題に触れてはいるが、v部分のもつ積極的な方向の分析はここではなされていない。「従つてこの問題につらなる、軍需生産の資本の発展に対する積極的な観点が一般に出て来ない」。

ブハーリンの第二の問題点について笠は以下のように述べる。「第二。これもローザと異る所で、ブハーリンでは軍需生産への基礎が、Vからはじまらず、mからはじまつてゐる。この点は、恐らく、ブハーリンが、世界戦争の過程を問題とした為に、その過程の量的な大きさが既にV部分を問題としない程に巨大であつた為であらうと思はれるのであるが、しかし、事実上は、そして特に歴史的にこの問題を考察するにおいては、先づVが最初の問題ではないであらうか」。(同、二一頁)

笠は「軍需生産の歴史性」の観点に立って次のように推論する。ルクセンブルクの考えは資本主義の発展における前期、ことに原始的蓄積に随伴する植民地侵略の時代から近代的国民戦争の時代に至る長期の軍国主義の発展期におおよそ該当し、ブハーリン的な型は「資本主義の後期」、とくに「帝国主義戦争の時期」に対応する。そしてこの二つの型は歴史的に相前後するというよりは、ある程度相互に交錯して現われるのであり、資本主義の後期には、ローザ的な型は後のブハーリン型の基底として貫徹しているのではないか、と。

笠はこれを日本に重ね合わせて述べる。「日本資本主義の基底をなす農民の半農奴的性質と、これを上から制約する明治初年以来のわが租税制度と小作関係の発展と、そしてこの国の資本主義そのもの、生誕当初よりの軍事的性格とは、日本資本主義を一貫する軍需生産の重圧がたしかにローザの型をかなり強く表現してゐるのを見うるやうに思はれる。そして、現在の日本帝国主義における軍需生産が、このローザ型を基底として、しかもいま一つの自己蚕食的な消極的側面をいかに暴露しつゝあるかは多く語る必要もあるまい」。(同、二二一〜二二三頁)

こうして彼は最終的には、「具体的・歴史的検討」と、「軍需品の使用価値」の発現に関わる「軍需生産の経済過程外の問題」の解明の必要性を指摘し、次のように述べる。軍需品の使用価値を発揮させること（領土・資源獲得など）は、資本の立場から見て、いよいよ困難になりつつあり、したがって、それによって獲得される将来の剰余価値実現の条件は次第に小さくなってきている。そのことは、①軍需生産の消極的な側面としてあらはれるマイナスを、軍需生産の「純経済」外の機能をもってしてはカバーしえないという事情がだんだんに強まってきていることを意味する。②また逆に、既得権（領土・資源など）の再分割は困難を伴うため、軍需生産をますます巨大な規模に拡大しなければならず、したがってそれは資本にとってこの消極的方面がますます拡大していくということを意味するであろう。

このように軍需生産には、領土拡大などの経済以外のモメントが存在し、それは歴史的に変化している。そしてそれはしばしば軍需生産の純経済的側面、とくにその資本蓄積に対して関係する側面と混同される。その結果戦争の資本主義に対する意義は、常に拍車の役割をもつもの、積極的なものとして、捉えられがちである。そのような混同はローザの議論の根底にも潜んでいた。しかし軍需生産の、また戦争の、資本主義発展に対する拍車としての積極的な意義は、いずれにしても、世界の資本主義の発展段階と、そこにおける各国の地位とによって、著しく異なってくるであろう。それゆえ、軍国主義は、蓄積のあらゆる歴史的段階においてルクセンブルクの考えるように「蓄積の歩武につき従ふ」(die Schritte der Akkumulation) とはいえなくなっているように思われる。帝国主義の発展は、軍需生産の矛盾をいよいよ激成せしめる。しかも「非常時」の名の下に現今日本の軍需生産は、インフレーションの形を利用して、強引に「この矛盾の突撃路を突貫しようとする」と考えているようだ、と笠は指摘する。笠はこの後一九三九年にベストセラー『日本経済の再編成』（中央公論社）を公にし、経済新体制論に大きな影響を与えた。この書物の背景には以上のような認識が存在したのである。

（2）野口八郎（守屋典郎）の第三部門論批判

笠論文発表の次の年一九三六年に、講座派のマルクス主義者・守屋典郎（1907-1996）は、野口八郎の名前で『経済評論』（同第3巻第9号）に論文「再生産表式と軍需工業」を発表し、軍需産業＝第三部門論を批判した[16]。

この論文は、前年の笠信太郎の論文「軍需生産と再生産過程」（第一論文）における軍需生産を第三部門とする立場と、同じ一九三五年に『経済評論』に発表された寺島一夫の「蓄積論の視角における現代日本」（四ノ下）（同前九月）に対する批判として書かれた。

野口は笠の見解を二つの観点から批判する。まず笠は軍需品の場合、その買手（＝国家）が予め予定されていることに着目し、そこから軍需品部門を第三部門としているが、この見解は生産に対して流通を優位においている点で適当ではない。

次に笠は、軍需品工業が軍需品のみならず生産手段をも生産する金属・機械・化学等の諸工業に包摂されていることを見ず、したがって社会的総資本の生産における役割が認識されていない。野口は軍需品工業を、軍需品生産をも包摂した第一部門（および第二部門）の特殊産業と考えた。

野口はマルクスの社会的総資本の再生産の分析における二部門分割の妥当性を確認しつつ、流通に対する生産の基本的な意義、そして社会的総資本の「再生産」の観点の決定的な重要性を強調した上で、軍需産業の「実現」についてまずローザ・ルクセンブルクと寺島一夫の認識を立ち入って検討し、その問題性を示す。次いで二部門分割を前提にした単純再生産における軍需産業の実現、「国家の購買力の源泉」（租税負担）の問題を検討する。

だがその野口も、軍需産業をその実現形態の特殊性の故に第一部門から切離し、Mとし、次のような結論を示す。
(1) 労働者のみに課税すれば、消費資料の生産は以前と同額であるが、生産手段の生産ははるかに増大する。
(2) 第二部門の総量が、不変でありうるのは、資本家の浪費が増大したためで、労働者の消費はかえって減少している。したがって、単純再生産の下においてさへ、軍需工業の進展は、資本家にとっては非常な利益となるが、労働者に対しては無条件に圧迫となる。
(3) 第一部門の総量が増大したのは、軍需品生産と、そのための生産手段の生産とのほかに、資本家の消費が著しく増大したためである。
(4) 全第一部門が増大し、その結果第二部門に対するその比重は、著しく大となる。したがって、軍需品生産が終結した時の全産業の恐慌・混乱状態は、異常な規模となる。まさにこの面よりする新たな恐慌の可能性が加わることになる。
（同、二四頁以下）
次に野口は課税が資本家に対してもなされた場合についてこう論じる。
(1) 課税が資本家と労働者とに同額に課せられた時は、消費資料の生産は減じ、生産手段の生産は以前の額に上記Mの総計を加へただけ増加する。しかし、消費資料のためのみの生産手段の生産は、以前より減じている。
(2) 租税額は、vのみでなく、mからの租税も再び資本家に復帰する。この租税部分は、不払労働にもとづくものであり、また第一部門の生産規模が拡大しているので、仮にこの租税部分の他者への「転嫁」が行われないとしても、資本家階級にとっては大きな負担とはならない。しかも国家による軍需品需要を通じてなされる租税還元により再生産は縮小しないから、軍需産業の継続は資本家にとつては、非再生産的生産であるからといって、反対すべき理由にはならない。

野口は次いで「拡張再生産と軍需産業」を検討し、同じような結論を導き出した後、「資本主義が、半封建的農村生産関係を不可分の構成部分とし、第一部門の発達は顛倒的に第二部門に遅れてゐる国」すなわち日本においては、この表式がいかなる意味を有するかについて考察する。彼はまず軍需産業とその生産手段生産のための「強力的準備＝育成」について次のように述べる。軍需産業は、それが軸になってその国の資本制生産方法への旋回が行われた国〔つまり日本〕にあつても、その国の基軸的な産業となることはできなかった。ことに第一次大戦後の軍事科学における変化は、強大なる資源を必要とし、したがって戦争の危機が濃厚となった場合には、このような国においては一連の軍需諸産業に対する必要性が一層急速に拡大する。戦争の危機がその国を孤立化させるような諸条件が存在する国においては、軍需諸産業とそれに対する生産手段を供給する産業の急速な拡張がさらに必要となり、その際社会的経済構成において、第一部門の発達が未熟なほど、国家的な育成が行われることになる。そして、この育成は必然に独占統制経済を促進することになる、と。（同、三三三頁以下）

以上の説明に次いで野口は、独占の強化（統制経済）に関わる事実として、統制経済の諸立法、銀行資本の集中、各種集中・独占、労働条件の具体的な事実を列挙し、また軍事的保護＝育成について、軍需品注文・育成的注文（「教育注文」）等の諸政策の状況を示し、最後に生産力の増大に関連する諸事例を紹介した。

野口はさらにその財政的基礎について述べた後、産業機構の変化について触れ、最後に次のように結論づけた。（同、四七頁）

(1) 表式は、第一部門未発達の国に対しては、以下のことを明らかにする。

第一部門の租税の不足は、農民に対する課税、植民政策および外国貿易によって求められる。この場合、国内市場は狭隘化するから、植民地支配と外国貿易とへの依存はヨリ強められ、それはさらにソーシャル・ダンピングと苦汗制度とにより国内市場を狭隘化し、軍事強制を促進する。

(2)　軍事産業の強行により、そのための生産作業の模様替えと、その生産手段の獲得が必至となるが、このような国では第二部門に必要な生産手段の供給範囲を著しく狭め、その進行は生産力発展に対する大きな障壁となる。ここにも第二部門の側よりする植民地と外国市場の熱望が必至となる。

(3)　ただし第一部門の発達が著しく遅れている国については、軍需産業はある程度まで第一部門の発達の槓杆となる。

野口の関心は、最終的には戦争終了後の軍需産業の「停止」と「恐慌」の予測に向かう。「かうして、恐慌は、軍需産業の準備が大なれば大なるほど、恐るべき形貌を具へて、その前途に横たはる。それは単なる可能性ではなくして、現実が法則の必然性をもつて進行しつゝある経験にほかならない」。

（3）有沢広巳の「戦争と経済」・第三部門論

笠の論文が発表された同年の一九三五年、有沢広巳（1896–1988：当時は東京帝国大学経済学部助教授）は、この問題を論文「戦争と経済」（『改造』第17巻3号、一九三五年三月）において取り上げた。彼はまず戦争経済の現代的形態について次のように論じる。

第一次世界大戦の経験により近代戦争が経済戦争を土台とするという認識は一般化した。その際戦時経済は、戦争遂行を最高目標とする統制経済の形態をとることになる。戦時においては国民的消費・生産的消費とともに、厖大な戦争消費が生じ、しかもこの戦争消費が優先するからである。その順位は次のとおりである。（同、一二六頁）

①軍隊需要

1戦闘部隊、2兵站部、3軍事的行政部、の各需要。

②戦争経済的需要。

1兵器工業の需要、2兵器工業労働者・補助勤務者の仕事服・割増食料品に対する需要、3兵器工業・国内原料獲得の能力増進のための需要、4交通手段の需要、5兵器工業のための実験所および研究所の需要。

③非戦闘人口の需要。

1生物上の需要、2心理上の需要。

こうして国家的な政策として、一方では戦争需要品の生産と調達、他方では一般的消費の抑制と節約が図られる。第一次大戦期のドイツにおける戦時統制経済は、①労働統制、②原料統制、③生産統制、④食料統制、⑤価格統制、⑥消費統制の諸側面を有していた。しかし経済体は一つの有機的な関連体として自己循環運動を有し、戦時統制経済もその例にもれない。こうした経済統制は、経済過程に変化を与えはするが、しかし「経済過程を貫くエレメンタールな法則の自己貫徹」を停止することはできず、せいぜい法則の作用を緩和し、経済過程の進行を鈍化させるに止まるのである。

統制経済を伴う戦争は、経済過程の均衡を破壊するが、その中で似非均衡状態が一時的に現出する。これを有沢はE・レーデラー（Emil Lederer）に倣って戦争下の「現実の経済過程」[17]として捉え、第一次大戦期ドイツにおける「戦時の経済過程」を再生産論、とくにルクセンブルク的な第三部門論の観点を採用しつつ、次のように説明する。（同、二九頁以下）

平時の経済過程における均衡は、生産手段（生産）部門（第一部門）と消費手段（生産）部門（第二部門）との一定の関係によって維持されている。単純再生産過程の場合（ただしｃは不変資本、ｖは可変資本、ｍは剰余価値を表わす）。

Ⅰ　（第一部門）　$c_1+v_1+m_1=x$

Ⅱ　（第二部門）　$c_2+v_2+m_2=y$

とすれば、均衡関係は$c_2=v_1+m_1$で示される。この場合mは全部消費される。xは経済社会の従来の規模の生産手段に対する全需要を満すことになる。

戦争経済の下では厖大な軍隊需要が生じ、その需要を満すために軍需品の生産が第一義的に優先される。軍需品生産は次のように表現される。

Ⅲ　（軍需品生産部門）　$c_3+v_3+m_3=z$

上の単純再生産を前提とすると、この第三部門の不変資本の物的素材（生産手段）および可変資本の物的素材（消費手段）は——それを国内生産に求める場合——全部分が個人的消費に向けられると仮定した先の剰余価値（m_1+m_2）の一部から充当されねばならない。拡張再生産過程の場合には、$m_1=\alpha_1+(\beta_1c+\beta_1v)$、$m_2=\alpha_2+(\beta_2c+\beta_2v)$となるが、この$\alpha_1$、$\alpha_2$は資本家の個人的消費にむけられるのに対して、$\beta_1c+\beta_1v$と$\beta_2c+\beta_2v$は、それぞれ第一部門および第二部門の生産規模を拡大する。この部分を第三部門に充当すればよい。ただしその場合$c_3<(\beta_1c+\beta_2c)$、$v_3<(\beta_1v+\beta_2v)$でなければならない。小規模な戦争においてはこのような可能性も存在する。

しかし第一次大戦期ドイツのような場合、戦争工業は全工業を二分するほどの規模に達した。大規模な戦争では第三部門の不足分は、第一部門および第二部門からの第三部門への移行によって充当されねばならない。第一部門と第二部門の一部は、第三部門に編成替えされる必要が生じる。その場合は両部門とも生産の規模は従前よりも縮小された規模となり、剰余価値も減少する。

ところで第三部門のＺはいかなる経済的機能を有しているか。これはことごとく戦争で消費されてしまう。その生産物（軍需品）は経済的には何ものも再生産せず、経済過程から永久に取り去られる。したがって再び第三部門で新たに生産されねばならない。仮に c_3も一生産期間をもって消磨しつくすものとすると、次の生産開始にあたって第三部門は再び c_3+v_3を必要とする。ところが m_1+m_2は最初の場合より減少している。そこで第一部門・第二部門からより多く生産手段・消費手段を奪い取って、これを第三部門に充当せざるをえず、それだけ第一、第二各部門の生産規模は縮小する。

こうして生産規模の螺旋的な縮小過程が進行する。つまりxとyとが次第に逓減する割合をもってZ化していく。しかも戦争の進行とともにZもまた増大しなければならず、それだけ c_3+v_3も大となるから、（x＋y）のZ化は一層急テンポとなる。（x＋y）の全面的なZ化は経済的生産の消滅を意味するから現実には起こりえず、むしろZ化の進行の一定点において経済上の死点が現われることになるだろう。

戦争経済においては一方ではZ量を可能な限り拡大しようという要求と、他方ではx＋yのZ化をなるべく防止しようとする要求とが衝突する。この衝突は一般的生産の増大と消費の節約とによってのみ緩和することができる。これは戦時経済統制の主力が生産、原料そして消費の各統制にむけられることに照応する。それはZ化過程の進行を防止しようとする対抗的手段である。

だがこのような対応にもかかわらずZ化過程を促進する別の要因がある。労働力の不足（兵士・軍用関係労働力の徴用等による）を補充する手段として労働の「稀釈」（単位投下労働の削減など）、熟練労働の不熟練労働による代替が行われ、労働の生産性は減退し、mは減少する（必要労働時間の増加、相対的剰余価値率の低下）。その結果（$\beta_1+\beta_2$）は減少し、Z化過程はむしろ促進される結果となる。

最後の問題は商品流通過程におけるZの問題である。Z（軍需品）は戦争遂行によって消費されるが、その価値は国庫によって支払われる（W－G。ただしWは商品、Gは貨幣）。だが転化したGに対応すべき商品はZから生じない。

第三部門に c_3 ＋ v_3 を売った第一・第二各部門の資本家は、それによって得た貨幣に対応する商品を見出せない。m_3 はそのことを最もよく示している。転化されたGは抽象的購買力として堆積する。c_3 に相応する部門は第一部門の資本家のもとに、v_3 の部分は第二部門の資本家のもとに堆積する。

堆積された抽象的購買力は、とりわけ第三部門の企業・経営の次元においては、配当または積立金の増加となって現われる。第一次大戦期ドイツの場合、軍需工業の配当率は一般工業の二倍を示した。とくに第三部門の資本家は――対応する商品が流通過程に流入しないにもかかわらず――m_3 の一部をもって生活資料を買わざるをえず、それだけ物価を高騰させる。ドイツでは堆積された購買力の大部分は、戦時公債の買入れに向けられた。

Zに対する支払いが租税（とくに戦時利得税）によるときは、租税を通じて各々の生産の一部が一般からZの生産者に割譲されるから、抽象的購買力の堆積は起こらず、インフレの発生は避けられる。しかしZの支払を租税のみをもって行うことは、近代戦争の下では困難である。公債による場合は、この抽象的購買力を一時的に定着させ、インフレの発現を緩慢化するが、問題は戦後に押しやられるだけとなる。

有沢は、以上のような議論を踏まえ、次の結論を示す。近代戦争の経済過程は螺旋的縮小再生産の過程であり、同時にその中にインフレーションの根を包含する。戦時経済統制はそれを緩慢化できるが、阻止できない、と。この結論に立って有沢は述べる。（同、三七頁）

「今、交戦国の全戦闘力が緊張して一定のバランスを保つてゐるとき、交戦国の経済過程にZ化が進行してゐるとすれば、そのバランスを破るモメントは、いづれが早くZ化の過程における死点に達するかの点に存するとも見られるからである。勿論、Z化過程の進行は交戦国の国民経済の構成によつて大いに異り、従つてまた戦時経済統制も多様である。が、結局、バランスを保つた天秤がいづれに次第に傾くかは、Z化の進行とZの存在それ自身の問題である」。この戦時の経済過程は――有沢は続ける――戦後の経済過程を規定する。第一次大戦後のヨーロッパの「飢餓恐慌」とインフレーションとはZ化過程の戦後への遺産であった。以上から戦争経済の問題は、何よりも現実の経済過程の分析であり、戦時経済の国家的な「統制」を過大に評価することには慎重であるべきである、と。

このような有沢の議論の背景には、現代戦争の特質とその準備的体制、いわゆる国防経済の独自性に関するすぐれた認識が存在した。彼は二年後の一九三七年に著書『戦争と経済』（日本評論社）を公にするが、その中で考察されたのが国防経済体制であった(18)。有沢の立論は明解であり、軍需生産を第三部門とするZ化の認識は、後述する縮小再生産論争の論者に影響を与えた。有沢は次の年の一九三八年に、人民戦線事件によって東京帝大を追われるが、昭和研究会や陸軍秋丸機関に関与し、現実の政策構想や戦時政策の立案に関連をもち続けることになる。

3　縮小再生産論争——一九四〇年——

再生産論と戦争経済との関連が理論的に問われてから間もなく、一九三七年に日中戦争が勃発する。戦争は長期化・深刻化し、日本経済は国防経済の名の下に戦時経済に移行するのであるが、その中で戦争経済と再生産論との関連をめぐる理論的な議論は、日本経済の現状に関わるいわゆる「縮小再生産論争」として新たな展開を示すことになる。この問題を大きく取り上げたのが雑誌『経済情報・政経篇』一九四〇年九月版（発行は同年八月一〇日）であった。「縮少再生産論叢」と銘打ったこの特集の趣旨について編集者は次のように説明した。

戦時経済の基礎理論に関する論争は、時局の深刻化とともにいよいよ根本的な解決を迫られつつある。昨秋（一九三九年秋）以来、生産拡充の停滞化の傾向に刺激されて、「縮少再生産」（以下、引用原文以外は縮小再生産と表示）なる言葉が、論壇の関心を集めつつあるが、この問題は、インフレーションの問題とともに戦時経済の本質と関係する重大テーマである。この問題を根本的、理論的に解明することは政治、外交、経済の全戦時政策の正しい出発点のために不可欠である。すなわち⑴「縮小再生産」とは何か。⑵近代戦にとって「縮小再生産」は不可避のものか。⑶生産力拡充の停滞化の諸兆候は、再生産的に如何なる意義を有するか、等々の内容を中心に、日本の経済力の実勢を理論的、実証的に検討することは、義務であろう。近衛内閣の任務が、政治、外交、経済の諸分野の新方向、新体制の確立にある今日、一方において、理論的な基礎がないままに革新を唱える行き過ぎがあり、他方においては、現実の動きにいたずらに怯える現状維持的な停滞がある。それらの偏向はできる限り速かに是正し打破されなければならない。われわれはこの問題に対する論争に注目し、これを発展的に統一して新たな出発点とすべく、ここに諸家の論叢を試みた次第である、と。

一九四〇年は、近衛内閣（第二次）の下で、日中戦争への対応と今後の日本経済のあり方に関わる「経済新体制」の構築が計画され、政界・経済界を含めて日本中がこの問題に重大な関心を向けていた時期であった。「縮小再生産」の問題は、戦時経済の今後に関係する核心の論点であり、「経済新体制」の問題に密接に関連することになった。そのような事情を反映してかこの雑誌の特集に登場する執筆者の顔ぶれは各界に及んだ。

掲載された論文は次のとおりである（掲載順）。田中精一（執筆者肩書〔以下同じ〕。中央物価〔統制〕協力会議理〔主〕事）「再生産方式による解明」、奥村綱雄（野村証券調査課長）「縮少再生産を論ず」、帆足計（日本経済連盟会調査課長）「現下の縮少再生産過程と其の意義」、武村忠雄（慶應義塾大学教授）「縮少再生産と南方政策」、飯田繁（大阪商大教授）「戦時再生産の分析」、宮川寅雄（理化学工〔興〕業貿易課員）「生産縮少の現在的意義」、沖中恒幸（巣鴨高商教授）「縮少再生産への経路」、丹後愛二郎（中央大学教授）「縮少再生産論稿」、登丸祐二（戦争経済研究会会員）「戦争と再生産の問題」、伊藤好道（満鉄調査室員）「最近の生産停滞傾向に就て」。これらの中から主だった論者を取り上げてその議論を紹介しよう。

（a）田中精一（中央物価統制協力会議）

特集の巻頭を飾ったのは田中精一の論文であった。田中が属した中央物価統制協力会議は、全国的な経済団体を結集した組織であり、東京帝大経済学部教授を退いた本位田祥男が理事を務めていた。その主事田中精一は、事実上K・マルクス『資本論』の社会的総資本の再生産の認識を前提にし、その観点から再生産表式を要約的に紹介しつつ、縮小再生産を総生産物の再生産部門への分配が如何に行われるかの問題とし、こう定義する。「第一部門が従前より縮少された場合、別の言葉で言へば、第一部門で生産した生〔産〕物量より、総生産物中より第一部門が吸収する生産物量が少い場合、縮少再生産は不可避となる」。

その上で次のような考えを提示する。戦時下において生産の縮小が不可避かどうかは、戦争という条件の下に第一部門の縮小が不可避か否かにかかっている。軍需資材は消費財であるにもかかわらず、その生産の設備、材料は第一部門的である。戦時下において第一部門の多くの部分が不生産的に、純消費的に働くこと、それが第一部門から第二部門へ変質することは、このためであり、またそのために第一部門の相対的かつ絶対的な縮小が起こる。だが、第一部門が絶対的に縮小し、縮小再生産に陥るか否かは、一方では戦争の規模に、他方では生産力全般に関係することであって、一義的にこれを決定することは不可能である、と。

田中は、次いで現時の日本の問題に関してこう指摘する。日本は明らかにすでに縮小再生産の過程に陥っている。また多くの矛盾が再生産に現われている。縮小再生産の指標は、第一に一九三九年夏以来の生産指数の減退ばかりでなく、主要原材料の生産減においても見られる。だが、こういう現象とともに見逃してならないのは、再生産の不均衡の問題である、と。

（b）奥村綱雄（野村証券）

戦後は社長に就任することになる野村証券調査課長の奥村綱雄（1903–1972）も同じくマルクス再生産論的な観点にもとづきながら論じる。

軍需品生産部門は、非生産的な商品を生産するものであり、それは流通行程に入ると再び再生産行程には戻って来ない。戦時経済の場合、このような軍需品再生産部門は著しく大きな比重を占めるのであって、軍需品生産部門の再生産が、平時経済における再生産行程をいかに変化せしめるかが、戦時経済の最も基本的な命題となる。

生産手段生産部門と消費財生産部門との二つの生産部門に分化する近代的生産において、軍需品生産部門の導入は、それ自体としては拡張再生産を阻害するものではない。一九二九年ないし三二年の世界恐慌当時、近代的生産の発展が、それ自体の内部矛盾のために自らの拡張再生産への出発を困難にしたが、その際、軍需品部門が導入され、その発展が新しい拡張再生産への出発を促進した。わが国においても、一九三二年から一九三三・四年はまさにこうした時代に該当する。もちろん戦時経済の当初においては軍需品生産部門の急激な発展のために、これに対応すべき産業の再編成が行われた結果、そこには切替期の混乱が訪れ、そのために一時生産が減退することがあった。第一次世界戦争当時の交戦諸国はいずれもその実例を示しているが、このような生産の減少は一時的現象に止まり、最近のように戦争準備が極めて完備されてきている時期にあっては、このような一時的生産減のもつ意味はほとんど問題とするに足りなくなつている。

戦時経済は、このようにその初期においては拡張再生産を可能にするが、そのような事態はいつまでも続かない。戦時経済の発展に伴い、軍需品生産部門の全生産体系における比重が拡大するとともに、消費財生産部門は漸次圧縮されていく。この場合消費財生産部門は、生産された生産手段の総量のうち、生産手段生産部門および軍需品生産部門の不変資本の価値移転分および拡張再生産充当分を控除したものが、消費財生産部門の不変資本の価値移転分より大である場合にのみ、はじめて拡張生産が可能であるからである。もちろん社会的消費力は弾力性に富むから、消費財生産部門の圧縮がどこまで行われるか、その限度を明確に規定することはできない。しかし社会的消費力の削減、従って消費財生産部門の圧縮には一定の社会的限度がある。それゆえ消費財生産部門においてこの社会的限度にまで到達した場合は、軍需品生産部門の増大は生産手段部門を犠牲とすることによってのみ可能となる。だがこのような事態にまでいたると、ついには生産手段の欠乏が軍需品生産部門の生産をさえ脅かすようになり、こうしていわゆる悪循環の累進となって所謂縮小再生産の過程に転落する。このように理論的には戦時経済の発展は終局において、縮小再生産を惹き起すことになるのであって、それは戦時経済に内在した宿命であるということができる。

その上で縮小再生産の論拠とされる商工省発表の生産指数減少に関して奥村は次のように述べる。

現在の商工省指数は、全生産指数を表示していない。それは従来の軽工業に偏り過ぎており、日中戦争後急発展した重工業・化学工業の新部門をほとんど逸しているばかりでなく、それぞれの構成状態においてもまた、比重がとれていない。したがって、商工省の生産指数が低下したからといって、直ちにそのことから縮小再生産を云々することはできない。けれどもこのままの状態を続けると日本経済は縮小再生産過程に足を踏み入れる危険がある。

それではどのようにすべきか。理論の帰結が示すがままに自然に放任しておくことは戦時経済の目的が許さない。そこで縮小再生産が戦時経済の宿命であるとしても、それはできるだけ延長し回避しなければならない。再生産の議論から見て、これへの道筋は二つある。その一つは軍需品生産の抑制であり、今一つは生産手段生産部門・消費財生産部門の拡大である。軍需品生産部門の拡大を受けいれるために、生産手段部門と消費財生産部門の規模をより大きくすることが必要である。しかし今日の国際情勢からして、第一の軍需品生産部門を制約するようなことは全く不可能である。軍需品生産部門は全体として増えこそすれ、減らすことはできない。これは今日の国際情勢が変わらない限り絶対的なものである。とすれば縮小再生産の回避は、第二の生産財並に消費財の生産部門拡大に向かわざるをえなくなる。もし両者をあわせて行いえないというならば、消費財生産の犠牲において生産財生産の増大を図らねばならない。目下の経済政策は、まさにこの方向にあるが、生産財生産部門の拡大は、その計画に間違いがあり、また問題は固定資本ではなく流動資本にあるから、消費財生産部門を犠牲にすることのみでは十分にその目的を達することができない。

そこでこの流動資本の不足は、さらに二つの打開策を求めてくる。その一つは対内的な対応であり、いわゆる重点主義にもとづいて最も高能率・最低価の生産設備を集中することである。今一つは日本の経済勢力の範域を広めることによって、それを充足させることである。南進政策もその一つならば、他の経済ブロックとの提携もまたその一つである。縮小再生産必至の限界は、日本経済の現状における社会的限界かそれとも物理的限界か。もし物理的限界ならば、この限界をより以上の広域経済にすることによって突破し、またもし社会的限界ならば、組織機構の革新を通じて、征服しなければならない。おそらく今後はこの二つの道がともに採用されるところとなり、一方では重点主義によって生産財消費財・両部門ともにその生産増加を図るとともに、他方では外交・政治・通商のあらゆる部面を通じてこれを総括した諸政策が実行されることになるであろう。またこれを軍官民ともにこのたびの近衛内閣に期待し、かつこれに対して協力を惜しむつもりはない、と。奥村は、このように戦争による縮小再生産の傾向とその矛盾を認識しながら、それへの対策として広域経済（南進政策・経済ブロック提携）と組織機構改革を主張した。

以上のように、マルクス経済学的な再生産論に立脚して、経済界の論客・奥村は、軍需部門拡大による国内的な再生産の不均衡（ローザ以後的段階＝型）を対外的な拡張政策を含めた手段（ローザ以前的段階＝型）によって解決することを考えた。彼にはそれが軍事的対抗を拡大・深化させ、国内的矛盾を一層深刻化させるという見通しが欠けていた。

(c) 帆足計(日本経済連盟会)

日本経済界の中で主導的な位置を占める日本経済連盟会の調査課長、また同会の「別部隊」としての重要産業統制団体懇談会の書記長の地位にあった帆足計(19)(1905-1989)も、戦時経済の進行と縮小再生産過程の本質的な関連を重視し、こう指摘した。近代戦においては、厖大な軍需消費ならびに労働者の徴発が行われる。軍需調達がどれほど巧妙な配慮の下になされ、経済統制の手綱が慎重に引き締められていても、このような厖大な軍需生産活動が、他の消費財生産を圧迫し、生産部門相互間の不均衡や、または生産財生産と消費財生産の均衡の錯乱を招来しないというようなことは、ほとんど困難である。したがって国民経済の各部門相互間の均衡を維持し、縮小再生産過程への転入を極力防止するために、戦時経済における官民統制機構の整備強化を図るということは、近代戦遂行にとって絶対的な要件となる。このような強力な戦時統制組織整備への要請を、単にナチス統制経済思想にかぶれたものであるとか、「機構いぢり」とか冷評して、組織・機構の力を過小評価し、本格的な戦時経済体制への移行を躊躇したり、または之を阻害するということは、近代戦の何たるかを理解しない時代錯誤の論ということになる、と。

帆足は、この時点での生産の停滞ないし減少を歴史的な背景の中で捉え、これを単に統制技術の拙劣さなどの一時的現象に帰因するものとすべきでないと考え、次のように述べる。

日本の戦時経済が、旧来の生産諸条件の下において、すでに重大な行詰りに逢着していることは、何びとといへども率直にこれを認めねばならない。そこで今後戦時統制組織を徹底的に改善し、生産を阻害している諸条件を合理的に取り除き、予算・物動・生産拡充計画ならびに経済機構の合理的な再編成を断行し、生産の枠を今一段広くかつ合理的にするならば、生産力をさらに飛躍的に増大させることも決して不可能ではない。それゆえ我々としては、外交の刷新、軍政の一元化を図るとともに、戦時経済行政の統一、統制機構の整備を行い、さらに生産、消費両産業部門の均衡ある再編成、および重点主義による主要産業の徹底的な合理化、ならびにその能率的な編成替を現下の生産停滞打開策の唯一の活路として希望する、と。

経済界の革新的イデオローグ帆足は、以上のように国内的な機構改革を「唯一の活路」とし、企画院革新官僚が主導する経済新体制構想に対して、積極的な評価を試みた。これに対して、財界の主流はそれに抵抗して、独自な計画案を提示するのであるが[20]、ともあれ、その主流派にとってももはや現状維持は困難であったのである。

（d）**武村忠雄（慶應義塾大学）**

軍部に近い経済学者、慶應義塾大学教授武村忠雄（1905–1987）も戦時経済と再生産過程の縮小化の関連を認めた上で、しかし「この底流は直ちに表面に現はれて来るものではない」と指摘する[21]。その理由として三点をあげる。

① 現実の国民経済には、現在働いている生産力によって生み出された社会的生産物（その貨幣的表現である国民所得）のほかに、さらに過去における社会的生産物の一部の蓄積である国民財産が存在する。たとえば、土地、建物、工場等々、また対外投資、在外資産等々がそれである。それは一時的ではあるが「戦時経済下の再生産過程から脱落して行つた生産力の一部を補充」することができる。

② 第二は、国民経済に与えられていた一定量の生産力の用途を変更することにより、その生産力の質を高め、脱落した生産力の一部を補充する方法である。その方法は次の二つである。一つは国民経済の総生産力を生産財産業部門と消費財産業部門へと割り当てる率を変更することである。つまり消費財産業部門の内でも、労働力の再生産に全く寄与しない奢侈品の生産に従来割り当てられていた生産力を引き上げ、これを生産財産業部門に振り向ける。二つ目の方法は優秀企業重点主義である。生産財ならびに消費産業部門に所属する諸企業のなかでも、生産技術の優秀な企業に生産力の割当を集中し、もって同一量の生産力からより多くの社会的総生産物を獲得し、これによって生産力の脱落部分の一部を補充する方法である。

③　第三に、経済的生産力の脱落は、政治的生産力を生み出し、これはやがて経済的生産力を再び生み出す。つまり純経済的には、一時生産力は脱落するが、この脱落に伴い、軍備が強化され、対外的政治力が強化され、この対外的政治力の強化により、生産力の構成要素の一つである自然的基礎、とくに従来国民経済に欠けていた原料資源を含む自然的基礎が獲得されるならば、生産力が拡大される。

武村は現状における国民経済全体としての縮小再生産の可能性を認め、それから脱却する道として二つの方法を提起する。一つは国内経済体制の再編成である。従来の利潤追求の立場を脱却し、公益優先の立場から生産力を拡充する経済体制を確立しなければならない。そのために不良企業の整理と優秀企業への生産力集中が要請される。それと並んで求められたのが東南アジアを含めた大東亜経済圏の確立であった。武村は、その際、日本の主要輸入原料の輸入先のブロック化を主張する。

屑鉄・ヴァナジウム・モリブデン・水銀・石綿を除く日本の「主要輸入原料は仏印、ビルマ、タイ、馬来、蘭印、其他の東印度諸島、濠州、ニユーカレドニア等の南方地方から輸入されてゐる。従つて日満支経済ブロックの外にこれ等南方地方を含めての大東亜経済圏が確立されてこそ、そのブロツクはほぼ自給状態に達し得る。茲に於て我国民経済の縮少再生産を克服する為の血路として、南方政策が大きくクローズアツプされて来る」。

以上のように武村は、経済的生産力の脱落に対する軍備拡大＝「政治的生産力」の増大による対応を重視した。それはいうまでもなく「政治的生産力」による「経済的生産力」の代位の論理である。しかしその論理はそれ自体が重大な矛盾をはらんでいた。「政治的生産力」の拡大は、軍事的行動の強化ないし拡大を要請し、それは戦時経済の再生産過程の矛盾と縮小再生産の過程を促進するからである。武村は「大東亜経済圏」の確立や「南方」への「血路」がその地域での英・仏・米等との軍事的衝突と結びつく可能性を全く述べていない。それは重大な欠陥であった。だが現実は武村のこの観点に沿って進展した。

（e）飯田繁（大阪商大）

飯田繁（1906–1999：大阪商大、後大阪市大教授）の論文は、最もマルクス経済学的である。彼は「戦時再生産機構」の矛盾を正面から問題にする。「資本主義的戦時下」における国民経済の再生産機構における「非再生産的生産部門」（軍需部門）の拡大に関して彼は次のように述べる。

大恐慌以後の初期の段階においては、非再生産的な国家的徴用は、独占資本主義の再生産機構の調整のための景気政策の根本的手段としてなされ、国家的徴用の規模も、社会的総蓄積資本の限度に止まっていた。しかし戦争勃発とともに国家的徴用は、社会的総蓄積資本の限度に止まらなくなる。そして国家的徴用に供せられる物資は、再生産過程に出現することはないから、国民経済的総再生産機構にとっては、価値的にも使用価値的にも失われたものとなる、と。

彼は貨幣論的な観点から指摘する。すなわち軍需品の需要は、近代戦の規模と軍需品の特殊非再生産的性格の故に、無限である。軍需品の需要が無限であるということは、公債―紙幣インフレーションが無限に累積してゆくことにほかならない。そして国家的徴用の程度がついに社会的総資本の蓄積部分を超越するようになると、社会的資本の再生産機構は縮小されなければならない。なぜなら、非再生産的インフレーションは国家が国民経済から物資並に労働力を徴用する手段であって、一国に存在する商品総価値を決して増大せしめるものではないからである、と。

これらの矛盾は日本経済の特殊性によって加速される。飯田は述べる。「かかる再生産的国民経済［の］縮小再生産は、非生産的生産拡大の必然的結果であるとはいへ、それ自体またさらに、反作用的に非再生産的生産部門の縮小再生産を惹起せずには措かないであらう。最近における生産力拡充の停滞化は、正にかゝる戦時再生産機構のもつ内部的矛盾拡大再生産の重大なる一顕現に外ならない」。

飯田は続ける。ところで非生産的生産部門の一層の拡大、物資の再生産の部門から非再生産的生産部門への一層の転入は、奢侈品製造販売禁止と労働力価格の価値以下への低下によって浮かび上る生活資料生産手段の余剰分に集中される。労働力価格の価値以下への永続的低下は、労働力の再生産を不可能にし、それは、非再生産的生産部門における生産拡充を停滞させる重大な一因となる。非再生産的生産部門における生産力拡充は、戦争完遂の必須の要請であるが、それにもかかわらず、それにもとづく再生産的生産部門の縮小再生産によって、逆に不可避的に停頓せざるを得ない。そこで少なくとも国民生産の最低限度を割らない程度における再生産的生産部門の単純再生産を保証することが必要であり、非再生産的生産部門の生産拡充の最高限度との間においてそれが確定される。高度国防の建設はこの見地に立って、国民経済の規模に適応するような形でのみ長期化されねばならない。

飯田のこの分析は、実質上、戦時経済の困難性に帰結するのであるが、この時点でその表明は事実上不可能であって、彼は最終的には「日満支を通ずる再生産的生産消費計画の基礎」に立った「二大分野の生産計画確定が、凡ゆる戦時経済工作の基礎となるであらう」と述べ、彼もまた「日満支」の広域的経済圏の確立に期待した[22]。

他方、労農派マルクス経済学者で、一九三七年に人民戦線事件で逮捕された経歴をもつ満鉄の伊藤好道[23]は、縮小再生産の問題には立ち入らず、最近の「生産停滞傾向」に関して事実面に注目し、しかしその問題は「さほど大きくはない」と判断した。その上で彼は今後の事態いかんでは楽観できない問題も生じるとしていくつかの見通しを語るのであるが、飯田に比べて伊藤の認識は全体として楽観的であった。

(f) 宮川寅雄(理化学興業)

大河内正敏が会長を務めた理化学興業の社員・宮川寅雄[24](1908–1984)の論文は、再生産論にもとづく理論的な議論は展開していないが、その観点は「健全にして豊かなる国民生活自体の基礎」にあり、「労働力」の再生産を重要視する彼の立場はきわめて原則的であった。

彼は指摘する。「生産力は広義の生産財と労働力とから成つてゐるのであるから、その補填は、前者のみの対策に始終するべきではなく、後者の維持にもかゝつて来る。この場合、単に、消費者としての労働者が問題ではなく、生産力としての労働力の保全、維持が関心の主対象でなければならぬ。縮少再生産転入を切り抜けるためにこれを犠牲にせんか、再生産は、正しき調節を獲ることが出来ないであらう」。こうして、彼は「国家管理の広汎な発動による個別資本への統制の強化」、つまり資本主義的営利原則に対する規制を求めるのであるが、その観点はあくまでも「国民生活自体」におかれていた。

彼は述べる。「政治的には、勿論、支那事変の速やかなる処理であり、外交的には、諸友好国との経済関係の調整であると共に、国内的には、如何にして再生産過程から脱落する物資をカバーするかにかゝつてゐる」、と。宮川の本意は戦争の停止にあったと考えられる。

(g)　登丸祐二（戦争経済研究会）

豊崎稔（大阪商大）が代表者となっていた戦争経済研究会の会員・登丸祐二（後の肩書きは評論家）の論文も縮小再生産の必然性と問題性を強く指摘していた。戦争経済の理論的解明に関して登丸は、全体的な「観察」と「再生産行程の分析」を出発点にすべきことを主張する。彼は、後者について均衡論的な視点から再生産論を要約的に紹介した後、戦争によって消耗される一切の物資を生産する部門を第三部門とみなし、その特徴を次のように説明する。

第三部門の生産物の買手は政府であり、この生産物の消費は、経済社会の外部＝戦場で行われる。つまり第三部門は、再生産行程から資材を引き上げて、これを軍需倉庫に保管するか、あるいは戦場に選び出す産業部門である。第一、第二部門はいずれも再生産行程から資材を要求し、これを消費するが、同時にこれを再生産し、余剰物を附加する。ところが第三部門は再生産を行わず、すべての生産物を戦場で消耗するので、それだけ再生産は縮小することになる。もちろん、再生産行程が一分の隙もなく構成されていることはなく、商品過剰や遊休資本があり、過剰労働力が潜在している。第三部門はこれらの潜在力を総動員する。しかしこれらの潜在する力には一定の限界がある。その限界に到達すると、第三部門は掠奪的性質を露骨に現わしてくる。第三部門は、資材を奪う限りにおいては再生産に結びついているが、その生産の結果に関する限りにおいては、再生産行程に何ら寄与しない。それゆえ戦争が長期戦になればなるほど、例へば日本の場合のように、事変が長引くに従い、生産は漸次縮小化の一途を辿っていく。

さて、戦争勃発前後においては、過剰労働力が動員され、労働時間が延長されることにより、労働者階級の所得は、一時的に増加されたように見えるが、その反対であることがすぐ明瞭になる。しかしこの時点ではまだ生産は決定的に縮小しない。また第三部門は、第一、第二部門に密接に結びついている関係上、産業界全体が活況になったような錯覚が起こるが、まもなく現物資本は喰いつぶされてくる。拡大再生産は停止し、第一、第二部門の生産手段の補填に充当さるべき社会的生産物の部分に蚕食がはじまると、文字どおり縮小再生産となってくる。戦争はこうした経過を取りながら、好むと好まざるとにかかわらず、国民全体の生活水準の削減を要求して止まないのである、と。

続いて登丸は、ローザ・ルクセンブルクの見解を取り上げ、それを批判した後、戦争に伴う縮小再生産の不可避性を再度強調するとともに、第三部門における貨幣資本の膨張と現実的資本の再生産の縮小の問題を指摘する。彼はそこから次の結論を引き出す。「縮少再生産の進行と、貨幣と物との間の徹底的乖離とを並び考へるとき貨幣―価格―利潤機能の社会経済的意義は余りにも制限されたものになりつゝある。だから戦時経済は必然的に計画経済を目指して、生産、消費統制(切符制度)へと進み行かざるを得ないのである」。

登丸の論文は『経済情報』に掲載された上記の他の諸論文と異なり、合計して一〇行近い伏字(削除)を伴っていた。そして戦争による縮小再生産の不可避性を強調するこの論文は、戦時経済への批判として受け止めることも可能であった。登丸は論文の末尾で、自分が「敗戦主義者」や「悲観主義者」、また「反戦主義者」ではないとあえて「附言」しているが、そのことがこの論文の批判的な特徴と、当時の言論弾圧の状況を示す結果になっている。(25)

おわりに

以上一九三五年から日中戦争の勃発を経て、経済新体制（一九四〇年）にいたる時期の日本の再生産論的な戦争経済論とその観点に立った現実認識について見た。論者は有力経済学者のみでなく、経済界や統制機関の論客に及んでおり、彼らのほとんどすべてが再生産論的な視点に立って、戦争経済の問題性ないし矛盾を認識していたことがわかった。すなわち軍需部門拡大に伴う経済的均衡の解体、とくに消費財生産の圧迫と労働力の再生産の困難性であった。こうした理論認識が、表立って表明されることはなかったが、マルクス経済学の概念や理論にもとづいたことも明らかになった。マルクス主義の弾圧は、資本主義経済の運動法則を解明する理論としてのマルクス経済学を否定することはできなかった。マルクス経済学は経済人をも含めて広く根を張っていたのである。注目すべき点は、そのような再生産論的な認識が、国内的には経済新体制として現実化する経済機構の改革論に、対外的には大東亜共栄圏をめざす広域経済論に結びつけられたことである。再生産論にもとづく戦争経済の隘路認識は、対外拡張主義に、したがって戦争拡大論に展開する方向をもっていた。笠信太郎が指摘したように、ローザ・ルクセンブルクのいう資本蓄積の積極的な条件としての対外的軍国主義の観点と、再生産論的な国内的条件としての軍国主義の矛盾の認識とが並存し、両者が混同される状況が存在したこと、前者が後者の矛盾を一層深刻化するという軍国主義の現代的な特質の認識が欠落していたことがわかる。

一九四一年一二月の太平洋戦争の勃発とともに総力戦体制へと移行し、有沢広巳のいうZ化はその「死点」を超えて進行し、戦争経済の矛盾は深刻化する。一九四三年頃から論ぜられる農工調整問題はその端的な現われであった(26)。「軍需生産の隘路」は、まさに人間のぎりぎりの再生産をも困難にする生活資料の極度の不足として表面化し、ついに敗戦にいたったことは周知のとおりである。

注

（1） 国防経済体制の構想はとくにナチス・ドイツにおいて展開した。たとえばErnst Hoch, *Die Wehrkraft der Wirtschaft* (*Schriften zur kriegswirtschaftlichen Forschung und Schulung*, Hamburg 1937)（日本語訳：石田精一訳、一九三九年、青土社、陸軍主計課別班〔いわゆる秋丸機関〕訳〔経済資料訳、第37号〕、一九四一年）や、Kurt Hesse, Georg Thomas などドイツ陸軍・高位軍人の見解が公にされた。国防経済論の日本での受容については、拙著『戦前・戦時日本の経済思想とナチズム』岩波書店、二〇〇八年、Ⅳ。戦争を予測しつつ準備を整える「平時の戦争経済」の認識は、第二次大戦後の冷戦体制、さらに現今のアメリカをはじめとする諸軍事的体制を理解する上でも有効である。たとえばMary Kaldor, *The Imaginary War*, Oxford (UK)/Cambridge (USA), 1990, Part Ⅳ. また入江昭著『二十世紀の戦争と平和』（増補版）東京大学出版会、二〇〇〇年、西川純子編『冷戦後のアメリカ軍需産業』日本経済評論社、一九九七年、とくに「はじめに」（西川純子）、第6章（本田浩邦）ほか。

（2） A. C. Pigou, *The Political Economy of War*, London, 1921, 1940（改訂版）, 1941. 以下の邦訳がある。高橋清三郎訳（原本は一九二一年版。内外社、一九三二年）、大住龍太郎訳（同一九四〇年版、今日の問題社、一九四一年。ただし原文の文意に反した訳文あり）、内山脩策訳（同一九四〇年版、実業之日本社、一九四四年）ほか。なお、大森正之「ピグーの『戦争の政治経済学』と後続世代の戦争経済論——環境経済の視点から見た『戦争と経済』——」明治大学社会科学研究所 Discussion Paper Series F-2007-1, 9/25/2007. また荒川憲一著『戦時経済体制の構想と展開——日本陸海軍の経済史的分析——』岩波書店、二〇一一年、二四頁以下、も参照。

（3） Pigou, *op. cit.*, 1940, Prologue. 内山訳、七頁以下。

（4） 国防経済の経済学的な検討は、その中で最も大きな潮流を形づくった。ドイツの Wehrwirtschaft 論は、ドイツ国内では

G・フィッシャー（Guido Fischer）やA・ランペ（Adolf Lampe）らによって経済政策論的に整備された（フィッシャーに関しては、前掲拙著、参照）。アメリカでは、E・レーデラー（Emil Lederer）、E・ハイマン（Eduard Heimann）、G・コルム（Gerhard Colm）ら亡命ドイツ人を中心に、一七本の論文を編集した、Hans Speier/Alfred Kähler (ed.), *War in Our Time*, New York, 1939（永田清編『戦争と経済』日本評論社、一九四一年は、その一部を訳出）, Horst Mendershausen, *The Economics of War*, New York, 1940（南謹二訳、一九四二年）などがある。ドイツのWehrwirtschaft論は、アメリカでも紹介された。たとえばHenry William Spiegel, Wehrwirtschaft: Economics of the military state, in: *The American Economic Review*, Vol. XXX, December, 1940, No. 4. American Economic Association の第52回年次大会（一九三九年）でもEconomics of War がテーマの一つとなり、上記誌、Vol. XXX, No. 1 の Supplement Part 2 (March, 1940) には、Fredrick Pollock 論文ほか計四報告が掲載されている。フランスにおいては、ドイツ国防経済学を批判的に検討した、Andre Piatier, *L'économie de guerre*, Paris 1939 が公にされ、直ちに同年、日本の陸軍主計課別班（秋丸機関）は同書を訳出した（東京大学経済学部図書館所蔵の秋丸旧蔵書中、上記訳書には、ドイツ国防経済の叙述部分に赤線が何カ所も付されている）。また松岡孝児による翻訳（三省堂、一九四三年）もある。オーストリアの戦争経済学については、中山智香子著『経済戦争の理論――大戦間期ウィーンとゲーム理論――』勁草書房、二〇一〇年。

（5）戦争経済学、国防経済学、総力戦経済論、戦時経済統制論などと呼ばれた。

（6）個人的消費が経済生活の最も基本的な条件であることは、A・スミス以来の経済学が示してきたことがらであり、古典学派の流れをくむピグーの戦争経済論が個人の厚生と生活の観点を基礎においていたことは重要である。国民生活の確保を戦時の基本的条件とする認識は、ドイツ国防経済論においても共通する。軍事部門の拡大と消費部門の確保をいかに調整するかは、戦時経済論の最大の政策課題となった。

（7）日本の国防・戦争経済学に関する先行研究は著しく乏しい。経済学史・経済思想史の分野においても（たとえば岩波講座『「帝国」日本の学知』第2巻（杉山伸也編『「帝国」の経済学』）岩波書店、二〇〇六年、を見よ）、また総力戦に注目する山之内靖ほか編『総力戦と現代化』柏書房、一九九五年、さらに日本経済史の成果においても同様である。安藤良雄「日本資本主義の一齣――とくに戦時においてあらわれたる基本的特徴について――」『国際経済の諸問題』（東京大学経済学部創立30周年記念論文集、第3部）、有斐閣、一九四九年、のこの点に関する言及は貴重である。

（8）『戦争経済の理論』（日本評論社、一九四一年）の著者、中山伊知郎は「戦争経済を新たなる経済表」として把握しようとし、マルクス主義的な再生産論をその方向との関連で評価する。彼はそれを「近代資本学説」として表示している。同前、第3篇10章、とくに一九一頁以下、『中山伊知郎全集』第10集、講談社、一九七三年、一三九頁。

（9）第一次大戦後の再生産論をめぐる論争に関しては、小林賢齊著『再生産論の基本問題』有斐閣、一九七五年、第1部3章4節補遺（「再生産論争史の第三段階について」）。

（10）その内容は戦後、山田盛太郎著『再生産過程表式分析序論』（改造社、一九四八年）として復刊され、後、『山田盛太郎著作集』第1巻、岩波書店、一九八三年に収められた。山田は戦後復刊された上記書物で補注として、「軍需品生産の場合——転化式（三）」を加え、これについて論じ、「軍需品生産の過程は、二部門分割を基礎とする総過程に合流するところの一構成要素に外ならぬ」と指摘し、第三部門論を批判した。戦後復刊本、一三七頁以下。

（11）日中戦争開始（一九三七年）前後におけるマルクス主義抑圧の強化以降の日本のマルクス主義は、通常、弾圧による中断ないし転向、あるいはスミスやリスト研究など経済学史ないし経済史への逃避として説明されるに止まっている。しかしマルクス主義とマルクス主義者への国家的弾圧にもかかわらず、マルクス経済学的な概念や理論は、その後も現状分析の方法的手段として活用された。これまでの研究史はこのことを考慮してこなかった。本章が、その空白を多少でも埋めることをできれば幸である。

（12）笠のこの時期の著作については、『笠信太郎全集』第二巻（朝日新聞社、一九六九年）の「解説」（天利長三）、参照。

（13）Rosa Luxemburg, *Die Akkumulation des Kapitals*, 1913. 益田豊彦・高山洋吉訳、同人社書店、一九二七年、長谷部文雄訳、青木文庫（上・中・下）、一九五五年、一九七六年（第一一刷）。

（14）ドイツ語版としては、N. Bucharin, *Ökonomik der Transformationsperiode*, Hamburg 1922. 邦訳は稲垣守克訳（改造社、一九二三年）、佐野学・西雅雄編輯（スターリン・ブハーリン著作集第5巻、同著作集刊行会、一九二八年）、救仁郷繁訳（世界思潮社、一九七八年）。なお、ブハーリンの再生産論に対する批判的考察として、小林、前掲書、参照。

（15）cf. Bucharin, *a. a. O.*, S. 51：稲垣訳、六四頁、佐野他訳、七三頁以下、救仁郷訳、五九頁以下。

（16）この論文は戦後加筆・修正されて、守屋典郎著『恐慌と軍事経済』（青木書店、一九五三年）に第3章として収録された。

（17）E. Lederer, Der Wirtschaftsprozess im Krieg, in: *Zeitschrift für Volkswirtschaft, Sozialpolitik und Verwaltung*, Bd. 24,

1915. なお当時の有沢の戦争経済論に関しては、前掲拙著、Ⅳ、また荒川、前掲書、四五頁以下、参照。

(18) 有沢は、同書の序で戦争経済論に関連して、次のように述べている。「著者の見解によれば、戦争と経済との関係は二つの問題を含んでゐると考へられる。一つは戦時において如何なる経済過程が必然的に進行せざるをえないかの問題であり、戦争経済学の主要課題である。第二の問題はこの戦時における経済過程の進行に対応して如何なる戦時経済統制が行はるべきか、そして又、それが如何なる経済的効果をもつであらうかといふことである。即ち戦争経済政策の領域である。本書はどちらかと云へば、後者の領域に属する」。

(19) 帆足に関しては、前掲拙著、Ⅴ、参照。そこに先行研究も掲げた。帆足は、東京帝大経済学部で、再生産論に関する山田盛太郎の演習に参加していた。山田、前掲『再生産過程表式分析』序言、参照。

(20) 本書、第二部第2・3章、参照。

(21) 再生産論に関して武村は当時次のような論文を発表していた。その概念・理論はマルクス経済学的であった。同「再生産理論の構造変化――国防経済学研究の一節――」『三田学会雑誌』第4巻6号、一九四〇年六月。

(22) 戦前・戦時の論文は飯田繁著『価値・価格・物価の研究課題』新評論、一九八四年、同著『昭和動乱期の日本経済分析』新評論、一九八五年、に所収。

(23) 長岡新吉著『日本資本主義論争の群像』ミネルヴァ書房、一九八四年、二六頁以下。伊藤は、当時国防経済論の文献として注目されていたG・フィッシャーの *Wehrwirtschaft*, Leipzig 1936 を翻訳、『国防経済論』(萬里閣、一九四〇年)として公にしている。

(24) 早稲田大学時代に社会運動に加わり、非合法活動で検挙され、永らく獄中生活を送り、一九四〇年出獄。戦後は労働運動に携わり、美術史家として日中文化交流に尽力した。戦前・戦時を含めた宮川の交友関係と活動に関しては、宮川寅雄著『歳月の碑』中央公論美術出版、一九八四年、参照。

(25) 登丸はこの後、戦争経済理論に関して同じ『経済情報・政経篇』に二度にわたって論文を掲載している。一つは「戦争経済の理論・序説――戦争・戦略・政策及び経済――」(同雑誌第16巻11号、一九四一年一一月)で、他は「戦争理論の容量――戦争経済の理論2――」(同、第17巻1号、一九四二年一月)であり、後者は「未完」と附記されている。両論文ともクラウゼヴィッツの『戦争論』にもとづいて叙述されており、上に見た再生産論的な観点は最早示されていない。一九四一年三月号で同誌は、「日米の危機に如何に対処するか」について、識者の意見を問い、その結果を掲載しているが、登丸（肩書きは「評論家」）は対米開戦に積極的に賛同している。

(26) いわゆる農工調整問題については、たとえば伊東岱吉「軍需生産の隘路と農工調整問題」『農村工業』第11巻7号、一九四四年、を参照。

あとがき

本書は、ドイツのナチス体制と資本主義との関係、またそのナチス・ドイツの政策思想の日本での受容に関して、著者がこの間行ってきた研究の成果をとりまとめたものである。各章は、第一部第5章を除いて、すべて既発表の論文にもとづき、それらを加筆・修正して作成されている。第一部第5章は、日本学術振興会・科学研究費補助金・基盤研究C（研究責任者・柳澤治「ナチス・ドイツの戦時経済体制に関する経済史的研究」）〔二〇一三年度〕による研究成果の一部であって、本書においてはじめて公にされた。

各章ごとにもとになったこれまでの発表論文を示すと次のようになっている。

〈第一部〉

第1章「ナチス期ドイツにおける資本主義の組織化」『西洋史学』2010, No. 239（二〇一一年一月）。

第2章「ナチス経済体制とカルテル」『歴史と経済』第214号（二〇一二年一月）。

第3章「ナチス・ドイツにおける商工会議所の改造――地域経済のナチス的編成――」明治大学『政経論叢』第75巻第5・6号（二〇〇七年三月）。

第4章「ナチスの戦争準備・戦時経済体制と資本主義的企業――4カ年計画からシュペア体制へ――」（明治大学『政経論叢』第80巻第5・6号）（二〇一二年三月）。

第5章　日本学術振興会・科学研究費補助金・基盤研究(c)「ナチス・ドイツの戦時経済体制に関する経済史的研究」（研究代表者・柳澤治）平成二五年度（二〇一三年度）の研究成果。

第6章「ナチス期ドイツにおける価格政策の展開——利潤原則との関連で——」明治大学『政経論叢』第78巻第3・4号（二〇一〇年一月）。

〈第二部〉

第1章「戦前・戦時期日本の統制的経済体制とナチス方式の受容」雨宮昭彦・J・シュトレープ編著『管理された市場経済の生成——介入的自由主義の比較経済史——』日本経済評論社、二〇〇九年。

第2章「ナチス政策思想と『経済新体制』——日本経済界の受容——」工藤章・田嶋信雄編『日独関係史1890-1945』Ⅲ（体制変動の社会的衝撃）東京大学出版会、二〇〇八年。

第3章「日本経済界の経済組織化構想とナチス経済思想——戦時経済体制との関連で——」明治大学『政経論叢』第76巻第3・4号（二〇〇八年三月）。

第4章「再生産論と戦争経済の『隘路』——戦前・戦時日本の社会科学的認識——」金子光男編著『ウエスタン・インパクト——近代社会経済思想の比較史——』東京堂出版、二〇一一年。

以上のほかに、第一部第1章と第二部第1章に重なる内容の研究として、次のドイツ語論文を発表した。Osamu Yanagisawa, Die nationalsozialistische Wirtschaftsorganisation als Modell für die japanische „Neue Wirtschaftsordnung" für den totalen Krieg, in: Karl Hardach (Hrsg.), *Internationale Studien zur Geschichte von Wirtschaft und Gesellschaft*, Frankfurt a. M., u. a. 2012.

これらの研究を実施する過程で著者は多くの方々からさまざまな形で研究上の御教示やアドバイスをいただいた。まず、首都大学東京・旧東京都立大学を中心とする経済史関係研究者による「戦時経済研究会」は著者にとって研究を進める上で貴重な支えとなった。雨宮昭彦（首都大学東京）、加藤浩平（専修大学）、故田野慶子（元青山学院大学）、三ツ石郁夫（滋賀大学）、矢後和彦（早稲田大学）および山崎志郎（首都大学東京）各教授の御支援に対して心から御礼を申し上げたい。

また、これまでの研究成果に関しては、主として文書の形でいろいろな御教導を頂戴した。石坂昭雄（北海道大学名誉教授）、今久保幸生（京都大学名誉教授、現京都橘大学教授）、奥山誠（明治大学助教）、加藤房雄（広島大学名誉教授）、川瀬泰史（立教大学兼任講師）、川本和良（立命館大学名誉教授）、佐々木聡（明治大学教授）、沢井実（大阪大学教授）、芝健介（東京女子大学教授）、田村信一（北星学園大学教授）、永岑三千輝（横浜市立大学名誉教授）ハイコ・ナロック（東北大学准教授）、馬場哲（東京大学教授）、原朗（同名誉教授）、山井敏章（立命館大学教授）各氏ほか、多くの方々に深く感謝申し上げたい。

本研究の多くは、著者の明治大学在任中に実施され、発表されたものである。今改めて明治大学での恵まれた研究・教育環境に感謝するとともに、金子光男教授、藏本忍助教授、須藤功教授はじめ政治経済学部のスタッフのみなさんに御礼申し上げたいと思う。併せて退職後も著者をさまざまな形で支えてくれる同学部専任講師の赤津正彦・水戸部由枝両氏の御厚情にも感謝申し上げたい。ナチス・ドイツ研究に関しては、このたびもE・シュレンマー（Eckart Schremmer）、J・シュナイダー（Jürgen Schneider）、R・ゲンメル（Rainer Gömmel）各名誉教授と、M・ラウック（Michael Rauck）博士から多くの教示を賜わった。最後に前著『資本主義史の連続と断絶』に続いて、本書の出版を引き受けて下さった日本経済評論社と同社長栗原哲也氏および出版部谷口京延氏の御好意に心から御礼申し上げたい。

ヒトラー・ナチス党が政権を掌握したのは一九三三年であった。それから八〇年が経過したが、ヨーロッパでは、ナチズムの解明に全力を挙げている歴史学者や社会科学者はもとより、政治家やジャーナリストを含めたたくさんの人々が、ナチズムをなお問題とし、それを批判し、それへの反省を現代ヨーロッパの民主主義的な体制の発展と結びつけて論じ続けている。これに対してかつてナチス・ドイツの同盟相手国だった日本では、現在まったく逆に、ファシズムを否定した戦後民主主義の原則を改造し、一九四五年以前の体制（＝明治憲法体制）の起点に戻って、それに連続させつつ憲法を国家主義的に改変しようとする動きがかつてない勢いを示している。ドイツのネオナチに似た極端なナショナリスト、国家主義的権力主義的な政党が政治の前面に舞い出て、マスコミ・大衆のショーヴィニズム的愛国主義的な動向を背景にして、あたかもドイツのワイマール末期のような危機的状況をつくり出している。「強いニッポン」と「きずな」、「国益」への願望は、街角の中小企業のポスターに掲げられた one for all, all for Japan のスローガンに集約的に示されているように、日本的な全体主義の新しい型を志向しつつあるように見える。それは伝統主義・家族主義の方向性と天皇制的な観念の強要と相まって、戦前的な天皇制的全体主義への接近を想起させるものである。ナチス体制と天皇制的全体主義との間の共通性と相違点、ナチスのドイツ労働戦線指導者・R・ライがうらやんだという、天皇制的観念に支えられた日本の「模範的」な全体主義（本書序論及び第二部第2章）を社会科学的に解明することは、今日の私たちが直面する状況を認識するためにどうしても必要な作業といってよいだろう。その全体主義は資本主義の現実と密接に関係していた。両者の関連を理解することは最も重要な課題であり、本書はその目標に一歩でも近づこうとするささやかな試みでもある。著者の別著『戦前・戦時日本の経済思想とナチズム』（岩波書店、二〇〇八年）と併せて読んでいただき、御批判を賜れば幸いである。

二〇一三年盛夏

柳澤　治

【ラ行】

ライ（Ley, Robert）……313,331,332,334,341,342,430
ライオン（Lyon, Leverett Samuel）……42,80
ライマン（Reimann, A.）……101
ラインハルト（Reinhart, Friedrich）……105,112,121
ラヴ（Love, Robert A.）……261
ラウ・キューネ（Rauh-Kühne, Cornelia）…37,261
ラウック（Rauck, Michael）……429
ラウテンシュレーガー（Lautenschläger, Carl Ludwig）……190
ラーテナウ（Rathenau, Walter）…288,291,308
ラトケ（Ratke, T.）……101
ラムマース（Lammers, Hans Heinrich）……330,355
ランゲ（Lange, Karl）…19-22,38,138,139,160,181,197
ランゲ（Lange, O.）……110
ランゲノール（Langenohl, M.）……27
ランペ（Lampe, Adolf）……423
リッセ（Risse, Roland）……79
リッター（Ritter, Gerhard）……261
リッタースハウゼン（Rittershausen, Heinrich）……233,263
リッフェル（Riffel, Paul）……267
リッベントロップ（Ribbentrop, Joachim von）……326,329
リーデル（Riedel, Mathias）……82
リヒター（Richter, Otto ）……326,327,329
リュア（Lüer, C.）……99,190
笠信太郎……290,360,361,363,385,392-400,403,421,424
リュトケ（Lüdtke, Alf）……157
リンドナー（Lindner, Stephan H.）……viii,190,218
ルグウ（Legoux, Jean）……278,305
ルクセンブルク（Luxemburg, Rosa）……392,394-399,401,420,421,424
ルック（Ruck, Michael）……37,261
ルッセル（Russel, Claire）……79
ルュッシェン（Lüschen, Friedrich）……180,181,184,185
レーゼン（Roesen, Anton）……215,268,269
レーデラー（Lederer, Emil）……404,423,424
レーネルト（Röhnert, Hellmuth ）……180
レヒリング（Röchling, Hermann）……27,62,66,180,181,183-185
レフェツォウ（Levetzow, Hans-Joachim Weyres-v.）……211,215,222
レームブルフ（Lehmbruch, Gerhard）……xi,304
レントロップ（Rentrop, Wilhelm）……52,60,61,65,80,82-85,233,238,262-265,267,269
ロイター（Reuter, Wolfgang）……19
ロイター（Reuther, F.）……102
ロイター（Reuter, F.）……161
ロイプケ（Reupke, Hans）……107
ローウィン（Lorwin, Lewis L.）……42
ローズベルト（Roosvelt）……35,42,224,262,265
ローランド（Rohland, Walter）……62,177,181,183-185

【ワ行】

若尾祐司……vii
脇村義太郎……81
渡辺宗太郎……118
渡辺尚……118,119

マルクナー（Markner, Jahannes）…………38
マルソレック（Marßolek, Inge）…………157
丸山真男……………………………………356
マンスフェルト（Mansfeld, H.）…………20,24
マンスフェルト（Mansfeld, W.）…………217
三浦銕太郎……………………360-363,384,385
ミークシュ（Miksch, Leonhard）…………80
水野錬太郎…………………………………344
三井高公……………………………327,329
三井高陽……………………………………329
三ツ石郁夫…………………………………429
水戸部由枝…………………………………429
南謹二………………………………………423
美濃部洋次………………286,291,309,379,381
美濃部亮吉…………………………………307
ミヘル（Michel, Elmar）…………159,162,265
ミムラ（Mimura, Janis）…………xi,352
宮川實雄……………………409,418,419,425
宮崎正義……………………282-284,307
宮島清次郎…………………………345,349
宮島英昭……………………314,353,386
ミュラー（Müller, A.）………………28
ミュラー（Müller, Erich）……………177
ミュラー（Müller, K.）………………110
ミュラー（Müller, Heinz）…………162,267
ミュラー（Müller, Max Carl）…………63
ミュラー（Müller, Rolf-Dieter）…………215
ミュールフリーデル（Mühlfriedel, Wolfgang）
……………………………………………viii
ミュレンジーフェン（Müllensiefen, Heinz）
…………………41,48-50,69,78-80,161,262
ミュンツ（Münz, Ludwig）…………158
ミルウォード（Milward, Alan S.）…iv,ix,156,
157,163,166,212,214-216,221,268
ミルヒ（Milch, Erhard）…………180
三和良一……………………………………385
向井鹿松……………………………288,291
武者小路公共………………………………329
ムッソリーニ（Mussolini, Benito）……42,339
村田五郎……………………………340,357
メースン（Mason, Tim）…………217
メッツナー（Metzner, Max）…48-50,53,66,67,
69,78-80,83,84,162
メリング（Moering, Heinrich）…………23
メレロヴィッツ（Mellerowicz, K.）………161
メンクマイア（Mönckmeier, Otto）…………38
メンデ（Mende, H.）…………………161
メンデルスハウゼン（Mendershausen, Horst）
……………………………………………423
毛利英於菟…………………………………291
望田幸男……………………………………vii
モムゼン（Mommsen, Hans）…………vii
森宜人………………………………………305
守屋典郎（野口八郎）……………400,424
森田良雄……………………………………337
モリン（Mollin, Gerhard）…………viii
モル（Moll, Martin）…………………213
諸田實………………………………ix,118,156
モンフォルツ（Monforts, J.）……20,22,23,197

【ヤ行】

矢後和彦……………………………………429
柳沢遊………………………………356,385
柳澤治（Yanagisawa, Osamu）…… 118,427,428
矢野久…………………vi,166,213,214,222
矢部貞治……………………………………x
山井敏章……………………………………429
山口定……………………………………i,vi
山崎亀吉……………………………………356
山崎志郎…………x,158,266,306,309,351,429
山崎澄江……………………………………266
山崎敏夫…………………………………x,157
山下勝治……………………………265,266
山田盛太郎…………………………392,424,425
山之内靖…………………………………x,423
ヤマムラ（Yamamura, Kozo）…………xi,304
山本悌二郎…………………………………326
鎗田英三……………………………………viii
ヤンセン（Janssen, Georg）… 212,213,215,217,
220,222
ヤンセン（Janssen, Hauke）…………160,264
結城豊太郎…………………………327,329
ユングハンス（Junghans, Erwin）… 50,80,142,
147,162,231,262,265,266
吉阪俊蔵…………………337,339,341,342,357
吉田啓………………………………………306
吉野信次……………………………………314
米倉誠一郎…………………………………353

フロットマン（Flottmann, Erich）……80,85,233,263-267,269
ブロードウィン（Broadwin, John）……217
ブローム（Blohm, Rudolf）……21,181
ブロムベルク（Blomberg, Werner von）…326
フンク（Funk, Walther）……129,131,132,266
ヘイエス（Hayes, Peter）……vii,viii,189,218
ヘス（Heß, Ulrich）……39
ヘス（Heß, Otto）……159,160,162,265
ヘス（Hess, Rudolf）……39,266,325
ヘスターベルク（Hesterberg, A.）……122
ペーター（Peter, Roland）……39,201,221
ヘッカー（Hecker, E.）……27
ベック（Beck, Eugen）……63
ヘッセ（Hesse, Kurt）……129,157,159,160,162,422
ヘッセ（Hesse, Jan-Otmar）……vii,37
ペッチーナ（Petzina, Dieter）……iv,ix,125,128,156,157,162
ベーリンガー（Boehringer, Rolf）……22,24,25,40,139,140,160,197,261
ベール（Bähr, Johannes）……viii
ベールケ（Boelcke, Willi A.）……122,158,212,215
ヘルツ（Hertz, Thomas）……121
ベルディング（Berding, Helmut）……120
ベルテルスマン（Bertelsmann, Martin）…267
ヘルフェリヒ（Helfferich, Emil）（ヘルフェリッヒ、ヘルフリツヒ、ヘルヘリッヒ、ヘルフェリック）……313,319-321,323-330,349,351-355
ヘルフェリヒ（Helfferich, Karl Theodor）……324
ヘルプスト（Herbst, Ludolf）……ix,x,41,158,166,212-214
ヘンケ（Henke, Klaus-Dietmar）……40
ヘンシェル（Henschel, O. R.）……20,21,25
ペンスゲン（Poensgen, Ernst）……17,28,30,31,63,144,180,181,184,185,189
ベンツ（Benz, Wolfgang）……218
ベンテ（Bente, Hermann）……136,160,162
帆足計……316-318,320,349,353,377-379,381,382,393,409,414,415,425
ボーキン（Borkin, Joseph）……218
保志恂……307
保科胤……340,357
星野直樹……344,345
ボップ（Bopp, Wolfgang）……259
ホッヘ（Hoche, Werner）……119
ホッホ（Hoch, Ernst）……422
ホーフヴェーバー（Hofweber, Eduard Max）……21-23,39
ホプマン（Hopmann, Barbara）……vii,222
ホーマン（Homan, Paul T.）……42
ホーマン（Homann, Friedrich）……36
ホーリー（Hawley, Ellis W.）……261
堀真清……306
堀越禎三……378,386
ポール（Pohl, Hans）……vii,38,119,218,219
ホルシュタイン（Holstein, J.）……21
ボルベット（Borbet, Walter）……189
ボルマイヤー（Bollmeyer, K.）……110
ボルマン（Bormann, H. H.）……263,264
ポロック（Pollock, Fredrick）……423
本位田祥男……316,410

【マ行】

マイヤー（Mayer, Johannes）……259
マウリック（Maulick）……63
前田靖幸……275
マーケ（Make, O.）……120
マーサー（Mercer, Helen）……77
正井章筰……217
マーシャル（Marshall, Alfred）……243,266
マーシャル（Marshall, Leon C.）……42
桝田大知彦……260
益田豊彦……424
松浦正孝……385,386
松尾尊兊……384
松尾展成……118
松岡孝児……423
松岡洋右……329,331,343
松川七郎……266
マツキー（ドイツ陸軍武官）……343
松島春海……307
マッツ（Matz, Adolph）……265,266
松永安左エ門……281,300,306
松本雅男……259,263,264
マルクス（Marx, Karl）……243,266,391-393,400,410

ピアティエ（Piatier, Andre）……………… 423
ピグー（Pigou, Arthur Cecil）…… 259,390,422, 423
ピーチュ（Pietzsch, Albert）…… 104,113,117, 121,122
ヒトラー（Hitler, Adolf）……iv,vi,35,42,88,92, 93,96,104-106,121,124,126,128-130,146,166, 167,184,189,196,201,223,226,300,302,325-328,330-331,334,343,355,371,372
ヒムラー（Himmler, Heinrich）……… 325,329
ビュッヒャー（Bücher, Hermann）… 180,185, 217
ビュヒナー（Büchner, Fritz）……………… 219
ビュヒナー（Büchner, T.）……………………28
平生釟三郎………………… 314,315,377,380,381
平沼騏一郎…………………………………… 264
ヒラント（Hilland, Paul）………………… 119
廣田明 ……………………………………… 303
廣田功 ……………………………………… 305
ヒンデンブルク（Hindenburg, Paul von）… 96, 105,325
ファレンホルツ（Farenholtz, W. A.）…… 106, 107
ファール（Fahr, Otto）…………………21,24,40
フィアー（Fear, Jeffrey R.）……………viii,218
フィアハウス（Vierhaus, Rudolf）………… 216
フィッシャー（Fischer, Wolfram）……… 39,40, 119-121
フィッシャー（Fischer, Guido）……… 129,158, 423,425
フィッシャー（Fischer, Manfred）…………84
フィッシャー（Fischer, Johannes）…. 159,160
フィッシュベック（Fischböck, Hans）………71, 149,233
フィツナー（Fitzner, Otto）……27,109,181,185
フィヒター（Fichter, Michael）………………40
フェーグラー（Vögler, Albert）…180,181,185, 189,325
フェーグラー（Vögler, Eugen）……… 141,161
フェルデンキルヘン（Feldenkirchen, Wilfried） ………………………………… viii,216-218
フェルトゲン（Feltgen, W.）…………………95
フェルバー（Ferber, Ernst）…81,262,265,267, 268
フォークト（Voigt, Fritz）………………… 78,79
フォルクマン（Volkmann, Hans-Erich）…v,x, 5,6,36,166,213,215,227,260
藤野豊 ……………………………………… 356
藤本和貴夫…………………………………vii
藤山愛一郎………………………… 326,327,329
藤山雷太 ……………………………… 326,327
藤原銀次郎………………………………… 337
ブハーリン（Bukharin, Nikolai/Bucharin） ………………………… 392,395,397,398,424
プファール（Pfahl, H.）…………………………27
プフォテンハウア（Pfotenhauer, B.）…… 27,31
ブーフハイム（Buchheim, Christoph）……78, 259
フライ（Frei, Norbert）……………… vii,viii,77
プライガー（Pleiger, Paul）………… 62,66,180
フライダク（Freydag, Karl）………… 180,181
ブライヒ（Blaich, Fritz）……64,66,82,83,166, 212,213,268
フライベルク（Freyberg, Thomas von）…x,6, 37,159,160,220,221
ブライヤー（Bleyer, Wolfgang）……………36
ブラウン（Braun, Waldemar）…………17,146
ブラディ（Brady, Robert A.）……35,259,260
ブラハヴィッツ（Brachwitz, Alfred）………84
ブラムケ（Bramke, Werner）………………39
ブランディ（Brandi, Ernst）……………… 189
フリック（Frick, Wilhelm）………………… 266
フリッシュ（Frisch, Harald）………………42
プリビラ（Pribilla, M. E.）………………… 159
プリーメル（Priemel, Kim C.）…………… viii
ブリュニヒハウス（Brünighaus, Beate）……vii
プリンツ（Prinz, Michael）………………… x
ブルカート（Burkart, Odilo）………63,266,267
古川澄明 …………………………………… 121
古川隆久 ……………………………… xi,312,352
プルム（Plum, Gustav）………………… 68,83
プルンペ（Plumpe, Gottried）………………vii
プルンペ（Plumpe, Werner）…………… vii,37
ブレヴェス（Brewes, Heinrich）………… 216
フレッチャー（Fletcher Ⅲ, William Miles） ………………………………… vi,xi,307,352
ブレーマー（Brehmer, Günter）………… 18,38
ブロイティガム（Bräutigam, Petra）……ix,37, 261
ブロシャト（Broszat, Martin）………… 40,79

177-180,184,186,193,197,201,213-215,225,251,268,302,373
トーニー（Tawney, Richard Henry）…288,291
戸原四郎 ……ix,36,156,217
トーマス（Thomas, Georg）…… 129,157,158,180,422
登丸祐二 ……409,419-421,426
豊崎稔 …… 419
トライブ（Tribe, Keith）…… 260
ドレクスラー（Drechsler, Karl）…… 163,212,215
ドレコル（Drecoll, Axel）…… viii
トレンデレンブルク（Trendelenburg, Ernst）……26

【ナ行】

長井亜歴山（Nagai, Alexander）…… 327,345
長岡新吉 …… 425
長島修 …… 309,314,353,357,368,386
永田清 …… 423
中野金次郎 …… 314
永岑三千輝 …… vi-viii,77,127,154,156-162,165,213,222,260,429
中村隆英（Nakamura, Takafusa）…… 292,294,304,306,308,309,352,353,357,387
中村政則 …… 303
中山伊知郎 …… 390,424
中山太一 …… 356
中山智香子 …… 423
ナーサン（Nathan, Otto）…… ix,35,44,64,77,82,83,226,259-261,264
ナスナー（Nassner, Walter）…… 64,78,214
成田龍一 …… x
ナロック（Narrog, Heiko）…… 429
西春彦 …… 328
西雅雄 …… 424
西川純子 …… 422
西沢保 …… 353
西牟田祐二 ……vii,161,219
ニートハンマー（Niethammer, Lutz）……37
ニーブール（Niebuhr, August）……84
ネッカーズ（Nekkers, Jan）……42,304,384
ネル（Nöll, Albert）…… 181
ノイゲバウァー（Neugebauer, Andrea）……vii
ノイマン（Neumann, Franz）……iii,v,ix,6,9,10,12,35,37,44,45,48,77,78,82,83,227,259,260
野口八郎（守屋典郎）……392,400-403
野村達朗 ……vii
ノヌ（Nonu, H.）……28

【ハ行】

ハイネ（Heyne, Hans）…… 180,181
ハイマン（Heimann, Eduard）…… 423
ハイマン・クレーマー（Heimann-Kremer）……63
ハイル（Heyl, Bernd）……vii
パウアー（Pauer, Erich）…… xi,352
ハウスマン（Haussmann, Fritz）…… 216
ハウプトナー（Hauptner, R.）…… 144
パウリィ（Pauly, E.）…… 100
パウルス（Paulus, Gottlieb）…… 180,181
ハーガー（Hager, P.）……95
ハスマン（Hassmann, Heinrich）…… 159
長谷部文雄 …… 424
波多野貞夫 …… 217
バックマン（Backmann, Jules）…… 259
八田嘉明 …… 264,327
パーテル（Patel, Kiran）……42
馬場啓之助 …… 266
馬場哲 …… 429
ハハトマン（Hachtmann, Rüdiger）… 154,157-162,259
ハファベック（Haverbeck, Edger）…… 197
ハベト（Habeth, Stephanie）……vii
原朗 … x,264,266,292,294,304,306,308,309,351-353,357,387,429
原田一美 ……vii
バルカイ（Barkai, Avraham）…… x,261
ハルダッハ（Hardach, Karl）…… 428
バルト（Barth, Eberhard）…… 37,38,79,93,119
バルト（Barth, Ernst）……39-41
ハルトコプフ（Hartkopf, E.）……98
ハルブレヒト（Harbrecht, Wolfgang）…… ix,260
バンケルト（Bankert, H.）…… 177
バーンズ（Burns, Arthur Robert）……42,261,262
ハンナ（Hannah, Leslie）…… 305
ハンバーガー（Hamburger, Ludwig）…… 226,227,259,260

48,78-81,227,260
菅山真次 …………………………………… 353
杉山伸也 …………………………………… 423
須藤功 ……………………………………… 429
須永徳武 ……………………………… 385,386
スパイアー（Speier, Hans）……………… 423
スピージェル（Spiegel, Henry William）… 423
スミス（Smith, Adam）…. 242,243,266,390,423
住谷一彦 ………………………………… ix,156
関口尚志 …………………………………… 307
ゼーバウアー（Seebauer, Georg）….. 129,131,
133,138,142,159,160
ゼーボルト（Seebold, Gustav-Hermann）
……………………………………… viii,218
ゼーリガー（Seeliger, K.）……………… 28,107
セリグマン（Seligman, Edwin R. A.）…… 261
ゼルゲル（Sörgel, Werner）…… 5-9,18,30,31,
36-38,40,41,79
ゼルツナー（Selzner, Claus）……313,331-334,
336,340,342-351,355-357
ゼルナー（Söllner, Alfons）……………… 260
ゼルマン（Sellmann, Martin）……81,262,265,
267,268
ゼンガー・ウント・エタリン（Senger und Etterlin,
F. M. von）………………………………… 219

【タ行】

高島誠一 ………………… 345,348,368,380,381
高橋三郎 …………………………………… 306
高橋清三郎 ………………………………… 422
高山洋吉 ……………………………… 357,424
武村忠雄 ………………… 392,409,415,416,425
田嶋信雄（Tajima , Nobuo）……… 352,354,424
田中精一 ………………………… 393,409,410
谷正之 ……………………………………… 328
谷口京延 …………………………………… 429
田野慶子 ………………………… 80,305,429
頼母木桂吉 ……………………… 276,280,306
ターボー（Terborgh, George）……………… 42
田村栄子 …………………………………… 40
田村謙次郎 ………………………………… 306
田村信一 …………………………………… 429
丹後愛二郎 ………………………………… 409
チアリ（Chiari, B.）……………………… x,213
チーグラー（Ziegler, Dieter）……………… 39
千葉準一 ……………………………… 261,266
チプフェル（Zipfel, Astrid）……………… 217
チョイリン（Tscheulin, E.）……………… 103
長守善 ……………………………………… 307
チールシュ（Ziersch, R.）……………… 95,119
チールシュキー（Tschierschky, Siegfried.)
……………………………………… 49,50,80
ツァンゲン（Zangen, Wilhelm）…27,30,63,66,
153,168,170,172,173,177,178,181,185,189,213,
214,216,217
ツィテルマン（Zitelmann, Rainer）………… x
塚本健 ……………………………… 36,78,259,264
ツガン・バラフノフスキー（Tugan-Baranowsky,
Michael）………………………………… 392
ツッカー（Zucker, K.）……………………… 96
ツンペ（Zumpe, Lotte）… ii,viii,4,30,36-38,41,
45,48,78,79,82,125,156-158,160,162,163,166,
212,213,215,227,228,259,260,267
ディアリング（Dearing, Charles L.）……… 42
ディクガンス（Dichgans, Hans）…81,215,254,
263,264,266-269
ティックス（Tix, Arthur）………… 180,181,184
ディッケルト（Dickert, Dietrich）………… 262
ディリヒ（Dierig, Gottfried）……………… 26
ティール（Thiel, Rienhold）………………… 27
ディール（Diehl, Markus Albert）…… ix,227,
260,261,264,266
ディンケルバッハ（Dinkelbach, Heinrich)
…………………………………………… 189
デーゲンコルプ（Degenkolb, Gerhard）…. 181
手塚真 ……………………………………… 260
テッシェマハー（Teschemacher, Hermann)
…………………… 9,18,37,38,40,93,118,158
テュッセン（Thyssen, Fritz）……………… 189
寺島一夫 ……………………………… 400,401
デリンケル（Dörinkel, Wolfram）……… 78,79
テンゲルマン（Tengelmann, E.）…………… 97
ドーア（Dohr, James L.）………………… 262
トイネルト（Theunert, H.）………………… 28
トゥガート（Tgahrt, Erich）………………… 63
ドゥ・ラ・カムプ（de la Camp, O. J.）….. 109
東郷茂徳 …………………………………… 327
東条英機 ……………………………… 331,343
トット（Todt, Fritz）…. 19,33,34,118,126,141,
152,153,155,161,165-168,170,171,174,175,

【サ行】

ザウケル（Sauckel, Fritz）………………… 209
酒井三郎 ………………………………… 307,384
逆井孝仁 ……………………………………… 307
坂本倬志 ……………………………………… 305
迫水久常 ……………………………………… 291
佐々木聡 ………………………………… 159,429
ザック（Sack, Otto）…… 19-23,31,152,163,197
佐藤健生 ……………………………………… vii
佐藤正弥 ……………………………………… 218
実方正雄 ………………………………… 303,306
佐野学 ………………………………………… 424
ザルダーン（Saldern, Adelheid von）…· iii,viii,157
沢井実 ………………………………………… 429
椎名重明 ……………………………………… 303
シェニング（Schoening, Hermann）……· 20,23
シェーファー（Schäfer, Michael）……… 39,40
シェル（Schell, Adolf）… 137,140,147,160-162,192,218
シェール・ヘニングス（Scheer-Hennings）……………………………………………… 63
ジーゲル（Siegel, Tilla）… x,6,37,159,160-162,220,221
静田均 ……………………………………… 78,79
芝健介 ……………………………………… vi,429
シーバー（Schieber, Walter）……………· 153
柴垣和夫 ……………………………………… 304
シーフェルブッシュ（Schivelbusch, Wolfgang）……………………………………………… 42
清水元壽 ……………………………………… 306
シャウベルガー（Schauberger, Nobert）… 219
シャッツ（Schatz, Hans）……………………… 84
シャネツキー（Schanetzky, Tim）… vii,viii,77
シャハト（Schacht, Hjalmar）… 90,91,115,125,128,131,133,325,326,371
シュヴァイツァー（Schweizer, Richard）… 261
シュヴェデ（Schwede,）……………………… 63
ジュース（Süss, Winfried）………………… 259
シュスター（Schuster, Andrea）……… 37,261
シュタイナー（Steiner, Andre）… 259,262-264
シュトゥールマッヒャー（Stuhlmacher, Richard）……………………………………………… 22,25
シュトック（Stock, Robert）……………… 199
シュトュツ（Stütz, Ernst）………………… 261
シュトラッサー（Strasser, Gregor）……· 107,121,347
シュトレーク（Streeck, Wolfgang）…… xi,304
シュトレープ（Streb, Jochen）…… 78,260,261,305,428
シュトレンメル（Stremmel, Ralf）…… 90,111,112,119,120,122,264
シュトロブル（Strobl, O.）………………… 104
シュナイダー（Schneider, Michael C.）… iii,ix,6,7,18,19,36,38-41,201-203,221,222
シュナイダー（Schneider, Jürgen）…… ix,260,268,429
シュペア（Speer, Albert）…… 19,33,34,66,118,126,152,153,155,160,166,168,170,171,177-180,184,186-188,196,197,201,202,204,207-209,225,251,302
シュペナー（Schuppener, Gunter）………… 79
シュペーラー（Spoerer, Mark）…· vii,209,222,260,261
シュマーレンバッハ（Schmalenbach, Eugen）……………………………………………… 265
シューマン（Schumann, Wolfgang）…· 41,156,163,212,215
シュミッツ（Schmitz, Hermann）………… 190
シュミット（Schimitt, Kurt）………… 121,371
シュミット（Schmidt, Rüdiger）……………· ix
シュメルダース（Schmölders, Günter）… 233,263,266-268
シュラー（Schüler, B.）……………………… 122
シュラー（Schüller, Bruno）………………… 27
シュリター（Schlitter, M. A.）………… 97,120
シュルツ（Schulz, Franz）…………………… 39
シュルツェ・ブラハマン（Schulze-Brachmann, Arno）…………………………………… 267
シュレゲルベルガー（Schlegelberger, Franz）…………………………………… 187,217,218
シュレーダー（Schroeder, Kurt Freiherr von）……………………………………… 96,112,325
シュレンマー（Schremmer, Eckart）·· 118,429
シュワイツァー（Schweitzer, Arthur）… iii,v,viii,4,36,45,78,125,156,261,262,354
白山源三郎 ……………………………… 338,356
シンガー（Singer, Hans W.）………… 265,266
スヴァテック（Swatek, Dieter）……· 5,36,45,

キーンツレ（Kienzle, Otto）……………… 160
クヴェケ（Quecke, Hans）…………… 158,159
具島兼三郎 ………………………………… 307
グート（Guth, Karl）………… 18,28,38,79,142
工藤章（Kudo, Akira）…… vii,x,36,78,156,162,
163,212,215,216,268,352,354,428
クナウス（Knauss, F.）…………………… 352
救仁郷繁 …………………………………… 424
クニーハーン（Kniehahn, W.）…………… 221
クネッパー（Knepper, Gustav）……………27
クノール（Knorr, Max）……………………23
久原房之助 ………………………………… 308
クヒン（クヒンカ）(Kuchin（Kuchinka), Karl)
……………………………………………63
久保田音二郎 …………………………265-267
グライフツー（Greifzu, Julius）…………… 261
クライン（Klein, Burton H.）……………ix,156
クラインシュミット（Kleinschmidt, Christian）
……………………………………………84
クラウゼ（Krause, A. B.）……………………35
クラウゼヴィッツ（Clausewitz, Carl von）
……………………………………………425
クラウホ（Krauch, Carl）…………… 125,190
倉沢康一郎 ………………………………… 217
グラムル（Graml, Hermann）……………… 218
蔵本忍 ……………………………………… 429
グラント（Grant, Wyn）……………42,304,384
グリーガー（Grieger, Manfred）……………vii
栗原哲也 …………………………………… 429
栗原優 ………………x,36,37,120,121,156,354
クリュイ（Kluy, Hans）…………………… 181
クルップ（Krupp, Alfried, von Bohlen und
Halbach）………………………… 62,66,183
来栖三郎 …………………………………… 326
クレー（Klee, Ernst）………………… 120,355
グレゴル（Gregor, Neil）……………………vii
グレザー（Grether, Ewald T.）…………… 261
クレーナー（Kroener, Bernhard R.）……… 222
クレープス（Krebs, Gerhard）…………… 352
クレム（Clemm, C. A.）………………… 28,84
クレールト（Chlert, E.）…………………… 107
グロスベルティンク（Großbölting, Thomas）
…………………………………………… ix
グロッシィ，フランチェスコ …………… 336
ケインズ（Keynes, John Maynard）……… 273,
288,291
ケスラー（Keßler, P.）……………… 177,180
ケスラー（Kessler, Ludwig）…………… 17,31
ゲートゲンス（Gähtgens, Wolfgang）……… 162
ケーニッヒ（König, Heinz）…………53,54,81
ケプラー（Keppler, Wilhelm）…………… 325
ケーラー（Kähler, Alfred）……………… 323
ゲーリッヒ（Gehrig, Astrid）…… iii,viii,ix,37,
39,40,201,220,221
ゲーリング（Göring, Hermann）…66,125,128-
131,133,134,138,140,146-150,154,158,159,
166,167,233,238,266,328
ゲルストナー（Gerstner, Paul）………… 217
ケルデ（Kerde, Ortrud）……… vi,xi,312,352
ゲルデラー（Goerderer, Carl）… 33,51,52,149,
224,230,233,261,372
ケルナー（Koerner, Paul）………………… 130
ゲルナント（Görnandt, Rudolf）………… 261
ゲルリヒ（Gellrich, E.H.）……………… 100
ケールル（Kehrl, Hans）……61,64,67,70,76,82,
83,131,179
ゲンメル（Gömmel, Rainer）……………… 429
小穴毅 ……………………………… 118,307,385
コイノヴスキー（Choinowski, A.）……… 161
郷誠之助 ……314-316,321,327,328,331,332,343-
346,348,349,380
コーエン（Cohen, Jerome B.）…………… 264
郷古潔 ……………………………………… 314
幸田亮一 ……………………37-40,160,220,221
小島精一 ………………… 278,300,305,306,386
コシュマン（Koschmann, J. Viktor）……… x
ゴットー（Gotto, Bernhard）……………viii
ゴーデス（Gohdes, Otto）…… 331-333,342,344,
345,355-357
伍堂卓雄 ……314,327,329,336,337,339-342,345,
348,349,357,365,366,385
ゴードン（Gordon, Andrew）…………… vi,xi
近衛文麿 ………… vi,329,331,343,344,349,383
小林純 ……………………………………… 260
小林英夫 …………………………………… 304
小林賢齋 …………………………………… 424
コール（Cole, George Douglas Howard）… 306
ゴルツ（Goltz, Grafen von）…………… 20,21
コルム（Colm, Gerhard）………………… 423
権上康男 ……………………………… 303,305

384
ヴォラー（Woller, Hans）……………………40
ヴォールタート（Wohlthat,　Helmuth）
……………………………………330,354
ヴォールハウプト（Wohlhaupt, F.）……… 267
ヴォルフ（Wolff, F. R.）…………………… 102
ヴォルファース（Wolfers, Arnold）…………77
ヴォールファールト（Wohlfahrt, W.）…… 108
内山脩策 ………………………………259,422
宇野弘蔵 ………………………………… 392
ウンゲヴィター（Ungewitter, E.）…………28
エアハルト（Erhard, Ludwig）………………41
エーゼンヴァイン・ローテ（Esenwein-Rothe, Ingeborg）………………………………4,36
エッケルト（Eckert, Rainer）…30,36-38,40,41
エルカー（Erker, Paul）……………………40
エルマート（Ermarth, Fritz）……………… 307
オヴァリー（Overy, Richard）…… ix,154,157,163,212,214,222
大石嘉一郎………………………………… 308
大内兵衛 ………………………………264,266
大来佐武郎………………………………… 305
大河内一男………………………………… 356
大河内正敏………………………………… 418
大沢真理 ………………………………… 305
大島浩 ………………………………326,329
大島通義 ……………………………… x,156
大住龍太郎………………………………… 422
大谷登 …………………………………… 327
大西忠雄 ………………………………… 305
大野英二 ……………………………… ix,156
大野信三 ………………………………… 385
大森弘喜 ………………………………… 303
大森正之 ………………………………… 422
大和田悌二………………………………… 306
岡崎哲二 …………………266,304,308,309,353
小笠原茂 ………………………………… 118
小川郷太郎………………………………345,348
岡本友孝 ……………………… ix,35,77,259
沖中恒幸 ………………………………… 409
奥島孝康 ………………………………… 217
奥田央 …………………………………… 305
奥村喜和男………………276,279-281,305,306
奥村綱雄 ……………………………393,409-413
奥山誠 …………………………………… 429
オスターロー（Osterloh, Jörg）……………viii
オット（Otto, Eugen）………326-329,343,345
小野英祐 ……………………………… ix,259
オーバーシェルプ（Oberschelp, H.）……96,120
オプヴルツァー（Obwurzer, H.）……………28
オールドクロフト（Aldcroft, Derek K.）… 305

【カ行】

カイザー（Kayser, Hansgeorg）…………… 262
カイテル（Keitel, Wilhelm）……………… 266
貝原益軒 ………………………………… 375
ガイレンベルク（Geilenberg, Edmund）… 181
ガオ（Gao, Bai）……………………… vi,xi,352
ガーサイド（Garside, Redvers）…………… 259
風早八十二……………………………360,361,385
柏熊達生 ………………………………… 356
カーショウ（Ian Kershaw）…………… vi,37,77
カストゥル（Kastl, Ludwig）………………79
ガッサート（Gassert, Philipp）………………42
加藤栄一 ……………………ix,81,216,218,259
加藤浩平 ………………………………… 428
加藤房雄 ………………………………… 429
金子光男 ………………………………428,429
金光庸生 ………………………………… 345
カプラン（Caplan, Jane）………………… 217
上泉秀信 ………………………………… 356
カルドア（Kaldor, Mary）………………… 422
川北稔 ……………………………………… vii
川越修 …………………………………… 213
川瀬泰史 ………………………………… 429
河原田稼吉……………………………331,343,344
川本和良 ………………………………… 429
カーン（Kahn, Daniel）……v,x,5,6,18,30,37,38,40,227,260
キーケブッシュ（Kieckebusch, Werner v.）
………………………………………………40
岸信介 …………………………………… 328
橘川武郎 …………………………276,280,304,306
木下半治 ………………………………… 299
木畑和子 ……………………………………vi
木村健二 ………………………………356,385
木村増太郎………………………………… 385
キャロル（Carroll, Berenice A.）……… ix,156-158,166,212,213
キーン（Kiehn, F.）………………………… 103

人名索引

【ア行】

アイヒホルツ（Eichiholtz, Drietrich）……ii,v,viii,4,5,36,41,82,156,159,163,166,180,212-216,218-222,227,259,260,268,269
アイル（Eyll, Klara van）…… 119
青木大吉 …… 265
明石照男 …… 345,348
赤津正彦 …… 429
阿河雄二郎 …… vii
アクスマン（Axmann, Artur）…… 217,220
アドルフ（Adolph, G.）…… 104
アハター（Achter, W.）…… 98
アフィニー（Avieny, W.）…… 190
アブラムスン（Abramson, Victor）…… 80
アーベルスハウザー（Abelshauser, Werner）…… vii,viii,36,41
天野富太郎 …… 306
天利長三 …… 424
アムブロス（Ambros, Otto）…… 125,190
雨宮昭彦 …… 78,80,261,263,268,305,428,429
荒川憲一 …… 422,425
有沢広巳 …… 81,222,390,392,403,404,407,408,421,425
有田八郎 …… 326,329
有馬頼寧 …… 331,343,344
有吉忠一 …… 345
アルント（Arndt, Helmut）…… 54,81
アーレンス（Ahrens, Ralf）…… viii
安藤良雄 …… 276,303,304,423
飯田繁 …… 393,409,417,418,425
井坂孝 …… 314,327,345,349,368,380,381
石井寛治 …… 307
石川弘義 …… 355,356
石坂昭雄 …… 429
石田精一 …… 422
石橋湛山 …… 360
石原莞爾 …… 158,282
出弟二郎 …… 276,280,281,306
磯村英一 …… 334,355
板橋菊松 …… 361
イッセル（Issel, Heinrich）…… 267
伊東岱吉 …… 426
伊藤好道 …… 158,393,409,418,425
伊東林蔵 …… 216
稲垣守克 …… 424
井上茂子 …… vi,214,260
井上寿一 …… 354
今久保幸生 …… 429
入江昭 …… 422
岩崎小弥太 …… 327
イングラム（Inghram, Howell A.）…… 262
ヴァイス（Weiß, Hermann）…… 218
ヴァイツ（Weitz, Brigit）…… vii
ヴァクス（Wachs, F.）…… 94,95
ヴァグナー（Wagner, Josef）…… 33,51,52,71,134,149,162,225,233,235,246,262,263,267
ヴァゲマン（Wagemann, E.）…… 53
ヴァーゲンフュール（Wagenführ, Horst）…… 53,77,80,81
ヴァーゲンフュール（Wagenführ, Rolf）…… 158,163,166,212,213,215,221,222,268
ヴァルター（Walter, Rolf）…… viii,218
ヴァルテンブルク（Wartenburg, Grafen Yorck von）…… 233,263,266-268
ヴァルリモント（Warlimont, J.）…… 161
ヴィクスフォルト（Wixforth, Harald）…… viii
ヴィナカー（Winnaker, Erich）…… 189
ヴィンクハウス（Winkhaus, Hermann）…… 189,218
ヴィンクラー（Winkler, Heinrich August）…… iii,viii
ヴィンケル（Winkel, Harald）…89,118,121,122
ヴェーエ（Wehe, W.）…… 267
上田貞次郎 …… 288
ヴェッセル（Wessel, Horst A.）…… 216,218
ヴェーバー・アンドレー（Weber Andreae）…… 84
ヴェルク（Welck, Astrid）…… 37,261
ヴェルナー（Werner, Wilhelm）…… 180,181
ヴェルナー（Werner, Constanze）…… vii,218
ヴェルナース（Werners, Paul）…… 181,185
ヴェルリン（Werlin, Jakob）…… 29,189
ウォーデン（Waarden, Frans van）…… 42,304,

【著者略歴】

柳澤　治（やなぎさわ・おさむ）

1938年　東京都に生まれる。

1966年　東京大学大学院経済学研究科博士課程退学。東京大学社会科学研究所助手、明治学院大学経済学部講師、助教授、東京都立大学経済学部助教授、教授、明治大学政治経済学部教授を経て

現在、首都大学東京名誉教授、経済学博士。

（主要著書）

『ドイツ三月革命の研究』（岩波書店、1974年）、『ドイツ中小ブルジョアジーの史的分析』（岩波書店、1989年）、『資本主義史の連続と断絶——西欧的発展とドイツ——』（日本経済評論社、2006年）、『戦前・戦時日本の経済思想とナチズム』（岩波書店、2008年）ほか。

ナチス・ドイツと資本主義——日本のモデルへ——

2013年8月5日　第1刷発行　　　定価（本体6500円＋税）

著　者　柳　澤　　治

発行者　栗　原　哲　也

発行所　株式会社　日本経済評論社

〒101-0051　東京都千代田区神田神保町3-2

電話　03-3230-1661　FAX　03-3265-2993

info8188@nikkeihyo.co.jp

URL：http://www.nikkeihyo.co.jp

装幀＊渡辺美知子　　　印刷＊文昇堂・製本＊高地製本所

乱丁・落丁本はお取替えいたします。　　　Printed in Japan

ISBN978-4-8188-2269-6

柳澤　治著

資本主義史の連続と断絶

—西欧的発展とドイツ—

A5判　四五〇〇円

ヨーロッパ資本主義の展開過程における連続性と断続性の問題を比較経済史的に分析。日常的な経済活動を営む普通の人々の時代転換に関わる意識と行動の解明を試みる意欲作。

住谷一彦・和田　強編

歴史への視線

—大塚史学とその時代—

四六判　二八〇〇円

大塚史学の一角をなした松田智雄、その形成を目の当たりにした小林昇・長幸男が語る学問形成の道程。また賀川豊彦、高野岩三郎など大塚と同時代の知識人たちのプロフィール。

永岑三千輝著

独ソ戦とホロコースト

A5判　五九〇〇円

「普通のドイツ人」の反ユダヤ主義がホロコーストの大きな要因とする最近のゴールドハーゲンの論説に対し、第三帝国秘密文書を詳細に検討しながら実証的に批判を加える。

永岑三千輝・廣田　功編著

ヨーロッパ統合の社会史

—背景・論理・展望—

A5判　五八〇〇円

グローバリゼーションが進む中、独自の対応を志向するヨーロッパ統合について、その基礎にある「普通の人々」の相互接近の歴史から何を学べるか。

服部正治・竹本　洋編

回想　小林　昇

四六判　二八〇〇円

経済学の誕生と終焉をみすえ、その思想と人格とを「文体」に結晶させた生涯を多くの知己が語る。

(価格は税抜)

日本経済評論社